犹太人与现代资本主义

〔德〕维尔纳·桑巴特 著

安佳 译

Werner Sombart
The Jews and Modern Capitalism
Chinese (Simplified Characters) Trade paperback copyright © 2022 by The Commercial Press.
All Rights Reserved
本书根据 T. Fisher Unwin 出版公司 1913 年英文版译出

目　　录

英译者引言………………………………………………………… 1

第一篇　犹太人对现代经济生活的贡献

第一章　导论 ………………………………………………… 5
统计方法和发生学方法—统计方法的优点和缺点—需要发生学方法来补充—如何运用发生学方法—关于犹太人一词应考虑的问题—犹太人的影响可能看起来比实际更大—这种情况的原因—缺乏准确信息—受洗的犹太人—犹太女人—秘密犹太人—非官方的犹太影响

第二章　16世纪以来经济生活中心的转移 …………………… 12
北欧取代南欧成为经济生活的中心—对这一现象的解释不令人满意—犹太人的流徙与各国经济发展惊人的平行性—尝试建立二者的关系—当代对此问题的看法—威尼斯的情况—英格兰的情况—法国的情况—尼德兰的情况—德国的情况—犹太人的双重影响

第三章　国际贸易的快速发展 ………………………………… 21
从量上考虑犹太人的影响—英格兰的情况—莱比锡集市的情况—黎凡特的贸易—他们经营的商品—他们的大规模交易—他们引进了新的商品—犹太贸易的多样性—他们在黄金生产国的主要影响力

第四章　现代殖民的基础 ……………………………………… 26
犹太人热衷于移民殖民地—东印度公司—澳大利亚和南非的情况—美洲的情况—美洲如何与犹太人密切相关—犹太人与美洲的发现—

美洲的犹太定居者—西印度群岛和南美的情况—美国的情况—美洲受犹太人的恩惠—犹太人移民美洲

第五章　现代国家的基础 ·· 43

犹太人和现代国家的建立—利益一致—犹太人为现代国家做了什么；(1)作为军需供应商的犹太人，英格兰的情况—法国的情况—德国的情况—奥地利的情况；(2)作为理财专家的犹太人，荷兰的情况—英格兰的情况—法国的情况—德国和奥地利的情况—"宫廷犹太人"—美国的情况

第六章　商业在经济生活中的突出地位 ························ 53

股票交易的影响—证券的兴起、交易和创新；(1)证券的起源：证券是什么—"信贷标准化"意指什么—汇票史的例证—犹太人在创造信贷工具中的份额—犹太人引入汇票的可能性—荷兰的例子—汇票和热那亚—股票史上的例证—银行行的例子—汇票和公共债券—信贷标准化在多大程度上归功于犹太人—犹太人影响的唯一间接证据—拉比法律的直接证据—承兑期票—承兑期票的广泛使用—信贷标准化符合犹太法精神；(2)证券交易：规范交易的法典的必要性—犹太人对形成这样一种法典的影响—证券市场的建立—股票交易活动的历史—犹太人及其与股票交易活动的关系—威尼斯和阿姆斯特丹的情况—法兰克福、汉堡和波尔多的情况—股票交易最初出现的地方—假设：犹太人是杰出的投机者—支持这一假设的事实—犹太人在伦敦证券交易所的主导地位—交易巷的犹太人通道—17、18世纪英格兰富有的犹太人—证券投机买卖是犹太人引入伦敦证券交易所的专门业务—有关证据—伦敦作为世界主要金融中心的地位归功于犹太人—犹太人和巴黎证券交易所—法兰克福、汉堡和柏林的情况—当代对18世纪证券交易所的思考—波斯尔思韦特—大卫·休谟和亚当·斯密—舆论的变化—由此开启了证券交易所历史上的一个新时期—新形势的若干特点—证券交易量增加—犹太人与新形势—罗斯柴尔德家族—罗斯柴尔德家族的影响；(3)证券的创造：一

种新的活动——证券起源于犹太人——公司推销——犹太承办人的专擅；(4)产业商业化，这一表述的意义——电力工业的例证——作为工业企业家的犹太人

第七章 经济生活中资本主义观念的成长 ······103

现代经济生活的外部结构在很大程度上要归功于犹太人——资本主义的内在精神亦如此——当代看法的例证——作为"闯入者"的犹太人——德国的例子——英格兰（约西亚·柴尔德爵士）——法国的情况——瑞典和波兰——为什么犹太人是如此激烈的竞争对手？——当代观点提供了各种理由——真正的原因：犹太人是新经济秩序的先驱——17、18世纪的经济概观——受规制的经济活动——没有竞争——没有广告——公平价格——犹太人对这一概观的态度——他们不仅是"闯入者"——犹太人与其他人的区别是什么——犹太人是商人——《格吕克尔·冯·哈梅尔恩回忆录》的例证——非犹太来源的例证——流行格言中的例证——对犹太商人的现代商业全部特征的具体指控：他们的企业——犹太人试图招揽顾客——犹太人利用广告——犹太人压价——对犹太人压价的解释——对犹太人降低商品质量的指控——实际上犹太人采用了替代原则——犹太人比他人卖得便宜，因为他们不追求高利润——薄利多销和资金快速回笼——犹太商业企业实例：废品生意——杂货店——分期付款——餐饮业——犹太观念是现代观念——对此如何解释？

第二篇　犹太人的现代资本主义才能

第八章　问题 ······141

需要明确提出有待解决的问题——犹太人的才能——这种才能是如何产生发展的——第一个问题的答案是资本主义——以前对此问题的考虑有些模糊——第二个问题的答案可以是"主观"也可以是"客观"情况

第九章　何谓资本主义企业家 ······144

资本主义概念——资本主义的主要动因是追逐利润——经济理性主义——

资本主义企业家的职能—他的双重性—他是企业家,一个有目标的人—他也是一个商人—对企业家概念的分析—对商人概念的分析

第十章 犹太人现代资本主义才能的客观环境⋯⋯⋯⋯⋯⋯152

从四个方面看:(1)犹太人流散在一个广阔的区域:犹太人是流散的民族—分布不同经济中心的家族分支—犹太人"广泛的人脉"—《旁观者》—犹太人的语言能力—语言能力的结果—广泛人脉的结果;(2)犹太人是外来者:在什么意义上是真的?—这种情况的优点—犹太人视自己为特殊民族在某种意义上是真的—心理对比的结果;(3)作为半公民的犹太人:受到限制—经济影响轻微—一些受限的例子—普鲁士案例最具启发性—限制在很大程度上是一纸空文—真正的限制:犹太人被排除在基尔德行会和公共生活之外—后者的经济后果;(4)犹太人的财富:犹太人中有很多财富—17、18世纪荷兰犹太人的例子—17世纪英国犹太人的例子—汉堡和法兰克福的犹太人的例子—犹太人的钱导致17世纪大企业的出现—借贷—犹太人的财富与资本主义发展的关系

第十一章 犹太宗教在经济生活中的重要意义⋯⋯⋯⋯⋯⋯173

(1)宗教之于犹太人的重要性:宗教与经济生活—犹太教的一些特征—犹太教的综合影响—众所周知,犹太人是最"敬畏"神的民族—所有犹太人服从律法;(2)犹太宗教的典籍:《圣经》、《塔木德》和其他法典—对这些典籍的实际批评态度—正统犹太人的态度—这些典籍对实际生活的意义—塔木德在多大程度上是一种规范—法典的作用;(3)犹太宗教的基本理念:犹太教和资本主义—犹太教是思想的产物—犹太教没有神秘性—犹太教对感性较为淡漠—犹太教基于上帝和以色列人之间的契约—以色列人的例子—罪的量化概念—在神学文献中,金钱是实现目标的手段—塔木德博士熟悉经商;(4)奖惩观念:旧观念—其最古老的形态今世的幸福—以斯拉时代,"来世"观的出现—财富是好的,但前提是用来侍奉上帝—赞美富人—犹太学说对经济活动的影响;(5)生活的合理化:笃信者的职责是成圣,

遵守神的诫命—神圣堕落为形式主义—圣洁被理解为生命的合理化—律法的存在对人的影响—制订律法的目的何在—爱自然的合理化—爱艺术的合理化—言语的自控与谨慎—饮食—和性生活—犹太婚姻观—生活合理化，特别是性生活合理化对经济活动的影响—犹太人热爱家庭生活—犹太家庭生活的纯洁—犹太人家庭生活和经济活动；(6)犹太人和各民族：犹太人创造了隔都—犹太人自我意识—犹太人总是独立居住—独立居住的经济影响—取利贷款—"邻人"和"外邦人"—犹太人自由放任的推动；(7)犹太教与清教：二者的一致性—后者如何受前者的影响是一个难题

第十二章　犹太人的特征 230

(1)问题：总的民族特征——犹太人有哪些具体特征？他们是什么样的人？—只涉及与经济生活有关的犹太人的特征；(2)解决问题的尝试：关于犹太人特征的一致意见—犹太人的智力—尊崇对智性的追求—头脑与体力—重视智力的弱点—犹太人的目的论是其智力的结果—Tachlisi—几位犹太作家的特点—犹太人的能量—犹太人的流动性—犹太人的适应能力；(3)犹太人适应于资本主义的特征：犹太教和资本主义的相似性—资本主义、犹太教和自由主义的三重相关性—犹太人适合做企业家—也适合做商人

第三篇　犹太特性的起源

第十三章　种族问题 259

对犹太人特性起源的思考必然补充我们已经得出的结论—问题的多面性—犹太民族问题与一般民族问题；(1)犹太人人类学：对基本事实意见一致—犹太民族是纯粹的民族吗？—皈依者的影响被高估—异族通婚—生理差异—相貌的差异；(2)犹太种族：什么是种族？—犹太人是独特的人类学群体—(3)犹太人的特性如何保持恒定？犹太人的品质见诸整个犹太史—犹太人对寄居地人民的态度始终如一—对犹太人的仇恨—犹太人的坚韧—犹太人大流散—犹太人大流散不

是强制的—犹太宗教和犹太人特征—犹太人的经济活动也表现出非凡的稳定性—普遍接受的犹太人经济史观—一个新观点—犹太人不是商人—早期借贷是犹太人经济史上最重要的因素—这里也有一种恒常性—塔木德教士的经济学知识—犹太人的财富—犹太人的节俭；(4)犹太人的特性是先天的还是后天的：种族理论家的结论不可靠—犹太人的特征是偶然的吗？—来自其血统吗？—它们是环境的产物吗？

第十四章　犹太民族的命运 ·········· **298**

一个重要事实—迁入北方人中的南方人—犹太人是沙漠中的游牧民族—他们征服迦南—但仍然充满游牧精神—早期文献中犹太游牧特性的证据—"游牧"一词绝非贬义的—流亡的影响—大流散—流浪的犹太人—犹太人成了城市居民—现代城市是大荒漠—寒冷北方与温润南方的对比—犹太人特征源于特定环境—胡安·瓦尔德的意见—犹太人的智力和荒漠的生活—犹太人的适应能力和游牧生活—犹太人的能力和他们来自南方—"田园性"和封建主义与"撒哈拉性"和资本主义的比较—犹太人和钱—犹太人和隔都

注释与参考文献 ·········· 323
索引 ·········· 376

英译者引言

维尔纳·桑巴特无疑是当代德国最引人注目的人物之一。桑巴特生于1863年，毕生致力于经济学研究，对经济思想有很多宝贵贡献。虽然他的著作未必总是为人们全盘接受，但其才华横溢的研究已经获得了世所公认。他在布雷斯劳大学任政治经济学教职（1890—1906）以及在柏林商学院担任同样教职的时候，他的声望使大批学生对他的讲座趋之若鹜。

但桑巴特既是一名学者，也是一名艺术家。他熔理性与想象于一炉，又能写一手明晰、流畅且极有说服力的文字，而后一种天赋德国教授们万难望其项背。这一点也是桑巴特全部著述的一个特点，值得加以注意。现代资本主义的兴起和发展一直是最吸引桑巴特的论题，他对此问题的深刻论述见于《现代资本主义》一书（两卷本，莱比锡，1902）。1896年，他出版了《19世纪社会主义和社会运动》，该书很快印行了多个版本，被视为德语国家最为风行的著作之一。[①]1903年他出版了《19世纪德国国民经济》，1906年出版了《无产阶级：概念和研究》。

---

① 该书英文译本由笔者于1909年提交给J.M.邓特出版公司出版，题为《社会主义和社会运动》。

若干年来，桑巴特一直考虑对他论述现代资本主义的大著进行修订。正如他所言，他是在研究过程中很偶然地发现了犹太人与现代资本主义的关系。这一课题深深吸引了他，因此他着手探讨犹太人与现代资本主义的确切关系，这一研究成果便是《犹太人与经济生活》[1]一书，本书即是这部著作的英译本。

英译本较德文原版稍有删节（经作者同意）。删节的部分并不多，属于一般技术性删节，如关于现代种族理论或早期信贷工具史的叙述等。另，本书中方括号中的文字是英译者所加。

我要感谢我的妻子，她一直给我提供建议和批评意见；我还要感谢友人莱昂·西蒙，他为我翻译了第208页[*]的诗句。

M. 爱泼斯坦
1913年4月21日于伦敦

---

[1] *Die Juden und das Wirtschaftsleben.* Leipzig: Duncker und Humblot.1911.

[*] 指英文本页码，参见本书边码。全书同。——中译者

第一篇

犹太人对现代经济生活的贡献

第一章　导论

我们可以采用两种可行的方法来揭示每一个群体以某种方式参与具体经济组织的程度。一种是统计学方法，一种可以名之为发生学方法。

通过统计学方法，我们可以查明参与某些经济活动的人的实际数目——例如与某个国家建立贸易关系的人数，或建立了特定产业的人数——然后，我们可以计算出我们正好感兴趣的那个群体的成员占人口的百分比数。统计学方法无疑有很多优点。这样说吧，如果我们能以实际数字表明经营上述贸易或产业的外邦人或犹太人占全部商人的50%或75%，那我们就可以清楚地表明：外邦人或犹太人在各贸易行业中的相对重要性。尤为重要的是，如果统计信息唾手可得，不仅人数的统计信息易得，而且其他更重要的经济因素——比如资本存量、产品数量、成交规模等信息也不难收集。因此，采用上述统计学方法，比如我们现在采用的这种方法，是行之有效的。但同时，我们不可能仅凭统计学方法就完全解决问题。这一点很快也变得显而易见。首先，即使最好的统计学方法也不能把什么事情都表述清楚，相反，常常会漏掉我们试图了解的事物的最重要方面。统计学也无法反映出强烈的个人偏好在经济活动以及整个人类生活中产生的动态效应，这种效应的后果已远远超出当时的环境限制。任何一组数字都不能揭示各项发展的总体趋势的实际意义，因此，统计学方法必须由其他方法来加以补充。

不仅如此。由于缺乏信息，统计学方法并不总是有效。我们能够掌握一些数据，知道从事产业或贸易的人数，并揭示他们之于其他人口的关系，这真是一件幸事。但这类大规模的统计学研究只是在现代或将来才有可能。即使那样，信息调查员的调查路径也会受到各种困难的干扰。不过，对各种信息来源的仔细检查验证，包括犹太社团对其人员的估算，可能会结出丰硕的成果。我希望本书会推动这样的研究，在现阶段，类似的研究只有一项是真正有用的，即西格蒙德·迈尔关于维也纳的调查。

因此，说到底，我前面提到的另一种方法（发生学方法）肯定可以对统计结果进行补充。何谓发生学方法？我们希望探索某个群体（犹太人）对现代经济生活的形成和发展产生影响或者业已产生影响的程度——就是说，要对他们进行定性研究，或研究我所称的动态影响的重要性。探明这个问题的最好办法，是去探究标志我们现代经济生活的某些特征，其最初的形式是否是犹太人所赋予的，亦即去探究某种特殊的组织形式，是否最初是由犹太人引入的，或者，现在已被各方接受为基本原则的某些众所周知的商业原则，是否明确表达了犹太精神。这就必然要求我们把经济发展要素的历史追溯到其最初的开端。换言之，我们必须研究现代资本主义制度的幼年期，或者至少研究资本主义制度形成其现代形态的时期。但我们不仅要研究资本主义的幼年期，还必须考虑其全部历史。纵观资本主义的历史，新的因素直至今天还在不断进入资本主义结构，资本主义的特征还在不断发生变化。这种情况尽人皆知，我们的目

第一章 导论

标肯定是要探明这种情形出于谁的影响。这个目标非常不容易实现；有时候甚至不可能实现；这项学术探索一定要借助科学想象施以援手。

还有一点不容忽视。在许多情况下，经济生活中的基本观念或新思想的责任人，并不总是发明家（用这个词的狭义）。人们常常断言，犹太人并没有创造力；无论技术发明还是经济发明，犹太人都没有什么独立的贡献，他们一直精明地利用他人的思想。我完全不同意这种普遍的看法。我希望在本书中揭示，我们会在技术科学领域见到很多犹太发明家，在经济生活领域也是如此。但是，即使我们正确地提出了这一断言，也不能证明犹太人把他们所具有的禀赋赋予了经济生活的某些方面。在经济领域，发明家不如能够应用发明的人那么重要；就像那些创立思想（比如分期付款）的人不如那些在日常生活中运用思想的人重要一样。

在继续探讨摆在我们面前的问题——犹太人在建立现代资本主义制度中的贡献——之前，我们必须提到另一个重要问题。在这类专题研究中，犹太人的影响似乎比实际影响要大得多。其实这只是因为我们的研究具有以一斑窥全豹的性质。如果我们探究机械发明对现代经济生活的影响，那么也会出现同样的情形：在探讨机械发明的专论中，这种影响往往显得比实际影响大。虽然情况明摆着就是如此，但我还是要提出这个问题，免得人们说我夸大了犹太人的作用。我们时代的经济制度形成它现在的模样，无疑会有一千零一个其他原因。就像没有美洲的发现和美洲的白银，没有技术科学方面的发明，没有现代欧洲国家的民族特性及其变迁，就没有资本主义那样，没有犹太人，资本主义也不可能出现。

在资本主义的漫长历史中，犹太人的影响至少构成了一个时代。我会在新版《现代资本主义》一书中揭示犹太人影响之于其他影响的重要性。我希望《现代资本主义》不久就可以面世。

我相信，我在书中的解释会有助于普通读者准确理解犹太人对现代经济生活的影响。但这一解释必须与其他解释结合起来。一方面，我们要承认，我们的研究显然会趋于加重犹太人在经济事务中的分量，但另一方面，犹太人的贡献常常比我们所认定的要大得多。鉴于我们并不能掌握所有资料，我们的研究只能探讨问题的某个部分。今天，有谁知道某人或者某个群体创立了这项或那项产业？建立了这行或那行贸易？谁率先采纳了这条或那条经营原则？甚至在我们可以十拿九稳地说出其先驱的方面，人们也会追问，他们是不是犹太人？

犹太人——就是那些信奉犹太信仰的人。虽然按此定义，我故意省略了与种族特性相关的任何特征，但毋庸赘言，它仍然包括那些退出宗教团体的犹太人及其后裔，因为从历史角度看，他们还是犹太人。请记住，当我们推断犹太人对现代经济生活的影响时，那些以基督徒身份反复出现的人，其实是犹太人。他们或他们的祖先受过洗礼，情况就是这样。假定各个年龄层都有很多犹太人改变了自己的信仰，这样的假设去事实不远。我们听说过中世纪初期的一些情况。在7世纪和8世纪的意大利，以及同时期的西班牙和墨洛温王朝，从那时到现在，我们在所有基督教国家都能找到犹太人。实际上，19世纪的后三分之一时光，不断出现大批犹太人受洗的情况。但我们仅掌握最后二三十年的可靠数字，因此，我倾向于对雅各布·弗罗默的说法表示存疑。弗罗默认为，到19世纪20年代末,柏林约莫半数的犹太人都皈依了基督教。[1]慕尼黑的犹太拉比维尔纳博士的观点同样荒谬,他近期在一篇文章中预测,柏林总共有12万犹太人受洗。我们掌握的最可靠的数字全都排除了这种可能性。根据这些数字,在19世纪90年代第一次出现大规模的背教,即使在背教百分比最高的年份(1905年),也从未超过1.28%,而(自1895年起)历年的平均百分比是1%。不管怎样,从1873年到1906年,柏林皈依基督教的犹太人的人数并不少,确切的总数是1869人。[2]

在奥地利的犹太人,尤其是维也纳的犹太人中,背教的趋势也很强劲。现在,维也纳每年有五六百犹太人放弃其信仰。从1868年到1903年,总人数不少于9085。犹太人背教过程发展迅速。1868年到1879年,年均每1200名犹太人中有一人受洗,从1880年到1889年,则每420—430名犹太人中有一人受洗,而从1890年到1903年,这个数字达到了每260—270名犹太人中有一人受洗的程度。[3]

但是,我们很难评估背教的犹太人是否是影响我们时代经济发展的唯一群体。还有一些群体也产生了相同的影响。我这里没有考虑嫁到基督教家庭的犹太女人,虽然她们至少在名义上不再是犹太人,不过,这些人肯定保留了她们的犹太特性。我考虑的是那些在历史上发挥重要作用的秘密犹太人,我们在每个世纪都能遇上他们。在某些时期,这些人占了犹太人中的很大一部分。但他们的非犹太人姿态使他们的同时代人理所当然地将他们看成为基督徒或伊斯兰教徒。例如,我们知道15世纪和16世纪的法国南部最初来自西班牙和葡萄牙的犹太人(这一描述也适用于各地的马兰诺):

"他们遵循天主教的所有外部表现形式,他们的出生、婚配和死亡都会在教会登记,他们所有人都接受天主教的洗礼、婚礼和终傅礼。一些人甚至接受神职,担任牧师。"[4]在商业企业和工业企业的报告中,他们不以犹太人面目示人就不足为怪了。今天,某些历史学者甚至以赞赏的口吻谈到西班牙或葡萄牙"移民"的有益影响。秘密犹太人老练地隐瞒了他们的种族来源,以至于犹太史领域的专家对一些家庭是否是犹太家庭仍然存疑。[5]对那些家庭成员都取了基督徒式姓名的家庭,就更难确定其身份了。17世纪的新教难民中可能有很多是犹太人。一般推理就可以证明这种假设,如果我们考虑到胡格诺派教徒中有很多犹太姓名,那么,这种可能性就更大了。[6]

最后,我们的研究不可能全盘考虑1848年前对我们时代的经济生活起了积极作用,却不为当局所知的所有犹太人。法律禁止犹太人履行他们的天职。因此,他们迫不得已,要么假借基督徒的外表,要么受"享有特权的"犹太人的保护,要么施展一些计谋,以便规避法律。据可靠的权威观点,在许多小镇,以这种方式秘密生活的犹太人为数众多。例如,按适中的估计,19世纪40年代居住在维也纳的犹太人据说不少于12000人。那时,纺织品批发贸易已经掌握在犹太人手中,城市中心的各个区遍布犹太人的商店。但1845年的官方商人名录上,只在附录中记录了63名犹太商人的名字,他们被称为"特许犹太商人",这些情况只在为数不多的文章中有所论及。[7]

但这就够了。出于种种理由,我的想法是要揭示出我们所知道的犹太人数要少于实际存在的犹太人数。读者应该记住,犹太人对现代经济生活结构的贡献,必然表现得比他们实际作出的贡献要小。

我们现在就着手揭示犹太人的贡献吧。

第二章 16世纪以来经济生活中心的转移

现代经济生活成长的一个最重要的事实是经济活动的中心从南欧诸国——意大利、西班牙和葡萄牙,有人也算上南德的一些地区——向西北欧——荷兰、法国、英国和北德——转移。在这一转移过程中,荷兰的突然崛起和繁荣是一个划时代的重大事件,这一事件是推动法国、英国经济发展的动力。整个17世纪,西北欧诸国敏思的观察家和务实的政治家只怀有一个目标,那就是效仿荷兰在商业、工业、航运和拓殖方面的成就。

历史学家对这一众所周知的事实给出了极可笑的解释。比如有人说,导致西班牙和葡萄牙以及意大利和南德城市经济衰落的原因在于,美洲大陆的发现和人类找到了通往东印度的新航路。同样的原因也导致了黎凡特*的贸易量锐减,因此,仰仗地中海贸易的意大利商业城市的地位逐渐削弱。但这一解释无论如何都难以令人满意。首先,地中海沿岸诸国的贸易在整个17世纪和18世纪依然繁盛,这一时期,法国南部的滨海城市以及汉堡的繁荣,与地中海贸易息息相关。其次,一些意大利城镇,比如威尼斯,在17世纪失

---

* 地中海东部沿岸诸国。——中译者

第二章 16世纪以来经济生活中心的转移

去了其重要地位,而在16世纪地中海沿岸诸国的贸易中参与度很高,尽管它确实忽视了贸易航路。我们很难理解,为什么在15世纪之前,那些发挥领导作用的国家——意大利、西班牙和葡萄牙——仅仅因为与美洲和东印度的新贸易联系便遭了殃,或者,为什么仅仅因为它们与法国、英国或荷兰相比处于不利的地理位置,就失去了优势。仿佛从热那亚到美洲或西印度群岛的路线,与阿姆斯特丹或伦敦或汉堡到美洲或西印度群岛的路线不是一条路!仿佛西班牙和葡萄牙港口并不是距新大陆的最近的港口,尽管新大陆是由意大利人和葡萄牙人发现并一直由葡萄牙人和西班牙人掌控!

人们经常提到的第二个原因同样不足为信。有人断言,西北欧诸国是强大的统一国家,而德国和意大利则四分五裂,据此,前者的地位有可能强于后者。这里,我们禁不住要问,16世纪的亚得里亚海女王*是否比17世纪的七省共和国**要弱?菲利普二世的帝国在权势和名望上是否强于他同时代的所有王国?而且,虽然德国在政治上腐败,但其某些城市如汉堡或美因河畔法兰克福,在17世纪和18世纪却得到高度发展,法国和英国很少有城市能与其媲美。13个中原因何在?

限于篇幅,这里不可能全方位多角度探讨这一问题。许多原因都可以导致我们上文提及的结果。但从我们的问题本身来看,有一个可能性不能放过。我觉得应该对这一可能性加以认真考虑,据我所知,还没有人思考过这一可能性。我们能不能把经济中心从南欧转向北欧与犹太人的流徙联系起来考察呢?仅仅一个提示立刻就

---

* 威尼斯的别称。——中译者
** 指荷兰,又称联省共和国。——中译者

照亮了此前笼罩在半明半暗中的那些历史事件。人们一直没有留意过犹太人的流徙和定居与各个民族和国家的经济兴衰的对应关系，这着实令人诧异。以色列人像太阳一样掠过欧洲：太阳的到来会诞生新的生命；而失去了太阳，万物便枯萎。简要回顾犹太人自15世纪以来的多舛命运，就会支持这种看法。

我们所能想到的第一个全球性重大事件，就是犹太人被逐出西班牙（1492年）和葡萄牙（1495年和1497年）。人们永远不要忘记，正是哥伦布从帕洛斯港启航，开始发现美洲之旅（1492年8月3日）的前一天，30万犹太人从西班牙流徙到纳瓦拉地区、法国、葡萄牙和东印度。人们同样也不要忘记，正是在达·伽马探寻并发现了通往东印度的航路的那些年里，犹太人被从比利牛斯半岛的其他地区逐出。[7A]

两件意义同等重要的大事——新大陆的发现和犹太人大流散的剧变——同时发生，对犹太人命运确实是很大冲击。但犹太人被逐出比利牛斯半岛并不是犹太人这段历史的终结。大量犹太人以伪基督徒（马兰诺）的身份生存下来，但因为宗教迫害越来越残酷，自菲利普二世时代以降，这些犹太人才被迫离开他们生于斯长于斯的地方。[8]在随后的几个世纪，尤其是16世纪末，西班牙和葡萄牙的犹太人移居到其他国家。正是在这一时期，比利牛斯半岛经济繁荣的厄运已经注定。

15世纪，犹太人被逐出了德国的商业城市——如科隆（1424—1425年）、奥格斯堡（1439—1440年）、斯特拉斯堡（1438年）、埃尔福特（1458年）、纽伦堡（1498—1499年）、乌尔姆（1499年）和雷根斯堡（1519年）。

第二章 16世纪以来经济生活中心的转移

16世纪,犹太人在许多意大利城市遭遇到同样的命运。他们被逐出了西西里(1492年)、那不勒斯(1540—1541年)、热那亚和威尼斯(1550年)。在意大利,经济衰落与犹太人的流徙在同一时刻发生。

另一方面,某些情况相当出人意料,从西班牙犹太人首次出现开始,难民流亡到哪里,哪里的国家和城市的经济地位便开始上升。里窝那就是一个最好的例子[9],该城是16世纪享有经济繁荣的少数意大利城市之一。现在,里窝那成了大多数流亡意大利的犹太人的目的地。德国的汉堡和法兰克福[9A]也是公认的犹太人定居点。说来惊人,18世纪一位观察敏锐的旅行家遍游德国,他发现,德意志帝国古老的商业城市如乌尔姆、纽伦堡、奥格斯堡、美因茨和科隆,到处都陷入衰败,只有两座城市繁荣如昔,日复一日有增无减。那便是法兰克福和汉堡。[10]

17—18世纪,法国新兴城市是马赛、波尔多和鲁昂——这些城市也是犹太流亡者的避难天堂。[11]

至于荷兰,众所周知,荷兰在16世纪末突然发生了一次(资本主义意义上的)跳跃式发展。1593年,最初定居在阿姆斯特丹的葡萄牙马兰诺,人数很快增加。阿姆斯特丹的第一座犹太教堂在1598年启用。到了17世纪中叶,荷兰的许多城市都出现了犹太社区。18世纪初,阿姆斯特丹的犹太人估计有2400人。[12]另一方面,在17世纪中叶,犹太人的思想影响已经引人注目,国际法作者和政治哲学家说,古代希伯来联邦是荷兰宪法力图效仿的典范。[13]而那时的犹太人则称阿姆斯特丹为他们心目中伟大的新耶路撒冷。[14]

许多荷兰定居者都来自西属尼德兰,具体来说是来自安特卫普,那是他们被逐出西班牙之后的流亡地。其实,1532年和1539年公告禁止伪基督徒留在安特卫普,但这些公告并无实效。1550年,当局又重新颁布了禁令,但这次仅针对那些法律意义上没有住满6年的人。但这依然是一纸空文。"秘密犹太人与日俱增"。他们积极投入了尼德兰争取自由的斗争,其结果是他们被迫流走到尼德兰更北的省份。[15]值得注意的是,安特卫普成为世界商业中心和金融市场的短暂时光,正是马兰诺来而又去期间。[16]

英国的情况同样如此。英国的经济发展,换言之,英国资本主义的成长[17],很大程度上与来自西班牙和葡萄牙的犹太人的迁入相呼应。[18]

据说,英国在爱德华一世(1290)时代奉行驱逐犹太人政策,所以当时的英国没有犹太人。直到克伦威尔(1654—1656)治下,官方才勉强认可犹太人迁入。英国最权威的犹太人历史学者现在认为,这种看法是错误的。英国一直有犹太人。但直到16世纪,犹太人人数才开始剧增。在伊丽莎白女王治下,在英国能碰到很多犹太人。女王本人热衷于希伯来语研究,热衷于与犹太人交谈。她的私人医生罗德里戈·洛佩斯就是一名犹太人。莎士比亚以他为原型,塑造了夏洛克的形象。后来,正如大家所知道的,由于马纳赛·本·以色列的努力,犹太人得到了自由定居的权利。随着移民潮的加剧包括18世纪后德国犹太人的进入和英国犹太人数的剧增,根据《英国犹太人或英国犹太人的历史和遗迹》一书作者的说法,1738年,仅伦敦一地就有6000名犹太人。[19]

然而,说到底,犹太人的迁徙和经济的兴衰相对应的事实,并不必然证明犹太人的来去是任何国家经济繁荣或衰败的唯一原因。

第二章 16世纪以来经济生活中心的转移

如果证实事实果真如此,那么恰恰证明了这样一个谬论:"发生在其后,必然是其结果"(post hoc, ergo propter hoc)。后来的史学家在此问题上的观点也非盖棺定论,所以,我也不会使用任何人的观点来支持我的论点。[20]但我认为,当时人的观点总是值得关注的,我会给读者介绍一两位时人的看法,因为当时人的一句话足以说明他所处的时代。

1550年,威尼斯元老院决定驱逐马兰诺,禁止与他们进行贸易活动。该城的基督徒商人宣布说,禁止与马兰诺的贸易将意味着他们的毁灭。他们可能也得与流亡的犹太人一起离开威尼斯,因为他们明白,他们全仰赖与犹太人的贸易赚钱。犹太人控制了西班牙的羊毛贸易,西班牙的丝绸、颜料、糖、胡椒、辣椒和珍珠贸易,也多半控制在犹太人手中。所有出口贸易绝大部分由犹太人掌控,他们给威尼斯人供应可供销售的商品,自己收取佣金。同时,他们也是证券经纪人。[21]

在英国,犹太人找到了保护人克伦威尔。克伦威尔保护犹太人是出于经济上的考虑。他相信,他需要富有的犹太商人去开拓英国的财政和商业繁荣。但他并非盲目利用有钱人来支持他的政府。[22]

像克伦威尔一样,17世纪伟大的法国政治家柯尔贝也同情犹太人。我认为,这其中的意义非同小可。这两位巩固了现代欧洲国家的名臣(organizer),都敏锐地意识到犹太人在国家经济发展(即资本主义发展)中的推动作用。柯尔贝在给朗格多克大区行政长官的一条训令中指出,马赛城因犹太人的经商才能而获益良多。[23]在这座犹太人发挥着重要作用的法国商业中心,居民们无师自通学会了经商,他们是从自身的经历中学会经商的,同样,他们也竭尽全力，将同城的犹太公民圈在自己的小天地里。我们一遍遍听到对犹太人的赞美，尤其是出自波尔多居民之口的赞美。1675年，一支雇佣军劫掠了波尔多，很多富有的犹太人准备离开。镇议会吓坏了，我们这里引用镇议会议员们提交的报告，"葡萄牙人占据了整条街道，他们最重要的事情是申领护照，他们和那些生意做得很大的外乡人决定要离开；事实上，他们中最富有的人，像加斯帕·贡萨雷斯和阿尔瓦雷斯已经走了。我们很担心商业活动会就此停止"。[24]几年后，朗格多克大区的区长助理用寥寥几句话概括了这种境况："没有他们（指犹太人），波尔多乃至整个大区的贸易肯定都毁了。"[25]

我们已经清楚了16世纪来自伊比利亚半岛的流亡者是如何涌入安特卫普这座西属尼德兰商业都市的。大约在16世纪中叶，国王在1549年7月17日签署命令，撤回了已经给予他们的特权。安特卫普的市长、司法长官和执政官，随即向阿莱斯主教递交了请愿书，表示难以执行帝国的命令。他们指出，葡萄牙人是一个经营群体，他们从其祖国带来了大量财富，从事着范围广泛的贸易活动。他们继续写道："我们必须记住，安特卫普能逐步发展到今天的商业规模，经历了很长时间。在驱逐犹太人之前，必须三思而后行，因为城市的毁灭必然导致国家的毁灭。"市长尼古拉·范·登·米伦（Nicholas Van den Meeren）卷入更深。兼任尼德兰摄政女王的匈牙利玛丽女王在鲁佩尔蒙德（Ruppelmonde）逗留期间，他前往拜见，以为新基督徒的主张辩护，向女王说明安特卫普执政者不颁行帝国法令的举措是因为这项法令与安特卫普的利益相悖。[26]然而，他的努力未能获得成功。如我们所知，犹太人离开了安特卫普，去了阿姆斯特丹。

第二章 16世纪以来经济生活中心的转移

由于犹太人的离开,安特卫普失去了先前的繁荣,尤其在17世纪时,人们认识到犹太人给安特卫普带来过巨大的物质繁荣。1653年,安特卫普成立了一个委员会来考察是否允许犹太人进入该市的问题,对此,委员会表达了这样的意见:"说到担心和忧虑公共利益受损——因为犹太人倾心于所有的贸易,所以他们会玩花样,耍诡计,会通过高利贷吞没天主教徒的财富——在我们看来恰恰相反,犹太人会使自己的贸易突破眼前的限制,并将有利于全国,国家所需的金银会得到大量供应。"[27]

17世纪的荷兰人不需要这样的劝告,他们充分意识到犹太人带来的好处。当马纳赛·本·以色列离开阿姆斯特丹前往英国传教时,荷兰政府开始担心,他们唯恐荷兰犹太人会移居英国,因此,他们指示驻英大使纽波特探听马纳赛·本·以色列的意图。1655年12月,纽波特报告说一切尚好,无需担心。"马纳赛·本·以色列来拜访过我了,他向我保证,他不会在荷兰犹太人身上动心思,他只是为那些受西班牙和葡萄牙宗教迫害的人服务。"[28]

同样的故事也发生在汉堡。17世纪,犹太人的地位不断上升,人们认为,汉堡的繁荣离不开犹太人的贡献。市政府有一次要求允许建设犹太教堂,否则他们担心犹太人会离开汉堡,这样这座城市可能会沦为乡村。[29]还有一次是在1697年,当时有人建议应该驱逐犹太人,为了防止对汉堡商业造成严重损害,商人们急切地恳求市政府帮忙。[30]在今天存放于汉堡市政档案的一份1733年的特别报告中,我们看到:"犹太人几乎包揽了证券经纪、珠宝贸易、编织物和手工织布的所有贸易,他们已经赶上了我们本地人。过去,不需要对他们进行监管,但现在,犹太人大量增加,虽然手工业者和那些日常用品提供者尚未形成一个大的商人阶层，但犹太人已经在这些行业中成为一个重要因素。他们成了必要之恶。"[31]在以上列举的有关犹太人的称谓中，我们还可以加上"海险经纪人"。[32]

同时代人的看法已经够多的了。但这并不足以成为完整的证据。我们必须依据事实作出自己的判断，因此，我们的第一个目标肯定是找出这些事实。这就意味着，我们必须从原始文献中找出犹太人从15世纪末以后——即犹太人的历史和整个欧洲经济发展都趋向于同一方向发展的时期——对建设我们的现代经济生活所作的贡献。然后，我们才可能准确描述犹太人对经济生活中心转移的影响程度。

正如我之前已经说过的，我本人的看法是，犹太人的重要作用是双重的。一方面，他们影响了现代资本主义的外在形式，另一方面，他们体现了现代资本主义的内在精神。在第一个方面，犹太人在赋予了今天仍然存在的国际经济关系、在帮助现代国家形成今天的资本主义体系的面貌、在赋予资本主义组织特有的性质，并在通过发明改变今日经济生活的商业机制的许多细节以及共同完善这一机制的方方面面，都贡献良多。在第二个方面，犹太人之所以具有重要作用，首先是因为他们赋予经济生活以现代精神；他们支配了资本主义的基本观念，让资本主义得以充分发展。

我们会依次来思考这几点，以期获取对这一问题的准确认识。我们的意图不只是提出一两个问题，并到处提示答案。我们只想促使读者思考。这将会给今后的研究积累充分的资料，通过这些资料来判断这里提出来供考虑的有关原因和结果的看法是否可靠以及可靠的程度。

第三章　国际贸易的快速发展

　　欧洲商业因为经济活动中心转移而导致的转型，很大程度上要归因于犹太人。如果我们仅仅考虑经过犹太人之手的商品量，犹太人的地位是无可取代的。正如我所说，当时根本没有准确的统计数字。然而，某些研究可能披露了一些有用的数字。就我所知，这方面目前只有少许材料，但这些材料的价值却不能高估。

　　似乎在犹太人正式进入英格兰之前——即在17世纪上半叶——犹太人从事的贸易范围已经占整个王国全部贸易额的1/12。[33]遗憾的是，我们不知道这一计算是基于什么权威资料，但这一数字与伦敦商人在一份请愿书中的陈述相去不远。问题是，犹太人是否应该交纳向外国人征收的进口税。请愿者指出，如果犹太人得到免税的待遇，那么，联合王国将每年损失上万英镑。[34]

　　我们显然清楚地了解犹太人在莱比锡市场上所占的贸易份额[35]，因为莱比锡长期以来是德国贸易的中心。我们把莱比锡作为一个标准来衡量犹太人贸易深入而广泛的发展。但不只是德国，一二相邻国家，尤其是波希米亚和波兰，也包括在考察范围之内。我们发现，从17世纪末以来，犹太人所占的贸易份额在激增，研究过这些数字的所有权威著作都一致认为，犹太人对莱比锡市场的发展发挥了重要作用。[36]

只是从 1756 年复活节市场开始，我们才可能将有关的犹太商人与基督徒商人人数进行比较，因为只是从那时起，档案资料才掌握了有关后者的统计数字。出现在莱比锡市场上的犹太人人数如下：

1675—1680 年 416 人
1681—1690 年 489 人
1691—1700 年 834 人
1701—1710 年 854 人
1711—1720 年 769 人
1721—1730 年 899 人
1731—1740 年 874 人
1741—1748 年 708 人
1767—1769 年 995 人
1770—1779 年 1652 人
1780—1789 年 1073 人
1790—1799 年 1473 人
1800—1809 年 3370 人
1810—1819 年 4896 人
1820—1829 年 3747 人
1830—1839 年 6444 人

请特别注意截至 17 世纪末和 18 世纪以至 19 世纪初的增长速度。

如果看一下 1766—1839 年的情况，我们就会看到，每年都留在市场的人，平均来说有 3185 名犹太人和 13005 名基督徒，也就是说，犹太人占基督徒商人的 24.49%，或接近基督徒商人总数的

1/4。实际上,在某些年份里,例如在1810—1820年间,犹太人占到所有同业人数(4896犹太人和14366基督徒)的33.3%。这已足够重要,无需再强调表中所列数字很可能被低估的事实。

有时候,我们也可以通过间接方式来确定犹太人在一国商业中所占份额。比如我们知道,17世纪汉堡与西班牙和葡萄牙的贸易,或者其与荷兰的贸易,几乎完全掌握在犹太人手中。[37]当时,约20%的航运货物离开汉堡,运往伊比利亚半岛。约30%的货物运至荷兰。[38]

再举另一个例子。18世纪黎凡特的贸易是法国贸易最重要的一方面。当时的一份权威报告告诉我们,黎凡特贸易全部由犹太人控制,"买方、卖方、中间商、证券经纪人和代理等,全是犹太人"。[39]

16世纪、17世纪乃至18世纪,黎凡特与西班牙、葡萄牙的贸易或经由两国的贸易,构成了世界贸易中最重要的一脉。这一概括足以证明,纯粹从数量角度看,犹太人在推进国际交往的发展方面是多么出类拔萃。在西班牙,犹太人已经设法控制了与黎凡特的大部分贸易份额,无论在黎凡特的哪一个港口,都可以找到犹太人的事务所和仓库。西班牙扩张时期,许多西班牙犹太人便定居东方。另一条路线则是向北方进发。因此,这就使得黎凡特贸易在不知不觉间与北方各民族联系在一起。在荷兰,这种效果是实实在在的,荷兰成了具有世界影响的贸易大国。可以说,随着犹太人事务所的建立,以及疆域的拓展,世界贸易之网越织越大,越织越密,另一方面,各国相互之间的联系更趋紧密。[40]尤其是,在这种情形下,西半球——主要由于犹太人的影响——被拉进世界贸易。问题的这一方面与犹太人在殖民地所扮演的角色有关,对此,我们还可以多说几句。

另一种方式是探讨犹太人通常从事何种商品的贸易,通过这种方式,我们可以对犹太人在现代商业的拓展中所作贡献有清楚的认识。贸易的质要比贸易的量来得重要。犹太人通过所从事的贸易的特性,对旧的贸易形式进行了部分革新,由此帮助贸易形成了今天的形态。

这里,我们碰到了一个重要事实。长期以来,犹太人实际上垄断了奢侈品的贸易。对17—18世纪的贵族世界来说,奢侈品贸易具有重要意义。那么,犹太人专营哪一类商品呢?犹太人经营的是首饰、宝石、珍珠和丝绸。[41]因为他们已经占领了贵金属市场,所以他们贩卖金银首饰;因为他们是最早定居那片土地(尤其在巴西)的居民之一,所以他们经营珍珠宝石;因为他们和东方贸易中心建立了极悠久的联系,所以他们贩卖丝绸。

而且,犹太人几乎遍及所有大规模出口贸易领域,或至少占据主导地位。不仅如此,我相信,犹太人率先在世界市场上投放现代贸易的主要商品,这一判断是恰当的。犹太人经营农产品,像麦子、羊毛、亚麻以及后来的蒸馏酒,同时,整个18世纪犹太人还经营随资本主义工业发展而迅速增加的纺织品,[42]以及糖和烟草之类首次进入国际贸易的殖民地产品。我毫不怀疑,在人们撰写现代贸易史时,犹太商人与大型企业的联系会是一个不断提及的话题。我偶尔看到的资料已经足以证明这一断言之正确。[43]

也许,犹太人对经济生活的发展最深远的影响,要归因于他们对新兴商品的贸易,以及创新性地酝酿以新方法取代旧方法。我们这里可以提到棉花、[44]棉制品(外国造)、靛蓝染料等。[45]在那个

第三章 国际贸易的快速发展

时代经营这些商品被视为"扫兴的事",因此,一位德国作家用"不爱国的贸易"[46]或"犹太人的生意"来奚落犹太人,意为这些生意很少能让德国人就业,而且多半只是依赖于国内消费。[47]

"犹太人的生意"的另一个明显特征为后来所有贸易所效法,那就是多样和多面。1740年,蒙彼利埃的商人抱怨犹太商人竞争力太强,地方行政长官回应道:如果他们(基督徒商人)像犹太商人那样库存品种丰富,顾客也会和他们做生意,就像和犹太人做生意一样。[48]莱比锡市场也有关于犹太人的同样说法:"犹太商人对市场的生意具有有益的影响,他们做生意灵活多样,促使工业,尤其是家庭手工业多向发展。事实上,由于犹太人的买卖涵盖范围广,他们已成为许多市场的大佬。"[49]

但在我看来,早期资本主义时代"犹太人的生意"的最大特征是,犹太商人在大陆得到的能够大量获取现金的优势,不是直接得到的,就是通过西班牙和葡萄牙得到的。我在想新近发现的中南美洲富藏金银的国家。我们不断发现犹太人把现金带回国的记录。[50]唯理的思想家和务实的政治家都认识到,金钱才是所有资本主义发展的来源。在亚当·斯密学说的迷雾消散后,我们也认识到了同样的问题。现代经济生活的建立很大程度上必然意味着对贵金属的占有。在这项工作中,没有人像犹太人那样大获成功。这个问题马上把我们引入下一章的主题,探讨犹太人在现代殖民经济发展中发挥了多大作用。

第四章　现代殖民的基础

只是到了现在，我们才开始认识到，殖民扩张在现代资本主义发展中是一股不小的力量。本章的目的是揭示犹太人在殖民扩张上所起的作用，这种作用即使不说是决定性的，无论如何也是最重要的。

犹太人会成为精明的殖民开拓者，是他们的天性使然。看看新世界，虽然这片大陆不过是穿上新衣的旧世界，但似乎远比难以忍受的旧欧洲能给犹太人提供更多的福祉。尤其是，当他们最后的黄金国（指西班牙）已成为一个不友好的避难所之时，这种情况同样适用于无论位于东方或西方还是南方的所有殖民地企业。早在中世纪就有很多犹太人在东印度群岛定居，[51]1498年后，当欧洲诸国伸手攫取这一古老文明的土地之时，犹太人被看成是欧洲强权的保障而受到欢迎，尽管他们只是作为贸易开拓者来到这里。虽然我们尚未找到明确的证据，但很可能是葡萄牙人和荷兰人的船只把大批犹太定居者带到其各自在东印度的领地。无论如何，犹太人广泛分布于所有荷兰人定居点，包括在东印度的定居点。我们得知，犹太人是荷兰东印度公司的大股东。[52]我们还知道，东印度公司的总督，即那位"如果没有事实上确立荷兰在爪哇的势力，肯定也最大限度强化了这一势力"的人，[53]就是科恩（Coen）。而且，只要

第四章 现代殖民的基础

看看荷属殖民地总督们的肖像就能明白,这个科恩并不是他们中唯一的犹太人。[54]东印度公司的董事中也有犹太人。[55]总之,没有哪家殖民地企业中没有犹太人的身影。[56]

英国人成为印度的主人后,犹太人在印度的经济生活发展中起到多大作用,我们尚不得而知。但是,我们已经完全了解犹太人在英国人对南非和澳大利亚的殖民中所起的作用。无疑,在这些地区,尤其是开普殖民地,几乎所有经济发展都要归功于犹太人。19世纪20—30年代,便雅悯·诺登和西蒙·马克斯来到南非,致力于唤醒整个开普殖民地的内陆产业。朱利叶斯·莫森塔尔和他的兄弟阿道夫和詹姆斯做起了羊毛、皮革和安哥拉羊毛的生意;阿隆和丹尼尔·德·帕斯垄断了捕鲸业;乔尔·迈耶斯养上了鸵鸟,霍普敦的利连菲尔德买下了第一块钻石。[57]在南非殖民地的其他地方,尤其是在德兰士瓦,开风气之先的都是犹太人。南非的五万犹太人中有两万五千人居住在德兰士瓦。[58]澳大利亚的情况也是如此。第一个批发商蒙特菲奥里就是犹太人。因此我们说,在很长一段时间内,"英国殖民航运贸易大部分掌握在犹太人手里",[59]似乎毫不夸张。

但是,犹太人殖民定居的真正势力范围是在西半球,资本主义早期阶段尤其如此。美洲到处都有犹太人,这是研究各种文献必然会得出的结论,而这个结论是颇富深意的。从美洲发现的第一天起,新大陆的发现对欧洲的经济生活乃至整个欧洲文明,就具有重大影响。因此,犹太人在建设美洲世界的过程中起到的作用,作为现代社会发展的要素,具有极为重要的意义。这就是我甘冒令读者厌倦之险而更全面地探讨这个问题的原因。[60]

美洲的发现与犹太人息息相关。这就好像新世界是借助犹太人之手,也只是为了犹太人才出现的,就好像哥伦布等人只是受雇于犹太人。从这个角度看,为自己的过去感到自豪的犹太人,现在很看重美洲发现的历史,最新研究也阐明了这一点。[61]这些似乎都表明,由于犹太学者具有科学知识,其航海导航近乎完美,从而使跨洋航海成为可能。1473年,萨拉曼卡大学的数学和天文学教授亚伯拉罕·萨库托(Abraham Zacuto)完成了他的天文图表《万年历》(Almanach perpetuum)。另两位犹太人,葡萄牙约翰二世的御用天文学家和物理学家何塞·维库何(Jose Vecuho)以及数学家摩西(他与另两位基督教徒学者合作),以这些图表为基础,发明了航海星盘。使用这件仪器可以根据太阳所处的地平纬度测量出船只位置与赤道的距离。何塞还把约翰二世的《历书》翻译成了拉丁文和西班牙文。

犹太人提供的科学知识为哥伦布航海做了准备。对探险来说同样必须的资金也来自同一个来源,至少哥伦布最初两次远航的经费是来自犹太人。哥伦布在最初的两封信中已经提到,第一次航行,他从国王顾问路易斯·德·桑塔戈尔(Luis de Santángel)那里借到了一笔钱,正是由于路易斯·德·桑塔戈尔以及阿拉贡王国司库加布里埃尔·桑伊耶格(Gabriel Saniheg),一位马兰诺的资助,第一次远航才得以成行。第二次远航同样是依靠犹太人的资助。这一次可以肯定不是自愿捐助的。1492年,西班牙驱逐犹太人,犹太人不得不丢下大量财富。斐迪南攫取了这笔财富,收入国库,其中一部分资助了哥伦布的探险。

但还不只这些,还有许多犹太人成了哥伦布的随从,第一

第四章　现代殖民的基础

个踏上美洲的欧洲人就是犹太人路易斯·德·托雷斯(Louis de Torres)。最新研究让我们确信了这一事实。[62]

但是,更有甚者,哥伦布本人也自称是犹太人。我抛出这条信息,是因为它值得一提,但我不能保证信息的准确性。在马德里地理学会的一次会议上,研究哥伦布的著名学者堂塞尔索·加西亚·德拉列加(Don Celso Garcia de la Riega)宣读了一篇论文,他在文中谈到了西班牙人克里斯托巴尔·科隆(Christobal Colon)(不是哥伦布),他的母系有犹太血统。他拿出了一份加利西亚省蓬特维德拉镇的文件,文件显示,生活在1428—1528年间的科隆家族成员中那些有基督教名字的人,与西班牙海军军官中有些人的名字相同。这些科隆家族成员和封特罗萨家族通婚,后者无疑是犹太人,他们只是近期才皈依了基督教,克里斯托巴尔的母亲就是苏珊娜·封特罗萨。当加利西亚省发生骚动时,美洲发现者的父辈才从西班牙移民到意大利。堂塞尔索从另外的文献来源确证了这些事实,哥伦布的文字中独特的希伯来文学影响,强化了他的看法,而一幅古老的画像也向他揭示了哥伦布有一张犹太人的面孔。

新世界刚刚向欧洲人开启了大门,犹太人就蜂拥而入。我们已经知道,发现美洲的那年,也是西班牙犹太人无家可归的一年。15世纪的最后几年和16世纪的最初几年,成百万的犹太人被迫颠沛流离,而欧洲犹太人聚居区就像被拐杖捣毁的蚁穴。因此,很多犹太人涌入未来似乎一片光明的新世界就不足为奇了。美洲的第一个商人是犹太人,在美洲建立了第一家工厂的也是犹太人。1492年,葡萄牙犹太人已经在圣托马斯岛定居,并成了岛上第一批拥有大片土地的种植园主,他们建起了很多糖业加工厂,雇用了近3000

名黑人。[63]在美洲大陆发现的同时,犹太人就向南美洲移民,移民潮规模宏大,以致在1511年,胡安娜女王认为必须采取措施,遏制这股移民潮。[64]但她的努力肯定未能奏效,因为犹太人的人数还在激增,最终在1577年的5月21日,禁止犹太人向西班牙殖民地移民的法律正式废除。

为了公平对待犹太人在南美建立殖民商业和工业的持续不懈的努力,不妨看一下一两个殖民地的发展变化趋势。[65]

犹太人在美洲殖民地的历史,也是殖民地本身的历史,这段历史可以分为两个阶段,而以1654年巴西驱逐犹太人为分野。

我们已经提到1492年犹太人在圣托马斯建立糖业加工厂。到1550年,糖业在该岛达到了发展的高峰。岛上60家种植园有糖厂和炼糖厂,从糖产量的十分之一要交给国王来看,每年产糖15万阿罗瓦。

犹太人把制糖产业从他们长期经营糖贸易的圣托马斯岛或马德拉群岛(Madeira)[66]挪到了南美最大的殖民地巴西。巴西从此进入了她的第一个繁盛期。因为糖业的发展带动了巴西整个国民财富的增长。在那些早年岁月,居住在这块殖民地的人几乎都是犹太人和罪犯。每年都有满满两船的人从葡萄牙来到这里。[67]犹太人很快就成了这里占主导地位的社会阶层,"最富有的巴西商人中为数不少的人是新基督徒(New Christian)"。[68]巴西的首任总督具有犹太血统,他为殖民政府确立了议事规程。葡萄牙人的新领地真正开始繁荣是在能力超群的托梅·德索萨(Thome de Souza)1549年受派遣全权负责之后[69],这么说一点也不为过。无论如何,在富有的犹太人从荷兰来到这里之后,殖民地才达到其全盛期。

第四章　现代殖民的基础

1642年，荷兰人进入殖民地。正是在这一年，很多美洲犹太人参与了巴西殖民地的建设，其中就有不少于600位有影响的荷兰犹太人参与其中。[70]大约到17世纪中叶，所有大型的糖料种植园都属于犹太人，[71]当时的旅行者对犹太人各方面的活动及其财富都有报告。1640—1649年在巴西游历的纽霍夫（Nieuhof）说他们：[72]"在不属于（荷兰西印度）公司人员的巴西自由定居者中，犹太人为数众多，他们是从荷兰移民到这里的。他们有很多生意超过了其他人的生意。他们买下了糖厂，在累西腓建起了华屋。由于他们都是商人，所以对荷裔巴西人造成了很大影响，即他们的生意必然囿于某种适当的范围。"我们在F.皮拉尔（F.Pyrard）的《游记》（*Travels*）中同样可以读到这样的文字："在九到十年的时间内，他们［犹太人］在那些地方获利惊人，因此他们全都又富裕起来。"[72]

在荷兰人统治巴西时期，犹太人在种植发展方面一直持续发挥主导作用，尽管1654年被逐，[73]这种影响一直持续到18世纪上半叶。[74]有一个时候，"里约热内卢的许多有势力的商人落在宗教法庭（异端裁判所）手里，许多种植园的工作停顿下来，巴伊亚省的生产和生意需要漫长时间才能恢复元气"。后来，巴西于1768年3月2日颁布教令，要求驱除所有注册为新基督徒的犹太人。1773年3月25日颁行的法律又赋予了新基督徒与正统教徒具有同等的公民权。很显然，即使在葡萄牙人于1654年重新统治巴西之后，许多秘密犹太人肯定延续了他们在巴西的主导地位，正是这些秘密犹太人在把兴盛的制糖业带到了巴西的同时，还把宝石生意带到了巴西。

此点姑且不论，1654年标志着美洲犹太人历史时代的到来，因为正是在这一年，许多巴西犹太人定居到了美洲其他地方。因此，

[美洲的]经济重心发生了转移。

西印度群岛的一两个主要岛屿及其相邻的沿海地带从这一变化中获益良多。17世纪犹太人的流入带来了这些地方的繁荣。几乎只有犹太人居住的巴巴多斯(Barbados)就是一例[75]。英国人在1627年统治了巴巴多斯,1641年引入甘蔗。7年后巴巴多斯开始出口食糖。但是,糖业本身很难维持,糖的质量很低,因此糖的价格不足以支付运到英国的费用。直到"荷兰人"从巴西流亡出来后,才把糖加工工艺带到巴巴多斯,教会了当地人糖的榨干和结晶方法,当地的制糖业才有了显著进步。因此,巴巴多斯糖的出口有了突飞猛进的增长。1661年,查理二世因为从巴巴多斯获得的岁赋1万英镑,授予13位种植园主准男爵爵位。1676年前后,制糖业的增长达到每年外运粗糖不少于400船而每艘船装载180吨的程度。

1664年,托马斯·莫迪福德(Thomas Modyford)把制糖工艺从巴巴多斯引入牙买加[76],牙买加随之开始致富。1656年,英国人最终从西班牙人手中夺取了牙买加,其时牙买加只有三家小型的制糖作坊。1670年,牙买加已经拥有了75家制糖厂,其中很多厂家的产量已经达到2000英担。到1700年,糖成了牙买加的主要出口产品以及财富的来源。1671年殖民地的英国商人请愿,要求驱逐犹太人,这清楚地表明,犹太人对牙买加制糖业的发展作出了重要贡献。由于政府鼓励更多的犹太人定居于此,牙买加总督拒绝了英商的请求。[77]他表示:"英王陛下从犹太人和荷兰人身上获得的利益要超过其臣民,他们有大量的资本和广泛的人脉。"这样,犹太人才没有被逐出牙买加,而"成为英国殖民地的第一批商人和经纪人"。[78]18世纪,犹太人缴纳了全部税赋,也几乎全面控制了制糖业和商业。

说到其他英国殖民地,犹太人显示了对苏里南(Surinam)的特殊偏爱。[79]犹太人自1644年在苏里南定居起,已经得到了许多特权——"因为我们发现,希伯来民族……已经……证明他们对殖民地是有用和有益的"。犹太人的特权地位延续到1667年荷兰人占领苏里南。临近17世纪末,犹太人与当地其他族人之比是1∶3,1730年,犹太人拥有344家糖料种植园中的115家。

犹太人在英国和荷兰殖民地的故事和他们在更为重要的法国殖民地,像马提尼克(Martinique)[岛]、瓜德罗普(Guadeloupe)[岛]和圣多明各(San Domingo)的情形类似[80]。法国殖民地也以糖业为致富来源,也和其他地方的情况一样,犹太人控制了制糖业,并成为经营糖业生产和贸易的主要商人。

马提尼克的第一家大型种植园和制糖厂由便雅悯·达科斯塔(Benjamin Dacosta)在1655年建成,跟他一起从巴西过来的还有900名教友和1100名奴隶。

糖产业早在1587年就引入了圣多明各,但在"荷兰"难民从巴西来此定居之前,尚未取得什么成效。

总之,我们不应忽视一个事实,即在那关键的几个世纪里,殖民体制(连同现代资本主义)在美洲扎下根来,当然,抛开巴西的金银宝石开采不算,糖的生产已经成为整个殖民地经济的骨干。如果我们想给自己准确勾画那几百年间糖的生产和贸易的重要意义,多少有点困难。巴黎贸易委员会(1701年)的"法国航运业的繁荣都归因于这几个岛屿的糖业贸易,仅靠糖业贸易就能维持和扩大航运"的说法,并没有过度夸大。这自然让人想到犹太人几乎垄断了糖业贸易,尤其是法国的糖业贸易都掌控在波尔多富裕的格拉迪斯家族手中。[81]

犹太人在中南美洲为自己赢得了强势地位,但到17世纪末,英国在北美的殖民地与西印度群岛建立了商业联系之时,犹太人的这种强势地位变得更趋强势。对于这种在犹太商人协助下建立的紧密商业联系,(我们将会看到)北美大陆从中受惠良多。说到这里,我们必须考虑犹太因素在美国最初的发展中所起的作用。更多犹太因素的融入确立了美国的基本经济形式。由于这种看法与人们普遍接受的看法(至少在欧洲是如此)截然对立,因此这个问题必须加以全盘的考虑。

初看上去,北美的经济制度似乎是独立于犹太人而自行发展起来的。当我们断言现代资本主义确实是犹太精神的表现时,人们告诉我说,美国的历史恰恰证明不是那么回事。美国佬夸口他们的成功并非仰仗犹太人,而如果我没记错的话,正是美国作家马克·吐温(Mark Twain)曾经下大力气来思考为什么犹太人在美国没有发挥巨大作用,他的解释是,美国人像犹太人一样"聪明",如果不说更加聪明的话(顺便说一下,苏格兰人也这样看待自己)。实情是,乍看上去,美国今天的企业巨头、有名的投机商或者托拉斯大王中,并没有很多犹太人的名字。尽管如此,我仍坚持我的判断,即美国充满了犹太精神(或许比其他任何地方更甚)。这在许多方面,尤其是前文已经形成论断的方面,都已得到确证。因此,几年前,在纪念犹太人最初定居美国二百五十周年大会上,罗斯福(Roosevelt)总统给大会组委会发来贺信。罗斯福总统在信中写道:这是他任职以来第一次写这样的信,但这一场合意义重大,让他有理由破例。犹太人所受到的迫害使他深感迫切需要强调具有犹太信仰的人和民族自从来到美国后所显示出的优秀的公民品德。提到犹太人对美国的贡献，总统用了一种一针见血的说法——"犹太人参与了这个国家的建立"。[82]在同一个场合，美国前总统克里夫兰（Cleveland）表示："我相信，在那些作出贡献的民族中，很少有哪个民族——如果有的话——对今日美国特征的形成和发展方向直接或间接地产生了如此巨大的影响。这么说一点也不为过。"[83]

那么，犹太人的影响表现在什么地方呢？第一，参与美国商业活动的犹太人的人数，绝不像表面看上去的那么少。只是因为那些名噪一时而挂在人们嘴边的百万富翁中并没有多少犹太人，而以为犹太人对美国的资本主义没有起到多大作用，这种想法是错误的。理由是，即便是那些托拉斯巨头，也不乏犹太人为之直接出力和谋划。而且，1904年拥有2.01亿美元名义资本的冶炼托拉斯——古根海姆家族（Guggenheims），就是犹太人建立的。而在烟草托拉斯（拥有5亿美元）、沥青托拉斯、电讯托拉斯以及我们所能提到的托拉斯中，犹太人都身居要职。[84]再者，犹太人拥有很多大型银行，因此，犹太人对美国的经济生活具有不小的影响力。拿哈里曼系统公司（Harriman System）来说，该公司的目标就是兼并美国铁路系统。它在很大程度上得到纽约一家著名投资银行库恩-勒布公司（Kuhn, Loeb & Co）的支持。尤其是犹太人在西部具有影响力，加州大部分是他们创建的事业。在州一级，犹太人获得的殊荣有法官、议员、州长、市长等，最后但并非最不重要的则是商人。旧金山的塞利格曼兄弟（Seligmans）——威廉、亨利、杰西和詹姆斯（William, Henry, Jesse and James）；萨克拉门托的路易斯·斯洛斯

（Lewis Sloss）和刘易斯·格斯尔（Lewis Gerstle）（他们在该市创建了阿拉斯加商务公司）；洛杉矶的海尔曼和纽马克（Hellman and Newmark），在商业领域都有响当当的商号。在掘金时期，犹太人在加州和东部各州以及欧洲之间充当中间人，那时候最重要的生意是由代表罗斯柴尔德家族的便雅悯·戴维森（Benjamin Davidson）、罗德岛的阿尔伯特·普雷斯特（Albert Priest）、巴尔的摩的阿尔伯特·戴尔（Albert Dyer）、拉扎尔（Lazard）三兄弟（创建了巴黎、伦敦、旧金山的拉扎尔国际投资银行）、塞利格曼家族、格拉齐埃家族（Glaziers）和沃姆泽家族（Wormsers）这类人承办的，莫里茨·弗里德伦德尔（Moritz Friedländer）是主要的"小麦大王"之一。阿道夫·苏特罗（Adolph Sutro）开发了卡姆斯托克矿。即使在今天，大部分银行业务也都掌握在犹太人手中，这与一般产业的情况非常相像。而且，我们还可以提到伦敦、巴黎和美国银行（西格蒙德·格林鲍姆和理查德·阿特休尔）；益格鲁——加州银行（菲利普·N.利连索尔和伊格纳茨·斯坦哈特）；内华达银行；联邦信托公司，洛杉矶农商银行；约翰·罗森菲尔德控制的煤田，继哈德逊湾公司之后出现的阿拉斯加商贸公司，北美商贸公司等，不一一列举。[85]

最近几十年间，大量犹太人移民到美国，这些犹太移民必然对美国的经济生活产生巨大影响，这一点毋庸置疑。请注意，今天的纽约有100多万犹太人，而且还有大量移民尚未开始其资本家生涯。如果美国的情况沿着上一代人的路线持续发展下去，如果美国全民中的移民统计数据和出生人口比例保持不变，我们就可以想象，此后五十年或一百年的美国是一个只有斯拉夫人、黑人和犹太人居住的国家。在这个国家，犹太人会自然而然地占据经济领袖的地位。

但这只是对未来的推测,而我们主要关心的是过去和当下,因此暂且按下不表。虽然过去有过失败,但现在犹太人积极参与了今天乃至过去的美国生活;这种参与的积极程度或许超过了我们乍见之下的情形。不过,与其他也有权就此问题发表看法的人一样,我虽然认为犹太人的影响很大,但也不能只用人数的多少来进行解释。我要强调的是一种特殊影响,而这种影响可以通过各种复杂原因来说明。

因此,我并不担心过分强调犹太人实际控制了美国许多重要的商业领域,这一事实本身已经足够重要。事实上,认为犹太人垄断了这些行业,或至少在相当长时间内垄断了这些行业,也并不为过。拿犹太人控制小麦贸易,尤其是西部的小麦贸易,控制烟草、棉花为例。我们马上会看到,那些主宰了三大产业的人一定在整个国家的经济生活中发挥领导作用。尽管如此,我不打算反复解释这一事实。因为在我看来,犹太人在美国经济发展中的重要意义植根于比上述这些更深层的原因。

就像织锦中的金线一样,犹太人宛如编织在美国经济史这幅锦绣中色彩斑斓的丝线,由于犹太人的构思精妙而繁复,这幅锦绣从一开始就形成了一种独特的形态。

自从资本主义精神在新世界的沿海地区、森林和草原初次绽放以来,新世界就从未缺了犹太人。1655年通常被看成是犹太人初次现身的年份[86]。那一年,载着犹太移民的船只从当时的葡萄牙殖民地巴西来到美国,在哈德逊河抛锚。船上的乘客请求获准登上荷兰西印度公司建立的殖民地。但他们并不是卑微地寻求帮助。他们是作为一个在很大程度上参与了新世界建立的民族的成员来到这里的,殖民地总督被迫接受了他们的要求。船抵达时,新阿姆斯特丹正处于[彼得·]施托伊弗桑特治下,彼得对犹太人并不友好,如果按照他自己的意愿,他宁愿对新来者关上大门。但他接到了阿姆斯特丹的公司董事会在1665年3月26日写给他的一封信,信中指示允许犹太人在公司控制范围内定居和从事贸易活动。"这是因为犹太人在西印度公司投入了大量资本"。[87]不久,犹太人进入了长岛、奥尔巴尼、罗德岛和费城。

接下来,犹太人开始了多方面的活动,也正是因为他们,殖民地才能维持自身的存在。如我们所知,今日美国之独立存在的唯一可能是因为英国北美殖民地具有一系列有利条件,获得了一定程度的强势和实力,最终引导他们完全独立。在建立这一国家的过程中,犹太人属于最初和最热情的建设者。

我没有考虑一个显而易见的事实,即殖民地只可能借助一些富有的犹太公司来实现其独立,这些犹太公司为新共和国的建立奠定了经济基础。没有犹太人提供的军需和必要的战力,美国不可能赢得完全独立。但犹太人在这一方面的成就不可能脱离美国的特定环境而产生。这是一个与现代资本主义国家的历史交织在一起的普遍现象,探讨如此广泛的议题时,我们应该对这种种情况作出公允的评价。

是的。我所考虑的是犹太人给予北美殖民地,尤其是美洲大陆的一个特殊贡献,这一贡献确实促成了美国的诞生。这里我要指出一个简单事实,在17、18世纪,犹太人的贸易是殖民地经济体系赖以维系的源泉。众所周知,英国强迫她的殖民地从宗主国购买生活所需的全部工业制成品。因此,殖民地的贸易收支一直处于逆差

第四章 现代殖民的基础

状态,由于不断向国外支付金钱,这个国家的金钱将有耗尽的一天。但还有一泓把贵金属输入这个国家的活水,这就是犹太人与南美洲和中美洲的贸易,为这个国家带来了贵金属,扭转了贸易逆差。英国殖民地的犹太人与西印度群岛和巴西有活跃的贸易往来,结果使他们居停的这块土地保持了贸易顺差。南美的黄金采掘也因此带到了北美,有助于北美的经济制度运转良好。[88]

面对这一事实,认为美国的存在要归功于犹太人还不是天经地义吗?如果情况是如此,那么,在多大程度上可以断言,犹太人的影响使得联邦各州成为现在的样子?就是说,使得美国成为现在的样子?如果我们可以这么说——我们所称之的美国精神完全是从犹太精神中萃取的精华。

但美国文化何以浸淫在犹太精神中?答案很简单——是通过第一批定居者早期与犹太因素的普遍融合。我们可以按这种方式描画殖民过程。一群坚毅果敢的男女,比如说20个家庭——来到美洲荒野开始新生活。19个家庭用犁和镰刀,伐木开荒,以务农为生。第20家人开了一个商店,为同伴提供不易从土地获取的生活必需品,无疑,他是开了一间门店兜售物品。不久,这第20家人就把处置其他19家人的农产品销售当作自己的生意。这家人也喜欢握有现钱,在别人有需要时借钱给他人。不久,这家商店兼有了农业贷款银行的性质,或许还具有土地买卖办公室的性质。因此,通过第20个家庭的商业活动,北美农民从一开始就保持了与旧世界信贷制度的联系。由此,生产和交换的全过程从其一开始就是按照现代方式进行的。城镇方式取得成功迅速传至最遥远的乡村。据此,我们可以说,美国经济生活从一开始就注入了资本主义。那么,这要归因于谁？每个村子的那第 20 户家庭。需要补充说明的是，这第 20 户家庭一般是犹太家庭，他们是定居者中的一员，只是不久他们就不必依赖土地为生了。

大致说来，这就是我构想的美国经济发展的精神画面。后来的作家探讨这个问题，可能会充实更丰富的细节。我本人只是无意中发现了一些细节。这些细节具有相似的特征，很难被视为孤证。我们不得不得出结论，即这些细节具有典型意义。不仅我本人持这种看法，比如加州州长帕戴尔（Pardel）在 1905 年也说过："他（犹太人）在数以千计的繁荣社区中一直是顶尖的理财专家，犹太人向来富有进取精神。"[89]

容我引一些我偶然发现的例子。1785 年，亚伯拉罕·莫迪凯（Abraham Mordecai）在亚拉巴马州定居。"他在莱恩河（Line Creek）以西两英里处建了一个商铺，与印第安人广做生意，用他的货物交换驱虫草根、山胡桃木、坚果油和各种毛皮"。[90]奥尔巴尼的情况也差不多，"早在 1661 年奥尔巴尼还只是一个小商埠时，一名叫阿瑟·列维（Asser Levi）的犹太商人就成了那里的地产主。"[91]芝加哥也有同样的故事。该市的第一幢砖房是犹太人本尼迪克特·舒伯特（Benedict Schubert）建造的，他是芝加哥第一位兼售衣料的裁缝，而另一位犹太人菲利普·纽伯格（Philip Newburg）则率先在芝加哥经营烟草生意。[92]在肯塔基，我们知道犹太人早在 1816 年就来此定居。在那一年，美国银行在列克星敦开设了分行，所罗门（Solomon）先生于 1808 年来到列克星敦，成了银行出纳员。[93]在马里兰[94]、密歇根[95]、俄亥俄[96]和宾夕法尼亚[97]，早期定居者中包含有犹太商人是有案可查的，虽然我们对他们的活动

第四章 现代殖民的基础

一无所知。

另一方面，我们知道得克萨斯有很多犹太人，他们是德州资本主义的先驱。例如，雅各布·德·科多瓦"是1856年前德州影响最大的地界勘测员"。科多瓦的地产经纪所很快扬名天下，不仅在德州，就是在纽约、费城和巴尔的摩这些德州大土地所有者居住的地方也非常著名。还有，莫里斯·科坡尔，1863年成为德州国民银行的总裁。亨利·卡斯特罗则是一名移民代理；"1843—1846年间，卡斯特罗用27条船把5000多名移民带进德州……这些移民主要来自莱茵河沿岸诸省……他供养了那些移民一年时间，给他们耕牛，供给他们农用器具、种子、药品，总之是为他们提供了所需的一切"。[98]

有时候，同一个家族的各支分布在不同的州，因而可以最大限度地做成生意。也许，塞利格曼家族的历史是最佳范例。塞利格曼家族兄弟8人（巴伐利亚拜恩斯多夫的大卫·塞利格曼之子）创办了一家公司，现在已经在美国各州所有的中心城市开设了分公司。他们的故事开始于约瑟夫·塞利格曼抵达美国的1837年。另两个兄弟在1839年步长兄后尘。第三个兄弟两年后来美，第四个兄弟先是在兰开斯特做成衣商，不久移居亚拉巴马州的塞尔马。正是从这里起步，他们在其他三个镇开设了分店。到1848年，又有两兄弟从德国来美。第六个兄弟移居诺斯。1850年，杰西·塞利格曼在旧金山的第一幢砖房里开了一家店。七年后，成衣店又增加了银行业务，1862年，塞利格曼兄弟的大宅在纽约、旧金山、伦敦、巴黎和法兰克福落成。[99]

南方各州情况也一样，犹太人在农业定居点扮演着商人的角色。[100]我们在这里（就像在南美洲和中美洲）发现，犹太人很早就拥有了巨大的种植园。在南卡罗来纳，"犹太庄园"（Jew's Land）是"大种植园"的同义语。[101]摩西·林多（Moses Lindo）是南方首批经营靛蓝的承揽人，远近闻名。

举这些事例肯定足矣。我们相信，这些事例足以证明我们的总体陈述，并支持我们的说法，犹太人源源不断从他们的祖居地移民美国。的确，我们没有实实在在的数字来揭示犹太人占全部移民的比例，但我们确实找到了证明这一总体性质的很多迹象，可以证明美国一直存在大量的犹太人。

不要忘记，早年人口分布零落稀疏。新阿姆斯特丹的居民仅仅不到千人。[102]在这种情况下，犹太人搭船从巴西来此定居，给定居地带来了很大变化。要评估犹太人对整个地区的影响，我们不妨往高了估计。[103]还可以举另一个例子。当佐治亚州建立第一个定居点时，定居者中有40名犹太人。这一数字似乎无足轻重，但如果我们考虑到殖民地人口稀少，犹太人的影响就可以算作强劲了。萨凡纳的情况也是如此。1733年，当地已经有12个犹太家庭，在当时，这就是一个微型的商贸中心了。[104]

众所周知，美洲很早就成了德国和波兰犹太人的移民目的地。我们听说："在1826—1850年，波森较为贫穷的犹太家庭中，每家起码有一个儿子（大多数情况下是家里最能干和最具胆识的那个儿子）漂洋过海，逃离其祖国的贫穷和苦闷。"[105]因此，我们无需诧异竟有那么多犹太士兵（7243名）[106]参加了南北战争。我们应该赞同这样的一个估计，19世纪中叶前后，美国的犹太人口有30万（其中3万人生活在纽约），[107]这还很可能是个保守数字。

第五章　现代国家的基础

现代殖民制度的发展和现代国家的建立是两个相互依赖的现象。没有乙，甲是不可想象的。现代资本主义的发端受制于这二者。因此，为了发现在资本主义成长过程中所有历史因素的重要意义，有必要说清楚什么样的历史因素在殖民制度和现代国家的建立上发挥了多大作用。在上一章，我们考察了犹太人与殖民制度的关联，而在本章，我们要思考犹太人与现代国家的关联。

乍看上去，在现代国家的建立过程中，"无国籍"的犹太人在各方面的影响都很大。我们在这一方面所想到的政治家中，没有一位是犹太人。查理五世、路易十一不是犹太人，黎塞留、马扎然、柯尔贝、克伦威尔、普鲁士的弗里德里希·威廉一世和腓特烈大帝也不是犹太人[107A]。然而，我们说到这些现代政治家和统治者时，很难抛开犹太人：这就像提浮士德而不能不提靡菲斯特一样。犹太人和统治者并肩走过历史学家所谓的现代。对我来说，这种联系是资本主义兴起的象征，继而是现代国家兴起的象征。在大多数国家，统治者起到了保护受迫害的犹太人的作用，就是保护国家等级制（Estates of the Realm）和基尔特行会——两股前资本主义势力。为什么呢？因为他们的利益一致，意气相投。犹太人体现了现代资本主义精神，而统治者联合这一力量以建立或维持他们自己的地位。

因此，我谈论犹太人在现代国家的建立中所发挥的作用，并不是说我认为犹太人作为创建者有多少直接影响，而是指他们在这一过程中的间接协同作用。我考虑的是犹太人为正在兴起的现代国家提供了必要的物质财富这一事实，这些物质财富保证了现代国家的建立和发展；犹太人在两个方面支持了各国的军队建设，而军队是新兴国家赖以建立的保障。所谓两个方面，一方面是犹太人给战时的军队提供武器军火和粮食；另一方面是他们不仅提供军费，而且还给宫廷和政府提供日常经费。整个16、17、18世纪，犹太人作为军需供应者和君主王公寻求财政支持的商人，具有很大的影响力。犹太人的这一地位对现代国家的发展具有极大影响。这种说法无须赘述。我们该做的就是举出实例加以证明。这里，我们也不可能试图提到所有实例，而只能指出方向。现在请看下文的研究。

Ⅰ. 作为军需供应商的犹太人

虽然有很多案例记载了犹太人在1492年前的西班牙履行军需承包商之职，但我不打算谈论这一时期，因为这一时期不在本书探讨的范围。我们把自己的研究范围限定在随后的几个世纪，并以英格兰为研究起点。

17世纪和18世纪，犹太人已经获得了军需供应者的声誉。在共和国时期，最有名的军需供应商是安东尼奥·费尔南德斯·卡瓦哈尔。1630—1635年的某个时候，这个"了不得的"犹太人来到伦敦，很快引起那些最杰出的商人的注意。1649年，他是受枢密院（Council of State）之托与军队签订谷物合约的五位伦敦商人之一。[108]据说，他每年把价值10万镑的白银进口到英国。在随

第五章　现代国家的基础

后的一段时期,尤其是威廉三世战争期间,所罗门·梅迪纳(即犹太人梅迪纳)成了最大的"承包商"。他由于贡献卓著而获封爵士,并成为第一位接受此荣誉的犹太商人。[109]

在西班牙王位继承战争期间也是如此,犹太人还是主要的军需承包商。[110] 1716 年,斯特拉斯堡的犹太人重新恢复了为路易十四(Louis XIV)的军队提供情报,供应军需物资的服务。[111] 实际上,路易十四的首席军需供应商就是犹太人,名叫雅各·沃姆斯;[112] 18 世纪,犹太人在这一方面发挥的作用越来越大。1727 年,梅茨的犹太人在六周时间内把作为食物的 2000 匹马和作为替换马匹的 5000 多匹马带进城。[113] 冯特努瓦战役的胜利者,萨克森州的陆军元帅莫里斯发表看法认为,他的军队从未受到比犹太人提供的更好的后勤服务,当时,犹太人就是他的军需承包商。[114] 最后两位路易时期的军需供应商中最著名的犹太人之一是塞夫·比尔,在他的入籍证书上记载着"……在 1770 年和 1771 年阿尔萨斯爆发的战争中,他有机会表现了他对军队和国家的热忱"。[115]

同样,波尔多的格拉迪斯家族在 18 世纪享有国际声誉。亚伯拉罕·格拉迪斯在魁北克建立了一家大型仓库,以满足驻扎在那里的法军之需。[116] 在革命政府、督政府时期以及拿破仑战争时期,犹太人总是扮演军需商的角色。[117] 在这一点上,1795 年巴黎街头贴出的公告是很有意味的。巴黎发生了饥荒,犹太人应召通过输入谷物赠与饥民来表达对革命政府赋予他们权利的感激之情。公告作者写道:"只有他们才能完成这项工作,这得益于他们的生意关系,他们的同胞也从中获益。"[118] 德累斯顿也发生过类似的故事。1720 年,宫廷犹太人(Court Jew)尤纳斯·迈耶提供了大量谷物来解决城镇的饥荒。(编年史家提到是4万蒲式耳。)[119]

在德国各地,犹太人从早年起就是军队的承包商。我们来列数一下他们中的一些人。16世纪的艾萨克·迈耶(Isaac Meyer),1537年的时候,枢机主教阿尔布雷希特允许他定居哈尔伯施塔特,同时鉴于时局危险,责成他给"修道院提供精良的武器和铠甲"。约泽尔曼·冯·罗舍姆在1548年收到了一份帝国保护证书,因为他为帝国军队提供了军饷和补给。1546年,据记载,波希米亚犹太人给军队提供了大量军大衣和毛毯。[120]到了下一个世纪(1633年),另一个名叫拉撒路(Lazarus)的波希米亚犹太人收到的一份官方文书宣称,"他本人或者在他的资助下,为帝国军队获得大量有价值的情报。他把帝国军队得到弹药和军服供应视为己任"。[121]选帝侯也为了自己的军队供给向犹太人求援。莱曼·贡珀茨和所罗门·埃利亚斯为他提供了大炮、弹药等军用物资。[122]此外,还有很多人,如塞缪尔·尤里乌斯,他是萨克森公国选帝侯弗里德里克·奥古斯特的军马供应商。17世纪和18世纪,安斯巴赫公国的模范家族、宫廷征发官和军需承包商非常出名。[123]总之,正如当时的一位作家所一语道破的:"所有承包商都是犹太人,而所有犹太人都是承包商。"[124]

奥地利的情况与德国、法国和英国并无二致。在利奥波德皇帝治下,获准在维也纳再度居住的(1670年)富有的犹太人,如奥本海默家族、韦特海默家族、迈尔·赫舍尔家族等,全都是军需承包商。[125]在奥皇治下的所有国家,我们都能发现同样的情况。[126]最后,我们必须提到犹太军需承包商还为独立战争和南北战争期间的美国军队提供了军需。[127]

Ⅱ. 作为理财专家的犹太人

许多历史学家探讨过这一问题。在犹太历史的各个时期,关于犹太人善于理财有许多可以利用的资料。因此,我不必过于细致地探讨这一问题。列举一些众所周知的事实大概就足够了。

我们发现,早在中世纪,各个地方的税务、盐矿和皇家领地,都由犹太人承揽打理。犹太人担任皇家司库和放债人,当然,这种情况在伊比利亚半岛最为常见。在伊比利亚半岛,皇家从一群富有的犹太人中选择了阿尔莫夏里菲(Almoxarife)和伦戴罗斯(Rendeiros),但由于我们在这里并不特别关注这一时期,所以我不会提到任何人的名字,但我会为读者开列出有关这一主题的一般文献。[128]

不过,就像我们知道的那样,正是在现代,当国家最初建立起来时,犹太人作为王公们的理财专家,其活动具有重大影响。拿荷兰来说,虽然官方阻止犹太人担任皇家雇员,但他们很快就拥有了权势。我们可以想想威廉三世最信任的摩西·马哈多;大使世家的(舍嫩伯格的领主)贝尔蒙特;以及1688年借给威廉三世200万荷兰盾的富有的苏阿索(Suaso)等人。[129]

因为17—18世纪的荷兰是一个金库,欧洲所有缺钱的王公都从里面捞钱,荷兰犹太人金融寡头(haute finance)觉得自己的影响已经超出了荷兰国界。像平托、德尔蒙特斯、布埃诺·德梅斯基塔、弗兰西斯·迈尔斯等人,事实上被视为那一时期北欧最顶尖的财政专家。[130]

再者,那个时期的英国财政也大部分由犹太人掌管。[131]长期议会的货币需求给富有的犹太人定居英国提供了最初的动力,远在他们为克伦威尔接纳之前,富有的秘密犹太人,尤其是来自西班牙和葡萄牙的犹太人,就经由阿姆斯特丹移民到这里:1643年,出现了一支庞大的移民队伍,他们的聚集点是葡萄牙驻伦敦大使安东尼奥·索萨的寓所。索萨本人就是一名马兰诺。这些人中的一位佼佼者就是我们之前提到过的安东尼·费尔南德斯·卡瓦哈尔,他也是一位了不得的财政专家,还是一位军需承包商。正是他为克伦威尔政府提供了资金。在后来的斯图亚特时期,尤其是在查理二世治下,小型殖民地进一步增加。在查理二世的葡萄牙新娘布拉甘萨的凯瑟琳(Catherine of Braganza)的随从中,有很多富有的犹太人,其中有阿姆斯特丹的葡萄牙人银行家达席尔瓦兄弟,他们受托转呈和管理王后嫁妆。[132]他们因为同时从西班牙和葡萄牙来到门德斯和达科斯塔斯,所以家族姓氏也统一改称门德斯·达科斯塔。

大约在同一时期,阿什肯纳齐(德国)犹太人开始抵达这个国家。总的来说,这些犹太人的财富不敌他们的西葡犹太人(Sephardi)同胞,不过,他们也有他们自己的大资本家,如便雅悯·列维。

在威廉三世治下,阿什肯纳齐犹太人人数进一步增加。宫廷与富有的犹太商人的联系也进一步增强。我们在上文提到的所罗门·梅迪纳爵士,作为御用银行家跟随国王从荷兰来投奔另一个豪门苏阿索家族。在安妮女王统治时期,英国最出色的银行家是马纳赛·洛佩斯(Manasseh Lopez),到南海泡沫破灭时,犹太人作为一个群体已经成了该国最大的金融势力。他们没有染指灾难之前的疯狂投机活动,保证了他们的财富未受损失。因此,当政府依据土地税发债的时候,犹太人接手了四分之一债款。在这一关键时期,最显赫的家族是吉迪恩家族,家族的代表人物是辛普森·吉迪恩(1699—1762),他是"政府信赖的顾问",沃尔波尔的朋友,"国家信用的支柱"。1745年,也就是大恐慌那年,辛普森筹款170万镑用以贴补政府。到他去世时,他的影响力已经超过了弗兰西斯和约瑟夫·萨尔瓦多名下的公司,他一直将自己的公司经营到19世纪初,直到罗斯柴尔德家族继起成为金融界领袖。

法国也有同样的故事。在路易十四统治后期及整个路易十五时代权倾一时的塞缪尔·贝尔纳,可以作为众多事例中的一例。我们发现,路易十四在皇家花园中与这个富有的犹太人一起漫步,在一位愤世嫉俗的作家看来,[133]"他之于国家的唯一优点就是像绳子之于上吊的人一样"。他资助过西班牙王位继承战争,帮助过法国的波兰王位候选人;在所有经济问题上给摄政王出谋划策。德·当若侯爵在一封信中[134]毫不虚言地称他是"当代欧洲最大的银行家"。在法国,犹太人在南海泡沫破灭后也全面参与了法国东印度公司的整合。[135]不过,直到19世纪犹太人才真正在法国金融界赢得了主导地位,这一时期的重要人物有罗斯柴尔德家族、埃尔芬家族、富尔德家族、塞夫贝尔家族、杜邦家族、戈德肖家族、达朗贝尔家族、佩雷尔家族等。在17世纪和18世纪的法国,很可能还有更多的犹太人在理财方面比我们已经提到的那些显赫家族还要活跃,但那时因为严厉的排犹使得犹太人成了秘密犹太人,因此,我们对他们一无所知。

"宫廷犹太人"这一聪明的发明使我们比较容易追踪犹太人在法国、德国和奥地利的影响。虽然这些国家的法律禁止犹太人在本国定居，不过，王公和君主在宫廷内安置了一定数量的"享有特权的"犹太人。根据格雷茨的说法，[136]宫廷犹太人的身份是德皇在三十年战争期间引入的，尽管如此，整个17世纪和18世纪，德国的每一个州都有自己的宫廷犹太人，毫无疑问，每个州的财政都要依靠这些人。

一些实例可以为证。我们在17世纪的帝国宫廷发现了格尔茨的约瑟夫·平克赫尔勒、格拉迪斯卡的摩西和雅各·马尔伯格、的里雅斯特的文图拉·帕伦特、布拉格的雅各·巴塞维·巴彻巴·施米勒斯。他们中的最后一位雅各·巴塞维·巴彻巴·施米勒斯，由于忠心服务而被费迪南皇帝冠以冯·特鲁伯格（Bassevi of Treuenberg）封号，成为贵族。在利奥波德一世治下，我们发现了尊贵的奥本海默家族，有关这个家族，施塔茨坎茨勒·路德维希写了下面这段话。[138]在谈到犹太人是重要事件的决定者时，他继续写道："1690年，犹太人奥本海默不仅在欧洲，而且在整个世界的商人和银行家中都颇为知名。"在利奥波德治下，同样著名的还有宫廷筹粮官沃尔夫·施莱辛格，他与勒威尔·辛茨海姆一起，为国家不止一次筹集大额贷款。玛丽亚·特蕾莎也用过施莱辛格，尤其是韦特海默、阿恩施坦纳、埃斯凯勒斯等人的服务。的确，一个多世纪以来，维也纳的宫廷银行家一直都是犹太人。[139]我们可以从美因河畔法兰克福爆发反犹骚乱这一事实来衡量犹太人在经济方面的影响力。当时的地方当局认为，为了贷款需求而要求帝国办公厅（imperial office）对事件进行干预并保护犹太人是明智的，因为法兰克福的犹太人与维也纳犹太同胞有着紧密的贸易关系。[140]

较小的德国宫廷的情况也差不多。"宫廷之间一个赛一个奢华，各宫廷的需求持续增加，由于交流不畅，在商业中心设立训练有素的贸易代理机构成了当务之急。"据此，梅克伦堡公爵在汉堡设立了代理处。1700年，摩西·埃尔克汉斯担任了维尔茨堡的主教约翰·菲利普在法兰克福的代表。这一活动为犹太人开辟了新的途径。为夫人小姐提供珠宝的交易商以及为宫廷总管提供粮食和为御厨提供美食的犹太人，也愿意去洽谈贷款。[141]法兰克福和汉堡居住了大量犹太人，因此也就有很多间接为执政的王公服务的财务代理人。除了我们已经提到的那些人，我们还可以提到葡萄牙犹太人丹尼尔·阿本苏尔，他于1711年卒于汉堡。丹尼尔是波兰国王驻汉堡的公使，波兰国王受他之惠弄到很多贷款。[142]因为宫廷通过这些代表借钱，代表们在宫中常来常往，因此成了"宫廷犹太人"。弗里德里希·奥古斯特在1694年成了萨克森选帝侯，他有许多代理人：汉诺威是莱夫曼·贝伦茨，汉堡是J.迈耶，哈尔伯施塔特是贝伦德·雷曼（他出钱资助了波兰国王的选举），等等。[143]再者，在汉诺威，贝伦德家族是宫廷首席承办人和财务代理人。莫德尔家族、弗伦克尔家族和拿单家族同样为安斯巴赫公国效力。在普法尔茨，我们无意中发现，莱姆勒·莫伊塞斯（Lemle Moyses）*和米歇尔·迈在1719年替选帝侯偿还了欠德皇的250万荷兰盾的债务，[145]最后，拜罗伊特侯爵的封地代理人是拜尔斯多夫家族（Baiersdorfs）。[146]

或许我们更清楚的是勃兰登堡—普鲁士统治者约阿希姆二世治下的宫廷犹太人利波尔德，弗里德里希三世治下的贡珀茨和约斯特·利伯曼，弗里德里希·威廉一世治下的法伊特，以及弗里德

---

* 桑巴特误引为Lemte Moyses。——中译者

里希二世治下的埃弗拉伊姆、摩西·以撒、丹尼尔·伊齐格。在所有这些宫廷犹太人中，最为著名的是聚斯—奥本海默，此人可以作为宫廷犹太人的典型。他当时在维滕堡的卡尔·亚历山大宫中效力。[147]

最后，我们不能不提18世纪，尤其是美国独立战争时期，犹太人作为财务专家发挥的巨大作用。海姆·萨洛蒙[148]的贡献与佐治亚州的米尼斯和柯亨可谓旗鼓相当，[149]但这些人中最杰出的要数罗伯特·莫里斯，他是美国独立战争时期最卓越的财务专家。[150]

这就发生了一件特别的事情。几个世纪（尤其是现代国家成长中两个如此重要的世纪，17—18世纪）以来，犹太人以其个人金钱支持统治者，在随后的那个世纪（甚至就在我们提到的17—18世纪），公共信贷体系渐渐形成了新的形式。这使得大资本家越来越从其主导地位退居幕后，越来越多的各色特许放款人取代了其地位。现代短期贷款方式的演变，使公共信贷"大众化"了，结果，宫廷犹太人成了多余之人。但犹太人本身在帮助这一全新借款制度的成长方面并非可有可无。他们促成了消除自己财务专家的垄断地位。这样，他们比以往更大程度地参与了建立当下这个伟大国家的工作。

公共信贷体制的转化只是遍及整个经济生活的更剧烈变化的一个部分。犹太人在这个转变中发挥了重要作用。现在我们来全面考察这一变化。

第六章　商业在经济生活中的突出地位

现代股票交易正日渐成为全部经济生活的中心,这已是人所共知的事实。随着资本主义的充分发展,这也成了意料之中的事情。股票交易有三个明显的发展阶段。第一阶段是从个人借贷向非个人借贷关系的演变。这一演变过程造成了各种证券的出现。在第二个阶段,这些证券开始流动,也就是说,可以在市场上买卖。最后一个阶段是为设计证券而出现了各种担保形式。

在所有这些阶段,犹太人一直展现了他们的创新天赋。因此我们可以进一步指出,正是由于犹太精神,现代经济生活中的这些特征才得以形成。

一、证券的起源[151]

证券代表了个人债务的标准化[152]。我们是在最初的个人关系变成为非个人关系的意义上来说标准化的。而在此前,人们直接借贷并相互发生关系,现在则建立了一种制度。举出一两个例子就可以清楚表达我们的意思。以前由人做的工作,现在是由机器来做。

62　这是工作的标准化。在旧时代，交战的取胜在于指挥官过人的军事才能，而现在，胜利落入那些善于利用日积月累的经验并能出色运用复杂的战略战术的领袖之手，配置最好的枪械以及以有效组织为其士兵提供后勤补给的领袖之手。我们可以说这是战争的"标准化"。如果一家企业的经理一方面与雇员打交道，另一方面还要与顾客打交道，现在这家企业由董事会接管，在董事会之下有一个行政人员团队，所有工作有组织按计划进行，结果企业或多或少进入了自动程序，那么，这就是"标准化"企业。

在资本主义成长的一个特殊阶段，信贷制度也成为了标准化制度。这就是说，以往债务是两个熟人之间签订协议的结果，现在则是以制度为基础的重新安排。事实上，当事人可以完全是陌生人。新的关系是用汇票或证券或抵押房契这类可流通票据表示，对这些票据的仔细分析可以最终证明这一点。

汇票要有三个人。票据以具体当事人为抬头（收款人）开出，如果汇票没有写明收款人，那么其他两方就不知道谁才是票据持有人；票据收受人可能与开出单据的当事人并无直接的生意往来，但这张票据确立了前者对后者的请求——在一般意义和间接意义上。[153]

证券赋予证券持有人参与某项与他没有直接个人联系的资本
63　运营和分享利润的权利。他可能从未看见过进行这项业务的办公楼，当他把自己的证券让渡给另一个人时，他就转让了参与权。

银行券的情况也同样，银行券持有人也拥有对发钞银行的要求权，尽管他个人可能从未在此银行存有一个便士。

总之，所有这些信贷工具，在一个人或一家企业（货币收受方）与未知的一群人（我们称为"公众"）之间，建立了一种非个人的

第六章 商业在经济生活中的突出地位

关系。

犹太人在创建这一信贷机制的过程中发挥了怎样的作用呢？也许，哪怕我们掌握了大多数地方早期经济史中有关犹太人状况的非常丰富的描述，也很难或者根本不可能借助文献证据揭示这一作用。但不幸的是，人们糟糕地忽视了对解决现有问题非常重要的经济发展方面。我查询了中世纪最后一百年伊比利亚半岛的金融史和银行史。但即便我们探究了这样的历史，问题仍然难以解答。我们需谨记，靠查询文献证据只能发现经济组织的起源，而不能发现法律制度的起源。经济生活中没有哪种组织形式或趋势能够追溯到某一特定的日子，哪怕追溯到某一年。这是一个发展的问题，经济史学家所能做的最多只是揭示在特定时期内经济生活中发现的这种或那种特性，以及主导了全部经济活动的这种或那种组织。正因此，我们着手处理的少得可怜的资源很不充分。史学家将不得不转向探讨他碰巧感兴趣的某一时期或某一特定群体的通史。

举例来说吧。汇票的历史很难仅靠偶尔流传至我们之手的稀有的中世纪汇票而形成文字。这类票据肯定有助于补充或修正一般理论。但我们首先必须系统阐述一般理论。我们来看一个相关的例子。1207年，犹太人西蒙·鲁本斯开具了一张现存最古老的长期汇票。这很难说是充分的证据，据此可以断言犹太人是汇票这一信贷工具的发明者。[154]近来发现了非犹太人开具的更早的汇票，但这些汇票也不能提出强有力的证据，证明犹太人不是汇票的发明者。我们知道有多少汇票在佛罗伦萨或布鲁日流通？我们能确定是哪些人发出了这些汇票？然而，我们的确知道，在整个中世纪，犹太人主要从事货币交易，我们也知道他们居住在欧洲各地，互相之间保持不断的联系。透过这样的事实,我们可以得出相对肯定的结论:"犹太人这一国际贸易的中间商,不仅大规模利用当时传统上在地中海地区流行的外汇工具,而且还加以扩展。"[155]

这一推论方法要求小心求证是不言自明的。不过,这种方法可能会得出有益的结论。我们在下文将看到,在一些案例中,犹太人在一些经济政策或机制的推行中所发挥的作用,可以通过丰富的文献证据得到证明。还有一些案例——有很多这样的例子,如果能够表明,在特定时间、特定地点,犹太人利用当时流行的经济组织形式有某种具体原因,我们肯定会感到满意。

本着这一思路,我们来探讨一两种信贷工具的起源。

Ⅰ.汇票

我们最为关注的不仅是早期汇票史,还有现代可背书的票据。人们普遍认为,可背书汇票在17世纪已经得到充分的发展,这种背书首先在荷兰完全得到法律承认(1651年1月24日阿姆斯特丹公告)。[156]正如我们现在所看到的,17世纪荷兰货币和信贷体系的所有发展多多少少受到犹太人的影响。一些权威学者把可背书汇票的起源追溯到威尼斯,在威尼斯,1593年12月14日颁布的法律,判定可背书汇票为非法。[157]因此可以肯定,可背书票据在威尼斯的流通使用,首先从犹太人开始。因为我们知道,16世纪亚德里亚海沿岸城市几乎所有的票据经营,都掌握在犹太人手中。1550年,在威尼斯基督徒商人的请愿书中(已经列入本书参考文献),与犹太人票据业务有关的段落如下:[158]

第六章 商业在经济生活中的突出地位

在汇兑方面,我们与他们进行同样的交易,因为他们不断给我们汇款,……送现金,以便我们可以按照我们的汇率替里昂、佛兰德和世界各地的人兑换货币,或者我们可以根据他们的情况,替他们购买绸布和其他商品,同时拿到我们通常的佣金。

我们谈论佛罗伦萨的居民的话,同样也适用于居住在弗兰德、里昂、罗马、那不勒斯、西西里以及其他国家的西班牙裔和葡萄牙裔商人,他们竭力与我们做生意,生意不仅限于经营兑换业务,而且把佛兰德的商品运到此地,从西西里贩卖谷物,再购买其他商品运到其他国家去卖。

16世纪,在热那亚的市场上,可背书汇票似乎得到了进一步发展。我们可能会问,那个世纪随处可见、尤其在有名的贝桑松集市主宰了货币市场的"热那亚人"是谁?那个突然间显示了惊人的经商天分,推动了新方法的发展,消除了国际债务,而迄今无人知晓的人是谁?确实,热那亚古老的富有家族是西班牙王室以及其他落魄王公的主要债权人。但设想一下是格里马尔迪家族(Grimaldis)、斯皮诺拉家族(Spinolas)和莱尔卡拉家族(Lercaras)的子孙展现了过人的经商才能,而且这种才能赋予16世纪热那亚人的活动一种特殊性;设想是那些在贝桑松或其他地方的集市闲逛,甚或一成不变地差遣他们的代理人的古老贵族展现出了这种商业才能。在我看来,如果没有很好的理由,这种设想很难成立。犹太人给热那亚衰败的经济带来了新鲜血液可以成为一种解释吗?我们知道,[159]西班牙流亡者在热那亚定居,一些定居者改信了基督教,其余人则获准进入热那亚附近的小镇诺维，诺维的犹太人从事资金买卖；我们还知道，新来者中"大多数是聪明的犹太手艺人、资本家和医生"，而且，从他们抵达到1550年的一个短时期内，他们在热那亚不受欢迎，甚至激起了市民的仇恨；最后，我们还知道，热那亚银行家与西班牙各城市银行的犹太银行家，更准确地说马兰诺银行家，例如塞维利亚的顶尖银行家埃斯皮诺萨家族，保持着长期的联系。[160]

Ⅱ. 证券（股票）

如果我们打算讨论这种情况下的证券，即企业资本被分割成许多部分，资本家只负有限责任，我们就有充分理由讨论14世纪从事这项工作的热那亚的互助商会（Maones）[161]、圣乔治银行（Casa di San Giorgio，1407）以及17世纪的重要的商贸公司。但是，如果我们把重点放在信贷关系的标准化上，那么，我们找不到18世纪之前就有股份公司和证券的实例。因为早期的合股人并没有抹去他们的个人性质。意大利的信贷机构完全浸透了其创业者的个性。就互助商会而言，个人因素和财政因素同样重要。而在热那亚的圣乔治银行，各个家族小心翼翼捍卫的是每个家族都应该在银行业务中得到合理份额的原则。商贸公司也具有强烈的个人因素。例如，在1650年前，英国东印度公司的股票已经可以转给局外人，但他们必须首先成为公司的一员。

在所有早期的例子中，证券价值不等，数额也不同。个人关系因此显露无遗。在一些公司，除非得到了公司其他成员的一致同意，否则股票根本不能转手。事实上，证券就是公司成员身份的证明。整个18世纪，证券就是以占主导地位的具体某人的名义而

第六章 商业在经济生活中的突出地位

开出的。[162]甚至在可以自由转让股票的公司（例如荷兰东印度公司），转让过程也被设置了重重障碍和困难。[163]

因此，在18世纪前并未出现现代形式的证券。那么，如果要问犹太人在拓展这一现代信贷形式方面做了哪些工作，回答是显而易见的。在过去的一百五十年或二百年中，犹太人在把以往纯属股票持有人与其所属公司之间的个人关系进行标准化方面，一直起着重要作用。不过，我必须承认，我提不出直接证据来支持我的论点。但是，依靠间接证据已经足以得出结论。犹太人精于投机，投机必然趋向于取代没有限制具体持有人的证券。因此，有些反映表明，犹太人对证券的标准化肯定发挥了不小的作用。在某些情况下甚至可以证明，投机使面值不同的证券变成了等值的证券。荷兰东印度公司就是这种情况。起初，公司按全值发行股票，后来只发行3000弗罗林的股票。[164]

Ⅲ. 银行券

许多流行观点都谈到过银行券第一次使用的准确时间。我把这个问题的重点仍然放在标准化方面，即银行家不根据具体存款人而发行一种新型信贷工具（现代银行券）首次出现的时间。在现代银行券出现之前很久，银行券就已经存在了。[165]但这种银行券上标有存款人的名字，且标明了钱数。[166]我确信，私人银行券成为普通（非私人）银行券的时间，大约在15世纪初期，地点在威尼斯。我们有一份记录记载了这一时间银行开具的支付超过存款数额的付款保证书。早在1421年的这份单据中，威尼斯市政府判定发行这种银行券为违法行为。[167]1400年，两名犹太人拿到了第一份允许设立银行的许可证书,他们干得太成功了,以至于贵族们(*nobili*)也马上学着做了起来。[168]现在问题出来了,这两名犹太人会被看成是现代(非私人)银行券之父吗?

或许,没有哪家公司引进了这种新型纸钞,又或许,为了满足某些地方的需要,这种新型纸钞已经存在于世。但无论如何,如果我们将最早达到高度完美程度的银行所在城市,看成是银行券的发源地,保险系数肯定大一些。从这个角度来看,威尼斯无疑具有这种资格。当时,威尼斯城中住了很多犹太人,这一点,也是本书对其感兴趣之所在。根据一份可追溯到1152年的年表,当时生活在威尼斯的犹太人不少于1300人。[169]16世纪,这一数字估计为6000人,当时的犹太作坊主雇用了4000名基督教徒为他们做工。[170]这些数字肯定没有什么学术价值,但这些数字表明,威尼斯一定生活着大量的犹太人。而且,我们也从其他来源了解并熟悉了他们的活动。因此,我们认为犹太人身居主要银行家之列,其中最有影响的家族就是利普曼家族,正如我们之前提到过的,1550年的时候,威尼斯城的基督徒商人就说过,如果禁止他们与马兰诺做生意,他们可能会移居他处。

或许还在西班牙的时候,马兰诺就开办了银行业务,然而,尽管很多作者都涉及了这一主题,我们仍然没能掌握让人满意的信息。[171]那时候,即在(16世纪)对他们采取制裁措施的时候,很有可能犹太人就已经是比利牛斯半岛的主要银行家了。如果情况确实如此,那我们为什么不能理直气壮地推定,在此之前犹太人就在从事银行业务呢?

此外,在银行建立的17世纪,犹太人也是重要的活跃人士。

他们参与了当时三家大银行的奠基工作,这三家银行即阿姆斯特丹银行、英格兰银行和汉堡银行。但由于这几家银行都没有将自己的起源归于纯粹的商业原因,所以我也不能强调犹太人在其中的重要性。不管怎么说,这一事实却非常有意思,因此我要说,犹太人在阿姆斯特丹银行建立过程中积累的经验,对他们在1619年建立汉堡银行助益良多。不少于40个犹太人家族在新银行中占有股份。至于英格兰银行,最新的权威史料[171A]也承认,来自荷兰的犹太侨民为银行提出了很多建议。

Ⅳ. 公共债券[174-176]

最早的债券是为了公共贷款的需要而面向某些个体贷款人发行的,但很久之前债券的性质就发生了变化,现在已经变成"一般性"工具。以奥地利为例,奥地利直到1761年才出现了债务合同,合同上附有让持有人有权收受利息的票券。[173]在此之前,债券具有私人协议的性质,比如王室或者财政部门都是某些特殊贷款人的债务人。[172]

我们很难估计公共信贷的"标准化"在多大程度上要归因于犹太人。但可以确定的是,威廉三世的顾问官就是犹太人,德国国家的公共借贷一开始就是依照的荷兰模式,而且最有可能是受了荷兰犹太人的影响,之前我们已经知道,这些荷兰犹太人就是德国和奥地利土地的主要投资人。一般而言,对于18世纪的欧洲金融界,我们最关注的就是荷兰犹太人。[176A]

至于私人贷款债券或者按揭证书,我们对其历史所知甚少,所以我们几乎不可能估算出犹太人在这方面的直接影响。但犹太人作为信贷票据特别是按揭证书的创始人,他们的间接影响一定小不了。有据可查的是,从18世纪中期开始,荷兰银行家就以种植园为抵押,向殖民地的种植园主发放预付款。这种按揭证书也与公共债务债券一样,在股票市场买卖。经营这类债券的银行家被称为"correspondentie"[协调人],或者"Directeurs van de negotiatie"[议付人],票据则称为"obligatie"[债券]。在18世纪70年代经济崩溃之前,流通中的票据价值不会低于1亿荷兰盾。[177]

我必须承认,我在任何地方都没有找到提及犹太银行家参与这些投机活动的陈述。然而,哪怕对18世纪的荷兰金融市场只有最肤浅的认识,也可能会确信无疑地认定,犹太人肯定对这个行业兴趣浓厚。众所周知(正如我希望揭示的那样),在那个年代,荷兰的一切事务都与货币借贷有关联,尤其是有关股票和股票投机的事情,都是典型犹太式的。由于我们已经了解到,与苏里南殖民地所从事的大多数业务都是银行按揭业务,所以我们强化了这个结论。在我们已经提及的价值1亿荷兰盾的按揭证书中,有6000万出自苏里南。正如我们上文提到的,现在的苏里南已经是最出色的犹太殖民地了。当时的苏里南与大陆之间的信贷关系,除了犹太人的经纪行以外,几乎排除了其他人参与的可能性。

关于犹太人参与了现代信贷票据的发展之"追根溯源",我们已经说得够多了。对于后面需要添加细节的研究工作来说,总量虽然不多,但我相信,我们的一般性结论已经有了充分的证据,即在现代信贷的标准化方面,犹太人出了很大的力。如果我们稍微想想导致标准化产生的办法或者促进标准化发展的手段,对于犹太人的这种印象将会更加深刻。我的意思是说,信用票据的合法形式,十

第六章 商业在经济生活中的突出地位

之八九起源于犹太人。

有关信用票据起源的法律文件的历史的权威著述,意见并不完全一致。[178-187] 依我之见,他们在把信用票据的现代形式归于犹太人影响方面有很多话要说,然而应该记住的是,这类文件最先是在商人们中间使用,在商人这个行当里,犹太人的影响因素不可谓不大。这种现代形式经由司法裁决而被普遍接受,并最终纳入了成文法体系,据推测,这首先是在荷兰。

唯一的问题是:我们能够从希伯来法典追溯出现代信用票据吗?我相信我们可以。

第一,《圣经》和《塔木德》都非常熟悉信用票据。《多比传》第4章的第20节,第5章的1,2,3节,以及第9章的1,5节中,都提到了信用票据。

《塔木德》中最为著名的段落如下(《末门书》,172):

"在拉夫·胡纳的犹太学院曾出示了一份借据,上书:我,C.D.之子A.B.,曾经从你那里借了一大笔钱,拉夫·胡纳认定,'从你那里'的意思可能是'从犹太人首领(Exilarch)甚或是从国王本人那里'"。

第二,与犹太人经商做法一样,在后来的犹太法典中,信用票据也很普通。说到经商做法,我们没有必要给出具体的证据,但是说到理论,我可以提出几位研究这个问题的拉比的说法。[188]

第一位也是最重要的一位是亚设(Rabbenu Asher,1250—1327),他在自己的《答问》(Responsa,68:6,8)中谈到了可转让票据。他说:"如果A将钱借给B和C,并在票据上注明'请见票即付款给B和C'字样,相应地,这笔支付将立即兑现"。拉比约瑟夫·卡罗(R. Joseph Caro)也在他的《裁断的胸袋》(*Chosen*

Mispat)中说:"如果是不记名票据,但标有'向持票人支付'字样,那么,无论是谁持有这张票据,都可以拿到款项"(61:10;也见50;61:4,71:23)。拉比沙巴太·科恩(R.Shabbatai Cohen)在他的《祭司训言》(*Shach*,50:7;71:54)中,也有同样的说法。

第三,在从事金融业务的过程中,犹太人开发出了一种独立于拉比律法的非关个人但具有通用性质的信用票据,这种票据很可能与希伯来法典没有任何关系。这里我想提到承兑期票*(*Mamre*,*Mamram*,*Momram*)[189]的说法。据称,这类单据是在16世纪或者更早时候,首先在波兰犹太人中出现。这种单据的形式是固定的,但是填写担保人姓名处留着空白,有时候,也在填写具体数额处留着空白。毫无疑问,这类单据在300年中一直在流通,甚至还在基督徒和犹太人之间流通,而且非常普及。这种单据作为证据的价值在于,它们已经具有了现代票据的所有特征:(1)持有人可以将背书的单据投入流通;(2)不用提及贷款人与借款人之间的私人关系;(3)借款人可能不需要担保证明或者转手证明;(4)如果借款人偿还债务时没有呈上承兑期票,那么,人们会认为他实际上并没有履行义务;最后,(5)单据的取消手续与今天的情况完全相同,也就是说,如果单据持有人的单据被偷或者遗失了单据,持有人就需要主动出面通知借款人,并在犹太会堂公开声明并张榜公告四个星

---

* mamran是波兰犹太人在16世纪末到19世纪初普遍使用的一种承兑票据。mamran一词源自membrana,本义是"皮"、"羊皮纸",在通俗拉丁语中相当于"期票"的意思。由末底改·贾菲(Mordecai Jafeh)在《书珊城》(Ir Shoshan)(第48章)首次使用。1801年东普鲁士法律认可了这种票据形式。后来的法律规定,在法律文件中只能使用本国语言,这一术语遂被弃用。这个词有许多变体 mamre、mamram、mamrama、mamrame 等。关于其词源,有一些说法是错误的。——中译者

期。同时，四个星期过去后，如果没有发生什么事情，贷款人就可以要求借款人付款。

第四，在这一发展过程中，法律实践上的许多重大问题都显现出犹太人的强势影响力。我们试举一些例子加以说明。

（1）16世纪，欧洲不同地区就流通着信用票据，票据上留有可供填写姓名的空格。这类票据起源于何处？是不是有可能起源于犹太商业圈子，以承兑期票为模仿的蓝本呢？我们偶尔也会在尼德兰[190]、法国[191]以及意大利[192]碰到这种票据。16世纪初期，在尼德兰的安特卫普集市上就出现了这种票据，那时犹太人开始在集市中发挥重要作用。1536年的一项法令就明确表明，"在安特卫普集市上购买商品可以使用承兑期票进行支付，该承兑期票也可以在不经过特许的情况下，转手给第三方"。从这段话中我们可以明白，商品买卖中接受票据支付是一件新鲜事。那么，这种票据是哪类单据呢？这种票据是不是基督教的承兑期票呢？在一个世纪之后的意大利城市，这类单据已经在犹太人手上更加流行了。我意思是说，第一个已知的"空白"票据就是意大利米兰的犹太证券经纪人朱代蒂（Giudetti）发行的。这种票据面值500斯库多*，一般在下一个集市日通过诺维（Novi）的约翰·杰玛努斯（John Baptist Germanus）付给威尼斯的马库斯·斯图登多卢斯（Marcus Studendolus），他的个人汇票已经如数收讫。马库斯·斯图登多卢斯又会把票据转给博洛尼亚的扎尼奥尼兄弟，票据上面"签上了自己的名字，但在底端留下了足够的空间，以便那位愿意接受扎尼奥尼支付方式的人填写数额以及签名"。记录这一实例的人认为[192]，

---

* scudi，16—17世纪意大利流行的银币。——中译者

"意大利的财务往来很难想到这种便利工具,他们也找不到一个可以模仿的模式。17世纪的时候,人们在法国发现了这种模式,从此以后,不记名债券进入了一般流通领域"。这个问题本身就提示了一个问题,即这种单据是怎样在法国出现的?荷兰的例子能说明这个问题吗?甚至于在意大利,它可能就是一个马兰诺影响的例子——威尼斯的斯图登多卢斯(?),米兰的朱代蒂!

(2)1582年的安特卫普习惯法在现代票据的发展过程中具有重大意义,正是在这里,人们第一次认可票据持有人拥有法庭起诉权。[193]这一概念迅速从安特卫普传到了荷兰,实际上,与来自比利时的犹太难民在荷兰定居的速度一样迅速。[194]

(3)在德国,萨克森州第一个承认了信用票据。1747年,一位名叫毕肖菲尔德(Bischopfield)的冒险家给财政大臣提出了公共贷款计划的建议,这位毕肖菲尔德似乎与当时的荷兰犹太人有联系。[195]但1757年9月20日发布的条例却禁止荷兰犹太人在萨克森政府股市从事股票投机。所有讨论犹太人影响的观点——不管是关于荷兰犹太人还是关于波兰犹太人——都把这种影响归于萨克森王室与波兰的关系。这种影响如此之大,以至于所有权威学者都得出了一个明确的结论:承兑期票就是信用票据的模本。[196]

(4)在所有的附有持有人姓名的票据中,我们必须把承兑期票包括进来。有记载说,亚历山大的犹太商人是第一个使用以下说法的人:"*o qual si voglia altera persona*","*et quæsvis alia persona*"以及"*sive quamlibet aliam personam*"(此三句短语意为:给你想给的任何其他人)。[197]

那么,亚历山大的犹太商人为什么采用了这种法律形式呢?这个问题的答案至关重要,尤其是我确信,我们正在寻找的原因就内在于犹太人生活环境的固有因素中。

(5)这使我有了第五个考虑。在很大程度上,信贷工具具有法律形式事关犹太人自己的利益——在某些方面,甚至仅仅关系到犹太人的利益。那么,是什么动机推动了亚历山大城的犹太商人开出了给予持有人的保险单呢?是对于自己商品命运的挂念。犹太商人的货船冒着被基督教海盗以及天主教国王陛下的舰队俘获的风险,这些人把犹太人和土耳其人的货物看成是合法的战利品。因此,亚历山大城的犹太商人在自己的保险单据上插入了一些虚构的基督教徒名字,比如保罗或者希皮奥或者随便什么你喜欢的名字,货物到达港口后,再凭借保险单据上的虚拟的"持有人"收货。

整个中世纪,犹太人一定常常受到同样动机的驱使!他们一定常常尽自己最大的努力采用某种伎俩来掩盖自己就是这笔钱或者这批远道而来的商品之收货人这个事实。还有什么比这更为自然地让他乐于接受这一法律形式呢?单据赋予了单据"持有人"的索取权。如果处于任何一个地方的犹太人躲过了迫害的风暴,这份单据就有可能使他避免财产的损失。它也使得犹太人可以在他们所能想到的任何地方存储自己的货币,万一什么时候某笔财产有了危险,就可以通过某位虚构人士把财产转走,或者以一种不会让自己之前的财产留下踪迹的方式转移走自己的权利。[198]人们或许觉得无法解释的是,为什么在整个中世纪,犹太人只是在很短的一段时间内被剥夺了"一切",他们很快设法再次富裕起来。但联系到我们的说法,这个问题很好解释。事实是,犹太人从来就没有被抢走"一切",一旦国王收得太紧,他们的大部分财富就被转到了一个虚构的拥有者名下。

后来，犹太人着手在证券市场和商品市场进行投机的时候（我们在适当的时候将会明白），我们唯一可以预料的是，他们将扩大这类债券的用途，尤其会扩大在证券市场的使用。[199]很显然，如果一大笔信贷是由大量相对较小的出资人分别出资的话，不记名债券会有各种各样的便利性。[200]

一位拉比在不同场合发表的评论证明了我们的这一结论。拉比沙巴太·科恩的评论中有一段说法就特别典型。他说："债券的买方如果付了钱又没有拿到收据，他就可以要求债权人赔偿。理由是，这种单据的不公开交易是一种不利的交易。实际上，我们的拉比亚设和他的学生对各种票据（*Shetarot*）都没有发表意见，而拉比引入这些票据就是为了扩大商业范围。这是因为，由于转让比较困难，所以这种票据的交易并不普及。但当局只是在考虑私人债券，不记名债券在当时（即17世纪）的流通远远多于商品的流通，我们在拉比为了拓展商业而颁布的所有法规中，都能观察到这一点。"

（6）我们在这里再次触及一个重要问题。我相信，如果我们打算研究有关不记名债券和类似票据的全部犹太法律，我们就可能——这就是第6点——从犹太法律的内在精神中发现这种单据自然出现的原因，犹太法的精神恰好与日耳曼法和罗马法的精神格格不入。

一个众所周知的事实是，罗马人关于债务的概念是严格的个人概念。[200A]债务是人与人之间订立的契约。因此，除非处在极端困难的条件下，否则债权人不能将自己的债务要求权转到他人手中。事实上，在后来的罗马法中，授予和转让的解释都有点随意，不过问题的关键是个人之间的关系，没有发生变化。

第六章 商业在经济生活中的突出地位

在日耳曼法中,合约也同样具有个人性质,而且在某种程度上比罗马法更具个人性。日耳曼人在这个问题上的原则非常清楚。债务人没有义务付款给除最初的债权人(他已经对他发誓)之外的任何人。所以日耳曼法律与1873年的英国法律一样,绝不可能出现转移请求权的情况。一直到罗马法对德国法具有了极强的影响力之后,请求权的转让才开始流行起来。当时采用的是"不记名债券"的形式,这种形式体现出了一种客观的信用关系。

我们必须承认,内含在所有"不记名"单据中的法律观念(即单据代表了每一位后续持有人的有效请求)不论在古代世界还是在中世纪,都没有得到充分的发展。[201]但是在不考虑犹太法的条件下,这种认可还是非常有效。犹太法对这种客观信贷关系确实非常了解。[202]犹太法的内在原则是,债务是对不记名一方的债务,所以你可以与任何人的公司做生意。下面让我们更进一步考察这个原则。

犹太法中并没有债务关系(obligation)这个术语*,他们只有债务(Chov)和债权(Tvia)的说法。这是两个截然不同的词汇。与某种具体物体相关联的一种要求和一种承诺,必然要用象征性的获取行为来证实。因此,转让要求或者通过代理机构签订合约,都不可能存在什么法律障碍。这样一来,完全没有必要规定哪个人拥有请求权,因为通过特定商品的收取,人们就知道谁是拥有请求权的人了。在现实中,请求权针对的是物,不是针对类似的人。它只是用

---

* obligation在法律上的解释为:A legal agreement stipulating a specified payment or action, especially if the agreement also specifies a penalty for failure to comply。指的是:规定具体支付款项或行为的法律合约,指具体规定对不能遵守合约的惩罚。——中译者

来维持对货物负有责任的占有者之间个人的关系。所以，债务关系这个概念可能适用于某些具体的个人，也可能适用于人类全体。因此，债务的转让只有通过单据的转让才能生效。

我们从奥尔巴赫（Auerbach）那里听到很多这类说法。在这个方面，犹太法的说法较之罗马法或者日耳曼法更为抽象。所以犹太法能设想出一个客观的"标准化"的法律关系。如果我们假设，类似于现代不记名债券这种信用票据，应该源出于像犹太法这样的法律体系，这并不过分。据此，我所引证的有利于我的假设的所有理据，都能得到一个"内部"理据的支持。

那么，这个假设是什么呢？即，犹太人的作用是现代不记名债券这种票据的主要源头。

二、证券交易

Ⅰ．规制交易的法典的演变

现代证券市场是我们经济生活商业方面的最明显的表现。证券是用来流通的，如果证券不能买卖，就不能达到自己的真正目的。当然，人们可能会争辩说，很多证券都静静地躺在保险箱里，为它的主人带来一笔收入，对于这些人来说，证券就是放在保险箱中的东西，而不是用来交易的商品。这一反对意见有很多含义。证券如果不能在现实经济中流通就根本不是证券，我们完全可以用本票替代它。证券的标志性特征就是可以轻松地买进卖出。

如果轻松转手是证券真正的存在理由（raison d'être），那么，

第六章 商业在经济生活中的突出地位

任何便利这一流动的手段都很重要，但一部合适的法典尤其重要。然而，一部法典在什么时候出现正当其时呢？如果一部法律的颁行使两个人之间的关系或者一个人与一件商品之间的关系发生了迅速变化，一部法典就适逢其时。

在每件商品通常都持续地由同一个人拥有的社会中，法律将尽一切所能确定人与物之间的每一种关系。另一方面，如果一群人要依赖于不断获取商品才能存在，那么，这个社会的法律体系就要保护社会的交流和交换。

在现代，我们高度组织化的相互交往体系，尤其是各种证券和信用工具的交易体系，很容易就清除了旧有的法律关系，促进了全新法律关系的兴起。但是，这种关系与罗马法和日耳曼法的精神相违背，这两种法律都为商品的易手设置了障碍。实际上，在罗马—日耳曼法系下，任何人未经严格依法被剥夺所有权，他都可以向现在的所有者要求归还，而无需予以任何补偿，即便他与人为善；另一方面，按照现代法律，只有在请求人向现在的所有者支付了后者原来支付的价格后，请求人才能收回所有权——更别提还存在原来的所有者无权向现在的所有者提出请求的可能性。

如果事情是这样的话，与旧体制不符的原则又从哪里进入现代法律制度呢？答案是，所有的可能性都出自于犹太法典，犹太法典中有利于交易的法律自古以来就占主要部分。

我们从《塔木德》中已经能看见任意物品的现在所有者是如何受到保护使之免于受到原来所有者的危害的。我们可以从《密西拿》的《首门书》（114b 和 115a）中看到这样的说法，"如果众所周知谁家里被盗之后，失窃者在另一个人那里发现了自己的书籍和器皿，另外这个人必须发誓说他买这些东西付了多少金钱，他拿到这笔数额的钱之后就要把物品还给最初的所有者。但如果没有发生被盗事件，就没有必要走这个程序，因为这就意味着，物品的所有者已经把物品卖给了第二个人，也就是说，现在的物品所有者购买了这个物品。"因此，在任何情况下，物品现在的所有者都能获得赔偿，但在具体情况下，他可以不费任何周折地保留自己的物品。实际上，《革马拉》(Gamara)的一些章节中讨论这种说法时还有些犹疑，但总体而言得出了同样的结论。物品现在的所有者必须得到"市场保护"，物品以前的所有人必须付给现在的所有人他之前付出的价钱。

《塔木德》对交易的态度十分友善，整个中世纪，犹太人一直对交易持这种态度。但更重要的是——这才是关键点——他们很早就成功地让基督教法庭认可了他们所关心的原则。几个世纪以来，犹太人就有规制动产收购的具体法规，并且在1090年国王亨利四世向施派尔(Speyer)的犹太人颁布的"特权"中，第一次获得了官方的认可。特权条例中写道，"如果我们发现一件被盗的商品，在一个犹太人手中，而且他声称这是他自己购买的物品，那么让他依法起誓说明他购买这个物品花了多少钱，如果商品的原来所有者向他支付了这个价格，他就要把物品还给原主"。不仅仅在德国，在其他地方[203]（在法国大约在12世纪中期）也有了犹太人处理这类事务的特殊法令。[204]

Ⅱ. 股票交易所

但是说到底，主要的事情是要为信用工具建立一个合适的市

第六章 商业在经济生活中的突出地位

场。股票交易所就符合这个需求。就像商品的买卖是请求权的客观体现一样,股票的买卖也使股票失去了它的私人性质。实际上,这也是股票交易所区别于其他市场的特征。这不再是信用的问题了,即不再是一个商人基于个人经历而享有他的经商伙伴的尊重的问题了,而是基于股票交易所(*ditta di Borsa*)中诸种商业活动之一般的和抽象的信用评估。价格也不再由两个或者更多的商人在交易的讨价还价中形成,而是由表示无数个单位的平均数的机械过程来形成。[205-206]

至于股票交易(在这个术语最宽泛的含义上)的历史,我们要把它划分为两个时期:(1)从16世纪兴起到18世纪末,即其成长和发展时期;(2)从19世纪到现在,即股票交易主导全部经济活动的时期。

现在人们通常认为,股票交易所最有可能始于票据经纪人的结盟。[207]最初于16世纪和17世纪出现的著名交易中心,之前就因为红火的证券交易而广为人知。

对我们来说最重要的事情是,股票交易所刚刚兴起之时,犹太人几乎完全垄断了证券业务。事实上,在许多城市里,证券业务被认为是犹太人的专长。我们已经知道威尼斯就是这种情况。[208]阿姆斯特丹的情况也是如此,不过我们还得多说一句,直到17世纪末,人们才首次提及犹太人这个方面的能力。[209]然而,尽管如此,我还是相信,如果我们假设在此之前,犹太人就已经是有一定影响力的证券经纪人了,应该没有说错。

我们在美因河畔法兰克福也能听到同样的故事。早在16世纪已经有人[210]说犹太人来到集市上,他们的出现"不是摆设,而是确实非常有用，尤其是在票据贴现业务领域"。再者，1685年，法兰克福的基督徒商人抱怨说，犹太人已经霸占了整个证券经纪行业。[211]后来，格吕克尔·冯·哈梅尔恩(Glückel von Hameln)在她的《回忆录》中也说，她经营票据的朋友中，"通常都是犹太人"。[212]

至于汉堡，犹太人确实把证券经纪业务引入了这里。在这一事件一百年之后(1733年)，汉堡市政档案中的一份文件表达了这样一个观点，"犹太人几乎掌控了证券经纪这一行的局面，这对我们的人民是个很大的打击"。[213]甚至迟至18世纪晚期，犹太人仍然是汉堡唯一的证券买主。在其他德国城镇中，有记录表明，菲尔特(Fürth)的证券经纪行业(18世纪)几乎全部掌握在犹太人手中。[214]

维也纳的情况也没有什么不同。18世纪末期，蜚声天下的奥地利首都成了著名的股票交易中心，路德维希总理大臣就利奥波德一世(Leopold I)治下的犹太人经济活动发表了看法，[215]他说："犹太人主要是在维也纳发挥自己的影响，在那里经常从事最为重要的信贷业务，尤其是在市场中首次引入了交换和谈判。"

法国波尔多的情况也是这样。我们听说，[216]那里的"主要商业活动就是购买证券，并将黄金和白银引进这个地区"。甚至远自北边的斯德哥尔摩，我们都能听到同样的故事[217]。19世纪初(1815年)，犹太人仍然控制着证券经纪市场。

作为这个时期的主要经纪人，犹太人一定在建立股票市场的过程中做了很多事情。但不仅如此。他们为股票交易所和股票交易打上了自己的特殊烙印，他们还成了股票交易所中"期货投机"以及一般性投机的"祖师"。

我们很难确定股票投机第一次出现的时间。有的人认为，[218]

第六章 商业在经济生活中的突出地位

意大利很多城市早在15世纪就出现了这类交易。[220-221]但我觉得，这种说法并没有得到令人信服的证明。[219]

并非15世纪的意大利，而是17世纪的阿姆斯特丹才是现代投机的开端，这样说或许更为确切。几乎可以肯定，荷兰东印度公司的股票使得股票交易成为现实。只是在这个时候，大量的等值股票突然进入了流通领域，那个时代强烈的投机性、自东印度公司成立就攫取的巨大利益、公司经营活动产生的不断变化的盈利率——所有这一切必然推动了当时已经高度发展起来的阿姆斯特丹的股票市场和股票交易。[222]在仅仅八年的时间里，股票交易变得如此普通，如此无所顾忌，以至于当局把股票市场和股票交易当成了必欲摧毁的邪恶力量。1610年2月26日，政府颁布了一项公告，禁止商人售出超过自己实际持有的股票。1621年、1623年、1677年以及1700年，政府都颁布过同样的禁止令，但同样都没有什么效果。

谁才是投机者呢？答案是，不论宗教信仰，只要有足够的金钱使自己参与其中的人都是投机者。然而，如果我们说犹太人在这个经营活动中做得比其他人更为出色，也不算太冒失。犹太人对股票交易这个行业的贡献，就是将股票经纪业务以及期货交易工具专业化。在这两个方面我们都有据可依。18世纪末期，人们通常都认可这样的事实，即犹太人已经"发现"了股票和股票交易业务。[223]这个看法未必一定能证明什么；不过世界上几乎不可能存在没有任何根据的事情，尤其是这里确实存在着支持这一看法的证据。我们之前已经提到过的尼古拉斯·莫伊斯·范·霍利（Nicolas Muys van Holy）说过，犹太人在17世纪下半叶已经是主要的股票持有者。

后来人们发现，犹太人是两家荷兰印度公司的大投资者。德·平托（De Pinto）[224]被认为是荷兰东印度公司的当权者，至于西印度公司，我们这里有一封公司董事给新阿姆斯特丹总督施托伊弗桑特（Stuyvesant）的信[225]，信中要求总督允许犹太人到公司的殖民地安家落户，"因为他们投资了大量的公司股票"。提到两家公司，马纳赛·本·以色列（Manasseh ben Israel）[226]在给克伦威尔的报告中说："犹太人拥有荷兰东印度公司和西印度公司的很大份额。"

然而，最重要的还有17世纪末阿姆斯特丹的一位葡萄牙犹太人撰写的著作，这本书第一次全面而详细地讨论了股票交易行业的方方面面。我参考了约瑟夫·德·拉·维加（Don Joseph de la Vega）于1688年出版的《乱中乱》（Confusion de confusiones），[227]一位股票交易行家称道该书"迄今仍然是从形式到内容描述股票和股票交易的一部最佳著作"。这本书证明了这样一个事实，犹太人是期货投机领域的第一位"理论家"。德·拉维加本人也经商，他的书清楚地反映了他生活的那个时代的氛围。

从德·拉·维加的著作以及我们引用的其他证据，我们只能得出这样的结论：即便犹太人不是真正意义上的股票交易之"父"，肯定也是它的主要起源。

然而，这种观点也会让一些人半信半疑，但在支持这一观点的直接证据方面，我手上握有王牌。

我们有一份报告，这份报告可能是1698年法国驻海牙大使写给本国政府的报告。在这份报告里，法国大使清楚地陈述说，犹太人已经把股票交易行业掌握在了自己手中，按照自己的意愿规范这

一行业的发展。下面我全文引用最明显的段落：[228]

> 在这个国家(荷兰)，犹太人有很强大的势力，根据这帮虚伪的政治投机商的预言(他们自己也常常拿不准)，这些股票的价格变动很大，所以他们一天要做好几次交易。这个交易值得用上赌博这个术语，或者说，就是一场赌博而不是一门生意。更有甚者，由于主导这种交易活动的犹太人有能力玩弄各种各样骗人的把戏，即便受骗者训练有素……，他们中的犹太经纪人和代理商，是世界上最聪明的人……他们手上持有大量的债券和股票。

报告人显然非常熟悉股票交易活动的全部秘密，所以他很详尽地描述了犹太人如何成功地在阿姆斯特丹股票市场呼风唤雨。稍后我将讨论这一点。

与其他金融中心相比，人们更关注荷兰资本市场的股票交易情况。不过我们先来说说伦敦金融中心。从18世纪以降，伦敦就继阿姆斯特丹之后成为了欧洲的主要金融中心。犹太人在伦敦股票交易所的支配地位，或许比犹太人在阿姆斯特丹股票交易所的情况更为显著。到17世纪末，伦敦股票市场日渐增长的交易活动，或许可以追溯到阿姆斯特丹犹太人的不懈努力，因为在那个时候，阿姆斯特丹犹太人已经开始定居于英格兰。如果情况是这样的话，这就切实证明，在很大程度上，阿姆斯特丹股票交易市场的扩展主要归因于犹太人。但他们怎么就能在当时已经高度发达的伦敦股票市场有这么大的影响力呢？

或许我们可以注意一下犹太人掌控伦敦股票市场过程中的一两个细节。

1657年,所罗门·多尔米多(Solomon Dormido)正式申请加入之前犹太人被排除在外的股票交易所。现在,颁布这一拒绝令的法律被人们故意抛在了脑后。到了17世纪末,股票交易所(自1698年开始,股票交易所以'交易巷'[Change Alley]而闻名)里全是犹太人。由于犹太人如此众多,所以大楼的一拐角被指定为"犹太人小道",一位当时人写道:"交易巷里挤满了犹太人。"[229]

这群人来自哪里?[230]答案非常明显。他们跟随威廉三世从阿姆斯特丹而来,他们带来了正时兴于阿姆斯特丹的股票交易机制。很多权威人士甚至犹太人自己也认为,约翰·弗兰西斯的说法道出了真实情况。

股票交易所有点像全副武装登场的智慧女神密涅瓦。第一笔英国贷款的主要参与者是犹太人:他们帮威廉三世出主意,他们中的一位有钱人梅迪纳(Medina)是马尔伯勒的银行家,他每年为将军提供6000英镑的军队补贴,并因此捷足先登,总是第一个从战报中获得好处。英国军队的胜利为大英帝国带来荣耀,也为梅迪纳带来财运。他们的全部伎俩都与价格的涨落、战场来的谎报、声称抵达的信差、幕后金融圈子和阴谋团体的形成,以及财神(Mammon)的完整运转体系紧紧联系在一起——股票交易所的早期之父对这一切了如指掌,并充分利用这些信息为自己谋取利益。

我们或许可以列举安妮女王治下很多富裕的犹太人(这些人都在股票交易所从事股票投机买卖)来与所罗门·梅迪纳先生(人们称他"犹太人梅迪纳",并认为他可能是第一个投机英格兰公共基金的人）做比较。马纳赛·洛佩斯（Manasseh Lopez）就是其中一位。他在紧随女王驾崩的假消息而来的恐慌中狠赚了一笔，买下了因假消息而价格大幅下跌的所有政府股票。还可以讲述桑普森·吉迪恩（Sampson Gideon）的类似故事，桑普森作为"伟大的犹太经纪人"[231]在外邦人中享有盛名。人们回忆说，18世纪初期，伦敦的犹太人就财力雄厚。按照皮乔托的说法，当时在伦敦，年收入在1000英镑到2000英镑的犹太人家庭大约有100户，年收入在300英镑的家庭有1000户，个别犹太人士比如门德斯·达科斯塔（Mendes da Costa）、摩西·哈特（Moses Hart）、阿隆·弗兰克（Aaron Frank）、达圭拉尔男爵（Baron d'Aguilar）、摩西·洛佩斯·佩雷拉（Moses Lopez Pereira）、摩西或安东尼·达·科斯塔（Moses or Anthony da Costa，17世纪末期任英格兰银行董事）等人，则位居伦敦顶级富商之列。

显而易见，犹太人的财富是大规模从事股票投机交易带来的。但更为引人注目的或许是在18世纪的上半叶，犹太人就已经把股票投机作为一个专门的职业，引入了伦敦股票交易所。据我所知，人们对这一事实迄今尚未予以措意。但有大量的事实支持这一说法。

波斯尔思韦特（Postlethwayt）就认为这类事情十分可信，他声称："一开始，股票经销……只是偶尔把利息和股份简单地从一个想让渡自己的财产的人手中转到另一个人手中，但这件事情在股票经纪行业过了一遍手，就成了一笔生意。这笔生意在方方面面都以诚实面目出现的情况下，却被弄成了一个最大的阴谋、诡计和骗局。只要经纪人占着这个位子，整个交易就成了一场赌博，股票价格的上升和下落随他们的心情而变动,而交易的买家和卖家还天真地时刻准备着把钱托付给这种嘴上的善行。"[232]

犹太人在经纪人行列具有相当比例早已众所周知。早在1697年,伦敦股票交易所100多名宣誓就职的经纪人中,犹太人和异教徒不少于20人。毫无疑问,在接下来的一个世纪中,他们的人数在不断增加。弗兰西斯写道:"希伯来人'从四面八方蜂拥至交易巷'"。事实上,有一位可靠的观察家在18世纪30年代(即犹太人最初出现在伦敦交易所的一代人时间之后)就说过[233],做这一行的犹太人太多了,因此,"有时候几乎有半数犹太人在从事股票投机"。据他估计,当时在伦敦的犹太人有6000之数。

在某种意义上,股票投机是股票经纪的结果,这一过程并不局限于伦敦一地。同样的趋势也出现在法兰克福。到17世纪末期,犹太人已经掌握了整个经纪人行业,[234]并毫无疑问地渐渐开始了股票投机。在汉堡[235],1617年已经有了4名葡萄牙犹太经纪人,稍后则达到20人。

考虑到这样的事实,再加上考虑到舆论所认为的,到18世纪末期,犹太人已经在很大程度上卷入了政府债券的大规模投机,再考虑到舆论所认为的犹太人应该对伦敦股票交易所日渐发达的套购业务负责的说法,[236]我们不得不同意一位顶级权威人士所表达的看法,[237]如果说今天的伦敦是世界金融中心,那么,这一地位的形成主要应该归功于犹太人。

在早期资本主义时代,除了阿姆斯特丹和伦敦交易所之外,其他城市的股票交易都有些发展滞后。即使在巴黎,股票交易也是迟至18世纪末期才逐渐活跃。股票投机(或法语所说的 *Agiotage*)的

第六章 商业在经济生活中的突出地位

出现则可以追溯到18世纪初期,兰克(Ranke)[238]在伊丽莎白·夏洛特(Elisabeth Charlotte)写于1711年1月18日的一封信中发现了 Agiotageur 这个词。按照作者的看法,这个词与银行券(billets de monnaye)有某种关联,但之前却无人知晓。因此这个词好像没有在约翰·劳的时代(Law period)留下持久的印记。即使是在18世纪30年代,人们会感到英国和荷兰在资本主义发展上远比其邻邦法国更具经济优势,这在法国也能感受到。当时的一位作者对此作了说明。[239]"对我们的邻居来说,股票的流通就是暴富的源泉之一,他们有银行,有分红,有证券和股票买卖"。很显然,当时的法国没有这类事情。直到1758年,才有敕令(8月7日)宣布说,"国王获悉,前些时候一种全新的商品被引入了资本市场"——指的就是证券和股票。

在18世纪的法国,股票交易活动相对并不那么重要,这一状况表明,犹太人对这一时期的法国(尤其是巴黎)的经济生活几乎没有什么影响。他们居住的城市,比如里昂或者波尔多,对股票经纪行业也没什么偏爱。然而在里昂,16世纪曾有一个短暂的时期,存在过一个我们今天称之为证券买卖的相当活跃的贸易,但是我们拿不出什么让人满意的理由对此进行解释。[240]这种贸易毕竟没有带来什么后效。

还是回过头来说说巴黎吧。巴黎的股票经纪行业或许就归因于犹太人。这个行业的中心坐落于巴黎的共和国广场区(Rue Quincampoix),后来,用一位可靠的权威人士的话说,[241]这一地区因为与实施欺诈的约翰·劳的名字有关联而臭名昭著。现在,在这条特殊的街道上,居住着"很多犹太人"。不管怎样,第一位在法国从事股票投机的是塞缪尔·贝尔纳（Samuel Bernard），他是路易十四时期的知名金融家，他的股票买卖操盘术甚至比约翰·劳还要高明。这也难怪银行券在成为一钱不值的废纸之后，被人戏称为贝尔纳单（*Bernardines*）。[242]至于约翰·劳，他早在阿姆斯特丹就了解了股票交易所的运作机制[243]。他本人是否是犹太人（有人认为[244]他的姓氏 Law 就来源于犹太姓氏 Levy），我就不得而知了，但这种可能性非常大。他父亲不是一名"金匠"（和银行家）吗？实际上，他父亲也是一名基督徒，但是这未必能够证明他不是犹太人。这个男人在画像中的犹太人形象（比如说在 1720 年德文版的《货币与贸易考察》中），就非常支持他是犹太人的说法。另一方面，他性格中的贵族气质与冒险气质的奇特混合，又反驳了我们的这一假设。

在德国，法兰克福和汉堡这两个同样出色的犹太人居住城市，股票交易都占据了重要地位。证明了我们已经讨论过的犹太人的影响。

说到柏林，人们或许会说从一开始柏林就有犹太人的股票交易机构。在上个世纪之初，甚至在 1812 年之前，犹太人在获得自由后，占据了股票交易市场上的人数优势。股票交易所的 4 位总裁中，两位是犹太人。股票交易委员会则由下述人员组成：4 名总裁，两个行会的 10 名监察官，易北河水手行会代表 1 人，"选举产生的犹太商人" 8 名。因此，在全部 23 人中，10 名是犹太人。这就是说，除了这些公开表明身份的犹太人，我们无法确定股票交易委员会中是否还有以及有多少入了教的犹太人和秘密犹太人。

从现状看，犹太人的人数已经足以清楚地表明，股票经纪行业中有大量的犹太人。在6名宣誓入职的证券经纪人中就有3名是犹太人。而且，棉织和丝绸行业的2名宣誓入职的经纪人中，1名是犹太人，他的替补也是犹太人。这就是说，全部3名经纪人中，两名是犹太人。[245]

直到18世纪，我们所考察的德国的股票经纪业务还只是集中于汉堡和法兰克福两个城市。18世纪初期，证券交易已被禁止。1720年7月19日，汉堡议会的公告这样说道："议会已经听说了人们对这种交易的反感和深恶痛绝，某些平民以成立保险公司为借口，开始自己做起了股票经纪生意。议会忧虑由此产生的后果会在很大程度上危害到公众，同时也危害到上面所说的平民"。[245A]看起来，权力部门在这件事情上也只是说出了一般感觉。但那时有位作者[245B]则愤怒地称之为"危险和邪恶的毁灭性股票交易"。

犹太人在这里也是始作俑者吗？我们至少可以肯定的是，股票交易的动力来自于保险界，从我们上面提及的1720年公告来看，这是显而易见的。其实，众所周知，犹太人积极推动了汉堡海险行业的成长。[246]有关股票交易的影响所给出的其他一些证据只是间接证据。同样的情况也适用于法兰克福。我们手上第一条确定的线索可以追溯到1817年，涉及的城市是奥格斯堡。当时的一份记录记下了那一年2月14日法院对一桩票据案子的裁定。一项由于市场利率上升而导致信用工具价格上升因而要求强制实施差额支付的动议被驳回，理由就是这是一种危险的博弈。此案涉及的钱数是17630弗罗林，原始合同要求按巴伐利亚州彩票价值支付9万弗罗林。案子的原告名叫海曼（Heymann），被告是乌尔曼（H.E.Ullmann）！这是德国第一桩有证明文件的证券投机案。[247]

但是1817年是与前一年完全不同的年份，我个人认为，这一年是股票交易历史的新纪元。为什么说是新纪元呢？这一年有什么特征值得人们使用"现代"这个让人生畏的词来描述呢？

那时和现在对股票交易的评断，显示出股票交易在今天所拥有的地位与其一百年前的地位相比较，已经有了很大差别。

一直到18世纪，即使是在资本主义世界，使用公共基金炒股也是让人侧目的事情。从18世纪流传至今的标准商业指南以及字典，不管是英文版、法文版、意大利文版还是德文版，都没有提到过股票交易（尤其是经济上的"落后"国家），或者就如波斯尔思韦特*所说，他们的确探讨了这个问题，但他们对这种肆无忌惮的行为不屑一顾。今天那些小商贩、小店主或者小农场主关于股票交易的看法，就是18世纪的富裕商人所持的看法。1733年，下院讨论约翰·巴纳德爵士（Sir John Barnard）的议案时，所有发言者都无一例外地表达了自己对这个行业的谴责。十五年之后（half a generation），同样尖刻的用词也出现在波斯尔思韦特笔下，他说，"我们很恰当地称这些股票经纪人为江湖骗子"。他把股票买卖看成为由"公众的抱怨"（public grievance）演变的"对国家的侮辱"。[248]也难怪这一时期的立法要全面禁止这类买卖。

但是，对股票交易的厌恶依然在加深。这种厌恶与这类交易所寄身的讨厌的东西（一般而言指证券）相关联。当然，国家利益也与维护证券交易的人的利益相一致，所以统治者和证券交易商作为

---

* Malachy Postlethwayt（1707？－1767），英国重商主义者，因1757年出版的《贸易与商业通用词典》而著名。——中译者

第六章 商业在经济生活中的突出地位

单独的一对站在一边,其他人站在另一边,剩下的就是那些沉迷于购买证券的人。事实上,人们视国债为政府应该感到羞耻的东西,他们这一代人中的好人都认为增加国债是一件恶事,应该采用一切可能的方式与之斗争。思想家和实践者在这个问题上组成了联合阵线。在商界,人们严肃讨论的问题是这笔公债如何才能还清,人们甚至提议说,政府应该拒绝对公债承担相应的责任,从而将公债抹掉。18世纪下半叶,英格兰就这样干了![249]当时的理论家也没有什么不同的想法。大卫·休谟就称公共借贷制度是"无可争议的破坏性……方案",[250]亚当·斯密则认为是,"破坏性借债方案","在每个采用了这种方案的国家,这种破坏性永久息债法……已经逐渐式微"……"巨额债务的增积过程,在欧洲各大国几乎都一样;目前各个国家的国民都受此压迫,久而久之,说不定就要因此而破产"![251]亚当·斯密的这些观点一如既往地反映出他那个时代(资本主义发展的早期阶段)的经济状况,我们无法辨别的事实是,在亚当·斯密的整个体系中,居然没有为证券研究或者股票交易及其业务研究留出合适的位置。

然而,大约在同一时间,一部专门探讨信贷及其好处以及股票交易及其重大意义的著作问世了,这本书或许可以称为公债和股票交易之"雅歌";就像《国富论》回顾过去一样,这是一本展望未来的著作。这里我是说1771年出版,由约瑟夫·德·平托(Joseph de Pinto)执笔的《论信贷与流通》(*Traité du crédit et de la circulation*)。由于平托是一名葡萄牙犹太人,所以我在这里特别引用他的说法。在他的书中,我们或许可以找到19世纪为公债辩护、为证券交易辩护、为公共基金投机辩护而提出的充分论据。如果说亚当·斯密在自己的体系中的说法还停顿在那个阶段的末期，即股票交易的萌芽阶段，平托或许已经携他的信贷理论，站在了现代史的发端。在这里，股票和证券投机已经成了经济活动的中心，股票交易所也成了实体经济的心脏。

尽管如此，公众的看法还是悄悄转了向，开始支持证券交易并认可了股票交易所的必要性。公众的看法随着股票交易的扩展而一步步开放，带有敌意的立法也被撤销，这样，在拿破仑战争结束，和平再次降临之时，股票交易所开始呈现巨大规模。

我们有一些正当的理由来讨论股票交易所历史上的这个新时期。这个新时期有什么实际的变化？相关的犹太人对这一全新状态的影响达到了何种程度？

在这个阶段，股票交易所的运作方式并没有做出多少调整，早在1688年，德·拉·维加就在自己公开出版的著作中完整地论述了这套运作方式。而且，各地也顺理成章地出现了由犹太人创立的各种附属业务。因此我发现[252]，由法兰克福的W.Z.韦特海默（W.Z.Wertheimer）（在德国）开办的保险行业以及船舶租赁业务的年租（*Heuergeschäft*）形式，犹太人都是鼻祖。

但是，附属行业的兴起并不是股票交易活动发展过程中的要点。我们要讨论的是交易额度之外延和内涵的增长。

从19世纪初期开始，市场上出现了证券数量急剧增长的情况，证券迅速出现是一个众所周知的事实，这里不必赘述。但这种增长也反映出投机活动的扩展。大约在18世纪中期，伦敦和阿姆斯特丹的投机活动只能比作平静水面上波澜不惊的涟漪。我们这里还有一个可靠的信息，是说1763年的时候，第一只私人债券在阿姆斯

第六章 商业在经济生活中的突出地位

特丹上市发行。之前,投机只限于公共债券,"但是在最近的战争期间,市场上充斥着年金保险投资"。[253]即使这样,在那个世纪中叶,阿姆斯特丹股票市场上也只有44种不同种类的证券。在这44种证券中,25种是国内债券,6种是德国信贷债券。18世纪结束时,国内债券的数量已经达到80种,德国信贷债券的数量是30种。[254]然后就是突然出现的上升趋势,尤其是在拿破仑战败之后,这一上升趋势更为明显。从阿姆斯特丹第一家股票交易所建立到1770年,交易的信贷债券总额达到了2亿5千万荷兰盾,在1808—1822年的十四年间,光是伦敦的一家债券公司就发行了2200万英镑的债券。所有这一切都是众所周知的事情,这家在十年间就在市场上发行了如此大笔债券的伦敦公司的性质,在这里也无需指明。

由于提到了伦敦的这家公司及其四家子公司,我们就涉及了股票交易所交易活动的大幅度增长和犹太人对股票交易的影响这两者之间的相关性问题。因为在1800年和1850年间,在股票市场扩张的同时,罗斯柴尔德家族及其依附家族也开始了扩张。我们这里提及的罗斯柴尔德这个姓氏的影响肯定超过了这家公司的影响:因为这个姓代表的是犹太人整体对股票交易所的影响。借助于罗斯柴尔德家族的影响,犹太人才在政府证券市场上获得了权势地位,我们甚至可以说他们获得了独一无二的权势地位。当时有种说法:即许多国家的财政部长如果没能与这家公司达成协议,或许他的财政部就要关门大吉了,这一点都不夸张。正如19世纪中叶众所周知的一句名言所说的:"欧洲只有一股势力,这就是罗斯柴尔德:十几家银行都在他的名下,所有的商人和工匠都是他忠实的士卒,投机则是他手中的利剑"(A.威尔语)。海涅的妙语则阐明,这个家族的重要性远远超过了任何数字表格,这段妙语人们耳熟能详,这里就不再征引了。*

这里我压根儿就没有打算撰写罗斯柴尔德家族史,哪怕勾勒一个史纲的想法也没有。如果读者希望了解这个显赫家族的命运,他就可以找到大量的资料遂其所愿[255]。我想做的不过是指出一两个因罗斯柴尔德家族而产生的现代股票交易的特征,目的就是清楚地表明,不管是定性研究还是定量研究,股票交易所都打上了罗斯柴尔德家族(因此就是犹太人的)印记。

我们能观察到的第一个特征是,自罗斯柴尔德家族出现开始,股票市场日渐国际化。考虑到股票交易活动的大规模扩展,以及这种扩展需要大笔资金从人烟稠密地区向借贷中心流动,所以这一点是预料之中的。今天,股票市场的国际化已经是一个公认的事实,但在19世纪开始的时候,人们确实觉得颇为惊奇。1808年半岛战争(Peninsular War)期间,内森·罗斯柴尔德(Nathan Rothchilds)承担了为驻西班牙英军筹款的工作,他的这个举动现在被认为是惊人的成就。事实上,这个举动为他后来左右金融界打下了基础。截至1798年,罗斯柴尔德家族还只是在法兰克福建立了企业,就在那一年,梅耶·阿姆谢尔的一个儿子在伦敦建立了一家分支银行,1812年,他的另一个儿子又在巴黎开办了一家分支银行,第三个儿子于1816年在维也纳设立了银行,第四个儿子则于1820年在那不勒斯建立了银行。在这种情况下,国外借贷就跟国内借贷无甚两

---

* 德国诗人海涅1841年参观了他的朋友詹姆斯·德·罗斯柴尔德男爵在巴黎的银行办公室后说:"金钱是我们时代的神,而罗斯柴尔德则是神的先知。"

第六章 商业在经济生活中的突出地位

样,由于眼见可以在国内拿到某一国货币支付的利息,所以,公众慢慢也习惯了将自己的资金投资于外国证券。19世纪初的一位作者描述说,这是一件了不起的事情,"每个政府债券的持有人……都可以在自己认为方便的任何地方,毫无困难地拿到自己的利息。法兰克福的罗斯柴尔德家族为许多政府债券支付利息,巴黎的家族银行则为奥地利的商人、那不勒斯的统一公债、还有伦敦、那不勒斯和巴黎的盎格鲁-那不勒斯贷款支付红利"。[256]

因此,潜在投资人的圈子得以扩大。但是,罗斯柴尔德家族也注意到了可能借到手的每一分钱的重大意义,以此为目的,他们巧妙地利用了股票交易所发行债券的机制。[257]

从当时的记录中我们可以判断出,1820—1821年罗斯柴尔德家族发行奥地利债券,在公开借贷领域和股票交易行业中都是一个划时代事件。因为这是第一次利用所有手段来创造对股票的需求,人们认为,对政府公债的投机就是在这个时候出现的,至少在欧洲大陆是如此。

自此之后,"创造需求"成了股票交易所的口号。通过系统的买入和卖出,"创造需求"就成了价格发生变化时的具体目标,罗斯柴尔德家族从一开始就致力于这项业务。[258]从某种意义上说,他们从事的就是法国人所谓的证券投机(agiotage),也是应该由大银行从事的全新的业务。实际上,罗斯柴尔德家族只是采用了阿姆斯特丹犹太人人为影响市场的一些手段,不过他们把这些手段应用于一种新的目的——向公众发行全新的证券。

在此时期——罗斯柴尔德家族时代——我们瞥见了一种全新的商业活动隐约出现在地平线上,开始发挥独立作用。我指的是信贷

III. 证券的创造

信贷行业的出现旨在通过证券的创造获取收益。这里的重要意义在于，它代表了资本主义的强大力量。因此，股票和证券的问世不是因为那些急需用钱和依赖于信贷的人需要它，而是因为这是一个完全独立运作的资本主义企业形式。迄今，人们一直在等待潜在的投资者的到来，现在找到他了。证券发行人（可以说）积极起来，并推动了借贷活动的发展。但这一切不太引人注意。然而，我们可以用一个需要贷款的小国为例，来看看它的运作方式。我们可以想象一种"信贷旅行推销"（commercial traveler in loans）。"我们现在有了一家拥有大型组织架构的财大气粗的公司，公司的全部时间和人员都致力于在世界范围内为大国寻找外国贷款"。[259]

当然，证券发行人与股票交易所和公众的关系发生了变化，也迫使他必须积极进取，勇往直前，现在，他的主要工作就是让人们对股票感兴趣。

我们迄今还没有一部让人满意的借贷行业发展史。因此，我们不知道这个行业最初开始的时间。然而，这个行业的起源毫无疑问可以追溯到18世纪，在这个行业的发展过程中有三个标志性阶段。

在第一阶段，不管是银行还是有钱人（在前股票交易所时期，这些人自己从事借贷业务），都是受人委托发放信贷，并获取一些回扣。这也是奥地利在整个18世纪采用的方法："大笔贷款，尤其是海外承包贷款，通常都要通过一家银行或者银行家团体参与承兑

第六章 商业在经济生活中的突出地位

才能拿到,当事企业为了提供所需要的数额,通过公债发行的方式,将这笔钱移交给借款人或其代理人;并且承担向放款人支付利息和返还本金的责任(如果需要的话,从自己的资金中拿出),当然,所有这一切都是为了获得一笔报酬"。[260]

但是大约在18世纪中期,已经有了"贷款经销商"。1769年就有意大利和荷兰的企业愿意承担发放贷款的业务。[261]亚当·斯密对这个行业的描述让这件事情益发清楚。"在英国……一般而言,贷款给政府的人都是商人。但是,商人们贷款给政府并不是想减少自己的商业资本金,刚好相反,他们想要增加自己的商业资本金,所以,新发行的债券,如果不能按相当的利润卖掉,他们不会接下另一笔新债"。在法国,与融资相关的人是那些有私房钱的人,这些人才能贷出自己的钱。[262]

那么,这个行业的专家出自哪里?他们不是出自18世纪就开始发行债券的银行家,最有可能是出自那些从事股票和债券交易的中介人之列。18世纪末期,垄断了政府债券销售的伦敦银行家圈子,由于股东排名的竞争而分裂。在这里,也是因为犹太企业的首创,债券发行才进入了股票交易所。我这里还是要提及"18世纪的罗斯柴尔德家族",即那时候在"交易巷"中占据支配地位的那些人,也就是亚伯拉罕和便雅悯·戈德斯米德(Abraham and Benjamin Goldsmid)。1792年,他们作为股票交易所第一批成员,[263]自告奋勇地与伦敦银行家展开了发行新债券的竞争。从这天开始一直到1810年老二亚伯拉罕去世,这家企业控制了整个货币市场。或许我们可以称他们为第一批"贷款专家",继起者就是罗斯柴尔德家族。然而,就算我们对戈德斯米德作为首批专家还有某种怀疑,我们也不能怀疑罗斯柴尔德家族，因为，他们真真正正是这个领域的第一人。

但是很显然，只有少数财大气粗的企业才能依靠发行公债而生存下去。毕竟，对公债的需求比较有限。但是，只要他们抓住了因私人需求而出现的创造证券的机会，就有了一片任由他们驰骋的广阔天地。所有这一切都有赖于人为创造出一个巨大需求，这一趋势导致了公司推销（company-promoting）和抵押贷款业务（mortgage business）的诞生。

公司推销是"由专业制作债券和股票批发业务并强推上市来挣钱的企业"（克伦普语）所经营的业务。我们无需在这里描述推动经济活动的动力的强度。从承办人的利益着眼，通过发行新债券或者增加旧债券来创造新资本，并不具有重要意义，而且，承办人也完全不用考虑诸如是否存在对债券的需求等等问题。

谁才是第一个从事这项业务的人呢？我们不费吹灰之力就能表明，就算犹太人没有实际创立这项业务，他们也肯定推动了这项业务的发展。

正如我们所了解的，在这件事情上的第一道光亮还是出自于罗斯柴尔德家族的活动。19世纪30年代的铁路潮使得大规模的公司推销有了可能性。罗斯柴尔德家族和其他犹太家族如埃希塔尔家族（d'Eichthals）和富尔德家族（Foulds）等等，率先进入了这个领域，并将这项业务推向了全盛时期。

在某种程度上，金融参与的程度可能与建设战线的长度相吻合，或者与认缴资本的数额相关联。但是我们无法估计私人企业的实际份额。尽管如此，我们还是知道，罗斯柴尔德家族"建设"了

第六章 商业在经济生活中的突出地位

法国的北方铁路公司,奥地利的北方铁路公司以及奥意铁路公司和其他许多公司。

此外,从当时的观点看,罗斯柴尔德家族似乎是真正意义的第一批"铁路大王"。1843年,《奥格斯堡汇报》(*Augsburger Allgemeine Zeitung*)这样写道:"在过去几年里,债券投机在工业企业非常盛行。由于看到铁路发展对欧洲大陆的必要性,罗斯柴尔德家族果断行动,让自己成为了这一新运动的领头人"。与在公债领域一样,罗斯柴尔德家族在铁路建设中也开了风气之先。"几乎没有一家德国公司不倚仗罗斯柴尔德的声誉。他没有发言权的那些公司,生意做得也不是很成功,这些公司基本上没生意可做"。[264]由于朋友和对手都同意这种说法,所以这种说法意义重大。

从这段时间开始,发行公司股票的活动就成了犹太承办人的专擅。首先,那些大人物,比如赫希男爵(Baron Hirsch)或施特劳斯堡博士(Strousberg)就是犹太人。但普通老百姓中也有很多犹太人。下面列出的1871-1873年两年间在德国债券推销公司的人数,足以表明参与这项工作的犹太人的人数之多。[265]但这个数字并不足以说清楚事情的全部。首先,他们只是从所有所谓"濒临倒闭"的公司(既定目标)中选出部分犹太人避之唯恐不及的公司;其次,在许多情况下,犹太人都隐藏在幕后进行操控,台前活跃的只是受犹太人控制的傀儡。即使这样,这些人也还是具有一定的作用。

或许我们可以从私人银行业务依然重要(比如在英格兰)更好地明白这一趋势。一份权威资料告诉我,在1904年的《银行家年鉴》上的63家银行中,33家属于犹太人,或者至少也有犹太人的巨大利益。而且,这33家犹太人银行中,13家属于一流银行企业。

企业性质	创始人总数	犹太人数
25家一级债券发行企业	25	16
2家最大的矿业集团	13	5
大陆铁路公司（资本金150万英镑）	6	4
12家土地收购企业（柏林）	80	27
建筑协会，"菩提树下大街"	8	4
9家建设银行	104	37
9家酿酒厂（柏林）	54	27
20家机械制造公司（北德）	148	47
10家煤气厂（北德）	49	18
20家造纸厂	89	22
12家化工厂（北德）	67	22
12家纺织厂（北德）	65	27

我们很难通过对这些国家（例如德国）的上述估算来确定经营银行的犹太人比例，因为私人银行现在已经被股份制银行取代。但在股份制银行的公司推销行为中，每件事情都有犹太人的影子。

在企业股票上市的数十年中，不管是50年代、70年代还是90年代，没有投机性银行的配合，企业上市根本不可以想象。正是由于有了银行，才有铁路建设方面的巨型企业存在，只有银行才能为自己创建的有限公司预付资金。实际上，私人银行在这个方面也做了不少事情，但他们的手法不允许他们与大银行竞争。在1842年到1847年间，法国在铁路建设上花费的法郎不少于1.44亿。在接下来的四年中，又在铁路上支出了1.3亿法郎。从1852年到1854

第六章　商业在经济生活中的突出地位

年,铁路方面的支出总额已经达到2.5亿,1855年这一年花费了5亿,1856年是5.2亿。[266]德国的情况与此相同。"这段时期(1848-1870)的全部工作……就是依靠银行的资助……建设我们的铁路网"。[267]

这么做的理由并不难寻找。一方面,由于新的股份制银行的崛起,可用资本的增加也相应使大企业更容易取得进步或发展。另一方面,由于股份制企业要为获取更大的利润而努力,很难像一家私人企业那样随意增加自己的经营活动,要充分利用所有呈现在自己面前的可能机会。[268]

那么,这种专业的融资活动如何发端的呢?[269]我坚信,这件事情可以回溯到1852年,这一年,法国动产信贷银行(crédits mobiliers)[270]成立。

动产信贷银行的历史众所周知。[271]我们特别感兴趣的是,这家银行的成立应该归功于两位葡萄牙犹太人艾萨克和埃米尔·佩雷尔(Issac and Emil Pereire)以及其他犹太参与者。认缴资金的名单显示出,两位佩雷尔共持11446股,富尔德-奥本海姆(Fould-Oppenheim)持11445股,其他大股东还有:马莱·弗雷尔(Mallet Frères)、便雅悯·富尔德(Benjamin Fould)、(罗马的)托洛尼亚(Torlonia)、汉堡的所罗门·海涅(Solomon Heine)、(科隆的)奥本海默,换句话说,欧洲犹太民族的主要代表人物都在这里了。然而,名单中没有发现罗斯柴尔德家族的名字,原因可能在于,动产信贷银行就是直接针对他们而创建的。

在法国动产信贷银行出现的那些年中,又出现了很多合法与非法的银行分行,所有这些银行都具有犹太血统。1855年,S.M.罗斯柴尔德（S.M.Rothschild）在奥地利建立了帝国皇家东奥地利普惠信贷银行（Kaiserlich-Königliche privilegierte österreichische Kreditanstalt）。经科隆的奥本海默家族提议，1853年德国第一家以新原则为模式建立的机构是德国工商银行（Bank für Handel und Industrie），也称达姆斯塔特银行（Darmstädter Bank）。[272]这家银行的第一批董事中有一位叫赫斯（Hess），他本来是动产信贷银行的高级职员。第二家按相同原则设立的银行是柏林贴现银行（Berliner Diskontogesellschaft）。这家银行最初是一家基督教银行，但由于大卫·豪斯曼（David Hausemann）的努力而变成了今天的样子。柏林商业银行（Berliner Handelsgesellschaft）是按照相同原则设立的第三家德国银行，这家银行是通过我们前面提到的与达姆斯塔特银行有关联的科隆企业，以及著名的柏林银行家，比如门德尔松公司（Mendelssohn & Co.）、S. 布莱希罗德尔公司（S. Bleichröder）、罗伯特·瓦尔肖公司（Robert Warschauer & Co.）、席克勒尔兄弟公司（Schickler Brothers）等等创建的。最后，就德意志银行（1870年）的情况来看，犹太人因素已经再次取得了主导地位。

Ⅳ. 产业商业化过程

无论如何，投机银行的资本主义发展暂时达到了顶峰。他们尽自己的一切可能，推动了经济生活的商业化过程。他们本身是股票交易所的孩子，促成股票交易活动（即投机）的投机银行，达到了自己的全盛阶段。[273]证券交易拓展到了做梦都想不到的程度。所以，德国有一种观点认为，投机性股份制银行将替代股票交易所。[274]倘若正确理解这个说法，其中也许不无道理。也就是说，股票交易所

第六章 商业在经济生活中的突出地位

不再是一个开放的市场,并可能受到了金融寡头的控制。但是,作为一个经济组织,鉴于其业务范围正在不断扩展,它也要依靠现代发展获取(无论何种)收益。

这就是我所谓的产业商业化过程。股份制银行的股票交易活动已经日渐成为经济生活中各个部门的控制力量。实际上,产业领域中所有的企业活动,现在都由金融力量决定。无论是成立一家新企业或扩大一家老企业,还是一家"杂货商"为了拓展生意而增加一笔资本金,现在都要在私人银行办公室或由银行家们决定。同样,商品的流通也日益成为一个金融问题。如果我们说,我们的主要产业是金融企业与工业企业并重,一点都不夸张。股票交易所决定了大多数国际制成品和原材料的价格,如果希望在紧张的竞争中生存下来,就必须能够控制股票市场。总而言之,我们可以断言,今天所有的经济活动都趋向于成为商业交易。

电力行业就是一个最好的例子。电力行业从开始建立起,就代表了一种全新的产业形式。到目前为止,人们一般认为,大资本工业企业在获得订单并执行订单的时候,企业的工作就完成了。而且,一家工厂会在每个大城镇委托一名代理人,在多数情况下,这名代理人还代理其他工厂的业务,寻找客户的活动也不是以引人注目的主动进取为特色。但电力行业中所有这一切都发生了变化。电力行业的组织者是第一个看出了行业的基本责任之一就是创造市场的人。他们做了什么呢?他们努力俘获客户。一方面,他们力图控制买方。比如说,通过购买打算转营电动缆车的电车公司股票,或者购买全新企业的股票,他们就对下商品订单的企业具有支配性影响。如果有必要,电力企业的总裁还会为了给自己的商品创造需求这类活动，成立有限责任公司。今天最为成功的电力企业日渐类似于替公司向投资者发行股票的投机银行。

不仅如此。为了尽其所能抓住更大的市场，他们采取的另外一个政策是在各地建立分支机构。以前他们拓展业务主要依赖于总代理，现在，拓展相关客户的工作则委托给每家公司自己的特别代表。这样做的结果如何呢？公司与客户的距离拉近了，因此可以更好地理解客户的需要，供给方面也会做得更好，客户的愿望也更加容易得到满足，诸如此类。

众所周知，这就是通用电气公司（Allgemeine Elektrizitäts-Gesellschaft）以及费利克斯·多伊奇（Felix Deutsch）在公司拓展中首先采用的体制。老的企业也有这么做，但只是慢慢地有样学样。长期以来，德国西门子—哈尔斯克公司都把自己看得"太了不起，所以不愿伺候客户"，直到他们的一位董事贝利纳（Berliner）接受了效果良好的新计划之后，他的公司才从竞争对手手中收复了失去的市场。

这个例子很典型。一般而言，我们或许会认为，产业的商业化是篱笆墙上的一道裂口，通过这道裂口，犹太人就能进入商品的生产和流通领域，就像他们之前在商业和金融业所做的那样。

我们并不是用这个例子来断言犹太企业家的创业史。远非如此。我们是想说，在经济发展过程中，在技术和商业方面产生了现代资本主义的差异性，我们很快就能在这两个方面发现犹太人忙碌的身影。事实上，经济过程中的商业领域对他们的吸引力更大，但在资本主义发展的早期阶段，工业领域和其他行业的第一批企业家中都有犹太人。

第六章　商业在经济生活中的突出地位

他们建立了烟草行业（奥地利的梅克伦堡）和威士忌酒厂（波兰的波希米亚）；在某些国家还开办过皮革制品厂（法国和奥地利）和丝绸厂（普鲁士、意大利和奥地利）；他们在汉堡办过织袜厂，在菲尔特有家制镜企业，在法国开过淀粉厂，在摩拉维亚办过棉纺厂。几乎在世界的每个地方，他们都是成衣贸易的先驱。我可以参照我所收集的资料向大家展示，在18世纪和19世纪初期，我们有很多案例可以证明犹太人就是资本主义实业家。[275]但我还是认为，鉴于这个方面并不包含什么特别具有犹太精神的东西，考察犹太经济史的这个方面用处不大。犹太人进入工业产业只是出于偶然，没有犹太人，工业产业依然会繁荣起来。我们可以举出一到两个例子来说明这个问题。在波兰和奥地利，犹太人的贵族管家地位决定了他们必然会成为威士忌酒生产商。在其他国家，犹太人的宫廷犹太人（Court Jews）身份不仅使他们可以直接在烟草行业开办企业，而且还常常垄断了烟草行业。大多数人都用长袜制成品作为他们从事商业活动的例子，他们开办纺织行业，最终织出了袜子。但是这个过程非常普通，非犹太人也经历了与犹太人相同的过程。不过，在古老的服装生意中也有一个例外。服装生意基本上就是属于犹太人的行业，他们先是出售全新的服装，最后办起了裁缝店。

但说到底，一直到产业的商业化出现之后，犹太人对工业企业的影响力才开始增大，也就是说，直到每家现代工业企业中的领导和管理工作对每个人都成了普通工作，或者说，一个人可以在不降低自己的技能的前提下，从一个行业转到另一个行业，在这种条件下，犹太人对工业企业的影响力才开始增大。现在，在所有的情况下，技术方面本身在细分。因此，一个在皮革行业开始自己职业生涯的人，后来转入（我们可以这样说吗？）酿酒业和硫酸制造业，最终成了一名铁匠，也不过是一件平常的事情。旧式的资本主义企业家带有技术的痕迹，现代企业家则毫无个性。你能想象阿尔弗雷德·克虏伯（Alfred Krupp）除了造枪、博尔西希（Borsig）除了造机械、维尔纳·冯·西门子（Werner von Siemens）除了造电气设备之外，还能造什么吗？你能想象 H. H. 迈耶（H. H. Myer）除了担当北德意志-劳埃德造船厂（Nord-deutscher LIoyd）的头儿之外，还能担当其他企业的老板吗？另一方面，如果拉特瑙（Rathenau）、多伊奇（Deutsch）、贝利纳（Berliner）、阿诺德（Arnold）、弗里德伦德尔（Friedländer）和巴林（Ballin）等人明天换了职位，他们也会与现在一样成功。原因在哪里呢？他们都是商人，他们活动的具体领域一点都不重要。

因此我们提出这个看法：基督教徒闯出了自己的路子，从技术人员起步，而犹太人则以推销员或者职员起步。

虽然了解一下犹太人参与工业企业的程度很有用处，但我们手上几乎没有可以据此进行判断的材料。我们只能基于犹太人在工业企业中的董事人数，对此进行大致的估算。这种方法当然无法让人满意。我们怎样才能确定地指出谁是犹太人，谁不是犹太人呢？比如说，有多少人知道科隆的哈根（Hagen），即那位在德国拥有最多管理职位的人，原来的名字叫利维（Levy）呢？且不说单纯的数字并不能作为衡量影响力的标准。更有甚者，在有些企业中，业务能力并不是决定董事会成员身份的要件；还有一些企业甚至还存在一种将犹太人排除在要职之外的不成文法。因此，无论在何种情况下，我们所能得到的人员数字只与犹太影响力的一个微小部分相关。

第六章　商业在经济生活中的突出地位

常务董事

工业企业	总人数	犹太人人数	犹太人占比（%）
皮革和橡胶	19	6	31.5
金属	52	13	25.0
电力	95	22	23.1
酿造	71	11	15.7
纺织	59	8	13.5
化工	46	6	13.0
矿业	183	23	12.8
机械	90	11	12.2
碳酸钾	36	4	11.1
水泥、木材、玻璃和瓷器	57	4	7.0
总计	808	108	13.3

董事会成员

工业企业	总数	犹太人人数	犹太人占比（%）
酿造	165	52	31.5
金属	130	40	30.7
水泥、木材、玻璃和瓷器	137	41	29.9
碳酸钾	156	46	29.4
皮革和橡胶	42	12	28.6
电力	339	91	26.8
矿业	640	153	23.9
化工	127	29	22.8
机械	215	48	21.4
纺织	141	19	13.5
总计	2092	511	24.4

我所引用的上述资料，都是我根据最新版的《德国股份制企业手册》编纂而成。其中，只有电力企业标记出拥有资本金600万马克；化工企业500万马克；机械和纺织企业400万马克；其余都是300万马克左右。

这些数字能说明什么问题呢？我们能据此说，犹太人在工业行业的影响力是大还是小呢？我个人认为，从数量上说，无论如何都属于影响力非常大。务请记住，这一社会群体占了全部董事席位的七分之一，几近全体董事会成员的四分之一，而他们的人口是德意志帝国全部人口的百分之一。

第七章　经济生活中资本主义观念的成长

前面章节的概述明显已经证明,犹太人的影响早已超出了它使之形成的商业领域。换句话说,股票交易所不仅仅是经济生活中的一套机械设施,而且它是某种精神的载体。事实上,所有最新型的产业组织形式,都是这一精神的产物。正因为如此,我希望特别提请读者注意这一点。

当今我们这个时代经济生活的外部结构,在很大程度上是经由犹太人之手建立的。但是,经济生活的原则——或可称之为现代经济精神,或者经济观念——其源头可能也要追溯到犹太人那里。

这种说法的证据我们不仅要在下文中说明,还要从各个方面寻找。很显然,这里很少有什么可用的文献证据。但在那些最先意识到犹太人的心态有些异样的人群中普遍流行的一种感觉,倒肯定是一种有益的指引。非犹太商人或者他们的代言人表达的意见虽然片面且常常尖刻,但无论如何都很有帮助,因为他们都率真地表达了对犹太精神的反感,对犹太精神的反映是一种真实的反映(虽然常常足够真实,但可以肯定是有点变形的真实)。我们打算引用其观点的那些吐露自己看法的人,都把犹太人看成自己最大敌人,因此我们必须从字里行间,从各种可能传达出不同内容的说法中,推导出真理。由于业已阐明的观点都比较一致,所以使得我们的任务更为简单,但这种一致性绝非出于这些人无心的模仿,而是因为他们的条件相似。这种相似性又增加了其作为证据的说服力。

首先我们必须注意到,作为商业竞争对手的犹太人无论出现在什么地方,都能听到承受这一后果的基督徒商人的抱怨:他们的生活濒临危机;犹太人剥夺了他们的利润;由于他们的客户都转到了犹太人那里,所以他们生存的几率降低了。诸如此类。

我们从17世纪和18世纪(这是我们考察最多的一个时期)的文献中摘录一些文字,将勾勒出我们在前面提到的内容。让我们先转向德国。1672年,勃兰登堡侯国(die Mark Brandenburg)抱怨犹太人"从其他居民嘴里夺走了面包"。[276]我们也可以在1717年3月19日但泽(Danzig)商人的上诉状中看到几乎同样的说法。[277] 1712年到1717年,马格德堡(Magdeburg)老城的善良市民们反对允许犹太人成为他们之中的一员,"因为城市的福祉和商人们的成功,都取决于……不允许犹太人在这里经商这一事实"。[278]

1740年,埃滕海姆小城给他们的主教呈上了一封信,信中说:"如大家所知的那样,犹太人的低劣做法只能导致损失和毁灭。"一则俗语也表达了同样的看法,"犹太人多如干草,一切都会毁掉"。[279] 1750年普鲁士敕令的引言就提到,"我们镇上的大商人抱怨说……那些与他们出售相同商品的犹太人,让他们的生意锐减"。德国南部的情况也是这样。比如说在纽伦堡,基督徒商人就只能干坐一旁,眼睁睁看着自己的顾客去购买犹太人的货物。1469年,犹太人被赶出了纽伦堡,其中很多人定居到了邻近小城菲尔特,

第七章 经济生活中资本主义观念的成长

他们的客户为了给自己寻求买方最佳利益,从纽伦堡前往菲尔特买东西。*无怪乎在整个17世纪和18世纪,纽伦堡市议会议员都在城里散发法令,禁止人们与菲尔特的犹太人做生意。[280]

在整个18世纪,犹太人不仅被拒之于手工业者行会门外,也不准进入商人行会,这一事实众所周知,就无需我们进一步强调了。[281]

英国的情况有区别吗?当然没有。乔赛亚·柴尔德(Josiah Child)就说过,"犹太人非常狡诈……剥夺了本该由英国商人获取的利润",他们做的生意"有损于英国商人"。[282] 1753年,犹太人归化入籍议案(Jew's Naturalization Bill)成了法律,然而,民众对这个讨厌的民族之敌意如此之大,以至于这一法律第二年就被废除了。民众的恐惧是,如果犹太人成了英国公民,"他们就会把当地人从就业队伍中驱逐出去"。[283]

从马赛到南特,整个法国都能听到相同的声音。1752年,南特的商人用下面这种说法悲叹自己的命运:"这些陌生人从事的违禁贸易……使本城的商人们损失巨大,所以,如果他们不能受惠于绅士阶层的好处,他们就会陷入困境,既不能赡养自己的家人,也无法缴纳税赋"。[284] 七年前的1745年,图卢兹的基督徒商人遗憾地宣布,"所有人都去找犹太商人买东西了"。[285] 蒙彼利埃的商会要求,"我们请求你们拦阻这个民族的进逼吧,否则肯定会毁掉朗格多克的全部贸易"。[286] 他们的巴黎同行将犹太人比作杀死蜜蜂而闯进蜂箱的黄蜂,它们扒开蜂箱,吸取存储于箱内的蜂蜜。[287]

---

* 德国的第一条铁路是1835年建筑的连接纽伦堡和菲尔特之间的那条铁路。但我们很难说清楚文中提及的犹太人的影响跟铁路有什么关系。但这是一个让人好奇的事实。——英译者

在瑞典[289]和波兰[290]也回响着同样的牢骚。[288]1619年,波森市的市政首脑在给西吉斯蒙德国王(King Sigismund)的汇报中抱怨说:"由于犹太人的竞争,商人和手工业者生活上遇到了很多障碍,困难重重。"

但是,所有这一切都不足以说明问题。我们想对犹太人威胁到其他人生计的情况有更多的了解,我们想为这件事情找出缘由。为什么犹太人会成为基督徒商人们的竞争对手?只有回答了这个问题,我们才能理解犹太人经营手法的特性,即萨瓦里(Savary)所说的"les secrets du négoce"[生意秘诀]。

为了了解事情的缘由,我们这里要引用一些当时人的看法,这些人充分了解日常生活。这里的答案还是那样具有高度一致性。那么,答案是什么呢?犹太人的成功是因为他们不诚实的交易行为。你可以在菲兰德·冯·西特瓦尔德(Philander von Sittewald)的字里行间看到这种说法,[291]"犹太人……只有一个原则和习惯,无论何时都能让他们获利,那就是说谎和欺骗"。格奥尔格·保罗·亨(Georg Paul Hönn)编撰的《简编本骗术语汇》(*kurtzeingerichtetes Betrugs-Lexicon*)[292]也有同样的恭维,在全书中唯一的插补文字"犹太人"条下,这样写道:"犹太人作为一个整体和作为个人,都是骗子……"。在《商人宝典》(*Allgemeine Schatzkammer der Kaufmannschaft oder vollständiges Lexikon aller Handlungen und Gewerbe*)中,"犹太人"这一条下也有相同的说法。[293]一位匿名作者在谈论生活方式和道德时宣称,柏林犹太人"靠掠夺和欺骗谋生,按照他们的观点,这样做无罪"。[294]

相同的看法在法国也很流行。萨瓦里说,"在做生意方面,犹

第七章 经济生活中资本主义观念的成长

太人拥有良好的声誉,但他们并不能怀着绝对忠诚和可信赖性保持下去"。[295]

这些指控意味着什么呢?就算赋予"欺骗"这个词很宽泛的含义,很多犹太人的经商做法也很难用这个词来涵盖。而且,人们在使用这个词声称犹太人是骗子的时候,也仅仅是侮辱性地描述犹太人并不总是尊重现有法规或商业惯例这样一个事实。犹太商人们忽略了基督教同行的传统并(一再)触犯法律,因而冒犯了他们的基督教同行。但最为重要的是,他们没有把商务礼仪放在心上。仔细观察一下针对犹太商人的种种指责,研究一下他们的内在本质,你就会发现,犹太商人和基督徒商人之间的冲突,其实是不同的经济生活观——不,是两种对立的经济生活观——之冲突。

为了从整体上理解这一冲突,我们有必要了解主宰经济活动的某些精神,从16世纪开始,犹太人就一天天从这种经济活动中站稳了脚跟。他们似乎与那种在世界各地被视为不安分因素的精神不相协调。

在我称之为"早期资本主义时代"的整个阶段,世界开始感觉到了犹太人的影响。在这个阶段,关于经济生活通行的基本观念,都带有中世纪的特征,比如封建关系、体力劳作、社会分为三个等级。等等。

这一切的核心就是个体的人。无论是作为生产者还是作为消费者,他的利益决定了类似他这种个体单位构成的社会群体的态度,决定了规制经济活动和商业生活实际的法律法规。每一部法律法规就其意图而言都是对人的,所有对国家经济生活有过贡献的人,都有自己的个人看法。但并不是每个人都能按照自己的意图行事。相反，一整套约束性法规限制了人们的各种活动。但是关键在于，这套约束性法规却是个人主义精神的产物。商品的生产和买卖是为了充分满足消费者的欲望。另一方面，生产者和商人都应该得到公平工资和公平利润。然而，什么是公平，什么才能满足你的需求，由传统和习俗来决定。

因此，生产者和商人获得的东西，应该与生活中舒适生活标准所要求的东西相当。这是中世纪的观点，也是早期资本主义时代流行的观点，即使在那些已经或多或少按照现代方式做生意的地方。我们已经在当时的工业法规中发现了现代方法的表现形式，在商业文献中找到了应用现代方法的理由。[296]

因此，这个时代的多数人都将赚取利润看成是不道德的、"有违基督教教义"之事。至少在公开场合，人们还是要遵守托马斯·阿奎那的古老经济学教义。[297]在这个时代，宗教与伦理规范仍然具有至高无上的地位，[298]我们还没有发现从宗教和伦理约束中解放经济生活的迹象。无论哪个领域的无论什么行为，都要遵照最高法庭——即上帝的意志进行。这里需要指出，对财富的态度(attitude of Mammon)之于对宗教的态度，是否就像南极之于北极一样相反呢？

生产者和商人的所得应能满足他们的需求。尊重这一准则的一个显著后果，就是将每个人的活动严格限定在他身处的那个地点。因此，竞争受到绝对禁止。一个人可以按照传统和习俗，在自己的范围内按照自己的意愿(什么时间，什么方式，什么地方)从事工作。然而，朝自己邻居的地盘看一眼都是严格禁止的行为。就像农民要用自己土地、草场和林地的收获物来养家糊口，却从来也

第七章 经济生活中资本主义观念的成长

不会梦想增加自己的财富;手工艺者和商人也满足于自己的那份财产,从来不去觊觎邻居的东西。农民们有自己的土地,城里人有自己的客户:不论哪种情况,这就是他们的生计来源;无论哪种情况,其规模也足以满足他们的目的。因此,商人只能信赖惯例,很多惯例都是保护他们免受竞争之苦的法令。除此之外,这也是一种商务礼仪。你总不能追着客户跑吧,你只能等着客户过来,"然后"(用笛福的说辞),"凭上帝的祝福和他自己的用心,他就能从与邻居的交易中分得属于自己的一份利"。[299]集市上的坐地商也不例外,"夜以继日地守候在自己的摊位旁"。[300]

将你邻居的客户引走是一件可耻的、有违基督教教义且不道德的事。[301]一条规则说,"从事商品贸易的商人不能以口头语言或者文字方式,抢走他人的客户,你不对别人这样做,别人也不会对你这样做"。[302]然而,这条规则现在不仅仅是规则,而且成了法令,并且一而再再而三地出现。在美因茨,这条规则是这么说的[303]:"没有人可以阻止其他人的购买行为,或者说,没有人可以用提高商品价格的办法使商品更贵,从而让人受买不起商品之苦。没有人可以干涉他人的生意,或者说,没有人可以大规模扩大自己的生意,以致毁了其他商人的生意。"在萨克森,情况也大致相同。[304]"没有哪位店主可以把其他商店的客户叫走,也没有哪位店主可以用手势或者动作示意别人的客户不要购买商品"。[305]

但是,人们甚至认为,不干扰邻居生意而吸引邻居客户的行为,也不足取。在伦敦,迟至18世纪初,人们还认为,一位店主为了吸引买家而精致地装饰自己的商店橱窗,不太合适。丹尼尔·笛福与其著作后来的编者一样,直言不讳地对这一行为表示轻蔑,他显然怀着几分满意地提到，只有一些面包师和玩具商最应因此受罚。

为自己的生意做广告和赞美自己的货品，也是不被允许的事情。大约在17世纪中叶的某个时间，荷兰出现了平和的广告艺术，广告出现在英国是17世纪末期的事情，在法国就更晚了。1667年，《根特邮报》(Ghentsche Post-Tijdingen)创办，当年10月3日发行的那期就有了第一个商业广告。[306]在当时，伦敦的小报没有一家刊登广告，即使在伦敦大火之后，也没有一家企业认为可以用广告广而告之自己的新地址。一直到了1682年，在约翰·霍顿爵士(John Houghton)出版了《畜牧业和商业改良论书辑集》(The Collection for the Improvement of Husbandry and Trade)之后，伦敦商业协会才逐渐习惯了利用报刊作为广告媒介。[307]在此之前，也出现了在街上小规模向路人分发广告的做法。

两代人之后，波斯尔思韦特(Postlethwayt)开始传播时人的看法。[308]"说到贸易和商务，报纸广告现在已经成为整个英格兰、苏格兰以及爱尔兰相当普遍的做法了；……无论那些名声显赫的商界人士如何视其为卑鄙和可耻之事，但自几年前报纸广告运用于公众以来，到现在(1751年)，情况已经大有改观，广告似乎受到了尊重。有名望的商业人士认为，广告是用最好、最方便和最便宜的方式将自己想让全国人民知道的事情传送出去的手段"。

但在当时，广告在法国的应用还没有这么超前。在萨瓦里[309]1726年版的《商业词典》中，萨瓦里只字未提广告(réclame)这个术语经济方面的含义。直到六年后的1732年，词典的增补部分出版，他才增加了一句："为了让公众了解某件事情而在大街上公开张贴的海报。"他举了什么例子呢？船舶买卖、开船时间以及大商贸公司的航运到货通知，但必须是在公开出售这些货物的情况下才能发布广告，还有新工厂的成立以及地址的变更等等。最基本形式的商业广告依然不足。一直到18世纪下半叶，报纸上还是缺少商业广告。尽管这件事情看起来很奇怪，1751年5月13日，著名的单页广告《小海报》(Les Petites Affiches)发行了第一期，其中并不包括真正的商业广告。[310]换句话说，18世纪之前，即便"我在某某地方出售某某物品"这种简单通告，在英格兰都并不普及，而在法国的普及更是很久以后的事情了。在德国，也只有一两个城镇在这方面走在前列。柏林和汉堡或许可以作为例子，但即使在这两个地方，创新也是孤立事件，唯一的例外是书籍，从一开始就被人广而告之。

赞扬自己的货物或者指出自己的生意强于他人的生意，同样是恶劣的。但是，不当商业行为的硬道理就是宣称自己商品的价格低于对面那个人的商品价格。"压价出售"是最缺乏教养的事情："因你的压价和廉价销售而受到损害的邻人是不会为你祝福的。"[311]

在时人的眼中，压价销售本身很糟糕，为商品做广告也令人不齿。笛福《英商全书》[312](Complete English Tradesman)第五版(1745年)的编者说，"自从本书作者去世后，压价出售的做法已经发展到如此令人羞愧的地步，以致某些人公开宣传，他们要廉价销售其余货品"。读者可能会问，编者为什么如此关心这个问题？其中原因在下面的段落里已经做了说明，"我们有一些杂货商在广告中以一个公平交易者无法承受的价格竞相压价销售"。固定收益、固定生计、固定生产和固定价格，这是一个古老的吁求。

我们还有一个法国的例子,这个例子表明,即使是在巴黎,人们是如何将这种行为看成为令人发指的罪行。1761年的一条法令[313]向法国首都的各色人等宣布,如果你为自己销售的商品做宣传,你的商品价格低于通常的商品价格,必然被认为是一位陷入困境的商人摆脱困境的最后招数,对这种行为应予以严厉谴责。法令还禁止巴黎以及巴黎郊区的商人"竞相拉客以及所有散发传单招徕顾客关注自己商品的行为"。

与生产者相同,消费者也引起了人们的关注。从某种意义上说,消费者获得的关注更多,因为,所有的生产都是为了有利于消费这种朴素的观点,还没有消失。因此,强调要生产好的商品,强调商品应该与其描述相同的原则,各个国家都为此而颁布了数不清的各种法令,尤其是在17世纪和18世纪。

在纯粹的资本主义观念得到接受之前很长一段时间内,商品的交换价值对商品经营者影响最大。我们或许可以从英国18世纪在这个问题上相互矛盾的看法,了解这一观念的缓慢发展。与其他大多数问题一样,乔赛亚·柴尔德爵士在这个问题上似乎也是少数派,他在阐述需求的时候说,人们应该允许生产厂商对提供给市场的商品种类和质量,做出自己的判断。我们今天读到柴尔德吁请允许制造商有权制造劣质商品的陈词,真是觉得够稀奇的了。他大声呼吁说,[314]"如果我们打算在全世界做贸易,我们就应该模仿荷兰人,荷兰人既制作最劣质的商品,也制作最优质的商品,这样才能为所有市场和所有偏好服务"。

在诸如此类的经济思想领域中,"公平价格"理论是一个有机元素。价格并不是个人说了算就能形成的某种东西。价格是针对

第七章　经济生活中资本主义观念的成长

他而确定的某种东西，与经济生活中的各种事务一样，价格还受到宗教和伦理原则的支配。人们认为，价格应该有利于共同利益，既有利于消费者，也有利于生产者。在不同的年代，人们都有自己的价格决定标准。比如说，在路德的年代，生产成本是价格的决定性要素。但随着商业交往的扩展，人们发现，公平价格的学说在价格形成中越来越不可能，价格必须由市场因素[315]决定的观点为人们普遍接受。尽管如此，我们还是要重点强调，价格的形成基于伦理原则，而不是（囿于后一种情况）基于自然原则。所以人们才说，个人未必能按自己的意愿决定价格，但后来的看法是，个人不能按自己的意愿决定价格。

这种观点在什么样的世界里才能占有支配地位呢？如果我们用一个词来描述这种情况，我们会使用"缓慢"（slow）这个字眼。这其中，稳定是它的支柱，传统是它的指南。个人永远也不会在商业活动的喧闹和混乱中失去自我。他完全能控制住自己，也不缺乏人的尊严，不会为了赚取利润而纡尊降贵，自贬声誉。在世界各地经商的人也都带着少许个人骄傲。所有这一切在乡村的表现程度要甚于在大城镇的表现程度，因为在大城镇中，人们很快就能感觉到资本主义的成长。当时一位敏锐的观察者就曾记录了"乡土商人骄傲自大的行为"[316]。我们也能从他的马裤和长外套，从他头上的假发以及他略显僵硬的姿态认出这种类型的人。生意于他只是一种做事的方法，他靠此过活，没有太多的思虑或担心，他用传统的方式服务于自己的顾客圈子，他知道这里没有什么让人激动的事情，也从不抱怨日子过得太快。

今天，贸易繁荣的最佳征象之一就是普遍的匆忙，但是，就在

18世纪末之前，人们还将悠闲视作贸易繁荣的确切标志。生意人总是刻意地放慢步伐。"在巴黎，人们总是匆匆忙忙的——因为那里根本无事可做。在我们这里（里昂，丝绸工业的中心，重要的商业城市），我们总是步伐缓慢，因为每个人都很忙"。这是1788年，我们已经提到过的一位观察者的评判。[317]

在这幅图景中，基督新教徒、贵格会教徒和卫理公会教徒是最适合这个世界的人物，虽然我们通常视其为第一批与资本主义观念有关系的人。他的外在举止，一如他的内在生命。"沉着的前行，而不是踢踢踏踏的紧跟你的步伐"，是一名清教徒的生活准则。[318] "一位信徒具有，或者至少必须具有，或者如果他想要做得像自己的话，就会具有一种有条不紊的步态，稳当而庄重地端坐于马车上"。[319]

这就是犹太人搅动的世界。他们的每一步都违反了这个世界的经济原则和经济秩序。我们从各地基督徒商人毫无二致的怨言中，能清楚地看到这一点。

但犹太人是这方面唯一的罪人吗？我们单独挑出"犹太人的生意"，指责它违反法律和常规，是以说谎和欺骗为特征的不诚实行为，这种指责公平吗？毫无疑问，基督徒生产者和商人的做法，在违背习俗和规则等方面，也并不总是无可指责。人性本来就是这样，这只是意料中的事。但除此之外，我们所考察的这个时代，也不能夸口说具有很高的商业道德标准。否则为什么在经济活动的各个方面制定那么多的规矩和禁制？在这个问题上，当时的很多证据确凿无疑。

我们在上文提到过18世纪初期出版的《简编本骗术语汇》。这本书一定读者甚众，因为在几年的时间内，该书就发行了好几版。

打开书，读者可能会惊异地问，世界上还有什么诚实的事情吗？实际上，这种印象主要是由于在这么一个小小的篇幅里汇集了这么多欺骗和诈骗的实例和例证而形成的。不过，即使考虑到一个事实，即那个时期肯定也存在大量可疑的行为，这个印象也无法根除。如果在这个问题上还有什么潜藏着的疑问，其他证据很快就会抹掉这个疑问。一位德国作者抱怨说，"现在(1742年)，你只能找到极少数不掺假的货品"。[320]数量众多的禁恶令，敕令(比如1497年的敕令)，警察条例(比如1548年奥格斯堡的警察条例)，以及商人守则(比如1607年吕贝克的商人守则)，所有这一切都与实际情况相关联。但是，弄虚作假绝不限于商品的生产，这在商业圈里也并非无人知晓。在17世纪和18世纪，假破产的事情也时常发生，而且一定成了一个难以解决的问题。社会上对假破产事件反复出现怨声载道。[321]实际上，17世纪英格兰商人散漫的商业道德已经是路人皆知。[322]据说，欺骗和作伪是"英国商人积重难返的恶习"。一位17世纪的作者说，"我们国家的商人，凭着自己对商品无穷无尽的要求而晓谕全世界，如果他们控制了商品，他们也会欺骗全世界"。[323]

事实既然如此，我们用什么理由来彰显犹太人在这里的作用呢？我们真的能够指出犹太人行为中与当时的既有行为原则形成鲜明对比的某种特色吗？我相信我们能够指出这一点。我相信，犹太人的具体特色并不在于分散于不同地方的个别人违反了当时通行的经济秩序，而在于犹太人整体违反了当时通行的经济秩序。犹太人的商业行为反映出犹太商人中公认的观点。因此，犹太人从来没有意识到他们做错了什么，也从来没有对这种商业道德失范感到内疚，他们的规矩就是要服从他们认为合适的一套体系。他们没有错，只是其他人的看法有问题而且愚蠢。我们这里不是在说公认有错的资本不法行为，这种行为已经受到了普遍谴责。任何法律制度（比如财产权）的基本规制与那些随社会发展而变化的基本规制之间都有区别。只要财产权还存在，盗窃就会被看成是大罪；但对于获取利益的问题，其观点会随着时代的不同而有很大的不同。第一个问题属于前一范畴，第二个问题属于后一范畴。

毫无疑问，犹太人在具体商业行为中，两类错误都犯过。在早期，犹太人犯下的是每个人都认为是错误的那种错误。[324] 比如说，他们常常因为接受和处理赃物而不断受到人们的指责。但作为一个整体，犹太人也谴责这种做法。就此而言，就像基督教徒有诚实与不诚实之分，犹太人也有诚实与不诚实之别。如果有任何犹太人醉心于蓄意欺骗，那么在这个范围内，他就使自己与认为这种行为不符合已有善恶标准之多数犹太人和基督徒对立了起来。我们手上有很多记录可以有力地证明这一点。汉堡犹太人的历史就是一个例子。17世纪，葡萄牙犹太人在某种程度上承担起了规范新迁来德国之犹太人的商业行为的责任。只要德国犹太人（Tedescos）进入城市，他们就会向自己的葡萄牙兄弟承诺，不会去购买偷来的物品，也不会经营非正当生意。有一次，德国犹太人长老们受到马哈马德（Mahamad）*的传唤和警告，因为其中几人破坏了自己的承诺。另外还有一次是因为他们从士兵那里购买了赃物。[325]

---

* 葡萄牙犹太会众的管理机构。现在这个术语仍然在伦敦的西班牙犹太人和葡萄牙犹太人中使用。——英译者

第七章 经济生活中资本主义观念的成长

在考虑资本主义早期阶段对犹太人的指控(基本上是一些没有根据的指控)时,请一定记住我所强调的这一点。普遍公认的罪行,比如偷盗或者收购赃物之类,不在本书阐述范围之内。犹太人与基督徒一样,也憎恶这类罪行。然而,所有犹太人都习以为常、逾越了法律和习俗的做法,犹太人自己并不认为不对,这种做法或许就是具体的犹太观念的结果,这些都必须纳入我们的视野。那么,在研究它们的时候,我们能发现什么呢?

我们发现,犹太人出现在我们面前时,比他的邻居更像一个生意人。他们为了生意而做生意,他们本着真正的资本主义精神意识到,收益至高无上,超过了所有其他目的。

顺便说一句,我觉得没有哪本书对资本主义早期犹太人的生活和思想的描述比《格吕克尔·冯·哈梅尔恩回忆录》(*Memoirs of Glückel von Hameln*)更精彩。格吕克尔是汉堡一位犹太商人的太太,生活于1645—1724年,在这个时期,汉堡和阿托纳的犹太人社团已经发展到了一个很繁荣的状态,所以我们认为,这位非凡的女性是那个时期的典型的犹太人。她的叙述之所以能吸引读者,是因为叙述自然、简洁和清新。在我阅读这本回忆录的时候,书中丰富多彩的生活体验向我展示了作者完整的人格,让我一再想起那位有名的议员夫人(即歌德的母亲)。

如果为了展示那个时代犹太人对货币的兴趣而征引这本为众人所推崇的著作,是因为我相信,对钱的兴趣是犹太人的普遍特点,那么,我们可以看到在格吕克尔太太这样天赋异秉的女性身上,这种特点也非常突出。事实上,金钱就是她的一切的一切,这与所有和她有共同语言的其他人一样。这本书对生意的事情着墨不多,但全书313页中提及货币、财富和收益等等的地方不少于609处。书中只是在某些与金钱有关的地方才提及犹太人的特性以及犹太人的作为。最重要的是，据说犹太人的作为很符合他们的金融观。事实上，孩子们的婚姻是格吕克尔太太经济活动的主体。"他也见了我儿子，他们差不多快达成协议了，不过因为一千马克，所以没有谈拢"。这样的事情充斥全书。对于她的第二次婚姻，她说："下午，我丈夫用一枚重达一盎司的黄金婚戒娶了我。"读到这里，我不禁把犹太人中流行的特殊的婚姻观，视为他们看待金钱的方式，尤其是他们从纯商业角度看待生活中最珍贵事物的倾向。比如说，孩子们有自己的价值，就被那个时代的犹太人看成为理所当然的事情。格吕克尔太太写道："我可爱的孩子们，愿他们获得宽恕。愿那些我花费大量金钱养大的孩子和我没有花费金钱养大的孩子都获得宽恕"。这时候的适婚男女，都有自己的价格，随市场的行情而不同。对于学者或者学者的孩子，需求要大一些。我们听说过这样一件事情，有位父亲就用自己的孩子做投机。在这件事情上，正如格雷茨（Graetz）所说，萨洛蒙·迈蒙（Salomon Maimon）的命运众所周知且时常被人引用。"迈蒙十一岁就完全掌握了《塔木德》，所以，他成了别人眼中抢手的未来夫婿。他那位善于投机的穷父亲，一次就给他带来两位新娘，甚至……都没有让他看上一眼"。类似的事情非常之多，足以让我们得出结论：这类事例很典型。

　　但反对意见力陈，基督徒不是不重视金钱，只是不承认这个事实罢了，这种人太虚伪了。反对意见可能有一定的真实成分。在这件事情上，我应该说某些犹太人确实比较质朴，将赚钱当成生活支柱是理所当然的事，不必去隐瞒。

第七章　经济生活中资本主义观念的成长

在17世纪和18世纪，当时的何种看法能让我们充分理解我们必须注意的那些特征呢？在这个问题上，我们可以用一个人们普遍认同的观点来支持我们的理论。在资本主义欠发达的那段时期，犹太人被认为是一种经济观念（即获取利润是所有商业活动的最终目的）的代表人物。让犹太人区别于基督徒的，不是他们"放高利贷"，不是追逐利润，也不是大量积累财富，而是他们公开地做这些事情，却不认为这样做有什么不对，是他们一丝不苟且冷酷无情地关注自己的商业利益。但更糟糕的事情与那些"比犹太人更坏"的基督徒"高利贷者"有关。"犹太人把心里那点事都挂在脸上，本身并不可耻，但这些高利贷却是以伪善的基督徒面目所行的肮脏交易"。[326]

我们还必须再征引一两个同时代人的看法。"这帮人心里只有不义钱财，没有上帝，只以占有基督教徒财产为目的，别无其他……看什么都是他们的利润"。[327]这是约翰·麦格罗波里斯牧师（Rev. John Megalopolis）1655年3月18日写下的断言。另一个评价更为苛刻。[328]"不要相信犹太人（在巴西）所做的承诺，这是一个不诚实而且怯懦的民族，是全世界尤其是全体基督教徒的敌人。只要他们有煤温暖自己，就不关心谁家的房子烧了，他们宁愿眼见成百上千基督教徒死亡，也不愿意损失100个克朗"。对待犹太人较为友善的萨瓦里的说法[329]还比较中肯。"一个高利贷商人试图获取平均利润，热衷于掠夺与他做生意的那些人，被称为'真正的犹太人'。如果某人跟一个精明、死板而且有些小气的人做生意，人们就会说：'他落到了犹太人手里'。"诚然，首次创造了"在商言商"这个说法的人是一个真正的基督徒商人，但是毫无疑问，第一个按照这种说法形成自己经营方针的人，却是犹太人。

关于这一点，我们还必须提一下各个国家的谚语，这些谚语总是把犹太人说成为对金钱具有特殊爱好的逐利者。"对犹太人来说圣母玛利亚是神圣的"（匈牙利谚语）——玛利亚指的是克雷姆尼泽金币（Kremnitzer gold ducats）。"黄色是最适合犹太人的颜色"（俄罗斯谚语）。"黄色是犹太人最喜爱的颜色"（德国谚语）。

在犹太人看来，追逐利润是一种合法行为，这一点可以用来说明他们那些时常受人抱怨的经营原则和具体做法。首先，犹太人不太注意按法律和习俗所普遍坚持的一种职业与另一种职业的区别，或者说，一名手工匠人与另一名手工匠人的区别。我们总是听到人们声讨说，犹太人从不满足于一种经济活动，他们总是做自己所能做的一切事情，所以他们扰乱了行会制度想要维持的行业秩序。他们的目的是要抓住所有商业和生产机会，他们有一种向各行各业扩张的强烈欲望。"犹太人把所有的贸易都拽在自己手上，他们竭力要毁掉英国商人"，这也是约翰·麦格罗波里斯牧师在1655年的怨语。[330]乔赛亚·柴尔德就说过，"犹太人生性狡诈，长于窥探所有的生意"。[331]格吕克尔·哈梅尔恩这样描述她父亲的生意："他经营宝石，当然还有其他生意——因为每个犹太人都是全能商人"。

在德国行业协会抱怨犹太人完全不顾经济活动中严格的行业分类，无孔不入的全面侵入贸易之时，这种情况已经发生无数次了。1685年，美因河畔法兰克福的市政当局在痛斥犹太人时说，犹太人在所有生意中（比如亚麻和丝绸零售以及服装和图书销售）都插了一脚。[332]人们还指责奥得河畔法兰克福的犹太人售卖进口编织品，从而危害了金丝绦编织者的利益，等等。

或许，我们所发现的这种普遍贸易趋向（universal trading），即

第七章 经济生活中资本主义观念的成长

大量各类货品以及所有来历不明的典质物都集中于犹太人商铺中的情况，不过是出于偶然，但这种售卖方式肯定会妨碍到所有零售商自己的生意。这些二手商店的存在——现代商店的原型——对当时的商业和产业秩序，产生了威胁。15世纪的一首古老的雷根斯堡（Ratisbon）歌曲，[334]描绘了这种二手货商店的生动景象，随着时间的流逝，歌曲中描述的细节也越来越鲜明。

> 除了犹太人，
> 没有哪个匠人会有这样的危害。
> 任何人需要衣饰
> 都会找犹太人买货。
> 不管是白银、亚麻或马口铁，
> 家里缺了什么，
> 犹太人都能满足，
> 他的承诺——确实没错。
> 偷儿偷货，强盗劫财，
> 犹太人与他们没有分别。
>
> 斗篷、长筒袜或少女的面纱，
> 全都从犹太人手上出售。
> 很少有人去找匠人了，
> 全世界都在跟犹太人交易。

这里就出现了一个有意思的问题。犹太人违反行规和重视纯商业目的与他们敌视重商主义的态度之间,有什么关联吗?他们无视引导重商主义国家的商业理论,目地就是要建立一种自由贸易的商业原则吗?看起来是如此。"犹太人的贸易"适用于18世纪法兰克福的商业,因为,犹太人的贸易多数是进口贸易,"这种贸易只是使用了少许德国人手,只是靠着国内消费兴盛起来"。[335]19世纪初期,德国充斥着英格兰的廉价商品,这些廉价商品大部分通过拍卖出售,犹太人是这种进口贸易的中坚。而且,犹太人几乎垄断了拍卖。"因为制成品的交易很大程度上掌握在犹太人手中,所以英格兰商人主要与他们做生意"。犹太人的"店铺里全是外国商品,比如帽子、鞋、长筒袜、皮手套、铅制品和铜制品、漆器、厨房用具和各种成衣——所有这些都是从英国船运过来的"。[336]法国也有同样的情况。[337]还不仅如此。犹太人在重商主义的发展过程中还犯下一个致命的错误:他们还进口原材料。[337A]

我们知道,犹太人做事只遵从自己的商业利益,他们既不注重行业之间的界线,也不看重国家之间的疆畛。同时,他们也不关注各行各业当时普遍遵循的成规。我们已经知道,在资本主义早期阶段,人们是如何看待招徕顾客这件事情的。在这个问题上,犹太人也是一个另类。他们满世界寻找卖家或者买家,而不是像商业惯例规定的那样等待顾客上门。关于这一点,我们手上有大量的证据。

1703年,哥尼斯堡(Königsberg)的皮货商人针对犹太人提出控诉:[338]"犹太人赫希和摩西及其代理人总是第一个来购买原材料,出售毛皮成衣,这种做法使得他们(投诉者)蒙受了很大损失"。1685年,法兰克福的珠宝商人和金匠也有相同的经历。[339]他们被迫从犹太人那里购买自己所需要的旧的碎金和银,犹太人通过无穷多的"间谍"手段，从基督教徒的鼻子底下弄走了这类生意。几年之前，该城所有的生意人都在抗议犹太人"窃取了基督徒商人的生意"。在此之前的1647年，法兰克福的裁缝也在请愿书中说，应该禁止犹太人从事全新成衣的销售生意。"犹太人就像骆驼和驴一样，背负着物品和服装，在街道上随意游荡，迎接每一个进入法兰克福的新成员，也不管他的地位是高是低，就向他们兜售他想出售的东西。所以犹太人夺走了我们的面包，这真是一件让人悲伤的事情"。[340]比这更早的1635年，也有丝绸商人的请愿活动，他们抱怨说，犹太人"守在犹太街区之外的城区、旅店以及一切有兜售机会的地方。只要军队进了城，他们就会公开或者秘密地穿过街道，去满足士兵和长官的需要。他们还安排了一些裁缝师傅，在军队列队前进的时候，在自己的商店里展示他们的成衣"。

1672年，勃兰登堡的一份投诉书这样说，"犹太小贩穿城走乡到处向人推销他们的商品"。奥得河畔法兰克福的情况基本相同，[341]细节也更为丰富。犹太人到处追逐消费者——追旅游者追到旅店，追贵族人士追到城堡，追学生追到宿舍。据说，[342]在奥地利的尼科尔斯堡（Nikolsburg），"犹太人把所有的生意、所有的金钱、所有的商品，都抓到了自己手里。他们等在城外，试图半路拦住旅行者并跟他们结识，他们还把基督徒公民的老顾客都吸引到了自己那里"。

19世纪初期，有位见闻广博的作者曾经对犹太人寻觅新顾客的方式做过一番描述。[343]他说，犹太人的做法是"通过阅读各类报纸而频繁造访各种公共场所，他们总是试图获取各种可能的生意信息，尤其注意陌生人到来的信息。他们还注意聆听种种谈话，以便从中发现谁家的房屋有了风险,这样他们就能上门洽谈或是与房主做笔交易"。

犹太旧钟表商居住的街道,同样也是类似生意的活动场所,活动的目的也总是相同。事实上有些时候,商人们还会抓着过路人的胳膊,竭力让他们买点东西。在现代城市中,这种开展业务的方式人们并不陌生,在18世纪的巴黎,这种经营方式与旧货商人（*fripiers*）、旧钟表商有关,这些人据我们所知,[344]绝大部分都是犹太人。对这样的场景有一个非常精彩的描述,值得引述如下。[345]"这种乱纷纷地招人进店的兜售方式非常没礼貌,在他们其中一人邀你进店看看时,其他所有店主都拦在你面前,反复嚷嚷着请你过去看看。店主的老婆、女儿以及伙计甚至看门狗都在嚷嚷,震耳欲聋……有时候,这些人还会抓着老实人的胳膊或者肩膀,强迫他进入商店,他们总是把这种不体面的游戏当作消遣……"。

我们也从一位大约在这个时期德国西部旅行的旅行者那里,听到了同样的故事。"行走在这些地方的街道上,很多犹太人让人非常讨厌。每一分钟在每个转弯的地方你都被他们纠缠不休。他们不停地问你:想买什么东西？买不买这个？买不买那个？"[346]

为了争取客户,他们还变身为行脚商人。"把门廊里的座椅换成柜台,在犹太人看来很平常,他们还常常搭块木板扩展这个柜台。他可以在任何可能的地方放个台子,或者靠墙放张桌子,甚至直接把前门通道改成店铺,又或者,租一辆马车当成自己的移动商铺。他们还常常态度恶劣地指责前面那家跟他销售同样物品的商家"。[347]

"抓住顾客"——这是他们的目标和目的。今天的大型企业不也秉持这样的指导原则吗？类似于通用电气公司那样的优秀企业

第七章　经济生活中资本主义观念的成长

不也直接针对同样的目标吗？

这种策略是诉诸广告而得以系统实现的。正如我们前面提及的小旧货商人采用的"生拉硬拽"法，这也是现代经济生活中爆炸式广告采用的手法。如果我们认为犹太人是"抓住顾客"策略的发明人，那么，封他们是现代广告业之父同样成立。但是，我无法就此给出确凿的证据。我需要做的是仔细研究早期报纸，以便从中找到登广告之人的名字。事实上，广告这一话题还没有得到充分的讨论。唯一受到足够重视的分支是企业的业务公告历史。尽管如此，我还是能够给出一两个例子来揭示犹太人与广告之间的关联。

我所知道的最早的广告见于1711年5月28日第63期的《福斯报》(Vossische Zeitung)，广告的大意是："敬请各位注意，荷兰商人（犹太人？）已经抵达犹太街区博尔岑先生（Mr.Boltzen）的店铺，随身携带价廉物美的上好茶叶。欲购者请早，该商人只在本地停留8天"。

已知的第一个报纸广告可以追溯到1753年的荷兰，刊登广告的是一位名叫拉泽（Laazer）[348]的眼科专家。美国一则非常早的广告（我不敢说是最早的广告）刊登在1761年8月17日的《纽约信使报》(New York Mercury)上，广告内容如下："贝雅德街的海曼·列维（Hayman Levy）欲销售各种露营装备和最牛的英军军鞋，……每样东西都可用于装点纪念光荣战争的盛大仪式。"[349]

犹太人还是现代新闻业，即广告机构尤其是廉价报纸的奠基人。[350]莫伊兹·波利多尔·米约（Moïse Polydore Millaud）创办了《小日报》(Petit Journal)，是"半便士报"之父。

但是，要想如愿获得地址，半路拦截外来人，向他们赞美自己的货品，这仅仅是俘获顾客的一个方面。另一方面是对待售商品进行包装，以吸引顾客前来购买。在这门艺术中，犹太人确实是行家里手。不仅如此，我们还有大量的证据证明，他们也是率先捍卫一项普遍原则的人，即每位商人都有权（有责任）用这样的方式经营自己的生意，他可以尽可能为自己争取更多的客人，或者，他可以通过创造新的需求，扩大自己的买家圈子。

在一个对商品质量有所规范的社会里，达到上述目的的唯一有效手段就是降低价格。因此，如果我们发现犹太人利用这种手段，我们一点都不会感到奇怪，而且我们也看到，正是这一点才使得他们为基督徒商人所不喜，而基督徒商人的全部经济观就是赞成维持价格稳定。犹太人的低价销售、犹太人的扰乱价格以及犹太人试图靠低价吸引顾客，这种种正是17世纪和18世纪犹太人从事贸易时，人们经常听到的主要抱怨。

如果我们打算就这一点征引所有的证据，会使本书的篇幅大大增加，因此征引几条足矣。

首先说说英格兰。1753年，犹太人归化法案的通过激起了很大的反响。人们主要的恐惧是，如果犹太人的公民身份得到政府承认，他们就会采用低价销售生活资料的方式剥夺当地人的生意。[351]

其次再说法国。"相比较于商人店铺的卖价……犹太人带到市场的那些东西……，按他们的售价来看，更划算一些"。这是朗格多克的市场监理官针对蒙彼利埃商人的投诉给予的回复（1740年5月31日）[352]。南特那些与犹太人打过交道的商人说，[353]印象中犹太人卖得很便宜，但公众通常都被骗了。同时他们也承认，犹太人商店的价格低于任何地方的价格。巴黎的商人也承认这一点：

犹太人的出售价格甚至低于出厂价[354]。关于那位菲尔特的犹太人,即那位叫亚伯拉罕·欧曼(Abraham Oulman)的犹太人[355],巴黎的铜器商人报告说,"他出售的铜器的价格,低于本国同样铜器的价格"。在里昂,丝绸行业的掌控人(1760年10月22日)通过了一项决议,在决议中他们将停工归于犹太人的影响,因为犹太人压低了价格,所以犹太人自己成了各省的丝绸行业的掌控者。[356]

1815年,瑞典议会争论的问题是,是否应该允许犹太人自由地从事贸易,反对这项提议的一个主要理由,就是犹太人压低了商品价格。[357]

我们在波兰也发现了同样的倾向。犹太人告诉基督徒商人说,如果他们(基督徒商人)销售商品跟犹太人一样便宜,他们也能吸引顾客。[358]

德国的情况也是这样。在勃兰登堡(1672年)[359],法兰克福(17世纪)[360]和马格德堡(1710年)[361],同样的事情不断出现。大约在同一时期,一位在德国旅行的瓦拉几亚人[362]也报告说这种指控各地都有。1750年的普鲁士敕令(the General Prussian Edict)也注意到了这一点。"我们城镇的商人……抱怨说……跟他们销售同类商品的犹太商人对他们伤害极大,因为他们的销售价格非常低"。一直到19世纪,这种情况仍然时时可见。奥格斯堡批发商人的请愿书[363](1803年)就反对认可犹太人,请愿书说,"犹太人知道如何从普遍萧条的贸易中得到好处。他们用可耻的价格从那些急于用钱的人那里拿到商品,然后廉价销售这些商品,从而扰乱了市场"。

甚至一直到今天,许多基督徒工厂主和商人,还是认为犹太人的廉价销售是对他们生意的严重伤害。众所周知，这是一个公开的秘密，且对这个问题的讨论也很充分。但我还是希望在适当时候简单谈谈这个问题。

金融史上还有一个例子显示，犹太人在压低谈判条件方面非常有名。18世纪初期，奥地利政府决定在荷兰再筹集一笔贷款，并给负责谈判事务的佩希曼男爵（Baron Pechmann）发了一道指令（1701年12月9日），私下咨询在用匈牙利铜矿抵押担保条件下，是否可能筹集更大数额的款项。更特别的是，由于联省的其他附属地区要求在正常担保之外另加一个担保，他打算联系荷兰的葡萄牙犹太人。[364] 维也纳皇室内务署的报告中（1762年5月12日）表达的观点是，"与犹太人达成关于军需的协议，是明智的做法……因为他们准备的报价低于其他人"。

这里就出现了一个让所有万事通都聚在一起努力要搞清楚的问题。他们也确实这样做了。他们在自己的作坊里，在自己的商店里，或者每逢周末下午在城墙外散步的时候，以及晚上在酒吧间里，一遍遍相互询问：这怎么可能？是怎么做到的呢？犹太人怎么能做低价抛售这种"肮脏的把戏"呢？他们这样做的原因是什么啊？

由于每个探究者的能力和对此事的成见，所以答案也不相同。因此，如果没有检查过这些答案的价值，我们无法接受为数众多的各种答案。鉴于大家都一致认为犹太人压低了价格，我们也没有理由对此持怀疑态度。无论如何，现在也只有这些观点让我们觉得有意思，因为这些说法对犹太人做生意的具体方式或者犹太人的具体商业道德，给出了一种提示。

最普遍的解释是说犹太人做生意不诚实，在某种程度上我们得

第七章　经济生活中资本主义观念的成长

到的就是这一结论。鉴于犹太人做生意也花费相同的费用,他们的生产成本跟我们相同,那么,如果价格低于通行的价格,所有的事情就不那么光明磊落了。犹太人一定使用不诚实的手段获得了物品的拥有权。毫无疑问他们有偷盗来的赃物。一般而言,声誉不佳的犹太人一定让这种解释具有了可能性,并且,低价销售也为针对他们的指控提供了支持。

我不打算征引与此论点相符的一些例子来说明问题,因为实际上征引这些例子没有什么意义。在很多情况下,这种做法无疑是对的。但即便这是解释犹太商人压低价格的唯一理由,我们也完全没有必要提及此事,因为提及此事不会有它实际具有的意义。

事实上,甚至行会会员中最极端的人,也不得不寻找其他原因来解释犹太商人的低价销售行为。他们发现,这些原因唾手可得,而且也不违反法律,但实际上,这不是他们应该干的事情。那么,这些原因是什么呢?原因就是,犹太人从事违禁物品交易(战时的禁运品等)、典当失效物品的交易、查没商品的交易(比如海关官员的查没物品)以及买卖从深陷债务和穷到极点的物品所有者那里廉价购买过来的东西,[365]或者从急需钱用的人那里购买的物品,[366]或者,几乎没花几个钱就从拍卖会上买到的旧物品以及从破产拍卖会上拍得的物品,[367]或者是质量没有达到工业代码条例标准的物品,[369]或者说,犹太人是怀着让自己破产的打算而削价销售。[368]

我们很难根据梅斯(Metz)的商人[370]所说的"犹太人的卑劣手段"这一说法,来判断这些常常发生或者三天两头发生的事件已经达到了什么程度。即使这样也并不要紧。从事情发生的概率来说,这些事情也不可能全是捏造。然而,重要的是要注意到,有些比较肮脏的做法也被归咎到了犹太人头上。就算其中只有很小一个部分与实际相符合,也足以让犹太人打上这一烙印,而且还能用于支持从其他渠道得出的结论。我将在后面的章节中回过头来再讨论这个问题。现在我继续对解释犹太人压价的种种理由进行梳理。

与上述指责一起还有另一个指责:犹太人出售的商品是劣质货。这种说法如此频繁出现,以致我们都无法质疑其正确性。马格德堡的一份官方报告、勃兰登堡的一份请愿书以及法兰克福的一份起诉书[371]——所有这些不过都是老调重弹而已。我已经不止一次征引的权威著作《商人词典》(Traders' Lexicon)中的说法是,犹太人出售劣质货时,"知道如何抛光,如何重新上色,如何将最好的一面示人,如何让商品的外表、气味以及味道呈现出新鲜模样,甚至可以骗过行家里手"。

在我们现在已经非常熟悉的南特的商人报告中,这些说法也反复出现。犹太人的商品尽管很便宜,但实际上很贵。因为他们出售的商品是过时的东西,或者是那种不能使用多长时间的商品。他们把丝袜重新染色,然后用砑光机砑光,再当成新商品售出。但是,并不能经久耐用。里昂丝织工也会告诉你同样的故事[372]:为了低价销售,犹太人已经毁掉了丝织产业,因为他们只订购质量较次的商品。所以,1705年,波希米亚总督也说:"犹太人已经控制了所有的手工行业和商业,但他们制作的大部分是伪劣商品,从而使得盈利丰厚的出口贸易失去了迅速成长的机会。"[373]正如我们已经指出的,韦格林(Wegelin)在瑞典议会发表的看法(1815年)也与上述看法一致。他说:"事实是,犹太人自己经营棉布印花业,但是,因为他们生产的是劣质产品,也就是所谓的'犹太印花布',他们完全毁掉了这个行业。"

产生于早期资本主义阶段的这种抱怨一直没有停止过。基督教制造商们发牢骚说,犹太人压价的结果是,为了不惜代价地维持住低价,必然要降低商品的质量。

总结了我们征引的所有事实后,我们发现,犹太人发明了替代原则(principle of substitution)。

人们口口相传犹太人的货物都是劣质品,但实际上这种说法并不真实。除了商品质量低劣以外,犹太人的这些货物不同于其他商人手上的同类货物。犹太人的这些货物实际上是新货,用途与旧货相同,却是用一种较为便宜的材料制成的,或者说,是用一种可以降低生产成本的全新工艺制作出来的。换句话说,替代原则在这里发挥了作用,因此,我们才认可犹太人是应用这一原则的先驱。这种情况在纺织面料行业最为常见,但也有记录显示,其他行业也存在应用这一原则的情况。比如说,咖啡代用品就是一例。从某种意义上,印染行业也是这样,犹太人的影响有助于这一行业的发展。一开始,人造茜素的发明者使用一种昂贵的化学原料来调和红色材料,犹太人却引入了一种便宜的材料,为印染行业注入了一股动力。

还有另一个针对犹太人的指控,虽然不太常见。该指控称,犹太人之所以能够以比基督徒商人更便宜的价格出售商品,是因为他们经常短斤少两。[374]在阿维尼翁,他们就因为羊毛制品而经常受到人们嘲笑。德国犹太人的情况可以提供实际证明。"犹太人总是斤斤计较哪怕一点点好处。如果他给你10厄尔*,实际上只有$9\frac{7}{8}$厄

---

* ell,旧时英国等欧洲国家量布的长度单位,1厄尔等于45英寸。——中译者

尔。基督教徒（顾客）都明白这一点，但是他们会对自己说，'犹太人的尺子就是短些，10厄尔不会恰好是10厄尔，不过，犹太人的东西便宜啊'"。[375]

所有这些情况都有助于我们发现，人们所声称的犹太人为了压低价格在不同阶段采用的不同手段，是否——或者在什么程度上——可以让我们追踪到犹太人的某些通行商业原则的特征。按我的看法，所有这些事情可以归结为，犹太人在某种程度上秉承的原则是，生意中的手段正当，目的就正当。一方面，他们不太顾及其他商人的想法，不太尊重法律规定和社会需求等等；另一方面，他们只看重与商品有关的交换价值，以及所有商务活动都涉及财富的想法。我在各种场合反复陈述的，资本主义不顾一切地获取利润的内在趋势，已经在早期的创始阶段显露出端倪。

但是，我们还没有就犹太人采用降低价格手段进行条分缕析。现在我们就来谈谈与其他已经提及（但实质上不同）的手段同样极为重要的压价手段。首先是相对于他人而言，明面上或者事实上压低了价格，这些做法真正地、在绝对意义上导致价格降低。这些手段是什么呢？就是用某种方式的创新降低总成本的创新。也就是说，不管是生产商还是销售商都采用了薄利多销的手段，或者说，生产实际成本的降低是因为工资降低了，或者是制作和配送过程更有效率。

犹太人率先采用了所有这些让商品便宜的手段，我们手上有大量的文字证据。

首先，犹太人之所以能低价销售，是因为他们乐意比基督徒商人赚得少。公正的观察者在很多场合都谈到了这一现象，甚至犹太

第七章 经济生活中资本主义观念的成长

人的竞争对手也承认这一事实。我们在这里再次引用马格德堡的官方报告。犹太人的便宜销售,"一定让商人们蒙受了损失。因为他们想赚得比犹太人多,因此必须按照自己的要求做生意"。[376]另一份文件也说,"一笔小小的利润就能让犹太人满足,但未必能让基督徒满意"。[377]波兰犹太人向波兰基督徒说了些什么?[378]如果他们(波兰基督徒)的生活不这么奢侈的话,他们的商品也可以像犹太人那样廉价销售。18世纪末一位在德国旅行的敏锐的观察者也得出同样的结论。"抱怨(犹太人廉价销售)的理由显而易见,这是由于目中无人的店主过于傲慢,在交易中只是为了显摆就标高价,根本没有可能降低价格。因此犹太人理应得到公众对他们的感激,因为犹太人通过自己的节俭习惯给公众带来了好处,并迫使大手大脚的店主们要么更节俭,要么破产倒闭"。[379]维也纳皇室内务署的报告(1762年5月12日)也持同样的看法。犹太人能用比基督徒商人更低的费用递送货物,"因为他们更勤俭,生活中更节省"。1756年1月9日的一份匈牙利文件中也再次提到了这种传闻,文件中对约瑟夫二世提出的降低犹太人酒类经营特许证费用做了讨论。文件指出,[380]由于他们(指犹太人)过着低廉和贫苦的生活,他们能够为这张许可证拿出更多的钱。

在这一点上柴尔德爵士同样直言不讳,他说的是他那个年代的英格兰的事情。他说:"他们是一帮贫穷的人,生活穷困潦倒,所以做生意时愿意比英国人少赚一点。"[381]到18世纪中叶,这种看法仍然流行,对犹太人的牢骚还在持续并增多,说正是因为犹太人过分节俭,所以他们的售价才能比本地人低。[382]在法国,相同的观点也较为流行。朗格多克的监管官在回答蒙彼利埃商人们一直以来的抱怨时说,"犹太人的生意……对蒙彼利埃商人的伤害,小于后者因疏于关注公众的需求所造成的伤害,也小于后者一门心思要尽可能赚取最大利润而造成的伤害"。[383]

但这还不是问题的全部。还有人声称(他们一定天生就没有一点洞察力),犹太人已经找到了另一种手法,所以尽管他们的商品价格相对较低,他们还是利用这种手法成功获取了比他们的基督徒邻居多甚至多得多的利润——他们靠的是增加营业额。迟至19世纪初期,这种方式还被认为是特有的"犹太人的做法",[384]也就是"薄利多销要优于厚利少销"原则。这并不是孤立的看法,这种看法频繁出现。[385]

薄利加上快速周转——这种做法明显脱离了社会经济组织的固有观念,即生产只能是一种生计之道的基本学说。因此,犹太人创立了一种全新的商业准则。利润是按传统确定的,今后则要由每个个体商人自己决定。这个新奇的提法也出自于犹太人。正是犹太人的做法解决了每位商人都认为合适的利润率问题,正是犹太人的做法确定了是否完全按照利润进行销售的问题,或者说,为了今后赚取更多的利润,可以暂时做些亏本买卖。[386]

最后,我们仍然要提到针对犹太人的辱骂,说他们使用了最便宜的劳动力或者使用了更为经济的方法,从而降低了生产成本。

对第一种情况只可以用怨声载道来形容。阿维尼翁的羊毛制品制造商,[387]蒙彼利埃的商人们,[388]奥得河畔法兰克福的市政当局,[389]以及美因河畔法兰克福的裁缝行会会员,只是与这个问题有关的少数例子而已。然而,所有这些愤愤不平之人都没有认识到,犹太人在商业领域中使用了新方法,他们也是使用全新生产形

第七章 经济生活中资本主义观念的成长

式的资本主义产业组织之最早期企业家。

在这里我们也不能忽视犹太人商业经营手法中的另一特征，或许因为这种经营手法发展时间较晚，所以这一特征在早期资本主义文献中未曾提及。我这里说的是犹太人有意识地利用某种手段以吸引新顾客的努力，比如采取一种新的方法来陈列待售商品，或者采用新的付款方式，或者新的百货组合，或者某种新的服务，等等。把所有归功于犹太人的贸易和商业发明（除了技术发明以外）编制一个名单，会是一项极有吸引力的研究。我现在就可以指出一些我相信源于犹太人的发明。但我不会说犹太人是不是唯一率先应用这种发明的人，也不会说这些发明是否事实上就是犹太人创造出来的。

按照顺序我首先提出老旧和残次物品的贸易，或者尾货和垃圾的贸易，也就是说，犹太人能够"在无论什么地方养活自己并用最普通的物品赚钱，这些物品之前已经没有一点价值，比如破旧衣服、兔皮和五味子（gall-nuts）等等"。[390] 总之，我们可以把犹太人称为废品行业的创始人。因此在18世纪的柏林，犹太人是最早的皮毛清洗人，最早的寄生虫灭杀人，也是所谓"淡啤酒"（white beer）的发明人。[391]

我们无法说清楚百货商店的存在多大程度上应归于犹太人的作用。但无论如何，我敢保证犹太人是第一个在店铺里放置各种物品的人。这难道不是出售用于各种用途的各类物品的现代商店的一个突出标志吗？这一方式的引入其结果是，店铺的所有者只要在卖东西，很少会关心卖什么。他的目的就是做买卖，这种做法也与犹太人精神相符合。除此之外，人们都清楚，在今天的美国[392] 和德国，[393]现代商店大部分都掌握在犹太人手中。

一个刚刚引入且不无意义的零售贸易组织的创新，是指大批量出售商品或者出售价格高昂的商品时，采用分期付款方式。无论如何我们勉强可以肯定地说，在德国，犹太人是这项创新的先驱。我们可以在19世纪初期一位作者的书中读到这种提法，"犹太人中有一类店主对普通人很重要，他们把衣服或者布料卖给普通顾客，再靠小型分期付款方式获得收入，不过他们这种做法对贸易大有裨益"。[394]

犹太人在餐饮行业也做出了一系列创新。英国的第一家咖啡屋（或许也是世界上的第一家），就是由一位名叫雅各布斯[395]的犹太人于1650年或1651年在牛津开办的。伦敦则是在1652年才有了第一家咖啡屋。所有人都知道，在凯宾斯基酒店*为餐饮行业引入了作为商业指导原则的消费标准和价格标准后，餐饮行业开始了一个全新的时代。

在所有这些例子中，我们感兴趣的不是创新本身，而是这些创新见证了一个趋势，即一种采用新手法的全新经营理念已经形成。这也是我在本章中论述的主题，犹太人精神、犹太人的商业道德以及犹太人的经济观。

回顾一下我们讨论过的这些意见，我们清楚地看到了早期资本主义时期犹太人观念和非犹太人观念之间的强烈对比。圣传、生活的理想以及压倒性的身份优势——这些都是非犹太人的根本。那么，犹太人的根本在于其创新？我们如何来描述这一点

---

* Kempinsky可谓柏林的莱昂斯公司。——英译者

呢？我相信，我们用一个包罗万象的词来描述，这个词就是"现代"（modern）。犹太人的观念就是"现代"观念，驱使犹太人从事经济活动的动力，与现代人完全相同。看看17世纪和18世纪归罪于犹太人的那些"罪行"，你就能发现，今天的商人会将这些罪行看成是正确且得当的事情，同时，这些罪行在现代所有行业中，都是理所当然的事情。在这几个世纪中，针对当时占统治地位的观念，犹太人一直在为争取经济活动中的个人自由而奋斗。个人不想受到任何规制的束缚，既不想受到生产范围的束缚，也不想受到严格分工的束缚。他想获得人们的认可，按自己的意愿赢得一个位置，还要保证自己不受任何人的侵犯。如果有可能，他也有权在不顾及他人的条件下，推动自己的生意发展。竞争中使用的武器是聪明才智和灵巧以及狡诈；在经济竞争中，除了不能超越法律红线，其他都不多做考虑。最后，所有的经济活动都由个人自己认为最适合他获取最有效结果的路径来校准。换句话说，自由贸易和自由竞争的观念，已经在这里脱颖而出；总之，现代经济观中的经济理性主义观念，如果不说是犹太人施加了决定性的影响，也是由犹太人施加了很大影响而形成。为什么这样说呢？因为正是他们——犹太人，为这个以完全不同的理念为基础所组成的世界，引入了全新的理念。

这里又出现了一个相关问题。我们如何解释，在现代资本主义时代之前，犹太人就显示出采纳用资本主义原则的能力？这个问题又扩展为一个更大的问题。是什么使得犹太人能对现代经济生活的进程施加这类决定性影响，就是类似我们在前文中已经陈述过的影响？

第二篇

犹太人的现代资本主义才能

第八章 问题

我们面前摆着一个大问题。我们想对犹太人为什么能在过去二三百年间，在资本主义经济生活中发挥其作用的原因做出解释。这是一个除少数人之外多数人都确认的问题。当然，有一些趋附时尚的人士否认犹太人在现代经济生活中占有特殊位置，他们认定在这一过程中，犹太人没有发挥什么作用。这些都将作为反对的理由。还有另外少部分人认为，从经济上说，犹太人的重要性不大，他们对资本主义经济生活没有产生任何影响。但是，对于我们这些坚信犹太人对现代经济生活结构发挥了决定性影响的人来说，我们不会理会这两种人的说法。

我说过犹太人具有现代资本主义才能。如果我们的研究想取得丰硕的成果，有两件事情必须清楚：(1) 他们有什么资本主义才能？(2) 他们的这种才能是如何产生发展的？

那么，他们有什么才能呢？我们要对本书第一部分所阐述的他们努力实现的所有事情——比如建立和推动国际贸易、现代金融、股票交易以及所有经济活动的普遍商业化，支持不受限制的通商和自由竞争，并在全部经济生活中注入现代精神——的才能进行讨论。现在，我们按照本书这一部分的主题，将所有这些经济活动以"资本主义"一词来概括。在第九章，我们将所有已经提及的一个个事实，借资本主义的组织方式集中在一起展示给读者。为了说明个人在资本主义体系中的特殊作用，我们也不得不对资本主义组织方式的实质至少做一个概括性的研究。这种方法将给予通常与犹太人问题有关的类似于"经济能力"、"做生意和讨价还价的能力"这样的模糊概念，或者其他一些同样浅薄并已经造成了太多不良影响的说法以致命一击。

至于第二个问题，我们使用何种方法才能得到这个问题的结果呢？我们说，如果有人搭救了一位落水者，事情可能是这样，即他可能碰巧站在水边，水边碰巧系有一条船，或者，他正好站在桥上，触手可及的地方刚好有一个救生圈。总之，他在一个特定地点偶然的出现，使他有可能做出这个举动。即他可以跳进船里把船划向落水者，或者可以把救生圈抛给落水者。还有一个可能，即他可能做出这样的行为是因为他是岸上人群中唯一一位有勇气跳入水中的人，所以他跳入水中游向落水者，并把落水者安全地带到了岸上。第一种情况，我们可以称之为"客观"情况，第二种情况可以称之为"主观"情况。我们可以将相同的区别方法应用于考虑犹太人的资本主义才能：可能是出于客观条件，也可能出于主观条件。

我的当务之急是处理第一组原因及其诸多理由。首先，为了确信我们没有采用未经证实的假设作为这组问题的基础，而且，需要证明的也不是什么教义，我们必须严格检查已经提出的每一个解释。大多数情况下，种族和宗教偏见会损坏并危及我们的工作，尤其会危及现在摆在我们面前的问题。事实上，它们已经危及到了我的绝大多数前辈关于这个问题的著作。我将尽我最大的努力避开他们在这个方面所犯的错误。我也将花大力气一定做到使我的想

第八章 问题

法不会遭人非议。我的目的是在不让任何先入为主的想法影响我的推理的前提下，发现实际上的因果关系作用；我还将使用一种大家都容易明白的方法来举出我的证据。这个大家包括：人数比民粹主义者少的归化犹太人；与狂热的环境论者同样多的虔信种族影响超过一切影响的人，以及反犹分子和反犹分子的敌人。因此我的出发点一直是大家都公开掌握的事实。这也将杜绝借助于"特定的种族特性"或诸如此类的论点。

所有不承认犹太人具有天赋异禀的人，都会要求我们对犹太人在现代经济生活中的作用做出解释，而且不能提及任何民族特性，只能根据犹太人由于历史的偶然而身处的外部环境来进行解释。我将在第十章尽力满足这一要求。

最后，如果犹太人对现代经济生活的贡献无法完全用他们身处其中的历史状况来进行解释，那么，我们就要花点时间来看看主观原因，思考犹太人的民族特性。这将是第十二章的目标。

第九章　何谓资本主义企业家

资本主义[396]是人们赋予一种经济组织的名称，这个组织由两大不同的社会群体联合组成：一方是生产资料的所有者，同时也是生产的管理者和经营者；另一方是除了劳动则一无所有的广大工人。双方的联合是这样：资本的代表人是主体方，也就是说，他们决定诸如"如何"生产以及生产"多少"的问题，同时，他们也承担所有的风险。

那么，这一制度的主要动因是什么？首先且最为重要的，是对收益或者利润的追逐。既然这样，资本主义就有把企业越做越大的趋势。源于此，所有的经济活动都有了严格的逻辑。在前资本主义时期，指路的口号和圣传是勿扰乱平静（quieta non movere），现在，则是日新月异。我将这一切描述为"经济理性主义"，并以此命名资本主义体制的第二个主要动因。

经济理性主义从三个方面表现自己。(1)有一个计划，所有的事情都根据这个计划井然有序地实施。计划甚至涵盖了遥远未来的活动。(2)效益是应用于生产方式选择中的检测手段。(3)由于"金钱关系"规范所有的经济活动，由于随时随地追逐经济剩余，精确计算成为每个企业的必要因素。

每个人都知道，现代企业不仅仅是（比如说）铁道或者棉布或

第九章 何谓资本主义企业家

者电力机车的生产,或者是石头或人口的运输。每个人都知道,这些只是整个组织的一部分。企业家的特征并不是为指定实施的生产过程做出安排。他们要出现在生产过程的各个环节,因此眼下,我们只能大概地定义他们是生产工具或者劳动或者商品的固定买方和卖方。由于某些说法有不同,所以企业家制订了交易合约,合约中的货币就是价值的等价物。

那么,什么时候我们可以说成功地完成了一笔生意呢?确切时间是在签订的合约很好地履约之后。然而,"很好"的确切含义是什么?合约很好地履约其实与交付或者收到的物品或服务的质量与数量没有关系,"很好"的含义只与花费的那笔货币的回收有关系,与高于这笔花费的剩余和超出的部分(利润)有关系。这才是企业家操纵种种要素的目的,他管理一家企业就是为了带给自己这个剩余。

鉴于我们的目的是揭示犹太人在资本主义发展阶段的功用,所以我们的第二步是要考虑资本主义企业家(主观经济因素)在资本主义发展阶段的功用。我们将力图揭示,为在竞争性斗争中成功胜出,人们必须拥有什么特殊能力。简言之,我们要寻找某种类型的人。

按我的想法,如果要描绘出现代资本主义企业家的最佳形象,就要描绘出一身兼具两种完全不同性质的那种人的画像。比如说浮士德,浮士德身上可以说寄寓了两个灵魂;然而,与浮士德的灵魂不同的是,企业家的这两个灵魂不愿意分开,正相反,这两个灵魂愿意和谐地工作在一起。那么,这两种性质是什么呢?一个是企业家(不是狭义上的资本主义企业家,而是一般意义上的企业家),

另一个是商人。

关于企业家，我是指这样一种人，他有一个打算奉献其一生的目标，鉴于这个目标是要在人的世界实现的，因此，实现这个目标还需要他人的合作。这样，企业家肯定有别于艺术家或者先知。企业家与他们一样，也有自己的使命，但与他们不同的是，他觉得自己一定会实现自己的使命。因此，他是一个放眼遥远未来的人，他计划好了自己的每一步行动，他的所作所为都只为了自己的伟大事业。这种（非资本主义）意义上的企业家，我们或许可以以一名非洲人，或者一位北极探险家为例。企业家只有将自己最初的活动与商人的活动结合起来，才能成为资本主义企业家。

那么何谓商人呢？商人是全身心投入赚钱生意的人；是用金钱价值评估所有活动和所有条件的人；是将每样东西都转换成黄金等价物的人。对于这种人来说，世界就是一个由供给和需求、行情的好坏以及盈利和亏损组成的巨大市场。挂在这类人嘴上的亘古不变的问题是，"这个卖多少钱？我能做出这个东西吗？"最后一个问题最可能是这样，"总价是多少？"他的思想轨迹限定在生意范围之内，为了生意的成功他奉献出了全部的精力。

在我想概述的两种因素的组合中，企业家是不变因素，商人是可变因素。

因为，企业家肯定一心向往某个遥远的目标，为了实现这一目标，他肯定要遵循某种计划。改变方针有违他的本性。坚定不移才是它的本性的基础。但是，商人是多变的，因为商人的行为要随市场行情的变化而变化。如果有必要，商人必须能够随时根据商情调整自己的策略和目标。"忙碌"是他不同于所有人的标志。

第九章　何谓资本主义企业家

我们打算用这种一个身体两个灵魂的理论来说明资本主义企业家的概念。然而我们仍然必须进一步分析这个概念，这一次我们要深入企业家的实际组成部分。

我发觉，企业家有下述四种形式的特征：

（1）发明者。企业家不仅是技术意义上的发明者，还是引进全新组织形式的组织者，这种全新的组织形式可以为生产或者运输或者销售带来更大的经济效益。

（2）发现者。指商品全新销售方式的发现者，无论是在内涵还是外延方面。如果他为自己的经济活动发现了新的领域（比如他向爱斯基摩人销售游泳裤或者把留声机卖给了黑人），我们就称之为外延发现。如果他从业已扎根的市场创造了新的市场需求，我们就可以说这是内涵发现。

（3）征服者。真正的企业家总是一名征服者，他有决心和毅力克服横在自己道路上的所有困难。如果有必要，面对风险他也敢于赌上自己的全部身家（就是说，他敢于赌上自己的财产和名声甚至生命），从而为自己的企业争取最大的效益。这可能是采用一种新的生产方法，或者通过自己尚不稳固的信用拓展自己的业务，如此等等。

（4）组织者。基于上述说法，企业家一定也是组织者，也就是说，为了获得最大的成功，他必须人尽其用，充分发挥人的长才；他还必须能够为有备而来的人配备适合他的工作，以便能获取最大的效益。满足上述要求需要很多天赋和技巧。比如说，组织者必须能够一眼就看出一个人能做到什么程度，也必须一眼就能从人群中挑出那个最适合自己的人。他还必须能够放手他人担当自己的工作，也就是说，他既要放手让别人去干，还要减轻这个人的负担。最后，他还必须明白，生产活动中的人力要素，要从质和量两个方面满足生产的目的，生产和生产者之间的关系是相互和谐的关系。总之，他的企业管理必须是最有效益的管理。

现在，企业组织的意义已经超过了巧妙地选择人和生产方法的这一阶段，企业组织意味着要对地理的、民族的因素以及各种偶然情况作出通盘考虑。请允许我在这里阐述自己的看法。西屋电气公司（Westinghouse Electric Company）是美国组织结构最好的企业之一。当公司决定占领英国市场之时，公司在英国设立了一家分公司，分公司的组织结构则完全仿效总公司的组织结构。数年之后的结果如何呢？英国分公司破产了，其主要原因就是没有充分考虑到英国的不同情况。

这让我们转而注意商人的活动。商人并没有一定的天职，商人在经济体系中只发挥一种确定的作用。但商人有很多种。比如说，租赁船只并提供人员和装备以征服遥远的蛮荒之地；将当地土著人赶出家园并夺走他们的全部财产，再将这些财产装船进仓，运回自己国家，以便在公开拍卖会上出售给出价最高的人——所有这些都是一种商业形式。

或者说，商人也可能有不同的形式。比如说，一位经销商人从一名潦倒的骑士那里得到了一条旧裤子，之前他已经徒劳地连续拜访这位骑士四五次了，然后他倒手把裤子卖到了一位愚蠢的乡巴佬手上。

或者说，商业也可能采取股票市场中的套利交易形式。

很显然，这些例子中的情况都有不同的形式，这也是现代商业与中世纪商业的区别。在前资本主义时期,贸易意味着大规模的交易,就像意大利和德国城镇中的那些"皇家商人"所做的那样,因此,商人一定是一位企业家(这里是说在一般意义上,而不仅仅是在资本主义意义上)。"(热那亚公民)每家都有一座塔,如果爆发了国内战争,这些塔的防御墙就是发生冲突的地点。他们是海洋的主人,他们建造被称为战舰的船只,他们驾船到天涯海角进行掠夺,再把掠夺的物品带回热亚那。他们与比萨也是长期不和"。但这些"皇家商人"并不是我所说意义上的商人。

我认为,那些明确提出了经营目标并且自己要从事计算和谈判两项经营活动的人,才是商人。一句话,商人必须(1)精于计算;(2)既是经营者,也是谈判高手。

作为一名精于计算的人,他必须以最低价格在市场上买进并以最高价格在市场上售出。这意味着,他必须以尽可能低廉的价格获取自己需要的劳动和原材料,并且在制造过程中没有任何浪费。在出售商品的时候,他必须把商品卖给信誉良好的人,如此等等。他必须能计算这一切,也必须能预期这一切。我这里所说的预期是指,能从一些具体的案例中推出几个结论,我们称之为经济判断力。其中,对市场的总体调查和对市场所有征兆的评估,以及对未来可能性的认识和选择,从长期来看具有极大的效用。

为了达到这一目的,商人必须能够从各个方面观察、倾听以及感知各种信息。他或许不得不寻找一位贫穷的贵族或一个热衷于战争的国家,以便在某个关键时刻向他们提供一笔贷款。或者,接触一群愿意为了几个便士而接受低于现行工资标准的劳动者;或者,对一种新产品可能被公众接受的几率,形成一种正确的估计,或者，能估量出政治危机对股票市场的真实效应。无论何种情况，商人都能用金钱来表示结果。这也就是要做计算的地方。美国人通常用"会算计的精明人"来描述这方面的能人。

但是，对商业利润独具慧眼是不够的，商人还必须具有做生意的能力。在这个方面商人的沟通能力将发挥作用，他所做的事情非常类似于两个当事人之间的仲裁者的工作。他会跟自己的对手谈话，为了将对手引上既定的轨道，他还要力陈正反面理由。沟通实际上就是使用智识武器（intellectual weapons）与对手过招。

因此，交易就是就买卖某种商品进行的沟通，是一种分享，一种借贷，或者一种企业活动。小贩在后门向厨师兜售"毛皮"领子，或者，犹太旧衣商跟乡下赶车人扯了一个小时，只为劝他买一条裤子，都可以称是贸易。然而，贸易这个词一定同样适用于与普鲁士政府的代表谈判一笔百万元贷款的内森·罗斯柴尔德（Nathan Rothschild）的活动。这中间的差别不是种类的差别，而是程度的差别。因为上述所有贸易的基础就是沟通，沟通也未必就是靠语言来进行。向顾客推荐商品的店主使用的那种随心所欲的方法，就是现实中的沟通技巧。然而，除了"手势"沟通以外，其他所有的广告都是什么目的呢？广告所欲达到的目标其实都相同：都是想让潜在的买家相信某种商品的优势。只要每位买家都购买了他所推荐的商品，卖家的目的就实现了。

创造兴趣、赢得信任并挑起购买的欲望：这就是成功商人的目的和目标。他如何达成这个目标不值当一提。他不是利用外部的力量，而是运用内部力量，他的顾客都是按照自己的意愿来购买他的商品，这就足够了。他通过给出建议赢得顾客，其中一个最为有效的方法就是让顾客从心里感觉到，马上买下这个商品是最有利的。在《马格努斯·巴福德萨迦》(Magnus Barford Saga, 1006年)中我们读到这样的记述："芬兰人说道，孩子们，天要下雪了，因为他们已经把 Aander(一种雪鞋)拿出来卖了"。这就是所有商人的原型，芬兰人的提示是所有广告的原型，而广告是商人战斗的武器。商人不再居于城堡内，就像在图德拉的便雅悯(Benjamin of Tudela)时代他的热那亚先驱所做的那样；也不再因为当地人拒绝与他"交易"就动用武力毁坏当地人的房子，就像 17 世纪早期的东印度殖民者所做的那样。

第十章　犹太人现代资本主义才能的客观环境

既然我们已经知道了何谓资本主义企业家，我们的下一个问题一定是：使犹太人有可能对形成资本主义制度贡献良多的外部环境是什么？为了给出答案，我们必须回顾一下从15世纪末期直到现在（即资本主义形成的这一时期），西欧和美国的犹太人所处的地位。

怎样才能最好地描述这一地位的特征呢？

牙买加总督在给国务卿的一封措辞欢快的信中（1671年12月17日）写道，"他的看法是，阁下手中不可能有比犹太人更多的有利可图之目标：他们拥有大量资本和广泛的人脉"。[397]的确，在很大程度上，这两个原因都被视为是犹太人取得的进展。但我们也必须记住，在与他们打交道的那群人面前，他们的特殊身份。他们被视为外来人，而且不被视为公民，只被人看成"半公民"。

因此我把犹太人的成功确定为四种原因：(1)他们分散在广阔的地区；(2)他们被视为外来人；(3)他们的半公民身份，以及(4)他们的财富。

Ⅰ. 犹太人大流散

这里最重要的事实在于，犹太人口散布在世界各地。从第一次流亡时代开始，他们就已经遍布世界各地，在西班牙和葡萄牙大规模排犹之后，他们再次向世界各地流散，在大部分人离开波兰之后，犹太人向世界各地的流散又一次出现了。在过去的二三百年中，我们一直见证着他们向世界各地的流浪，我们也注意到他们在德国和法国、意大利和英国，在近东和美洲以及荷兰、奥地利、南非和东亚定居下来。

这些流散的一个结果就是同一个家族衍生出很多旁支，在不同的经济中心扎根定居，并建立了在世界各地拥有无数分支机构的世界著名企业。我们在这里试举几个例子。[398]

洛佩斯家族(Lopez)的家族中心在波尔多，在西班牙、英国以及安特卫普和图卢兹都有分支。著名银行家孟迪斯家族(Mendès)也来自波尔多，后来在葡萄牙、法国以及佛兰德都能见到这个家族的成员。孟迪斯的亲戚格拉迪斯(Gradis)也在各个城市设有分支。卡塞雷家族(Carceres)也分散在汉堡、英格兰、奥地利以及西印度群岛和巴巴多斯及苏里南。其他一些在世界各地都有分支企业的著名家族有科斯塔家族(Costas, 或写作 Acostas, D'Acostas)、科内利亚诺家族(Coneglianos)、阿拉迪布家族(Alhadibs)、沙逊家族(Sassoons)、佩雷拉家族以及罗斯柴尔德家族。我们还可以无限制地往下开列这个名单，但现在这已经足以说明，在这个世界上，犹太商业企业至少在两个地方有自己的立足之处，其他的落脚点或许以成百上千计。

这种情况的含义非常清楚。基督徒的商业企业是经过一番努力（虽然努力程度小一些）之后建立的，但犹太人从一开始就分散落脚在各个可以从事国际商贸并可以利用国际借贷的中心地，总之，"广泛的人脉"是所有国际性组织的第一要义。

我们回顾一下我所观察到的犹太人对西班牙和葡萄牙以及黎凡特贸易的参与以及他们在美国经济增长中所起的作用。从西班牙出来的犹太人绝大部分定居于世界各地，这具有重大意义，他们因此而成为殖民地贸易的直接代理人，在更大程度上，白银流入了以荷兰、英国、法国和德国为代表的新渠道。

犹太人的脚步刚好踏上了这些处于经济振兴前夜的国家，并使这些国家从犹太人的国际联系中获益，难道这不是意义重大吗？众所周知，犹太人将贸易从驱赶他们的国家转移到了热情接纳他们的国家。

他们曾经主宰了18世纪被誉为"欧洲地中海贸易大仓库之一"[399]的里窝那，这并不重要，重要的是，他们在北美和南美之间锻造了一条商业链条，保证了北美殖民地的经济生存；尤为重要的是，他们通过对欧洲中心城市股票市场的控制，拥有了国际化公共信贷的手段。

正是他们分布于全世界的家族企业，才使他们做到了这一切。

一位聪明的观察者对二百年前的这些人进行了研究，按照他的看法对犹太人的重要性给出了精妙的描述。我们可以在1712年9月27日的《旁观者》(Spectator)中看到这些至今仍然不失其生动的描述：[400]

第十章 犹太人现代资本主义才能的客观环境

他们遍布世界各地的贸易中心,在那里他们成了一种工具或者手段,通过这种工具或者手段,相隔遥远的国家可以相互往来,通过这种工具或者手段,人类可以通过互通音讯紧紧联系在一起。他们就像一栋建筑中的钉和铆,虽然必须有它整个建筑结构才能存在,但是钉和铆本身却无多大价值。

犹太人如何利用他们的优势,即如何利用他们分散居住于世界各地所得到的特别信息?他们如何调整自己在股票市场的活动?详情在1698年法国驻海牙大使撰写的报告中有所涉及。[401]这位报告人的看法是,犹太人在阿姆斯特丹股票市场的主导地位,在很大程度上是因为他们消息灵通。下面这段译文就是极具价值的证据:

> 他们就两类主题(新闻和商业)与他们称之为兄弟的那些人书信往来。其中,威尼斯因为其通衢地位,被认为是最重要的一个地方(虽然威尼斯不是最富裕的城市,也不是人口最多的地方),威尼斯主要是借助于萨洛尼卡(Salonica)的兄弟会之势,连接东部和西部以及南部。萨洛尼卡是他们国家这两个地区之间的控制中心,取道这两个地区可以到达威尼斯以及阿姆斯特丹,还可以兼管北边的国家(包括只允许其存在的伦敦[犹太]社区和法国的秘密兄弟会)。这种联系的结果是他们在新闻和商业两大主题上得到世界上最灵通的信息,基于此,他们建立了每周集会一次的制度。为了达成这一目的,他们明智的选择了周六之后即周日这天,也就是基督教所有教派都在做

礼拜的那天作为集会的日子。周日的下午,这一制度将一周内收集到的所有详细信息经过集会会众的头领和拉比的仔细筛选后,交到了犹太股票经纪人和代理人手中。这些聪明绝顶的人在集会中安排了预先商定的计划之后,分别外出散布证明最有利于他们自己目的的消息,并根据每个人的意向,准备在第二天,即周一早上开始操作股票市场:卖出或买进或者交易股份。由于他们一直持有大笔这类商品,所以他们为了实现自己的计划,总是能判断出最有利的时机,从股市的涨或落中得到好处,有时候无论股市涨落都能得到好处。

同样因为他们的流散而获取的利益还有他们赢得的巨大信任。事实上,犹太人进步为金融寡头的历程几乎无一例外走的是相同路径。首先,他们的语言能力使他们能够作为翻译人员服务于皇室成员,其次,他们又作为中间人或者交涉人被派往外国宫廷。不久,他们又受命管理雇主的财产,同时,雇主的好心允许他们成为他的债权人。从这里起步,他很快就掌握了国家财政,并在几年后控制了股票交易所。

实际上我们这样假设也并不牵强,早在古代,他们的语言能力以及他们对外国文明的熟悉,一定已经让他们成为王宫中受欢迎的人,并为他们赢得了王室成员的信任。试想一下埃及的约瑟(Joseph)、想想(约瑟福斯说过的)犹太长官亚历山大(Alabarch Alexander),还有阿格里帕王(King Agrippa)的密友和罗马皇帝克劳狄乌斯一世(Emperor Claudius)的母亲;再想想埃塞俄比亚干大基女王的犹太司库,我们可以在《使徒行传》(8:27)中读到这个人

第十章 犹太人现代资本主义才能的客观环境

的事迹。

至于中世纪的宫廷犹太人，我们有明确的信息表明，他们已经赢得了通译或交际家的荣誉。我们知道，查理大帝（Charlemagne）派犹太人以撒（Isaac the Jew）去过哈里发哈伦·拉希德（Caliph Haroun al-Rashid）的王庭，我们还知道一位名叫卡罗尼姆斯（Kalonymus）的人，他是奥托二世皇帝（Emperor Otto Ⅱ）最亲密的犹太友人。还有一位著名的哈斯代·伊本·沙普鲁特（Chasdai Ibn Shaprut, 915-970），他在作为阿卜杜勒·拉赫曼三世（Caliph Abdul Rahman Ⅲ）的外交代表与西班牙北部信奉基督教的宫廷交涉过程中，赢得了荣誉和声望。[402]同样，伊比利亚半岛信奉基督教的王公需要一位技巧娴熟的交际人之时，他们找到了犹太人。阿方索六世（Alphonso Ⅵ）就是一个好例子。他决意要挑起穆斯林首领们的相互对抗，于是他选择精通语言并熟谙外交手段的犹太人为代理人，派他们去托莱多、塞维利亚以及格拉纳达宫廷。在接下来的一段时期中，西班牙宫廷里总能看见犹太使者的身影，其中包括在人种学方面非常博学的犹太人，詹姆斯二世把他们派往亚洲给他的间谍提供情报，试图发现祭司约翰（Prester John）的神秘国度；[403]当然，也包括很多与发现新世界有关联的通译和忠实代理人。[404]

犹太人历史中西班牙时期的重要意义，不仅是从整体意义上来考察，也是从特殊的经济角度来考察，所有这些事情之所以都值得记录下来，是因为这些事例清楚地显示出犹太人从兴起到具有强势地位的原因。但他们的影响力并不限于西班牙时期，在随后的各个时期中，他们也极具影响力。因此，尼德兰联省议会在与诸强的对话中雇用了很多犹太外交家，其中就有闻名遐迩的贝尔蒙特

(Belmonte)和梅斯基塔(Mesquita)[405]等人。同样有名望的还有希伯来贵族,就像黎塞留所称的富有的伊德方索·洛佩斯,法国政客把这个人派往荷兰执行一项秘密任务,在他返回时授予他"常任国务委员"(Conseiller d'Etat ordinaire)头衔。[406]

最后,犹太人向世界各地的流散还有另外一个重要意义。正如我们所看到的,他们向世界各地的流散产生了非常丰硕的成果,但在他们流散到世界各地的时候,他们给某些具体国家带来了巨大影响。我们这里给出一个例子:犹太人曾经是军火供应商(他们的这个活动即始于古代贝利萨留[Belisarius]围攻那不勒斯的时候。难道我们就没有听说过,当时的犹太居民就为城里军队提供必需品吗?)。[407]我们能够确定的一个原因是,较之基督徒商人,他们更容易积聚大量的商品,这当然要感谢他们与各中心城市的联系。18世纪的一位作者说,"在犹太商人那里根本没有什么难题。他所需要做的就是在合适的地方发动他的同胞,马上他就能得到他所需要的帮助"。[408]事实上,"作为一个被孤立的个体",[409]那个年代的犹太人从来不做实业,他们"一直是世界上最有影响的贸易公司的一员"。用18世纪下半叶巴黎商人请愿书中的一句话来说,"他们是四处流动扩散的货币熔流,但他们最终会汇流成一条货币大河"。[410]

Ⅱ. 作为外来者的犹太人

在过去的一两个世纪里,犹太人几乎在所有地方都被视为新近抵达的外来者。他们从来没有在经营活动最成功的地方设立老字号企业,也没有从近郊进入城市中心区域;但他们却从遥远的地方、

第十章 犹太人现代资本主义才能的客观环境

从生活方式和习俗乃至于气候都不同的地方、从他们居住的国家来到了这里。他们从西班牙和葡萄牙以及德国,来到了荷兰、法国以及英国;他们从德国的其他城市,辗转到了汉堡和法兰克福;后来,他们又从俄属波兰出来并遍布德国全境。

那时的犹太人无论在什么地方都属于移民,就此而言,他们学会了快速适应新的环境。在这个方面他们超过了欧洲各国人,欧洲人只是在移民美洲后,才逐渐掌握了这门艺术。

为了在全新的环境中找到属于自己的生境,新来者必须有一双善于观察的眼睛。他们必须谨言慎行,这样才能顺利地在一个全新环境中谋得生路。当本地人还窝在温暖的床上时,这些新来者已经站立在黎明凛冽的晨风中了,结果他们更加精神抖擞。他们必须一门心思找到立足点,他们所有的经济活动都受这一愿景的支配。他们必须要决定如何才能最好地规划自己的事业,实现目标的捷径是什么,也就是说,哪种产业或者商业才能获取最多的利润,与什么样的人合作才能建立起商业联系,基于什么原则才能经营好一家企业。所有这一切就是替代了古老传统的经济理性主义吗?我们已经观察到犹太人所做的这一切;试想犹太人在世界各地都被视为外来者、新来者和移民,他们被迫做这一切的原因岂不是显而易见了?

但是,几个世纪以来,犹太人在很多国家的外来者身份还有另外的含义,这一含义或许只能从心理学和社会学意义上进行解释。人们将他们看成为外来者是因为他们与当地人之间内在的反差,是因为他们与居住地人们的隔离几乎与种姓制的隔离相同。犹太人把自己看成是特殊的民族:各国也视他们为特殊的民族。因此在犹太人中出现了一种情形，他们的行为和心态表现出是一种"外来者"的行为和心态，尤其是在世界公民概念尚不存在的时代。因为在各个历史时期，都没有人道主义者来思考这样一个事实，即与"外来者"打交道足以安抚自己的良心并放松道德责任的束缚。在与外来者交往的过程中，人们从来没有如此讲究。现在，鉴于犹太人在各个地方都被看成是少数族裔，犹太人便与外来者和"他者"有了往来，尤其是在经济活动中。反之，"他者"与外来者的生意，可以说，十次只有一次，或者一百次也只有一次，这种情形正好与犹太人相反，犹太人十之八九或者一百次里有九十九次都是在与外来者交易。那么，后果怎样呢？犹太人诉诸"外邦人的道德规范"（ethics for stranger）（如果我没有误用这个术语的话）的次数，远比非犹太人要频繁。对于某些人来说，这种道德规范是规则，但对于另一些人来说，这种道德规范只是例外。犹太人的经营手法则以此为基础而产生。

与其外来者身份紧密交织在一起的，是他们在世界各地都具有特殊的法律地位。然而这一点有其自身的重要意义，因此我们将拿出专门的一节进行分析。

Ⅲ. 作为半公民的犹太人

乍看起来，犹太人的法律地位似乎对他们的经济活动具有巨大影响。这种经济活动只限于他们可以投身其中、一般而言与其维持生计紧密相关的职业。但我相信，人们对这些限制的有效性有些估计过高。我甚至想说，这些限制对于犹太人的经济成长而言几乎无足轻重。至少，我就不知道犹太人留下了什么线索能让我们追溯现

第十章 犹太人现代资本主义才能的客观环境

代经济制度的发展是由于这些限制性法规。对我们来说,这个时期最让我们感兴趣的是,法律对犹太人的影响按照地域的不同而有很大不同,因此,这些限制显然不会留给我们什么深刻印象。尽管如此,我们还是注意到,犹太人对整个资本主义社会秩序的影响具有明显的相似性。

各地法律对犹太人的限制有多大差别,并没有得到充分的认识。首先,国与国之间有非常大的差异。因此,在荷兰与英国的犹太人就其经济生活而言,与其基督教邻居拥有差不多完全相等的法律地位时,他们在其他国家的生存仍然有很多不利条件。但就是在这个方面,各国给予他们的待遇也极不平等,在某些城镇,他们享有完全的经济自由,比如说,在法国的教廷财产方面。[411]况且,每个国家的不利条件在数量和种类上各有不同,有时候甚至在同一个国家的不同地区也存在不同。在多数情况下,提出这些不利条件多少有些武断和随意,我们也找不到任何直观的基本原则。在某一个地方,犹太人不可以做沿街叫卖的生意,但在另一个地方,犹太人又不可以开店。他们在这个地方可以拿到工匠的许可证,但在另一个地方却被拒之门外。他们在一个地方可以做羊毛生意,但在另一个地方却不可以做羊毛生意。在一个地方可以出售皮毛,在另一个地方却被禁止出售皮毛。在一个地方的酒类销售可以分包给他们,但在另一个地方,向犹太人分包酒类销售被认为是一件荒谬的事情。在一个地方人们鼓励他们开办工厂,但在另一个地方,他们被严格禁止涉足资本主义企业。类似的例子举不胜举。

或许最好的例子是18世纪普鲁士人对待犹太人的方式。在同一个国家,某一个地方的限制性法规会与另一个地方的法规完全不同。1750年的基本权利修正案（the revised General Privileges of 1750）第2款就禁止犹太人在许多地方从事手工业。不过，1790年5月21日的一道皇家敕令，却允许布雷斯劳（Breslau）的犹太人"从事所有的机械行当"，而且还说，"如果基督徒工匠能自觉自愿地收犹太孩子为徒，并最终接受他们加入同业公会，会是一件皆大欢喜的事情"。1797年4月17日，针对东南普鲁士犹太人提出的基本法（General Reglement）也有相同的法规条款（第10款）。

还有，柏林的犹太人被（1750年基本权利修正案的第13和15款）禁止向非犹太人出售肉类、啤酒以及白兰地的时候，土生土长的西里西亚犹太人在这个方面的贸易已经完全放开了（根据1769年2月13日的法规）。

允许或者禁止犹太人进行贸易的商品名录似乎是随意开列的，让人难以理解。比如说，1750年的权利修正案允许犹太人可以在国内外从事未经染色的皮革贸易，但不能从事生皮革或者染制皮革的交易；可以做胎牛皮和羊皮贸易，但不能做生牛皮或马皮生意；可以做各种羊毛制成品和棉质品贸易，但不能做原毛和毛线的贸易。

如果我们再考虑到不同阶层犹太人的不同法律地位，这种情况就更加让人不可理解。比如说，布雷斯劳的犹太人社团（直到1790年5月21日皇家敕令，事情才发生改变）主要由四个群体组成：（1）具有"基本权利"的人；（2）具有"权利"的人；（3）仅仅默许其存在的人；（4）临时居民。

第一阶层包括在贸易和商业上与基督徒平起平坐的那些人，这些人在这方面的权利是世袭的。在第二阶层中包括那些具有"特定

第十章 犹太人现代资本主义才能的客观环境

（有限）权利"的犹太人，这些人获准可以从事某些特定商品的贸易，但他们的权利不能传给自己的下一代，不过在授予这种特许权利之时，他们的孩子拥有优先权。第三阶层由那些在布雷斯劳拥有居住权的犹太人组成，但他们的经济活动范围比第二阶层的犹太人有更多的限制。至于第四阶层的犹太人，只是那些获准在城镇中临时居住的人。

但是，他们从来不能确保他们所拥有的这些权利。比如说在1769年，居住在西里西亚乡村地区的犹太人获准可以收购农夫出售的啤酒、白兰地和肉类，但到了1780年，这项特许令又被撤销，但1787年又再度实施。

尽管这样我们也一定不能忘记，在过去的二三百年间，限制产业和商业的法规绝大部分只是一纸空文，事实上，资本主义利益集团总是能找到规避法规的路径和方法。最简单的方法就是越过法律红线，也就是说，是一个随着时间的推移，政府官员视而不见的过程。但是这里也有规避让人不便的法律文字的合法手段：比如特许经营权、特权、专利权以及王室发布的一整套特殊待遇的文件（只要能因此得到一笔额外收入，王室就很愿意发布此类文件）。犹太人对于如何获得这类特许权从来反应不慢。1737年和1750年的普鲁士敕令中提及的限制条款——即对于犹太人的所有限制，都被一道特别皇家敕令取消——被默认为在所有情况下都适用。犹太人很有可能找到了解决问题的办法，另外，犹太人是如何从事那些法律禁止他们做的生意的呢（比如皮革以及烟草）？

然而在某一时刻，人们总是觉得产业规制才是对犹太人进步的真正阻碍，因为无论在什么地方，经济活动都是要由企业来组织实施。但同业行会将他们排斥在组织之外,他们被每家行会大厅中悬挂的十字架以及十字架周围聚集的人群阻挡在门外。因此,如果他们想要从事被同业公会垄断的产业或者商业,他们将被迫以"外部人"、闯入者或者走私者(free trader)的身份做这件事情。

但是,他们前进道路上的最大障碍依然是他们在公共生活中的地位受到了法律的限制。在所有国家这个方面情况都具有高度的一致性:犹太人在各个地方都被排除在中央和地方政府的公职人员之外,他们不能进入酒吧,不能参选议员,也不能进入军队,甚至不能进入大学深造。这不仅适用于西欧国家,比如法国、荷兰以及英国,而且也适用于美国。但是,鉴于众所周知的原因,我们在这里无须充分考虑犹太人在前解放时代(Pre-emancipation era)的法律地位。我们在这里只需提及他们在多数国家的半公民身份一直持续到19世纪。美国是他们获得平等公民身份的第一个国家;1783年美国宣布了这一原则。在法国,著名的解放法令(Emancipation Law)颁布于1791年9月27日。在荷兰,巴达维亚国民大会(Batavian National Assembly)于1796年赋予了犹太人完全的公民身份。但英国则是在1859年才颁布了完全解放法,而德国各州又耗时十年之久才给予了犹太人完全公民身份。北德意志邦联(North German Confederation)于1869年7月3日最终确认了他们的公民平等地位。奥地利在1867年已经承认他们的身份,意大利则于1870年跟进。

同样众所周知的是,在很多情况下,解放法令也就是一纸空文而已。翻开德国的任何一份自由派报纸(Liberal paper)(举一个好的例子),你天天都能看到抱怨说,政府从来不允许犹太人进入军队,也不准进入法院任职,如此等等。

犹太人在公共生活中遭受的挫折,对他们集中全部能力和精力于其上的商业和产业极其有用。其他社会群体中最有天赋的人才都服务于国家,但犹太人迄今为止都没有将自己耗在犹太学堂(*Beth Hamidrash*)中,他们的全部精力都被迫投入了自己的生意。现在,经济生活的目标越集中于赚取利润,金钱利害关系就越有影响力,犹太人也越是被迫通过法律禁止他们采取的商业和产业手段去赢得国家的尊重和权力。这样我们就能明白犹太人对黄金的评价(正如我们已经看到的那样)如此之高的原因。

但是,如果说将犹太人排除在公共生活之外在某个方面有益于犹太人的经济状况,让他们超越了基督教邻居的经济地位,那么,这在另一个方面也同样是有益的。这使得犹太人摆脱了政治党派之争。因此他们对国家的态度以及对当时政府的态度,完全没有偏见。也多亏这样,他们成为国际资本主义体系代表人物的能力,才会优于其他人。因为他们给各国政府提供金钱,国家之间的冲突也就成了犹太人获取利润的主要来源。此外,他们的立场不带任何政治色彩,这使他们可以服务于各个国家的历代王朝或者政府,比如法国就经历了多次政治变革。罗斯柴尔德家族的历史就很好地说明了这一点。于是,犹太人通过他们极低的公民地位,推动了资本主义只关注盈利而无视其他一切利害关系的发展。因此,他们再度推进并强化了资本主义精神。

IV. 犹太人的财富

在过去的三四百年中,客观条件使犹太人有可能完成其经济使命，这必定会让人们认为，在任何时间和任何地方，虽然犹太人一直要处置大笔金钱，但犹太人在经济生活中的作用不止于此。然而，这种说法没有涉及犹太人的整体财富，因此有人毫无根据地非要反着说，认为犹太人一直以来就是穷人，或者说他们中的大多数人是穷人。任何在德国东部边境踏进过犹太会堂的人，或者熟悉纽约犹太人区的人，都非常清楚这一点。不过我主张——一个更有局限的命题——从17世纪开始，我们就已经从犹太人那里发现了（并一直在发现）大笔的财富。换一个稍微不同的提法，一直就有很多富裕的犹太人，而且，从平均水平来说，犹太人确实要比身边的基督徒富裕。如果非要说德国最富裕的人或者说美国前三名最富裕的人不是犹太人，恐怕有点无的放矢。

从比利牛斯半岛流亡出来的很多犹太人确实非常富有。我们已经知道，他们逃走的时候带走了一笔"外流资本"（exodo de capitaes）。但在很多情况下，他们卖掉了自己的财产，换成了外国汇票。[412]流亡者中最富裕的人可能去了荷兰。不管怎样，有文字记载的第一批定居于这个国家的人中，比如米盖尔·洛佩斯·霍门（Manuel Lopez Homen）、玛利亚·努内兹（Maria Nunez）、米盖尔·洛佩斯（Miguel Lopez）等人，就拥有大量财富。[413]17世纪是否还有其他有钱的西班牙犹太人跟随而来，或者说，那些已经定居荷兰的有钱人是否又增加了自己的财富，这一点我们不得而知。但我们可以肯定的是，17世纪和18世纪的荷兰犹太人就以其富有而闻名于世。虽然我们并没有统计资料，但我们手上有其他有分量的证据可以证明这一点。旅行者并没有充分赞美这些难民在定居之地所建住宅的豪华和奢侈。如果你转而翻阅一本这个时期的版画

第十章 犹太人现代资本主义才能的客观环境

集,你马上会发现,最恢弘的宅第就是犹太人在阿姆斯特丹或海牙修建的,其中可能就有贝尔蒙特男爵(Baron Belmonte)、贵族平托爵士(Lord de Pinto)和达科斯特爵士(Lord d'Acoste)等人的宅第?(据估计在17世纪末期,平托的财产就有800万弗洛林)。至于阿姆斯特丹犹太人婚礼的奢华,格吕克尔·哈梅尔恩在她的《回忆录》中作了生动描述,她的一个女儿就是在阿姆斯特丹结婚的。[414]

其他国家的情况也完全相同。因为17世纪和18世纪法国见多识广的萨瓦里(Savary)做过一个概括。"我们认为"这是他的常用语,"我们认为,商人就'像犹太人一样有钱',尤其在他们以积累了大量财富而闻名的时候"。[415]

说到英国,我们可以考虑一下富裕的西班牙或葡萄牙犹太人(Sephardim)来到英国之后,他们财富的实际数字。1661年,一群富裕的犹太人跟随布拉干萨的凯瑟琳王后(Catherine of Braganza),即查理二世的新娘来到了英国,因此在当年,伦敦的犹太家庭只有35户,两年后,至少又有57户新来者加入了这个名单。1663年,市议员阿德曼·布莱克威尔的书中给出了下述犹太人富商半年的营业额:[416]雅各布·阿伯阿布13085英镑;塞缪尔·德维迦18309英镑;杜阿尔特·达席尔瓦41441英镑;弗兰西斯科·达席尔瓦14646英镑;费尔南多·门德斯·达科斯塔30490英镑;伊萨克·达泽维多13605英镑,乔治和多明戈·弗兰西亚35759英镑,以及戈麦斯·罗德里格斯13124英镑。

如我们所观察到的那样,17世纪和18世纪,犹太人的生活中心在德国的汉堡和美因河畔法兰克福。但我们借助于数字可以计算出这两个城市中富裕犹太人的财富。

汉堡也是西班牙和葡萄牙犹太人最初定居的地方。1649年，40户犹太家庭参与创办了汉堡银行，这表明，他们在这里生活得相当优裕。不久之后，汉堡出现了对犹太人日渐增加的财富和日渐增长的影响的抱怨；1649年，人们开始指责对他们豪华铺张的葬礼和绝尘而去的马车；1650年则开始谴责他们建筑宫殿般的豪宅。同年颁布的禁奢法令（sumptuary laws）严禁他们过分摆阔。到了17世纪末期，西葡犹太人似乎已经占有了全部财富。大约也是在这一时期，他们的德国犹太同胞（Ashkenazi brethren）也迅速崭露头角。格吕克尔·哈梅尔恩就说过，在她的青年时代，许多德国犹太人家庭相对而言还比较贫穷，但后来崛起成为富裕家庭。格吕克尔的观察得到了18世纪前二十五年数据的支持。[418] 1729年，阿尔托纳（Altona）地区的犹太人社团由279名会员组成，其中145人是富人，共拥有财产5434300马克（大约271715英镑），也就是说，人均财产超过37000马克（1850英镑）。汉堡的犹太社团有注册会员160名，其中16人共有501500马克（25075英镑）财产。如果我们将这些数字与某些相关个人的情况进行比对，这些数字似乎还低估了实际情况。1725年，居住在汉堡、阿尔托纳以及万德斯贝克的有钱犹太人有：约埃尔·所罗门拥有21万马克的财产，他的女婿5万马克。埃利亚斯·奥本海默拥有30万马克财产；摩西·戈德施密特拥有6万马克；阿列克斯·帕蓬海姆拥有6万马克；埃利亚斯·萨洛门拥有21万马克；菲利普·埃利亚斯拥有5万马克；塞缪尔·席塞尔拥有6万马克；贝伦德·海曼拥有75000马克；萨姆松·拿单拥有10万马克；摩西·哈姆拥有75000马克；扎姆·亚伯拉罕的遗孀拥有6万马克；亚历山大·伊萨克拥有6万马克；迈尔·贝伦德拥

第十章 犹太人现代资本主义才能的客观环境

有40万马克;萨洛门·贝伦斯拥有160万马克;伊萨克·赫兹拥有15万马克;曼格勒斯·海曼拥有20万马克;纳坦·本迪克斯拥有10万马克;菲利普·曼格勒斯拥有10万马克;雅各布·菲利普拥有5万马克;亚伯拉罕·奥本海默的遗孀拥有6万马克;扎哈里亚斯·丹尼尔的遗孀和寡居的女儿拥有15万马克;西蒙·德尔·班科拥有15万马克;马斯·卡斯滕拥有20万马克;亚伯拉罕·拉撒路15万马克;卡尔斯滕·马克斯6万马克;贝伦德·萨洛蒙60万塔勒币;迈尔·贝伦斯拥有40万塔勒币;亚伯拉罕·冯·哈勒拥有15万塔勒币;亚伯拉罕·拿单拥有15万塔勒币。

通过这份名单我们几乎可以毫无疑问地肯定,汉堡居住着很多富裕的犹太人。

法兰克福的情况也是这样,如果要说有什么不同的话,那就是情况还要超过汉堡。犹太人的财富积累始于16世纪末期,从那时以来,犹太人的财富一直在稳定增长。1593年,法兰克福的4位犹太人和54位基督徒(犹太人占比7.4%)支付的一笔税款总计超过15000弗罗林;1607年,犹太人的人数达到了16名(与90名基督徒比较,占了17.7%)。[419] 1618年,最贫困的犹太人也缴了100弗罗林的税款,但最穷的基督徒缴的税款只有50弗罗林。再者,在1634年和1650年数年间,300名犹太人支付的驻军设防税不少于100900弗罗林。[420]

到了18世纪末,法兰克福犹太社团的纳税人数字已经上升到了753人,这些人至少共拥有价值600万弗罗林的财产。其中,半数以上的财产掌握在12家最富裕家族手中。[421]施佩尔家族拥有604000弗罗林的财产;赖斯—埃里森家族299916弗罗林;哈斯、卡恩和斯滕家族256500弗罗林；舒斯特、戈茨和阿姆谢尔家族253075弗罗林；戈德施密特家族235000弗罗林；迈家族211000弗罗林；奥本海默家族171500弗罗林；维特海默家族138600弗罗林；弗洛斯海姆家族166666弗罗林；林德斯科普夫家族115600弗罗林；罗斯柴尔德家族109375弗罗林；西歇尔家族107000弗罗林。

18世纪初期，柏林的犹太人已经绝对不是穷得可怜的乞食者了。1737年，居住在普鲁士首都的120户犹太家庭中，只有10户的财产少于1000塔勒币，其余所有家庭都至少拥有2000—20000塔勒币财产，有的甚至更多。[422]

我们由此证实了犹太人是这个世界上最富有的人群，这种状况在此后的二三百年间一直持续，并一直延续到当今这个时代，只是到了今天，这种状况更为常见而且普遍。这样的后果是什么呢？我们无论怎么说都不会高估那些为难民提供了避难所的国家的情况。因犹太人的逗留而获益的国家都获得了有助于推动资本主义发展的资金。我们也应该特别留意，犹太人的流散具有转移他们积累的贵金属的经济效应。很显然，这影响了经济生活的趋势，西葡犹太人掏空了西班牙和葡萄牙的金银，英国和荷兰越来越富。

我们不难证明，犹太人的金钱导致17世纪大企业的出现，犹太人的金钱资助了大企业的产生。如果富裕的犹太人在上一代人时就离开西班牙，哥伦布的探险根本就不可能发生，因此大印度公司也不会成立，17世纪建立的大银行也不会如此快捷地站稳脚跟，西班牙流亡者的财富也就不会转而资助英国、荷兰以及汉堡。换句话说，如果犹太人在一个世纪之后而不是之前就被驱逐出西班牙，那么现在的实际情况就不是这样了。

第十章 犹太人现代资本主义才能的客观环境

事实上，这也是犹太人的财富如此具有影响力的原因。这笔财富可以使资本主义企业运转起来，至少也可以促进这个发展过程。对于犹太人来说，建立银行、仓库以及开展证券经纪业务等等，这一切犹太人做起来至少比其他人要容易，因为犹太人的口袋要厚实一些。这也是犹太人成为君主们的银行家的原因。总之是因为他手上拥有能够放贷的货币。这一活动为资本主义铺平道路的作用大于其他任何活动的作用。现代资本主义就是货币借贷的产物。

货币借贷蕴含有资本主义的基本观念，资本主义本身就具有货币借贷的许多特征。在货币借贷中，所有质的概念都消失不见，只有量的概念才是重要的方面。在货币借贷中，合约成了商业的主要元素：关于报酬的协议，对未来的承诺，交付的概念，都是合约的组成要件。在货币借贷中，不存在只是为了一个人的需求而进行生产的思想。在货币借贷中，没有物质的东西（即技术的东西），所有的内容都是纯智力的行为。在货币借贷中，经济行为本身也没有什么意义，它也不再是一个使用体力或者脑力的问题，所有的问题归根结底就是一个成效的问题。因此，成效才是唯一有意义的事情。货币借贷第一次显示出不劳而获的可能性，也第一次显示出，你可以在没有任何权势的条件下，让他人为你工作。

总而言之，货币借贷所具有的特征，是所有现代资本主义经济组织所具有的特征。

但从历史上看，现代资本主义的出现也应归功于货币借贷。这种情况是指，无论干什么都必须拿出一笔初始费用，或者说，开办有限责任公司就必须要有初始资金。基本上，一家有限责任公司原则上只不过是一个与当前盈利前景相关的货币借贷问题。

因此，犹太人的借贷活动是促使犹太人创造、拓展并支持资本主义精神的客观因素。但我们最后的评论已经超出了客观思考并触及一个更深的问题。这个问题是，货币贷款人的活动中是否存在特定的心理因素？但不仅如此。我们可能要问，客观环境是否可以单独用来解释犹太人的经济作用？是否有必要把具体的犹太人特征纳入我们的推理中？然而在展开这一章内容之前，我们必须转而考察在这方面具有极重要意义的一个影响——即犹太人的宗教。

第十一章　犹太宗教在经济生活中的重要意义

引　言

三个理由驱使我特别拿出一章的篇幅来讨论犹太人的宗教，并阐述犹太宗教对犹太人经济活动的巨大影响。第一，只有从经济角度对犹太宗教做了详尽且独立的研究后，我们才能从各个方面对犹太教做出充分的阐释。第二，研究犹太宗教需要一种具体的分析方法；第三，犹太宗教在促进犹太经济发展的客观因素和主观因素之间，占据了一个中间位置。从任何宗教都是某种特定的精神风貌的外在表现来说，它有"主观"的一面；从个人都要归于宗教来说，它也有客观的一面。

Ⅰ．宗教之于犹太人的重要性

一个民族的宗教，或者一个民族中一个群体的宗教，能够对一个民族或一个群体的经济生活产生深远的影响，这是无可争议的。最近，马克斯·韦伯已经阐述了清教和资本主义的联系。事实上，本书的撰写要归因于马克斯·韦伯的研究。因为任何一位遵循这一思路进行研究的学者都不禁会自问,将韦伯对清教的所有研究和观点应用于犹太教,是否是一件不公平的事,而且,或许我们可以认为,这里所称的清教,实际上就是犹太教。当然在适当的时候,我们可以就两者之间的关系进行讨论。

因此,鉴于没有其他任何一个文明民族具有如此浸润整个国民生活的宗教,所以如果清教一直具有经济影响力,那么,犹太教是否也有这么大的影响力呢?因为犹太宗教并不只是礼拜日和宗教节日的事情,它触及日常生活中甚至最细微的行为,它规定了全部的人类行为。犹太人每走一步都要问问自己,这一步会增加神的荣光还是亵渎他的圣名?犹太律法不仅明确规定了人与神之间的关系,不仅系统表述了形而上观念,还为所有可能的关系(不管是人与人的关系还是人与自然的关系)规定了行为规则。事实上,犹太人的律法就像犹太人的伦理一样,是犹太宗教体系的组成部分。法是神所赐,犹太教中的道德律和神谕是分不开的。[423]因此在现实生活中,不存在特殊的犹太教伦理。犹太人的伦理就基于犹太人的宗教。[424]

再没有哪个民族像犹太人这样用心地向所有人包括最卑微的人传播宗教教义。约瑟福斯(Josephus)很好地说明了这一点:询问你碰见的第一个犹太人,他的"律法"是什么?他能头头是道地跟你阐述律法,甚至忘记了自己姓甚名谁。个中原因我们或许可以在派发给每个犹太儿童的系统宗教指南中找到,也可以在这样的事实中发现,即做礼拜的时候要阅读和解释出自圣经的经文。在一年时间内要通读《托拉》(Torah)。此外,研读律法书也是每一个犹太人的重要责任之一。"无论你坐在家里,行在路上,躺下,起来,都要

第十一章 犹太宗教在经济生活中的重要意义

谈论"(《申命记》,6:7)。[425]

再没有哪个民族像犹太人那样,老老实实地走在神的路上,也没有哪个民族像犹太人那样,如此忠实地履行宗教训谕。确实也有人断言,犹太人是宗教性最弱的民族。我不会纠缠于衡量这一评论的公正性,但可以肯定的是,犹太人是这个地球上最"敬畏上帝"的民族。他们一直战战兢兢生活在敬畏之中,敬畏着上帝的愤怒。"我因畏惧你而浑身发抖,我还畏惧你的判语",赞美诗作者如是说(《诗篇》,119:120),这些话语适用于各个年龄层的犹太人。"常怀敬畏的便为有福"(《箴言》,28:14)。"虔诚从来也不会打消恐惧"(《坦户玛米大示》,24)。[426]只要人们想到犹太人的神——可敬可畏的施咒者耶和华,人们就能理解这一点了。在人类所有的文献中,不管是纪元前还是纪元后,从来没有人像犹太人这样,只因不服从耶和华的诫命,就被他许以如此多的恶(见《申命记》著名的第28章)。

但是,这种强大的影响(对神的敬畏)并非单独存在,还有其他一些因素与对神的敬畏一起,形成了迫使犹太人极严格地服从于自己宗教的诫命。在犹太国家被毁之时,法利赛人和文士——即那些珍爱以斯拉传统并力图把服从律法作为终身目标的人——成了一切事务的领头人,因此他们自然会把事物的进程纳入他们喜欢的轨道。没有了国家,没有了圣殿,犹太人在法利赛人的领导下,聚集在律法(这就是海涅所说的"便携的祖国")周围,结成了宗教兄弟会,就像罗耀拉的信徒追随罗耀拉一样,现代国家中星散的犹太人余部在一帮虔诚文士的引导下,也聚拢起来。现在,法利赛人是引路者,他们中最著名的拉比视自己为古代大教主(Synhedrium)的继承人（确实也有人如此认为），成了世界上所有犹太人的精神生活和世俗事务的最高权威。[427]拉比的权力最初就是这样形成的，中世纪犹太人的变迁兴衰只是强化拉比权力的一个助力而已。最终形成的压力如此之大，以至于犹太人自己都时常抱怨这种负担。犹太人越是隔绝自己，或者说将自己与周围的人隔绝开来，拉比的权威就越是增大，犹太人就越是容易被迫忠诚于律法。但是，对于犹太人来说，履行律法（尽管拉比敦促他们履行律法）一定要有内在的理由：即它满足了他们内心的欲望，它似乎是生命中所能提供的最珍贵礼物。为什么这么说呢？因为在从各个方面给予犹太人的种种迫害和苦难中，唯有律法使他们保持着自己的尊严，没有律法，生命将毫无价值。因此在一个很长的时间里，宗教教义被珍藏在《塔木德》中，许多世纪以来，犹太人活在《塔木德》中，为它而活，因它而死。《塔木德》是犹太人最珍贵的财产，是他的气息，也是他的魂灵。《塔木德》成了每一代人都熟知的家族史。"思想家活在《塔木德》的思想中，诗人活在《塔木德》的纯理想中。对于犹太人而言，自然界和人类世界这种外部世界以及大地的强者和各个时代的事件，都是千年的偶然或幻觉，《塔木德》才是他的唯一真实"。[428]因此，我们可以把《塔木德》比喻为流散的犹太人借以遮盖自己的外壳（我认为这个比喻同样适用于所有的宗教文献）；塔木德保护他们免受外界的影响，保护他们秉持自己内心的力量。[429]

因此，我们明白了是什么力量使得犹太人直到现代都是一个比其他任何民族更敬畏神的民族，使得宗教成了他们心中最隐秘的内核，或者，如果不赞成使用"宗教"一词的话，是什么力量让他们在芸芸众生中生活下来并谨守他们的宗教诫命。从我们的目的来说，

第十一章　犹太宗教在经济生活中的重要意义

我们认为这些特征适用于各种各样的犹太人（包括 16、17 世纪以及 18 世纪的马兰诺）。我们也必须认为，这一特征适用于正统犹太人（Orthodox Jews）。研究这段犹太史的最权威的人士说，"绝大部分马兰诺在很大程度上比我们一般认为的更像犹太人。他们只是屈从于环境的力量，表面上像基督徒罢了。事实上，他们过着犹太人的生活，人们也看到，他们奉行的是犹太宗教的教义……。只是在阿尔卡拉·德·埃纳雷斯（Alcalia de Henares）以及西曼卡斯（Simancas）等地的档案被整理出来并加以利用后，这一令人敬佩的坚持才得到人们的赞赏"。[430]

但是，那些自认为犹太人中最富有的人，通常都是杰出的《塔木德》学者。难道不具有《塔木德》的知识就不能成为犹太人中拥有荣誉和财富并获得人们支持的人吗？精通《塔木德》的学者，也是最聪明的金融家、医生、珠宝商以及商人。比如说，我们知道，西班牙的某些财政大臣、银行家和御医，他们致力于研习圣经的时间，不仅仅是安息日这一天，还包括每周两个晚上。在现代，已经于 1855 年过世的老阿姆谢尔·罗斯柴尔德（Amschel Rothschild）就是这样做的。他严格遵循犹太律法的诫命，从不吃陌生人的东西，哪怕是在国王的餐桌上。了解男爵的人是这样说他的，"人们认为他是全法兰克福最虔诚的犹太人。我从来没见过什么人这样折磨自己——捶胸顿足、呼天喊地——就像罗斯柴尔德男爵在赎罪日的犹太会堂所做的那样。不停的祈祷让他身心疲惫，以至于晕倒。让他闻了他家花园里芬香的植物气味，他才苏醒过来"。[431]* 他的侄子威廉·查尔斯（William Charles）逝于 1901 年，是法兰克福罗斯柴

---

*　桑巴特在他的德文版中引用的这件事情发生在安息日。很显然这是关于赎罪日的描述。——英译者

尔德家族的最后一位,他极其严谨地遵守着所有的宗教诫命。宗教禁止虔诚的犹太人触摸在某种情况下已经被人碰过因而不洁净的东西,所以总有一名仆人走在这位罗斯柴尔德前面,为他擦拭门把手。此外,他从来不碰已经使用过的纸钞,只用刚从印刷厂出来的纸币。

如果这就是一位罗斯柴尔德的生活方式的话,那么,你偶然见到犹太行商,只因无法确定屠宰牲口的方式是否符合犹太律法,一年中有半年都不碰肉食,就不会那么令人诧异了。

尽管如此,如果你打算研究正统犹太教,你必须前往东欧,那里仍然存在完整的犹太要素——你一定要亲身前往或并亲自阅读相关书籍。在西欧,正统的犹太人只是少数。但是,在我们讨论犹太宗教的影响时,我们谈论的是一个世代之前占据主导地位的宗教,这才是带领犹太人赢得诸多胜利的宗教。

Ⅱ. 犹太宗教的典籍

穆罕默德称犹太人为"圣典之民"。他的这个说法非常正确。世界上再没有哪个民族如此彻底地依据于书籍而生。一般而言,他们的宗教在各个阶段都在书中有所体现,这些书籍可以视为犹太宗教的典籍。下面开列的一张书单,其中每本书都起源于某一特定时代,每本书都可以与其他的书相互补充。

1.《圣经》,即《旧约》,截至第二圣殿被毁之时。在大流散时期有希伯来文、巴勒斯坦文以及希腊文译本(七十士译本)。

2.《塔木德》(更具体的名称是《巴比伦塔木德》),出现于公元2世纪到6世纪,是犹太宗教教义的主要宝库。

3.《迈蒙尼德法典》，编纂于12世纪。

4.《雅各·本·亚设法典》(The Code of Jacob Ben Asher)（也称为[《四列书》Turim]，1248-1340）。

5.《约瑟夫·卡罗法典》(The Code of Joseph Caro)，也称为《备就之席》(The Shulchan Aruch，16世纪)。

犹太宗教似乎是按照自己科学研究的认知，或者根据有信仰的犹太人的见解，用不同的方式从这些"典籍"中吸取生命的力量。在第一种情况下，犹太宗教以其本来面目示人；在第二种情况下，犹太宗教被理想化了。

实际上这些典籍是哪些呢？《圣经》，即《旧约》，是犹太教据以构建的全部基础。由于《旧约》是由不同时期的不同作者写成的，因此便形成了现在这种文学拼图的样式。[432] 全书最重要的部分是《托拉》，即摩西五经。《旧约》目前所呈现的样式是由以斯拉(Ezra)之后某段时期的两部完整的著作拼合而成。一部是新旧律法书(《申命记》)，成书于公元前650年。另一部是以斯拉律法书，成书于公元前440年。*《托拉》的独特性归于以斯拉和尼希米(Nehemiah)，他们引入了严谨的律法体系。由于以斯拉及其创建的文士(soferim)派系，犹太教才形成了今天这种形态；从那时到现在，这种情况一直保持不变。

除了《托拉》，我们还必须提到所谓的智慧书——《诗篇》、《约伯记》、《传道书》、《德训篇》和《箴言》。犹太文献的这个部分全

---

* 即《申命记》，5：45—26：69（约公元前650年），以及《出埃及记》，12：25—31，35到《利未记》，15；《民数记》，1—10；15—19；27—36（约公元前445年）。——英译者

部是犹太人被掳之后（post-exilic）的事情；假设那个时候律法就已经存在，那么，智慧书也只有在这个时期才能出现，当时的普遍信仰是，服从律法，上帝予生，违背律法，上帝予死。智慧书不同于先知书（Prophetic Books），考虑的是现实生活。智慧书包含了数代人的智慧结晶，成书时间相对较早。比如说，对我们最有用的《箴言》，成书时间是公元前180年。[433]

圣经分出了两支流派。一支借由《旧约》的七十士译本，部分融入了希腊哲学，部分融入了保罗派基督教（Pauline Christianity）。但是这与我们进一步的研究无关。

另一支则通过巴勒斯坦的希伯来圣经，融入了犹太"律法"，这是我们要追寻的过程。

早在以斯拉时代，《圣经》的犹太化演变过程就已经开始了。这个演变首先是因为文士派系，后来则是因为后来希列派（Hillel）和沙买派（Shammai）的扩展与持续性工作。真正意义上的"演变"是指对圣经的解释和发挥，这个演变是争论的结果，使用的是希腊化世界（Hellenistic World）流行的方法。实际上，这一演变加强了律法的形式主义，目的在于保护犹太教，防止希腊哲学的入侵。在这里，犹太宗教一如既往地表现出了对瓦解力量的回应。申命律法就是针对巴力崇拜（Baal worship）的反应；祭司法典（Priestly Code）是反对巴比伦人的影响；后来的迈蒙尼德法典、拉比雅各·本·亚设和约瑟夫·卡罗的法典则是反对西班牙文化的入侵；纪元之前以及纪元开始的坦拿学说（teaching of Tannaim，坦拿即教师），反对的是日渐式微的希腊化学说。[434]

古老的口传律法《智慧书》编撰于约公元200年，编者为拉比

第十一章 犹太宗教在经济生活中的重要意义

犹大·哈纳斯（R.Judah Hanassi，族长），通常也称为拉比。他的工作就是编纂《密西拿》，继《密西拿》之后的工作是进一步解释和增补，这些解释和增补在公元6世纪（500-550）由注经者（Saboraim）（即Saborai，建言者）收集和编定。《密西拿》的注释部分称为《革马拉》（Gemara），作者是阿摩拉（Amoraim，Amorai，即代言人）。《密西拿》和《革马拉》组成了《塔木德》，《塔木德》有两个版本，即《巴勒斯坦塔木德》和《巴比伦塔木德》。后者更为重要。[435]

注经者编辑的《塔木德》成为犹太宗教教义的主要宝库，它被人公认的权威性是穆斯林征服的结果。起初，它只是巴比伦犹太人社会生活的法律和宪法基础，巴比伦犹太社会领头的是"被掳的族长"（Prince of Captivity）以及"加昂"（Gaonim——卓越、天才、阁下之意），两所塔木德学院的院长。随着伊斯兰教的进一步传播，被征服地区的犹太社区拉近了与巴比伦加昂的关系。犹太人就宗教问题、伦理问题和普通法问题进行咨询，并诚实地接受给出的解释，所有这一切形成了《塔木德》的基础。实际上，巴比伦犹太人区日渐被认为是新的犹太生活中心。

《革马拉》成书后，其永久形式固定了，犹太教的演变也就此停止。然而，我们在这里还必须提一下后《塔木德》时期体现全部宗教本质的三部法典。之所以要提及这三部法典，首先是因为，这三部法典呈现出略有差别的某种外表；其次是因为，他们的宗教戒律完全没有注意到变化的环境。这三部法典与《塔木德》一起，被犹太人视为生活的权威；最后，《备就之席》（Shulchan Aruch）也被今天的正统犹太人视为有关宗教义务的官方说法。这三部法典之所以让我们感兴趣，是因为它们进一步固化了犹太人的宗教生活。

格雷茨对迈蒙尼德(Maimonides)下的断语是,"《塔木德》中的大多数内容仍然是可以变动的,他使之成为不变的律法。……经由他的编辑,他剥夺了犹太教的发展力量……他完全没有考虑塔木德戒律出现初期的时代背景,使戒律成为各个时代和各种环境下都应遵守的东西"。雅各·本·亚设超越了迈蒙尼德,约瑟夫·卡罗又超越了亚设,使这种固化达到了极限。卡罗的著作具有超特殊神宠论(ultra-Particularism)趋向,充满吹毛求疵的诡辩。犹太人的宗教生活"以剥夺了灵性和自由的思想为代价,被《备就之席》弄得更圆满,更一元化。卡罗赋予犹太教固定的形式,这种形式一直保持到今天"。[436]

这是犹太人宗教生活的主流,犹太教从这些典籍中吸取了自己的思想和理念。当然,这里也有支流,比如说,前基督教时代的启示录文学,就代表了一种天国的、普遍的和个人主义的犹太教。[437]又比如,忙于符号和数字的喀巴拉(Kabbala)思想体系。然而,这些支流在犹太人生活的一般发展过程中只占有一小部分,对于我们所要考察的犹太教史来说,基本可以忽略不计。而且,"官方"犹太教也不认可它们是犹太人宗教的典籍。

关于这些典籍的实实在在的概念我们已经讲了很多。但是,当前的正统犹太圈子中,情况怎么样呢?在很多方面,虔诚的犹太人关于犹太宗教制度起源的信念比其起源更为重要。因此,我们必须力图让自己了解这一信念。

每位正统的犹太人至今仍然秉承的传统观点是,犹太宗教制度的诞生分为两方面:一方面通过启示,一方面通过智慧的感召。启示与书面文字和口头传承相关。书面文字包含在《圣经》一类书中,

第十一章 犹太宗教在经济生活中的重要意义

比如圣典（Canon）就是由大犹太会堂（Great Synagogue）成员制定的。圣典有三个部分：《托拉》或者《摩西五经》，先知书以及圣录（Ketuvim，也称遗书）。[438]神在西奈山上将《托拉》传给了摩西，摩西"在荒野流浪的四十年里，用它教导人民……直到他生命的终点，他才完成了《托拉》，即《摩西五经》的写作，并将它们传给了以色列人。我们有义务把《托拉》上的每一个字、每一句话作为神的启示"。[439]这些遗书也是神的启示的结果，至少是受到神的启示的结果。然而，与《托拉》相比较，犹太人对待先知书和"圣录"（Hagiographa）的态度，在某种程度上更随意一些。

口述圣传或者口述《托拉》是对经文的诠释。这一部分也是神在西奈山上给摩西的启示，但是在匆促之间没有马上记录下来。这部分内容出现的时间更靠后——在第二圣殿被毁之后——体现在《密西拿》和《革马拉》中，鉴于这些也都是神的启示，因此它们必然包含对《托拉》唯一正确的诠释。在《塔木德》中，也包含有拉比戒律（rabbinic ordinances）和《哈加达》（Haggada），即对圣经部分经文而不是对律法的解释。对律法的解释称为《哈拉卡》（Halacha），而《哈拉卡》与《哈加达》互为补充。此外，我们已经提及的三部中世纪法典都编在裁决集中。

所有这些指导犹太宗教生活的文献有何重要意义呢？犹太人信奉的是什么？他服从的是何指令？

首先一个必要前提是，据我所知并不存在什么犹太教教义体系。[440]无论在何种情况下试图构建某种体系，几乎都是非犹太人（non-Jews）之所为。[440A]犹太宗教的本质，尤其是《塔木德》以缺乏条理为特征的结构，与任何教义体系的系统表述都不相一致。不管怎样，我们还是可以在犹太教中发现某些原则，我们会发现，这些原则的精神就表现在犹太人的实践活动中。实际上，要列举出这些原则并不困难，因为这些原则依然保持着最初出现时的原貌。所谓"以西结的灵"（spirit of Ezekiel），从以斯拉时代到今天，在犹太宗教中一直具有至高无上的地位。以西结的灵跨越千年的发展，只是它的逻辑结果。所以，要了解这种"灵"是什么，我们只需要研究犹太教的经典——《圣经》、《塔木德》和后来的拉比文献（Rabbinic literature）。

要确定人们在什么程度上还接受犹太教教义，是一个很有难度的任务。比如说，塔木德格言"即使最好的外邦人也要杀掉"仍然有用吗？由普费弗科恩（Pfefferkorn）、艾森门格尔（Eisenmenger）、勒林（Röhling）以及尤斯图斯博士（Dr. Justus）和其他怀有同样兴趣的人在犹太宗教文献中找出的另一些可怕格言，是仍然有人相信，还是如现在的拉比忿忿抗议的那样，已经完全被人摒弃了？当然，单一教义在不同的时代有不同的表述，而全部教义，尤其是《塔木德》，在涉及某些具体问题时，也会发现持有不同看法，既有"赞成"意见，也有"反对"意见，这是显而易见的。换句话说，我们完全可以根据《塔木德》"证明"任何事情，因此，自古以来就有反犹太分子与其犹太人或非犹太人的对手你来我往的交锋；由此导致的事实是，有人征引《塔木德》证明一个东西是黑的，其他人就会依据同一权威文献证明这个东西是白的。只要记住，《塔木德》在很大程度上不过是很多拉比学者的论战汇集，你就不会对此感到诧异了。

想要找到规制实际生活的宗教戒律，我觉得我们还必须真正分清楚两类人，即通过个人的研究努力找出律法的人与通过其他权威

第十一章 犹太宗教在经济生活中的重要意义

的解说接受律法的人。如果是第一种人，最重要的事情是要表达出他在研究中所发现的某些看法。在这种情况下，出现完全相反的观点并不要紧。对于这些通过研究文献获得了启示的虔诚犹太人来说，有一种观点就足矣。因为，这个观点或许会促进某一具体的行为过程；或者，这个观点会为他提供将这个他已经介入的行为过程坚持下去的额外理由。无论是上述哪一种人，重要的是，他们都充分认可《圣经》尤其认可《托拉》。因为所有的典籍都有自己神圣的起源，一段话与另一段话都具有紧密相关性。这种情况不仅适用于《圣经》和《塔木德》，也适用于后来的拉比著述。

如果某人没有（或者没有能力）亲自研究这些文献，而是依赖于他的精神导师进行指导或者阅读精神导师推荐的著作，那么，事情可能会呈现不同的一面。这样的人面对一种意见，只能通过对相互矛盾之文本的适当阐释，才能得出结论。很显然，按照每个时代的拉比的经外传说，这些观点也会因时代的不同而不同。因此，为了找出任何时代都具有紧密相关性的律法，我们还必须研究其拉比的经外传说——因为拉比法典已经刊印，所以这就算不得什么大事。从11世纪到14世纪，有迈蒙尼德（Maimonides）的《大能之手》（*Yad Hachazaka*），从14世纪到16世纪，有雅各·本·亚设拉比的《四列书》（*Tur*），16世纪之后，有卡罗的《备就之席》。上述每一部法典都是当时那个时代人们广泛接受的教义，每部法典都是那个时代决定性的权威文献。近三百年来，如果对律法的解释存在意见分歧，就以《备就之席》为准。正如我之前引用过的教科书中所说："最重要的是，拉比约瑟夫·卡罗的《备就之席》与拉比摩西·以瑟利斯（R. Moses Isserlein）的注释和其他诠释一起，被所有以色列人奉为法典，据此形成了我们宗教仪礼的模式"。该法典汇总了迈蒙尼德从《托拉》中选取的613条戒律，这些戒律至今仍然发挥着自己的作用。"按照先知们的经外传说，神经由摩西之手，传给以色列人613条戒律，其中248条训律，365条禁律。所有这些戒律合在一起形成了永恒的戒律，只有关于犹太国家、巴勒斯坦农业生活以及耶路撒冷圣殿事务的那些戒律除外，因为流散的犹太人根本无法执行这些戒律。所以我们只能遵守369条戒律，其中126条训律，243条禁律，另外还有7条拉比指令"。[441]

就依循拉比律法的指导，以及基于对这些文献的个人研究的意见还没有形成而言，在上个世纪以至今天，正统犹太人的生活依然受到这些教规手册的支配。因此，根据我们提及的手册，我们有必要将那些对每个人的宗教生活具有决定性影响的典章律令汇集起来。所以改革派犹太教与本书内容无关，那些为了适应现代观念而整理过的经籍，比如关于"犹太教伦理"的大多数最新论述，就我们的研究目的而言，都毫无用处。我们的目的只是要表明资本主义与真正的犹太教义之间的联系，以及犹太教义之于现代经济生活的重要意义。

Ⅲ. 犹太宗教的基本理念

我要马上声明：我认为犹太宗教也具有类似资本主义的主导思想。我在不同的教义中看到了同样的精神。

要了解犹太宗教——顺便说一下，我们不能将犹太宗教与以色列宗教混为一谈（某种意义上两者是相反的）——我们不应忘记这些宗教文本的作者是一名文士（Sofer），一名思维缜密的文士（他的

第十一章 犹太宗教在经济生活中的重要意义

工作后来由他身后的一帮文士完成)。注意,文士不是先知;不是预言家,也不是空想家或者尊王,文士就是文士而已。我们必定不会忘记文士是如何产生的:他不是一股无法抗拒的力量,也不是最需忏悔之灵魂的表述,更不是神圣信仰者之情感体现。都不是,一项经由聪明的计算而制定的深思熟虑的计划,以及基于"必须为民众保存宗教"之需要而制定的对外方针,促成了文士的形成。对这一终极目标的同样的考虑和同样的关注,形成了在随后的几个世纪中,人们对一行行文字、一条条戒律进行增减的情形。然而,这种做法并不符合以斯拉时代之前就有、后来逐渐发展但随之慢慢消失的文士方案(scheme of the Soferim)。

我们现在仍然可以在犹太宗教中发现促使文士产生的特殊情况的踪迹。根据我们的推理,这些踪迹提请我们注意一种智慧的创造,一种思想的产物,以及投射到机械而人为地建成的生物世界的目的,即意在摧毁、征服自然世界并代行统治自然界的目的。与犹太宗教一样,在这种情景中出现的资本主义也是自然界的外来要素,也像它那样,在这个丰富多彩的生命过程中以某种设计和计划来创造世界。我们可以用一个词,即理性主义,将这些显著的特征纠合在一起。理性主义或者知性主义既是犹太教的属性,也是资本主义的属性;犹太教和资本主义——两者的致命对手同是不负责任的神秘主义,两者的创造灵感都来自于感官世界的激情。

我们知道,犹太宗教没有神秘性,或许,它是这个地球上唯一一个没有神秘性的宗教。犹太宗教没有那种信徒觉得自己在面对一位尊神时入迷的情况,而在其他所有宗教那里,这种情况被称颂为最高和最神圣的状态。想一想印度教中的苏摩酒,想一想让人着迷的因陀罗本尊，以及波斯人的霍马祭和狄俄尼索斯；当然还可以想一想希腊的神谕和《西卜林占语集》（Sibyline books），即便古板的罗马人也向这本书寻求建议，只是因为这些占语是由处于癫狂状态的女巫撰写的。

直到罗马帝国的末日，宗教生活的特征继续以与异教的所有方面相同的面目呈现，这些宗教特征得到越来越广泛的传播，已经感染了大多数民众，并使得自身处于一种身心的亢奋中，常常演变成酒神的疯狂，然后又视之为神的所为及神的功德的一部分。一般而言，人们普遍相信，某种突然的冲动或者激情的迸发或释然，是神祇对人之灵魂的挑动，一个人的羞愧或悔恨之举，通常也被归因于神的影响。[442]"上帝让我这样做的"——在普劳图斯的喜剧中，那位勾引少女的年轻人在父亲面前这样辩解道。

处在狂喜中的穆罕默德一定也体验过同样的事情，伊斯兰文明中就存在很多神秘主义成分。至少在伊斯兰教（Mohammedanism）中就有极端的苦行修士。

就其非犹太教的本质而言，基督教也有表现强烈情感的时候，比如见证三位一体的教义，比如圣母玛利亚崇拜，比如上香与圣餐礼，等等。但犹太教不但骄傲地不屑于这些奇幻的神秘因素，而且还谴责这些因素。在其他宗教的信徒幸福地与上帝交流之时，犹太人则在称为学堂（shool）的犹太会堂里，公开诵读《托拉》。以斯拉命令这么做，并且要严格按礼法仪式来做。"自国家毁了以来，研经成了犹太教的魂灵，如果没有对加诸他们的戒律的认识，宗教仪礼是没有多少价值的。安息日和宗教节日公共祈祷的主要特征，就是阅读律法和先知书，以及译者（Targumist）的逐段翻译和传道者

第十一章 犹太宗教在经济生活中的重要意义

(*Haggadist*)的布道讲经"。

> 安息日——可怕的愚昧!——填补了内心的需求
> 可是心啊,依然比冰冷的教条还要冷
> 每逢安息日在那可耻的懒惰下打盹,
> 模仿着他们那位倦怠的上神。

罗马人是这样看的。[443]

因此犹太教对神秘的东西抱着怀疑态度。对感性世界中对神的虔诚也很淡漠。阿斯塔耳忒(Astarte)、达弗涅(Daphne)、伊西斯(Isis)和俄西里斯(Osiris)、阿弗洛狄忒、弗里卡(Fricka)和圣母——所有这些都全然不知。犹太教禁止宗教崇拜中出现任何绘画艺术品。"耶和华从火焰中对你们说话,你们只听见声音,却没有看见形象"(《申命记》,4∶12)。"有人制造耶和华所憎恶的偶像,或雕刻,或铸造,就是工匠手所作的……"(《申命记》,27∶15)。今天,"不可为自己雕刻偶像"这一训诫,仍为人们所接受,虔诚的犹太人没有制作过任何偶像,家中也不放置偶像。[444]

犹太教和资本主义之间的亲缘关系,已经通过上帝与以色列人的法定关系得到了进一步阐述——我差一点要说这几乎类似于事务性关系,只是这个术语的含义有点不达意。事实上,整个宗教体系就像是耶和华与其选民之间的一个契约,一个有着所有后果和责任的契约。神允诺了一些东西或者给予了一些东西,义人就必须给予神一些东西作为回报。实际上,在神和人之间不存在共同利益(可能不能用这个术语来表达)——人必须执行一些由托拉派定的任务,并从神那里获得报偿（a quid pro que）。相应地，也没有人可以不携带他自己或者他祖先的什么东西作为对他的要求的回报，就能在祈祷中与神亲近。[445]

一般而言，契约阐明了他因尽职而得到的报酬，以及因失职而受到的惩罚，人所领受的报酬或惩罚部分在今世兑现，部分在来世实施。一定会有两种后果：第一，任何行动都肯定具有的得与失；第二，在某种程度上，每一个个体都具有的复杂的簿记体系。

上述全部想法都在拉比（164—200年）的言论中得到了极好的证明："一个人应该选择什么义路？应该选择使他能感到荣耀、让他获得人们尊重的道路。因为你不了解一个戒律会带来什么回报，所以要留意所有戒律，无论其轻重。你要估算一下遵守戒律的得与失，估算违背戒律会得到的好处或接受的惩罚。只要记住三件事，你就不会落入罪的权势范围。明白这你之上，有眼在看、有耳在听，你的全部作为都记录在案。"[446]所以，一个人被说成是"义人"或者"恶人"，主要取决于他对服从律令与违背律令的权衡。很显然，每个人都有必要记录自己的言行，哪怕是玩笑话，都要仔细地记录在案。根据一位权威人士的说法（《大路得记》，33a），先知以利亚就有这些记录；根据另一位权威人士的话（《大以斯帖记》，86a），这个责任是天使指派的。

每个人都在天国保有一份账目：以色列人尤其有一份大部头的账目（《西非拉经注》，44b）。为死亡做准备的方式之一，就是要准备好你的"账目"（《大传道书记》，77c）。有时候，也会（因为需要）从账目中提取"摘要"。在天使指控以实马利时，神问道："他现在是什么情况？他是义人还是恶人？"（也就是说，他服从命令多些还

第十一章　犹太宗教在经济生活中的重要意义

是违背命令多些？）。天使回答说，"他是一位义人"。马尔·乌克巴（Mar Ukba）辞世的时候，他要求对自己（捐献给慈善事业之金钱）的账目进行陈述。这笔金钱的总额为7000祖兹*。由于他害怕这笔金钱还不足以拯救自己，为保险起见，他又拿出了自己一半的财产（《婚契篇》，25；《末门书》，7）。对于任何人士是义人还是恶人的最后判定，要在他死后才能盖棺定论。到那个时候，账目就合上了，总数就拉平了。这一结果也被记载进文书（Shetar），并在宣读之后交到每个人手中。[447]

我们不难发现，要保存这些账目并不是一件容易的事情。在圣经时代，只要已经对尘世的生命评定了赏赐和惩罚，就没有什么大事了。但是在接下来的时代，当赏赐与惩罚部分在今世兑现，部分在来世实施，事情就渐渐麻烦了，这就涉及拉比神学中的一个复杂而细致的簿记体系。这就是资本总额或本金与收益或利息的区别，前者是为来世储备的，后者是为了今世。为使义人储蓄在天国使用的赏赐（报酬）不致减少，所以神在赐予他平凡的世俗利益的时候，也不会减少他的储存。只有在获得那些非凡的（即奇迹般的）世俗利益时，义人在天国的赏赐才会减少。此外，义人因他在地上的罪而马上得到了惩戒，恶人因他的善行而获得赏赐，因此，义人在天国只能获得赏赐，而恶人之天国只能得到惩戒。[448]

与神的簿记（divine bookkeeping）具有紧密关系的另一个概念，非常类似于资本主义的第二个基本特性，即利润的概念。罪或善被认为与罪人无关。根据拉比神学，每宗罪都是唯一且独立的。"惩

---

*　zuz，犹太货币单位。——中译者

戒是针对罪本身而不是针对犯罪的主体"。[449]违背诫命的次数要单独计算。不必认为无论什么都对罪人的人格或者道德状况具有影响,就比如已经离开了人的口袋的一笔钱,就比如这笔钱有可能添加到另一笔数目不详的钱中。义人不懈努力追求今生和来世的幸福,因此必定会不懈努力来增加神对自己的赏赐。那么,因为他永远都不清楚自己是否处于值得神的仁慈来眷顾的某一具体状态,或者说,因为他从来都不清楚自己的"账簿"上,赏赐或惩戒是否越来越多,所以,他一定会以增加自己账簿上的赏赐为毕生目的,不断行善,直到自己的末日。这样一来,全部个人价值的有限概念根本无法进入他的宗教思想范围,而代之的是一个无穷尽的纯数量理想。

与这一趋势并行的还有另一个趋势,犹太道德神学将获取金钱视为达到自己目标的途径。我们在一些宗教训诲书中常常看到这种看法,训诲书的作者很少意识到,他们在告诫不要获取过多财富的时候,却又在赞扬这种做法。一般来说,对这一主题的讨论都置于第十诫所禁止的"贪婪"标题下。现代最为流行的一个"有益于信仰"[450]的说法是,"一个真正的以色列人,应该避免贪婪。他只是将自己的全部财产看成为用以取悦于神的一种工具。用自己的全部财产并全部享乐作为达到这一目的之工具来取悦于神,难道不是他此生的全部目的?实际上,获取财产并增进自身享乐……是一种责任,其本身并不是目的,只是成就神在尘世之旨意的手段。"

但是,如果有人竭力主张,在宗教观念与获取利润之原则之间,并不存在令人信服的关联性证据,那么,我们只要略微看一下圣礼的特殊程序,就会深信这一点。在圣礼的某个阶段,有一个名副其

第十一章 犹太宗教在经济生活中的重要意义

实的公开拍卖。在这一阶段，与阅读律法书有关联的荣誉事务，给予最高价竞买人。在从约柜拿出经卷之前，持戟士（beadle）围绕着布道坛大声说："谁出钱让人从约柜中拿出经卷，礼毕再放回原位（*Hazoa vehachnosa*）？谁出钱当众举起经卷（*Hagboha*）？谁出钱在读经结束时卷起经卷（*Gelilah*）？"这些荣誉都要卖给出价最高的人，所得的钱则放入犹太会堂的募捐箱。我们没必要说这种情况早已经从犹太会堂的敬事礼拜中消失了。在很久很久之前，这种情况是相当普遍的。[451]

再者，有些塔木德博士有时候就最困难的经济问题与经验丰富的商人们进行争论时，言语间带有一些言外之意，也必定让人断定，他们在鼓励商人增加收益。收集这位或那位拉比（在很多情况下，他们自己就是大商人）所推荐的《塔木德》中关于赚取利润的那些文字，真是让人感兴趣的事。我在这里举出一两个例子。"拉比以撒（R.Isaac）教导说，货币应该投入流通"。正是以撒本人给了我们这个忠告。人们应该将自己的财产分成三份，一份投资于地产；一份投资于可移动的商品；第三份则以现金形式持有（《中门书》，42a）。"拉夫（Rav）曾经对儿子说，来吧，我教你一些世俗的事务。卖掉你的商品，即使尘土还在你的脚上。"（这不就是让他赶快周转吗？）"先打开你的钱包，然后再松开装麦子的麻包……你没看见盒子里的海枣吗？马上送去酿酒"（《逾越节篇》，113a）。

犹太宗教与资本主义之间的这种相似之处意味着什么呢？纯粹是一个巧合？还是运气挑起的愚蠢的笑谈？是这一个受到另一个的影响，还是两者都追溯到同一个来源？类似的问题自然而然地摆到了我们面前，我希望能在接下来的章节中回答这些问题。这里只是想让大家关注这些问题。下面我将相对简单地揭示个人习惯、观念、看法和犹太宗教的教规如何影响到了犹太人的经济行为。我还想说一下，犹太人是否促进了资本主义的发展，如果促进了的话，在多大程度上促进了资本主义的发展。我们将把讨论限制在原始心理动机范围之内，以避免出现思辨困难。我们的第一个问题是要发现犹太宗教的目标及其对经济生活的影响，下一节就是讨论这个问题。

Ⅳ. 奖惩观念

契约观念是犹太教基本原则一个必不可少的组成部分，它肯定会有一个必然的推论：凡履行契约者将获得奖励，凡违背契约者将受到惩罚。换句话说，法律与道德的前提，即行善要奖，有罪要罚，是所有时代犹太宗教的一个概念。全部的变化就是对奖励与惩罚的阐释。

最古老形态的犹太教对未来世界几乎一无所知。因此，祸与福只存在于今世。如果神欲加之赏赐或者惩罚，他必须在人活着的这一生中加以实施。所以义人要在今世幸福，恶人也要在今世受到惩罚。神说，服从我的戒律，"神，即耶和华才能使你存活，长命并强盛"。因此，约伯痛苦地哭道："恶人为何存活，享大寿数，势力强盛呢？……而且神用篱笆拦住我的道路，使我不得经过……他在四围攻击我……他的忿怒向我发作，以我为敌人"（《约伯记》，21：7；19：8，10，11）。"我还在按他指引的路走，为什么有这一切的灾祸降临我？"

以斯拉时代之后不久，来世（*Olam habo*）、灵魂不灭和肉身复活

第十一章 犹太宗教在经济生活中的重要意义

的思想开始在犹太教流行。这些思想源自国外,大体来自波斯。但是,与其他外来元素一样,这些思想也被宗教天才们赋予了一种伦理含义。宗教教义提出,只有义人和虔诚的信徒,才能在死后升天。因此,为了强化道德责任感,即强化对神的审判之敬畏,文士们造出了对永恒的信仰,以便与奖励和惩罚的旧式教义保持一致。[452]

现在,在人世间享受荣华生活的理念已经得到了扩展。这一理念不再只是对美好生活的奖励,还增加了对来世生活的奖励。神的福佑有很大部分仍然是对今世的祝福。此外,一个确凿的事实是,如果一个人今世幸福,就证明他的这一生为神所喜悦,因此,他可能在来世也得到这种赏赐。接下来,天命(blind fate)的观念也不再令人讨厌了。现在,人们认为,天命观念被认为是神对义人犯法的人间惩罚,这样,他在天国的回报也不会减少。

"财产论"(doctrine of possession)(如果这个术语可以与犹太宗教相关联)就这样——尤其是通过智慧书——得以形成。人生的最大目的是服从神的诫命。远离了神,尘世的幸福就不存在。因此,为自身着想而设法获取尘世的财产很愚蠢。但是,为了把财产用于神圣的目的而去获取财产,它们同时具有了外部符号,保证了神之愉悦(神保佑的征象)——这当然是一种明智的做法。那么,从这种眼光来看,俗世的财产是一应俱全的宅子以及优越的物质生活,一句话,就是财富。

纵览犹太文献,尤其是《圣经》和《塔木德》,你会发现,其中确实有些段落赞誉说,贫困比富有更高、更尊贵。但是另一方面,你也可以在数百个段落中读到,财富被称为神的福佑,只是告诫不要滥用财富,财富有一定的危险性。而且,你也能在一些地方读到这种说法，比如富有本身并不必然带来福祉，富有之外的其他东西（比如健康等等）也是重要的；"善行"（在最广泛意义上使用这个词）更有价值，或者与富有同价，等等。但是，在所有这些说法中，没有对富足不利的说法，也从来没有只言片语提到富有为神所厌恶。

我曾经在一次公开演说中表达了这一观点，遭到了各方的尖锐批评。其实这个观点较之其他说法更为含蓄一些，其他说法认为，犹太宗教是把富有看成宝贵的善行（valuable good）。在批评我观点的众人中，有几位德高望重的犹太拉比，他们不辞辛劳地从《圣经》和《塔木德》中汇编了一些文字，用以反驳我的观点。我承认，在《圣经》和《塔木德》中，确实有很多地方认为财富对义人构成了危险，贫穷值得赞美。这类说法在《圣经》中有六处，在《塔木德》中就更多了。但重要的是，每一处这样的文字会被另外十处呈现完全不同精神的文字所覆盖。在这种情况下，数字是说明问题的。

我以这种方式给自己提出问题。让我们想象一下，在一个周五的晚上，老阿姆谢尔·罗斯柴尔德在股票交易所"赚得了"100万之后，转而向《圣经》寻求启示。他摸着自己赚的钱，会想到什么呢？他的所得对净化他的灵魂有什么作用吗？一个虔诚的老犹太人在安息日前夜最希望看到何种作用呢？这100万会毁掉他的良心吗？或者，没准他会说，"神在本周赐福于我。感谢神，感谢我主，为他把脸上的光慷慨地赐予了他的仆人。为了蒙你的恩，我将大力施舍，比之以前更严格的谨守你的诫命"。如果他了解《圣经》（他也确实了解《圣经》），他会说这样的话。

他的双眼怡然自得地落在《圣经》的许多段落上。在他心爱的

第十一章 犹太宗教在经济生活中的重要意义

《托拉》中,他也能一再读到神的赐福。"他必爱你,赐福与你,使你人数增多。也必在他向你列祖起誓应许给你的地上赐福与你身所生的,地所产的,并你的五谷、新酒和油、以及牛犊、羊羔……你必蒙福胜过万民"(《申命记》,7:13-15)。读到这些话的时候,他会多么感动,"因为耶和华你的主,必照他所应许你的赐福与你:你必借给许多国民,却不致向他们借贷"(《申命记》,15:6)。然后,假如他转而阅读《诗篇》,他又会在《诗篇》中发现什么呢?

> 耶和华的圣民哪,你们当敬畏他,因敬畏他的一无所缺(《诗篇》,34:10)。
> 敬畏耶和华,这人便为有福……他家中有货物,有钱财(《诗篇》,90:1-3)。
> 我们的仓盈满,能出各样的粮食。我们的羊在田间孳生千万(《诗篇》,144:13)。

约伯结束了他所受的试炼,他发现他后来比开初更有福,他为约伯感到高兴,因为"他有了一万四千羊,六千骆驼,一千对牛,一千母驴"和其他财产。(幸亏我们的这位朋友阿姆谢尔根本不了解现代的圣经批评,因此他没有意识到,约伯的这最后一段文字是后来添加进去的。)

如果以色列人跟随主的脚步行进,先知们也会应允他们获得俗世的奖励。如果阿姆谢尔再翻到《以赛亚书》的第60章,他就会发现先知书说,有一天,外邦人将携带自己的黄金白银进入以色列。

但是,或许阿姆谢尔最喜欢的是《箴言》,[453]因为"该篇以最富有想象力的形式表达了以色列人当前对生活的想法"。(正如一位拉比在写给我的一封信中征引了《箴言》,22∶1.2;23∶4;28∶20,21;30∶8 以证明我的一个错误。)阿姆谢尔会告诫说,富有本身并不能带来幸福(22∶1,2),主也未必否认拥有巨大财富(30∶8),因此"想要急速发财的,不免受罚"(28∶20)。(或许他会对自己说,他并不"急欲"发财。)唯一能使他激动的诗句或许是他读到的这一句:"不要劳碌求富,休仗自己的聪明"(23∶4)。但激动只是一会儿工夫,在他观察到这句诗前面段落之间的联系时,他就释然了。或许,在他回忆起这本书中有无数段落都在赞美财富的时候,这几句话毕竟没有给他带来太多的烦恼。《箴言》的很多段落在赞美财富,实际上给整部《箴言》定了调子。[454]我们在这里引用几段:

> 她的右手有长寿,左手有富贵(3∶16)。
> 丰富尊荣在我,恒久的财并公义也在我(8∶18)。
> 富户的财物,是他的坚城(10∶15)。
> 智慧人的财,为自己的冠冕(14∶24)。
> 敬畏耶和华心存谦卑,就得富有、尊荣、生命为赏赠(22∶4)。

智慧书包括《传道书》(Ecclesiastes)和《所罗门智训》(Wisdom of Solomon)。《传道书》[455]并没有表达出一个统一的精神;后世的许多增添使得该书矛盾百出。尽管这样,虔诚的犹太人也从来没有在书中发现任何教导他鄙视财富的段落。相反,财富受到高度重视。

第十一章 犹太宗教在经济生活中的重要意义

神赐人赀财丰富,使他能以吃用,能取自己的分……这乃是神的恩赐(5:19)。

设摆筵席,是为喜笑。酒能使人快活,钱能叫万事应心(10:19)。

《所罗门智训》同样也赞美富足。老阿姆谢尔在《便西拉智训》(the Book of Jesus, Son of Sirach)中也可以找到智慧的格言,他一定也高兴地仔细研读过了。如果任何一位拉比告诉他说,便西拉的书将富人看成罪人,将财富看成邪恶之源,阿姆谢尔将以第10—13章为证,予以回答:"我亲爱的拉比,你说错了。这些段落只是告诫了财富的危险。但一个避开了危险的富人会更为公义。'不依靠罪恶手段而发财致富的人,可算是幸运……这个人可真是当之无愧的财主,人人都应该称颂他的宽宏大度'(31:8,11)。为什么这样?我亲爱的拉比"。(老阿姆谢尔会继续自己的话)"你为什么不提那些谈论百万资产的人的段落,就像下面这几段话"

勤劳致富要比空话饿肚强得多。(10:27)
穷人因贤德赢得荣耀,富人靠财富赢得荣耀。(10:30)
顺境和逆境,生命和死亡,贫穷和富有,万事出于主。(11:14)
黄金和白银可以提供安全保障。(40:25)
财富和势力可以产生信心。(40:26)
与其乞讨还不如死去。(40:28)

"亲爱的拉比，我应该为我的百万资产而羞愧吗？"（老阿姆谢尔想对这段虚构的谈话下结论），"我就不能将资产看成主的福佑吗？回想一下西拉子耶稣的智慧书中所说的伟大的所罗门王（47：18）：'以以色列之主上帝的名义，你收集白银和黄金，如同收集锡和铅一样'。拉比，我也将以主的名义，收集白银和黄金，如同收集锡和铅一样"。

在《塔木德》中，表达相同看法的段落就更多了。只要财富的所有人行的是神的路，富有将得到祝福，贫穷就要遭天罚。富人几乎不会遭人鄙视。让我们征引《塔木德》中关于这个主题的一些说法。

"合宜的义和合宜的世界"有七个特征，其中一个是富足。（《先贤书》，6：8）

在祈祷时，人们应该向主奉献出自己财富和资产。……实际上，财富和资产并不是来自商业，而是根据美德。（《圣化篇》，82a）

拉比以利亚撒（Eleazer）说，"义人喜爱自己的钱财甚于自己的身体"（《疑妻行淫篇》，12a）。

拉比尊敬有钱人，拉比阿吉巴（R.Akiba）也是这样。（《混合篇》，86a）

在匮乏之时，一个人要学会看重财富。（《拉比拿单箴言》）

像这样关于财富的教义也不由得支持尘世的人生观。这就是犹太人的看法，尽管他们也相信来世。在犹太教的禁欲运动中的确

第十一章 犹太宗教在经济生活中的重要意义

有一些尝试（例如，在9世纪时，卡拉派就共同过着僧侣生活；*11世纪时，巴希亚·伊本·帕库达［Bachja ibn Pakuda］在西班牙宣扬禁欲主义），但这些尝试无一能生根。犹太教即使处在艰难时期，也一直是乐观的。在这一方面，犹太教不同于基督教，基督教试图剥夺教徒所有尘世欢乐。在《旧约》中时常获得赞美的富足，在《新约》中常常受到严厉批评，而在《新约》中贫穷却受到颂扬。蔑视尘世生活的艾赛尼派（Essenes）的整体观念，融进了福音书。人们可以轻易地想起带有这些含义的那一段段文字（参见《马太福音》，6：24；10：9，10；19：23，24）。"富人进天国比骆驼穿针眼还难"。这是基督教义对此问题的主要看法，基督教与犹太教在此问题上的差异，可谓一清二楚。全部《旧约》中没有一句话类似于耶稣的这一说法，或许，在全部的拉比文献中也找不到类似的说法。

我们在这里没有必要细说虔诚的基督徒和虔诚的犹太人对经济活动的不同态度。基督徒必须开动脑筋，根据基督教经文来为艾赛尼派的财富观进行辩解。富有的基督徒之焦心时刻一定是他想起天堂之门已经对他关闭的时刻！与他相比，富有的犹太人的状况我们已经见识过了，"以主的名义"，他收集白银和黄金，如同收集锡和铅一样。

众所周知，基督教教义妨碍了基督徒的经济活动。同样众所周知的是，犹太人从来就没有遇到过这种阻碍。犹太人越虔诚就越熟悉自己的宗教文献，他就越会受到宗教文献的鞭策而拓展自己的经

---

* 桑巴特在这里弄错了。卡拉派的特点是他们接受并按照《托拉》的形式生活。——英译者

济活动。我们可以在之前已经征引过的《格吕克尔·冯·哈梅尔恩回忆录》中,找到一个绝好的例证,证明在虔诚的犹太人心中,宗教活动和商务活动是结合在一起的。"赞美我主,赏赐的是你,收取的是你;信实的主,总是弥补我们所失去的。""我丈夫寄给我一封长信,安慰我,让我平心静气,因为我们赞美的主会将我们失去的还给我们。结果就是这样"。

V. 生活的合理化

既然犹太教以神与其子民之间的一纸契约为基础,即以双方的法律协议为基础,那么,每一方都必然有自己明确的责任。犹太人的责任是什么呢?

神通过他的仆人摩西一再给出了这个问题的答案。以色列人也一再被告知他的两大职责。他要圣洁并服从主的律法(参见《出埃及记》,19:6;《申命记》,4:56)。主不需要他的牺牲,主需要他的服从(《耶利米书》,7:22,23)。

现在,人们普遍认为,犹太人将义看成准确地履行律法。早期,或许还存在内心的圣洁,但在形式主义和律法主义出现后不久就消失了。圣洁和遵守律法成了可以通用的术语。人们还普遍认为,这种律法主义是拉比们用于保护犹太人,以防他们受到(第一)希腊化和(第二)基督教影响的方法,并最终在第二圣殿被毁之后,借以维护民族意识。与希腊化的斗争导致了法利赛主义的产生;与保罗派基督教的斗争,意在用信仰替代律法,将法利赛的宗教转变成塔木德的宗教,并让文士旧有的方略,即"用律法覆盖全部生活"的方略较之以前有更大的发展。在他们的政治孤立方略中,整个犹太

第十一章　犹太宗教在经济生活中的重要意义

社会要服从于一个新的等级制度。他们希望达到这一目的，所以接受了这个方法。犹太会堂和律法比圣殿和国家更能长久，法利赛的拉比教义（Pharisaic Rabbinism）拥有了无限的支配权。从此以后，义意味着在生活中严格遵循律法。在具有律法意识的文士影响下，虔诚也具有了律法内涵。宗教成了普通法。在《密西拿》中，这些都有绝妙的表述。摩西五经中的诫命以及据此推导出来的诫命，都是不容置疑必须服从的神圣律令。越注重并强调外部表现，则重要的诫命与无关紧要的诫命之间的区别也就越发不足道。[456]

这种状况延续了两千年，并一直延续到今天。严格的正统教派坚守着这种形式主义，犹太教的原则并没有发生变化。时至今日，《托拉》中每一个字的约束力，一如当年神在西奈山上赋予摩西的律法约束力。[457]无论这些条律和敕令重要与否，无论它们有无道理，信徒们必定会遵守这些律法和律令。只是因为这些律法是主给予他们的，所以信徒们必定严格遵守。这种绝对服从造就了义人，造就了圣徒。"《托拉》意义上的圣人或者圣徒，就是他能毫不犹豫地、且怀着与完成自己的意愿同样的喜悦，完成神显明的旨意。这种将人的意愿与神的意愿完全结合在一起的圣洁，是只有少数人才能够全部实现的崇高目标。因此，神圣律法首先就要努力实现这一目标。所有人都能做到努力奋斗，但努力奋斗需要持久的自我警觉和自我教育，以及与低级、庸俗即肉欲和兽性无休止地斗争。遵从《托拉》的诫命就是登上了最可靠的梯子，可以提升自己的圣洁程度"。[458]

上述说法非常清楚地表明了圣洁与律法的相关性，同时也显示了以色列人的最高目标，仍然是建立一个祭司的国度，成为一个圣洁的民族；通往这个目标的道路，就是严格遵从主的诫命。一旦这些情况清清楚楚摆在面前，我们就能想象到犹太宗教对整个生活的重要意义。从长期来看，外在的宗教律法主义不再具有外部性，外在律法已经对内部生活产生了持续的影响，内在生活通过遵从律法而获得了特殊性质。

在我看来，导致犹太教之形成的心理过程就是这样。一开始，主的诫命不论是什么内容，本身就是最重要的。但是，慢慢地，内容也必须展示在信徒面前，因此，根据主的说法而设计的人生理想就清楚地显示出来。遵循这一理想，成为义人，成为圣人，就成了每位信徒心中的愿望。

在继续往下讨论之前，我们要尽力弄清楚，在物质意义上所谓圣洁在虔诚犹太人的心目中，过去意味着什么，现在又意味着什么。

让我们回想一下上一节所说的犹太宗教的"世俗性"。按照这种说法，犹太宗教很少冠冕堂皇地否定人的天性，或者像其他宗教教义（比如佛教或原始基督教）那样，要灭绝人的天性。修来世的苦行主义也总是对犹太教持反对态度。"灵魂已经给了你——请保护它，永远不要毁灭它"——这是建构犹太人生活行为的塔木德格言，在所有时代广为流传。[459]

因此，对生活的否定不可能圣洁。滥用人的激情和欲望也不可能圣洁。正因为不圣洁，所以它不能作为义人追求的理想，而只能是每个人都可以理解的东西。当然，这里仍然有另一个可能性，即根据某种基于超自然规则的理想计划来设定自己的生活目标，也就是说，要么就利用自己内心的欲望，要么就毁灭自己的欲望。总而言之，圣洁就是生活的合理化。你要决定用内心的欲望还是用倾向于道德的生活来替代自然存在。要成为圣人就要成为高尚的人,就要认识到这是通过道德遵从的方式克服自己所有的自然趋向。[460]

坚定的二元性(这个可怕的二元性正是我们制度的重要组成部分)构成了犹太人伦理价值概念的特征。自然不是不神圣,也不是神圣;它还不是神圣,它要通过我们才能成圣。所有罪恶的种子都在自然那里;就像很久之前自然在伊甸园做过的那样,毒蛇仍然在草丛中前行。"神确实创造了恶的倾向,但是他也创造了律法,创造了道德律,创造了针对恶之倾向的解药"。[461]人的整个一生是针对自然之敌对力量的一场伟大战争:这是犹太道德神学的指导原则,与之相应,必须建立法则和规章,据此生活才能合理化、去自然化,高尚且神圣,也就没有必要放弃或者厌弃生活。从这里,我们就能明白基督教(艾赛尼派)与犹太教(法利赛派)道德观念之间的显著区别。基督教符合逻辑地把人带离世俗生活而进入寂静的修道院和神殿(如果不是求死的话);犹太教却把信仰与个人生活和社会生活联系在了一起。基督教将自己的皈依者变成了僧侣,犹太教让自己的皈依者成为理性主义者。前者是排除了世俗生活的苦行主义,后者则是世俗生活中的苦行主义(将苦行主义视为人对自然本性的征服)。

如果我们逐条研究犹太教的规章,我们将对犹太人的伦理立场(从而也对犹太宗教)有更清楚的认识。

律法有双重影响。律法的存在是一重影响,律法的内容是另一重影响。

这就是说这里有一部律法,服从这部律法是一种职责,它促使人们思考自己的行为并使其行为与理性的要求相协调。每一种欲望前都会有一个警示的指示牌，每一次的自然冲动都被无数重大事件和危险信号以指向虔诚的方式化为乌有。现在，如果对律法不具备足够的知识，即不了解包括强制研究《圣经》尤其是研究《托拉》（Torah）的体制，服从五花八门的规则（迈蒙尼德编集的著名的诫命就有365条之多，其中243条现在仍然通行，另外还有248条禁令）几乎是一件不可能的事情。这种研究本身是投身圣洁生活的手段。"如果恶念抓住了你，带它去犹太会堂吧"，这是塔木德的忠告。

所有的法规都是为了使信徒的生活更为高尚的看法，在任何时代都为人们所接受，时至今日，仍有很多正统犹太人持这一看法。

> 神为了修炼以色列人，所以创制了诫命。（《鞭挞书》, 23b）
> 神赋予诫命使人更高尚（《大利未记》, 13）。[462]
> 对人来说，没来这个世界更好一些，但一旦来到这个世界，就要不断检查自己的行为。（《混合篇》, 13b）
> 每个人每晚都应该仔细检查自己这一天的行为。（《亚伯拉罕论生活方式》, 239，§7）[463]
> "守住"和"记住"，一句话里规定了两个诫命。[464]

敬畏神，侍奉神（Deum respice et cura）[465-466]现在仍然是犹太人的座右铭。如果他们觐见国王或者见到一名侏儒或者黑人，或是走过一幢倾圮的建筑，或在服药或沐浴，或在关注即将来临的暴风雨，或在聆听随风雨而来的隆隆雷声，或是清晨起来披上外衣，或正在进餐，或是进出房间，再或是致礼一位友朋或面对自己的对手——总之，在每时每刻，都有一条必须服从的诫命。

第十一章 犹太宗教在经济生活中的重要意义

那么,这些诫命是什么内容呢?所有这些诫命针对的都是人的动物本能,目的在于控制他的欲望和偏好,用深思熟虑的行动替代一时的冲动。总之,目的在于塑造一个"有节操且能自我克制的人"。

如果你没有首先考虑律法的规定,你就必定不能思考,不能说,也做不了什么,你只有考虑过律法规定之后才能将之应用于成圣的伟大目的。因此,你仅仅是为了自己,或自发或出自本能,就什么也做不了。

你也不会纯粹为了愉悦而欣赏自然。除非你想到神的智慧和福报,你可能会这么做。春天,鲜花挂上枝头,虔诚的犹太人说,"赞颂你,主啊我们的神,……主会弥补你们的世界所缺少的,赋予这个世界美好的动物和树木,因而赋予世人愉悦"。看见彩虹,他想到了与神的契约。在高高的山上,在浩瀚的沙漠中,在大河边——一句话,在任何被自然的奇观所深深打动的地方——他用祈祷表达他的心情,"赞颂你,主啊我们的神,……创造了世间万物的神"。[467]

你不能为了艺术而欣赏艺术。你应该避开造型艺术,因为造型艺术容易让你违反第二诫命。但即使是诗歌艺术,除非与主有关,否则也不值得赞赏。阅读是一件好事,它能明确提供一些实用目标。"但读书最好是读《托拉》或者与其相关的书。如果我们为了消遣而读书,我们最好选择那些能教给我们有益知识的书籍。那些娱乐性的书和消磨时间的书,可能会唤醒我们心中邪恶的欲望,所以必须禁止阅读这类书籍"。

你不能沉溺于某些无伤大雅的乐趣。不要坐"亵慢人的座位

(《诗篇》,1:1)——指异教徒的剧院和马戏团"。歌、舞和美酒,除非与宗教仪式相关,否则都要列为禁忌。"拉比杜沙·本·哈卡纳斯(Dosa ben Hyrkanus)常说,早上不起,日间酗酒,说话像孩子,出席外邦人的聚会,这样的人可以赶出这个世界"。[468] "爱宴乐的,必致穷乏。好酒爱膏油的,必不富足"(《箴言》,21:17)。

如果是这样的话,这些可能使一个人做出"不当"行为的特性,无益甚至有害。比如说狂热(因为一个处于狂热状态的人可能会做出无益之事),[469] 比如说心中的善意(只是因为善心的驱使而行善事,你不要让怜悯使自己无法自制,理想律法的高贵和尊严总会在你面前);[470] 比如说放纵(耽于声色是情欲和犯罪之源),[471] 比如属情欲的(因而也是不圣洁)的人所缺乏的正直。

另一方面,虔诚信徒的基本美德就是自制、谨慎、井井有条和勤奋工作,节制有度,忠贞而稳健。

自制和谨慎,尤其是在你自己的言辞方面的自制和谨慎,是道德家的永恒话题。"多言多语难免有过,禁止嘴唇是有智慧。"(《箴言》,10:19)[471A]

后来的传统也坚持这一主张。"拉巴(Raba)认为,无论是谁进行不必要的谈话都违反了诫命"(《赎罪日书》,19b)。一本现代流行的教诲书说,"我们成圣在很大程度上取决于我们对嘴巴的管制,取决于我们维持平和的力量。语言的天赋……是为了神圣的目的而赋予人类的。因此,我们的先贤禁止所有不必要的言论"。[472]

但一般而言,自制和慎重是对虔诚犹太人的鞭策。

> 谁才是强中之强者?是那个能控制自己情绪的人。(《拉

第十一章 犹太宗教在经济生活中的重要意义

比拿单箴言》，23：1）

殷勤筹划的，足致丰裕。行事急躁的，都必缺乏。(《箴言》，21：5)

脚步急快的难免犯罪。(《箴言》，19：2)

至于勤劳和节俭，也有无数为此目的的劝诫。

犹太人一定要唤醒每一天，而不是由每一天来唤醒犹太人——如拉比们在解说《诗篇》(57：9)时所教导的那样。[473]

这就是必须加以遏制并且引导到正确道路上来的最强的人的本能，剥夺其自然力量并使其服务于有用的目标。简言之，它们必须加以合理化。

我们以希望满足食欲为例。我们不能只是因为人刚好存在食欲，就禁止人们满足食欲；而应该为身体的需要而使食欲得到满足。善人坐下进食的时候，应该按照他的创造者的戒律，进行进食。因此便有了很多关于进食的戒律；因此就有了进食时要严肃的诫命——饭前饭后要祷告；因此就有了要节食的劝告，以及呼吁消除口腹之欲的要求。"只是因为仁慈的主的恩准，你才能用他的创造物为食，因此，如果你的一饮一食让人不觉得残忍，你的饮食必定圣洁，因此进食必定被视为是为侍奉主而获取力量"。[474] "因此犹太人应该把进食视为圣事；应该将自己的餐桌看成圣坛，将食物看成祭品，他享用食物只是为了获取更多的力量以履行自己的职责"。[475-476]（顺便说一句，犹太人的烹调技术非常不错。）

最后——这一点当然最为重要，如同食欲一样，爱欲也必须加以合理化，这就是说，爱欲的自然表现一定要有约束。再没有比在爱欲领域更能表现严格的二元性了。这个世界,具体而言这些文明国家,将这一性概念经基督教之手而归于犹太人(基督教也受到这一观念的影响)。我们可以在所有的早期宗教中看到用性来表达某些神圣的东西,将性交看成为上天赋予的本性。所有的早期宗教都熟知某种形式的男根崇拜。早期宗教也从来没有谴责感官愉悦或者把女性视为罪恶之源。但是,自以斯拉时代以降,犹太人就秉持而且现在仍然秉持相反的观点。

为了让自己圣洁起来,为了使自己配与主交谈,摩西"不亲近自己的妻子"。约伯提到自己与眼睛立约,绝不瞻望处女。全部智慧文学(Wisdom Literature)都充满了对恶女的警示[*],同样的精神在《塔木德》中也占有主导地位。"宁可死也不能犯不贞之罪"(《法庭书》,75a)。确实,三项不能救赎的大罪是:谋杀、偶像崇拜以及通奸。"你与女人干什么了?你万不能与女人独处"(《圣化篇》,82a)。这种担心贯穿了全部法典。《以便以谢》(Eben Ha-ezer)谴责每一个因为与有血缘关系的女性性交而被乱石砸死的男人。人们不能从这类有近亲关系的女性的衣物或小指"获得愉悦"。法典也禁止男人任由自己受女人的伺候,或者,放任自己拥抱自己的阿姨或已经成人的姐妹。

现如今的导师之态度依然很明确。"要防止与任何不洁的东西接触",其中一位最有名望的导师这么说。"非礼勿看,非礼勿听,非礼勿读,尤其对那种可能盘踞在脑海中的低级庸俗想法,或是让

---

[*] 桑巴特的例子见《箴言》,5:3—4。但这段文字并没有明确针对坏女人。——英译者

第十一章 犹太宗教在经济生活中的重要意义

你亲近那些不洁净东西的想法,要做到非礼勿念。走在街上也不要跟随女人身后;如果你情不自禁,也不要用带着欲望的眼神看着她。[*] 不要让自己的眼睛长时间落在女人的头发上,也不要让自己的耳朵听到女人的声音;不要因她的外貌而愉悦;而且,也不要盯着女人的衣服看,尤其是你知道穿着这件衣服的人是谁。这所有事情都要避免发生的机会……两性也不应该在一起玩笑。哪怕幻想一下碰碰手,眨下眼,拥抱和亲吻,都是罪过"。[477]

我们不能漠视这些警示,我们还可以从虔诚的犹太人自传中看到这种警示,其中某些自传现在还能看到现代语言的版本。[478]

但是,我们不能忽视其中的关键之处。犹太教之外的其他宗教也显示出对于女性的惶恐。自从女性给这个世界带来了罪恶这种观念开始流行以来,总有以各种淫荡的想象刺激自己活着的病态灵魂,却又把女人当成恶的化身而避之唯恐不及。在其他宗教中,这些男人则会逃避到旷野中的隐士山洞或者修道院里。无论哪种情况,他所奉行的宗教都强迫他"贞洁",连同修道士都耳熟能详的所有可怕后果。犹太教不是这样。犹太教并不禁止性交,犹太教把性交合理化了。但这里并不是说犹太教不认为性交是一种罪过。性交总是有罪的,但是,成圣或许在某种程度上可以消除这种罪。因此,犹太教提倡早婚,并规定夫妻关系在"督工的辖制下"。

"男人不能没有妻子,女人也不能没有丈夫。但双方都应该在他们的联姻中看见上帝的灵"。这就是箴言,与此相应,塔木德和

---

[*] 参见罗伯特·路易斯·斯蒂文森:不带欲望地记住一个女人的脸,……不是既懂智慧又懂美德吗?——英译者

后来的诸种法典才有了指导婚姻关系的种种法则和规制。11世纪（有些人提到）的拉比以利亚撒·本·拿单（R. Eleazar ben Nathan）就这一主题编纂过一部专门的法典，即《以便以谢》，13世纪的拉比纳赫曼（R. Nachman）也就婚姻的神圣性撰写过一部有名的著作。《以便以谢》的律法后来并入了《备就之席》，连同对其的注释为今人所接受。全书主旨我们已经做过讨论：即让你的身体力量神圣化以符合神的旨意；爱护你的体魄，自始至终做神的仆人。[480]

这就是犹太人持续了两千多年的婚姻观。《多比传》中用一个感人的故事很好地说明了这个问题，这个故事可以对我们有关这个题目所作的思考形成一个合适的结论。

> 这以后，关门闭户，屋里只剩下多比雅和撒拉两个人，多比雅从床上站起来对妻子说："起来，亲爱的。让我们向主祈祷，求主怜悯我们。"
>
> 多比雅开始说道，我们列祖之上帝啊，你当得赞美。天地圣灵颂主名，浩荡造物恩，荣耀永无疆。
>
> 你造出了亚当，又为其配偶夏娃，做他的帮手并内助：使他们成为人类的父母。你又说，男人不宜独居，要给他配一个得力助手。
>
> 主啊，我选中了撒拉，皆因出乎正义，并非出自情欲。
>
> 求你怜悯我们，许我们白首偕老。
>
> 接着两人同说道"阿门"，上床过夜。
>
> ——引自《多比传》，8∶4—9

第十一章 犹太宗教在经济生活中的重要意义

读者或许会问,为什么我要拿出这么大的篇幅来叙述犹太人生活的这一方面?我的答案很简单。我确实相信,我们不能过高估计受犹太宗教影响的生活的合理化,尤其是性生活的合理化,对经济活动的影响。如果在犹太人经济生活中,宗教是所有需要考虑的因素之一,那么,行为的合理化确实是宗教的最佳表现。

首先,对任何经济秩序来说,不可或缺的良好品质或美德,比如勤劳、整洁和节俭之所以存在,都是由于其合理性。但是,就算按照"智训"的条例生活,生活中还是需要致力于获取财富。沉稳、节制和虔诚,确实是商业人士应该具有的品质。简而言之,《圣经》和拉比文献中宣传的所有理想行为,都具有小店主身上的某种道德标准——满足于有一个妻子;准时还债;每逢周日或者周六(视情况而定)去教堂或者犹太会堂,并用无比蔑视的眼光俯视着这个罪恶的世界。

但是,犹太人的道德学说并没有耗在这类受人尊敬的纯小店主的生产方式上。人们也许会怀疑,这类生产是否还管用。无论如何,这些对经济发展都无关紧要。事实上,中产阶级的体面源于小商人阶层的视野狭窄。因此,除了这个阶层所拥有的那些特性可能是资本主义得以奠基的基础外,这个阶层与资本主义关系不大。但是,资本主义却不是产生于这些特性,因此,我们有必要在其他方向寻找导致犹太人成为资本主义先驱的原因。

我们首先想到的是犹太人培育的家庭生活,这种家庭生活培养出了经济增长所必须的各种能力。家庭生活的培育和完善无疑是犹太拉比的工作,但这里还必须补充一句,也得到了犹太人的生活变迁的支持。信奉犹太教的女性所享有的尊荣,是一个理想家庭生活得以存在的首要先决条件,所有这些都注定了人的行为。拉比们用自己的律法和规定影响着婚姻、婚姻关系以及儿童教育和其他种种,在纯洁家庭生活的外部限制和影响方面,拉比们尽了自己最大的努力。相比较于其他宗教人士,虔诚的犹太人将婚姻看得更为神圣,这一点,可以通过非婚生育的统计数字加以说明。与基督教徒相比,非婚生育状况在犹太人中间非常少见。[481]

年份	国家	每千人的非婚生育率	
		总数	犹太人
1904	普鲁士	2.51	0.66
1905	符滕堡	2.83	0.16
1907	黑森州	2.18	0.13
1908	巴伐利亚	4.25	0.56
1901	俄罗斯	1.29	0.14

如果我们更仔细地看一下俄罗斯的数字,我们就能发现,犹太人的非婚生数字与非犹太人的非婚生数字差别非常大。同时,我们也一定不能忘记,犹太人在性道德方面的标准略微在下降。下面我们来看下表中显示的俄罗斯的非婚生育率(百分比)。

年份	希腊正教徒	天主教徒	新教徒	犹太教徒
1868	2.96	3.45	3.49	0.19
1878	3.13	3.29	3.85	0.25
1898	2.66	3.53	3.86	0.37
1901	2.49	3.57	3.76	0.46

第十一章 犹太宗教在经济生活中的重要意义

这就是始于犹太人并在犹太人中盛行的家庭生活的一个结果。男人对家庭奉献出了自己的最大努力,反之,家庭赋予了他生气勃勃的力量、勇气以及维护并扩张自己在生活中的地位的激励。这种家庭生活凝聚了男人的阳刚之气,大到足以产生出资本主义这种庞大的经济制度。因为这个制度需要巨大的能量,除非有一个不仅可以迎合社会本能而且可以迎合家庭理想的心理影响机构,否则我们几乎无法想象资本主义是如何产生的。

我们或许有必要将心理影响置于身体影响之下。让人奇怪的是,犹太人竟然是经由婚姻生活的合理化而塑造了犹太人的体格!让我们看看这种现象吧:一个有强烈性倾向的人(塔西佗所说的"生性淫荡的民族[*projectissima ad libidinem gens*]"),受到严格的控制性欲的宗教约束。婚外性关系被严格禁止,每个人都必须满足于一夫一妻制,甚至与妻子的性交也受到限制。

所有这一切的结果很明显。大量无法在一个方向找到出口的精力转向了另一个方向。因为我们已经知道了整个公历纪元时代(the Common Era)的犹太人状况,因此,如果我们假设经济活动是他们的主要出路,不会有错。但我们不妨更进一步。我们可以证明,约束性欲和追逐利润,是携手并进的。目前,我们对这一事实仍然没有进行科学的调查,而这一事实对所有现代社会学问题都十分重要。[482]贵族生活方式通常伴随着金钱的挥霍和爱情的泛滥,反过来,像吝啬和贪婪看重金钱等品质与一种畸形的性生活如影随形——这只是日常经验而已,尽管试图借助于必然带有局限性的观察手段来解决这种极有意义的问题肯定有点莽撞,但就我的论据的目的而言,我们不能漏掉这些观察,至少,可以把它们作为讨论的前提。

因此我们看到,犹太人所拥有的许多资本主义能力,在很大程度上应归因于他们的宗教导师加在他们身上的性约束。犹太人全部生活的合理化对智力和体力的影响,仍然是一个应该由科学家来加以研究的问题,[483] 目前,这样的研究只是开了个头。我指的是有关性交、进食以及饮酒等等明智规定的影响。(顺便说一句,值得注意的是,犹太律法一直就限制不合适的婚姻关系。)

结论中的另一关键点。生活方式的合理化使犹太人习惯了一种与自然相对立(或并行)的生活模式,因此也习惯了同样与自然相对立(或并行)的、类似于资本主义的那种经济体制。何谓现实中获取利润的观念?何谓经济理性主义?而犹太宗教就是用这些经济活动规则来塑造犹太人的生活吗?在资本主义之前所成长的自然人已经被改变得面目全非,理性主义思想机制已经替代了自然主义。因此我们必须重新估定一切经济价值。结果如何呢?朱迪亚*人(*homo Judaus*)与资本家们(*homo capitalisticus*)一样,同属于一类人,人为形成的理性人(*homines rationalistici artificiales*)。

因此,经由犹太宗教而形成的犹太生活的合理化,就算没有实际产生出犹太人从事资本主义的能力,肯定也增进并强化了这一能力。

Ⅵ. 以色列及其各民族

读者应该记得,犹太人将自己经济进步的原因之一归于这样

---

* Judaea,古巴勒斯坦的南部地区,包括今巴勒斯坦南部地区和约旦西南部地区。——中译者

一个事实,即数代以色列人都是外邦人和外来人。如果我们试图解释这种冷漠态度,我们就会发现,这种冷漠的根子,就在犹太宗教的法律条例之中,我们还会发现,这一宗教一直在维持并扩大这条隔离线。研究犹太史这个方面成果丰硕的勒鲁瓦-博里厄(Leroy-Beaulieu)说得好:"律法赋予了他们的民族精神"(la loi leur donnait l'esprit de clan)。这个事实就是,犹太律法迫使犹太人与外邦人隔离居住。因为如果他们想要遵守法典,他们就必须保持自己的独来独往。在外邦人眼中,犹太人创造的隔都是一个租界和特许区,而不是敌视的结果。

但是,犹太人希望与非犹太人分开居住,是因为他们觉得自己比身边的普通人优越。他们是上帝的选民,是一个祭司的民族(a People of Priests)。拉比们尽其所能来煽动起人们的骄傲情绪——从以斯拉(他为保证犹太人的纯正血统而禁止异族通婚)时代到现在,虔诚的犹太人每天早晨都会说:"主啊,你当得我们赞美,宇宙之王,你没有让我成为外邦人(异教徒)"。

所以在流散的几个世纪,犹太人一直独立居住,尽管流散(感谢律法让他们维系着一起)且因为流散(独立居住)而自成了一个群体,或者,如果你愿意这样说的话,他们组成了一个群体,因此与其他人群分开居住。

犹太人自成一体——在巴比伦流亡时期他们就组成了一个个群体并事实上建成了犹太国际主义。他们中的许多人,尤其是富有的人,留在了具有自由意志的巴比伦,并保留了自己的犹太教身份且公开承认这个身份。他们一直与回到家乡的同胞保持着经常的交往,同情地关注着他们的命运,向他们提供资助,并时不时地向他们输送新的定居者。[484]

这种结合的纽带在希腊化流散时期也没有松散。"他们在各个城市乃至全世界都保持着紧密关系。不管他们在什么地方安营扎寨,他们都一直保持着与锡安的联系。在荒野上他们心系故土……通过大流散,他们融入了这个世界。在希腊化的城市中,即使他们的外表仍然是犹太人的装束,但他们也采用了希腊语言和希腊生活方式"(威尔豪森语)。

在他们流亡的几个世纪中,这种情况一直延续着。那么,是否有什么东西让这种联系日渐强化呢。"你知道他们如何齐心协力!"(Scis quanta concordia)西塞罗大声道。[485]情况就是这样,仍然会是这样。我们在文献中读到了对公元130年叛乱的描写,"帝国内外所有的犹太人都动了起来,都在公开或半公开地支持约旦河两岸(banks of Jordan)的起义"。[486]如果今天有一名犹太人从俄国的城市或什么地方被驱逐,事情会有不同吗?

他们组成了群体并按此群体分散开来——从远古时代开始就是这样了。以色列民族的所有人都因他们对他人的仇恨而遭到打击,他们的这种仇恨最初受到了阿布德拉的赫卡塔埃乌斯(Hekateus of Abdera,公元前300年)的指责。其他许多古代学者也重复了这种指责,且几乎是同样的措辞。或许,塔西佗的这段文字最为著名:"犹太人相互间极端忠诚,他们在自己人中间总是准备向别人表示同情,但对别的民族,却只有憎恨和敌视。他们吃饭、睡觉都不在一处。虽然他们整个民族都生性淫荡,但他们不同外国女人发生关系"(《历史》,V,i.5)。

犹太护教学从未打算与这些观点论战:[488]因此这些看法必定

第十一章 犹太宗教在经济生活中的重要意义

言之有据。

犹太人一直相互抱团确属事实,他们常常受到寄居国力图切断他们关系的不友好的对待,也是一个事实。但事情起初并非如此。犹太人因为宗教原因而不想自己的生活受到邻居的打搅。在他们受到善待的那些国家,他们的这种态度表现得很明显。刚才我征引了一两个古代世界的例子(比如塔西佗等)证明了这一点。中世纪也有证据证明有相同的趋势。我们以1世纪时的阿拉伯半岛为例。这个时期的犹太人是遵照坦拿和阿摩拉系统阐述的宗教生活,即按照一定的饮食教规和节庆以及斋戒日和安息日来生活。"尽管他们无法在这个好客的国家抱怨什么,但他们渴望返回圣地巴勒斯坦,每天都在等待弥赛亚的到来……,他们与巴勒斯坦的犹太人一直保持着直接交往"。[489]或者,再以摩尔人的西班牙为例。当生活于伊斯兰教徒中的基督徒忘记了他们的母语(哥特—拉丁语),不再理解自己的圣书,甚至羞于言说自己的基督教时,西班牙犹太人却越来越忠实于自己的民族语言、自己的圣典以及自己的古老宗教。[490]这种态度清楚地反映在这个时期的犹太诗歌和犹太哲学中,或许这也是中世纪犹太人最引以为傲的东西。他们生活在阿拉伯—西班牙世界,并享有同城居民的尊重,他们在严格意义上是"民族的",也是宗教的。他们从救世希望(Messianic hopes)中汲取诗的灵感,心中充满了对锡安山压抑不住的向往。[491]我们这里只需提到伟大的耶胡达·哈列维(Jehuda Halevy),他的"锡安颂"是新希伯来诗歌天才的最高表现。

就像湛蓝的天空中飘过的云朵,犹太教经历过历史的风云,又借一缕柔和的微风,使古老而神圣之过往的记忆焕然一新。直到今天，虔诚的犹太人还是用这样的词语祝福孩子："愿耶和华使你如以法莲和玛拿西。"

犹太社会组织的这种隔离和分离对经济生活产生了何种影响呢？犹太人只要踏出隔都的大门，与他直接交往的就是外邦人。我们已经在书中很多地方探讨了这个问题，我再度提请大家注意这一点的原因，是想跟大家表明，犹太人的这种态度，就是犹太教教义的直接后果，即把与他们一起生活的人都看成为"他人"，犹太人只是在遵守神的诫命。这里，犹太人的这种行为也是神圣的行为，这种行为获得了有关"外邦人"的特殊法律制度的认可和鼓励。

在这个法律制度中，最重要且常常讨论的法律条例是那些影响获利的条例。正如在早期文明的每个社会中那样，在古老的犹太神权政治中，[492]无息贷款是一个人向其邻居提供援助的常规手段。但人们也多半会注意到，即使在最早的律法文集中，也允许人们向"外邦人"收取利息。

犹太法典也不例外。我们在《申命记》(23:20)中可以找到这方面的最好的例子。《托拉》中与利息有关的其他段落是《出埃及记》(22:25)和《利未记》(25:37)。所有这一切形成了从坦拿(Tanaim)时代开始一直到现在都在热烈讨论的主题。关于这一点的主要例证以及同时期的关键问题，见于《塔木德》(《中门书》，70b)，我自己的感觉是，这多半是为了用各种各样的诡辩来贬损《托拉》的明晰说法。《申命记》中的诗句说了什么呢？"借给外邦人可以取利，只是借给你弟兄不可取利"。这里唯一的疑问就在原有的措辞上，也就是说是否具有相等的语法上的精确度，"thou *mayest* lend upon usury"，或者"thou *shalt* lend upon usury"（不用说，译

第十一章 犹太宗教在经济生活中的重要意义

者不折不扣地将"高利贷"[usury]当成了"利息"[interest])。

这两种情况都允许虔诚的犹太人向非犹太人收取利息——这是我们所要关注的重大问题。整个中世纪，犹太人都没有受到施加于基督教徒身上的反高利贷禁令的困扰。我也从未听说犹太人有关这个方面的律法受到了拉比们的质疑。[493]另一方面，在《申命记》中的"可以"（mayest）被读成"应该"（shalt）的那个时期，也正是犹太人被迫成为放款人的时期。

当今研究这一主题的学者似乎忽略了这样一个事实，即《申命记》中的诫命被当成是规制犹太人生活的律法之一而为人所接受，圣传认可向外邦人放贷并收取利息。在613条戒律中，这是第198条，同时，我们也可以在《备就之席》中看见类似的说法。那些十分清楚《申命记》条例的现代拉比[494]有些为难（人们并不清楚为什么），他们意图通过断言那个句子中的"外邦人"并非指所有非犹太人，而只是指异教徒或者偶像崇拜者，来解释这句经文。如果事情是这样的话，那我们不要忘了，谁是或谁不是偶像崇拜者，从来就没有一个明确的概念。此外，牢记第198条诫命的虔诚犹太人，即算在博学的拉比们的敦促下，也不可能对此做出细微的区别。对他来说，知道找他借钱的不是犹太人，不是"兄弟"，不是邻人，而是一个外邦人，就足矣。

现在，我们想想这种处境，这个时候，虔诚的犹太人和虔诚的基督徒分别发现，自己正处于货币借贷已经在欧洲成为必需、并最终催生了资本主义的一个时期。良善的基督徒在弥留之际对沉迷于高利贷充满了悔恨，准备在最后一刻抛弃灼烧着灵魂的不义之财。那么良善的犹太人如何呢？到了他的晚年，他凝视着满箱满柜的溢彩流金，已经宽恕了卑鄙的基督教徒或伊斯兰教徒。这种景象使他的心暖乎乎的，因为这里的每一分钱都像是他献给天父的献祭。

除了这些具体问题之外，犹太法典中对外邦人也给予了特别关注。犹太人的职责从来也没有限于只针对"邻人"以及犹太同胞。只有无知或故意扭曲事实的人，才会有相反的说法。事实上，影响到"外邦人"的律法和道德概念，因时代的不同而有不同。但是，相比较于自己人，对待外邦人的基本思想可以说几乎没有发生任何变化。从《托拉》开始在我们中间流行以来，说法基本没变。这是对圣经、《塔木德》和法典以及相关法律文献中有关外邦人的说法进行公正的研究后，传达给我们的印象。《托拉》中也确实有些段落流露出本地人和外邦人应该平等的意思（《出埃及记》，12：49；23：9；《利未记》，19：33，34；25：44—46；《申命记》，10：18，19）。但是，在我们讨论《哈拉卡》(halacha)的时候，我们也不能忽视口述传统。其次，鉴于犹太人很明白 Ger* 的心思，上面征引的所有例证都与居住在巴勒斯坦的非犹太人，即 Ger 有关，"因为你们是居住在埃及土地上的 Gerim"。（在关于利息的诉讼中，使用的是 Nachari 这个词，意即外邦人。）随着时间的流逝，对非犹太人（相比较于犹太人而言）不利的犹太律法渐渐增加。以至于在后来的法典中，这样的律法占据了大量的篇幅。[494A]

有关外邦人的律法在经济生活中具有何种重要性呢？这个问

---

* 皈依犹太教的男人，希伯来语称为 Ger，犹太教卡拉派将尚未完全皈依犹太教的非犹太人称为 Ger，意思是客居。希伯来圣经则将 Ger 定义为外邦人和客居人。Ger 的复数形式是 Gerim。——中译者

第十一章 犹太宗教在经济生活中的重要意义

题有两个方面。第一，现在已经不再考虑是否应该与外邦人来往的问题了，商业道德（如果我可以这样说的话）变得灵活了。我承认讨论这些问题并没有什么绝对必要性，但是所有既定的条件已经允许进行这种讨论，而且在某些特定圈子里，这种讨论已经是一件很平常的事情。"如果非犹太人在对账单上出了错，犹太人或许会利用它来对自己有利；他不会认为自己有责任向非犹太人指出这个错误"。所以我们才会在《四列书》（Tur）中读到这段话，尽管拉比约瑟夫·卡罗没有将此写进自己的法典中，但这段话后来又悄悄出现在拉比以瑟利斯（Isserlein）的笔下。而良善的犹太人偏要得出结论说，在与非犹太人的交往中，他未必要囿于这么具体的事，这不是显而易见的吗？面对犹太人，他会小心翼翼地设法权衡利害轻重；[495] 但是，一旦与非犹太人做生意，就算获得的是不当利益，他也不会感到良心不安。不容否认的是，在某些情况下，律法也劝导人要诚实对待非犹太人。但试想想吧，这本应是必然的事情！此外，律法的实际措辞是："可以利用非犹太人，这是经上写了的。但你不可以利用自己的兄弟。"（这种情况说不上太过分，只是对非犹太人的要价稍微高一些而已。）

这种观念一定已经扎根于对《塔木德》和犹太法典决疑法进行研究的这些教区（比如东欧），并在这些教区得到了普及。格雷茨已经就这一观念对犹太商业的影响，进行过阐述，因此给出了不带偏见的证明。"曲解一句话的意思，运用所有狡诈的诡计，玩弄字眼，指责他根本不清楚的事情……，这就是波兰犹太人的特点……，就像他丧失了单纯与真实那样，他也失去了诚实和正确的思考。他将自己变成了玩弄技巧的高手，并把这些技巧运用于所有不如自己狡诈的人身上，以获取好处。他以欺诈和行骗为乐，这种把戏让他有一种得逞的愉悦。但是，他不能用这种方式对待自己人：因为他们像他了解自己一样了解他。所以，只有（遭到损失的）非犹太人，才能体会到波兰犹太人受过塔木德式训练的头脑的后果"。[496]

第二，一般而言，犹太商业法典中对待非犹太人的不同态度，导致了工商业思想全面转向了更为自由的方向。如果我们称犹太人为自由贸易之父，因而也称之为资本主义的先驱，那么我们在这里要注意，他们是依靠工商业法典的自由贸易精神，为担当这一角色做好了准备，并因为他们对待外邦人的态度，对自由放任（laissez-faire）政策产生了巨大的推动力。很显然，与外邦人的交往，只是放松了个人责任方面的约束，并用经济自由取而代之。让我们更为详细地来讨论这一点。

《塔木德》和法典中的价格理论就其对犹太人与犹太人之间的交易的影响而言，确实与流行于欧洲中世纪的经院哲学之公平价格（justum pretium）相类似。但公平价格根本就不存在。价格的形成就像今天一样，要在"市场上讨价还价"。[496A]

即便如此，我们所要关注的重要的事情，与已经存在于《塔木德》中、更确切地说与仍然存在于《备就之席》之中的勤奋与进取之自由的概念（freedom of industry and enterprise）相吻合，这一概念完全不同于中世纪欧洲的基督教法律概念。这是一个值得深入研究且应该由专家来深入研究的课题。至于我，只能在这里征引几个例证。虽然很少有人认为这些是证据，但对我来说，这些例证是我们正在研究的问题的确凿证据。我首先要征引的是《塔木德》中的一段话，这段话让我们充分认识到了卖者之间的自由竞争。

第十一章 犹太宗教在经济生活中的重要意义

《密西拿》——拉比犹大（R. Judah）的意见是，店主不应该给孩子们分发坚果，因为这样做会养成孩子们总来找他要吃的的习惯。但是拉比们允许这样做。此外，扰乱价格是不合法行为。但是拉比们说，"他的记忆应当称颂"。

《革马拉》——问题马上出来了，在第一种情况下，拉比采取这种态度的理由是什么？答案是，店主或许会对他的竞争者说，"我给孩子们分发坚果，你可以给他们李子"。那么，在第二种情况下，拉比采取这种态度的理由呢？密西拿禁止价格发生变动，可是拉比说，"他的记忆应当称颂"。这里的答案是，因为他已经降低了价格，所以拉比称颂他的记忆（《中门书》，60a 和 b）。

在法典中，这些理由都被省略了，我们只能看到法律条文干巴巴的陈述。"为了赢得顾客，允许店主用坚果和其他东西作为礼品，送给进店买东西的孩子。而且，他还可以按低于现行价格的价格出售商品，与之竞争的商人不能介意"（《裁断的胸袋》，225，§18）。

同样，在约束将商品拿到集市出售的商人行为之律法书中，我们可以看到下述说法："如果外邦人比本地商人卖得更便宜，或者说，他们的商品质量更佳，本地商人不可以阻止他们的出售，因为犹太民众可以从中获益"（《裁断的胸袋》，156，§7）。

又，"如果一位犹太人打算用低于他人利率的低利率将钱借给一位非犹太人，其他人不能反对"（《裁断的胸袋》，156，§5）。

最后，犹太律法倾向于产业自由放任。所以我们可以在《备就之席》中读到："如果任何人在自己的那条街道上做手帕买卖，他的邻居无人提出反对意见,那么,如果街上的其他居民也想做同样的生意,先做生意的那位也不能抱怨新来者抢走了他的生意,并进而阻止这位新来者的买卖"(《裁断的胸袋》,156,§5)。

很显然,自由贸易和产业自由秉承了犹太律法的精神,因而也就秉承了神的旨意。这是经济生活中多么强大的动力啊!

Ⅶ. 犹太教与清教

我已经提到过,马克斯·韦伯关于清教推动了资本主义制度的重要研究,促使我开始考虑犹太宗教的重要意义,尤其是,我觉得在资本主义体制中如此强势的清教主导思想,实际上是在犹太教中发展起来的,所以当然可以追溯到更早的时期。

对这两种"信仰"进行全面的比较,并不属于本书的研究范围。但我相信,如果对此进行比较,我们就能看出,犹太教与清教之间有着基本相同的特性,至少我们已经做过研究的那些问题,就是如此。我们在犹太教和清教中都能发现宗教利益占重要地位,发现宗教上的奖惩观念,俗世的禁欲主义,以及宗教与商业之间的紧密关系,还有罪的量化概念,尤其重要的是生活的合理化。

我们现在举出一两个例子。我们以犹太教和清教对性这个问题的态度为例。我曾经在费城最好的一家宾馆我的房间中发现一张这个意思的通知条:"敬请欲与女士在宾馆做交易的客人,在您与女士交易的时候,要打开房门。"这不是别的,只是《塔木德》的古老格言(《圣化篇》,82a),"你要跟女人做生意?切勿单独跟女人谈"。

再者,英国的礼拜日不是犹太安息日吗?

第十一章 犹太宗教在经济生活中的重要意义

我不禁回想起对大多数事情都有真知灼见的海涅(Heine)的话。[496B]他在《自白》中问道:"信奉新教的苏格兰犹太人,他们的姓名听上去都有《圣经》[上姓名]的味道,他们的哀诉甚至有些耶路撒冷法利赛人的调子,他们的宗教只是一种吃猪肉的犹太教而已,难道他们不是希伯来人吗?"*

所以清教就是犹太教。

无论前者是否受到后者的影响,但如果受到影响的话,我们就有一大堆需要回答的难题。当然,众所周知的是,在宗教改革时期,犹太教与某些基督教派确实存在紧密关系,对希伯来文和希伯来经文的研究也一度很时髦,而且,17世纪的清教徒也很尊重英国的犹太人。比如英国的领导人奥利弗·克伦威尔(Oliver Cromwell)等人,也都是基于《旧约》建立了自己的宗教观。克伦威尔本人还梦想着调和《旧约》与《新约》,梦想着上帝的选民与英国清教徒成为盟友。当时,有位叫纳撒尼尔·霍尔姆斯(Nathaniel Holmes)的清教牧师(按照先知书的说法),希望自己所能做的最好的事情,就是成为上帝选民的仆人,屈膝为他们服务。公共生活中希伯来语的流行一点不亚于教堂里的布道。如果在国会的演讲只能使用希伯来语,你或许会认为自己已经身处巴勒斯坦。自称"犹太人"的"平等派"(Levellers)(与其对手自称亚玛力人[Amalekites]相反),主张采用《托拉》作为英国的立法标准。克伦威尔内阁的官员跟他建议,让他按照犹太公会(Synhedrin)成员的人数,任命自己枢密院

---

* 用张玉书的译文。引自《海涅文集·小说戏剧杂文卷》,人民文学出版社,2002年。——中译者

的七十名成员。到了1653年,再洗礼派的托马斯·哈里逊将军复辟,哈里逊和他的同党吵嚷着要将摩西律法引入英格兰。1649年,下议院提出,将现在遵守的主日(Lord's Day),从星期日移到星期六。清教徒就在胜利旗帜上印着"犹大之狮"字样。[497]这里的重大意义在于,获得大多数神职人员和信徒广泛阅读的不仅仅是《圣经》,还有拉比文献。

总而言之,我们已经有充分的证据证明,清教教义是从犹太教义演绎而来的。专家也一定这样裁定。我在这里只不过给了一两个提示而已。最后我提请大家注意在1608年出现的一份幽默刊物,其中的内容可以用来证明犹太教和加尔文教派(就是清教)之间的紧密关系。刊物名称是《加尔文教的犹太之鉴》(*Der Calvinische Judenspiegel*),在第33页,用下面这种滑稽的方式,对两个宗教做了比较(老派的德国人是很可爱的)"如果要我用名誉担保说明我为什么成为一名加尔文教徒,我必须坦白,说服我成为加尔文教徒的唯一原因,就是在所有的宗教中,我只赞同犹太教的教义,赞同犹太教的生活态度和信仰。(以下是一堆意思相同的半认真半讽刺的说辞)。8.犹太人讨厌玛丽这个名字,只是在她做成金银币的情况下才容忍她的存在,或者说,只有在她的形象出现在硬币上时才容忍她的存在。我们也是这样。我们也喜欢玛丽铜板*和玛丽克朗**,我们很看重她,因为它们在商业中非常有用。9.各个地方的犹太人都在努力骗人,我们也是这样。正是因为这个原因,我们离开了自

---

* farthings,英国旧制小硬币,面值为旧制便士的1/4。——中译者
** crowns,英国25便士的货币。——中译者

己的国家到不了解我们真实面貌的其他地方游荡,因此,靠着我们的欺骗和狡诈……我们就能靠着行骗把那些无知的乡巴佬带入歧途,把他们引过来……"

第十二章 犹太人的特征

Ⅰ. 问题

决定要从事本章标题所示的这一课题的学术工作，不下一番功夫是达不到目的的。这一课题近来成为一种时尚，可以抓住任何东西——除了对民族心理学的那点玩味——作为意态闲散的业余研究者的玩物，而对于犹太人天赋的描述，又被精神粗鄙之人捧为最新形式的政治游戏，在我们这个粗俗的时代，这种粗鲁的本性必然会冒犯所有努力保留一点良好品味和不偏不倚的人。民族心理学不合理的分类，已经让我们得出一个结论，这个领域不可能有任何科学的研究结果了。读一下 F. 赫兹（F. Hertz）和让·菲诺（Jean Finot）等人的书，[498]你会有一种将这些书置之高阁的想法，因为你想要在这些书中找到任何聚居一地之民族的共同心理特征，都是徒劳无益的；法国人的精神或才智（esprit）是一个神话——事实上，就像这个世界不存在犹太人一样，这个世界也不存在法国人。但你过马路时，你瞧，跟你面对面的是一个具体的人。阅读一本书或者站在一幅画前，你会下意识地说，多么地道的德国人，多么彻底的法国人！

这只是我们虚幻的想象？[499-500]

不仅如此。如果我们稍微思考想一下人类的历史，我们必须要为自己构建出一种"集体心灵"（collective soul）的假说。比如，在我们讨论犹太宗教的时候，我们一定会把它与犹太人民联系起来，是犹太人的精神孕育了它的诞生。或者，我们在说犹太人对现代经济的发展具有一定影响的时候，我们接下来肯定会说，犹太人一定为现代经济带来了某种基本的东西。否则，我们或许会断言，如果爱斯基摩人替代了犹太人的位置，对于西欧经济史来说，也不会有什么区别，甚或还会说，大猩猩也会做得同样漂亮！

这种归谬法（reductio ad absurdum）清楚地表明，犹太人一定有某种特殊的特性。但是，我们可以从一个略微不同的角度考虑一下这个问题。我们首先看看犹太人具有现代资本主义特质时的客观环境。首先，正如我们所见，犹太人广泛分布于各地。如果不依赖于个体的力量，流散本身并不能解释流散的影响。有一件事情显而易见。一个民族本身的流散并不必然具有经济的或者文化的结果，而且，太过频繁的流散或许还会带来民族被同化以及最终消亡。

有人一直（很确定地）声称，正是因为犹太人的流散，才使他们成了中间人（intermediaries）。我们姑且承认这一点，但这种流散也能使他们成为洽谈人和王公的私人顾问吗？还是说，自古以来，中间人职业就是协调人向更高职位晋身的阶梯？这些新职位所需要的基本能力不是犹太人天生就具有的能力吗？

我们已经承认，犹太人在国际商贸和信贷方面取得成功不是由于他们的流散。但是，难道我们就不能假设，这种成功是基于犹太人分散在世界各地却又团结一致的事实？如果说，他们也像如此众多的其他民族那样，没有维持他们之间的纽带关系，情况会怎么样呢？

最后，我们不要忘记，犹太人属于正好成熟到足以接受资本主义的那拨人。但即使如此，如果犹太人的影响力在荷兰、英国、德国和奥匈帝国都很强（现在仍然如此），甚至强于他们在西班牙、意大利、希腊或者阿拉伯国家的影响力，在很大程度上，那也是因为他们与其寄主之间的差异。因为，事情似乎是这样，一个民族越是愚笨越是迟钝，越是忽视商业，犹太人对他们经济生活的影响就越是有效。除了犹太人的特殊性外，这样的解释应该令人满意了吧？

无论他们与其寄主的天生差异起源于何处，这里的要点是，这一奇特之处对经济生活产生了持久的影响。再者，没有犹太人内在特性的假设，也根本不可能领悟这里的真意。一个民族或者一个部族遭人憎恨并受迫害，并不是促使他们在经济活动中加倍努力的充足理由。正相反，在多数情况下，这种蔑视和虐待只是有助于毁坏道德心和首创精神。在环境的压力下，只有拥有卓越素质的人才能成为革新精神的源泉。

我们再来审视一下他们的半公民身份（semi-citizenship）。同样的说法这里也适用吗？这显然已快成自明之理了。犹太人无论在任何地方，都与居住于同一城市的人享有同样的利益，在每个地方他们获取的经济收益都多于其他人。对此我们只能有一个解释——犹太人的具体特征。

另一方面，在不同时代和不同国家，犹太人的法律地位不尽相同。在某些国家，他们获准从事某种具体的职业，在另一些国家，他们又被禁止从事这种职业，还有一些国家比如英国，犹太人又与

第十二章 犹太人的特征

其他人一样在这个领域具有同等资格。但在每个地方，他们几乎都投身于某种特殊行业。在英国和美国，他们靠着自己贵金属商人或零售商人的身份，开始了自己的商业使命。这算不算是用另外一种方式再次指出了他们的特殊性？

至于犹太人的财富，实际上，只用财富还不足以解释犹太人在经济活动领域的巨大成就。一个拥有大量财富的人，如果将自己的金钱有效地使用在资本主义用途上，他一定还具有智慧。这一点肯定是无需证明的。

因此，犹太人的特征一定存在。我们现在要做的只是搞清楚犹太特质是什么。

我们首先要把犹太人作为一个整体来思考，这个整体自然要与其宗教相关联。但在我们进行下一步之前，我说一下我的前提，即一方面我想把研究限制在信奉犹太宗教的人群范围内，另一方面，我还想扩大研究范围。之所以限制研究范围，是因为我只想考察从中世纪末期开始被驱逐出西班牙和葡萄牙的犹太人。之所以又要扩大研究范围，是因为我想把犹太人后裔包括进来，哪怕这个群体已经放弃了自己的信仰。

此外，我还愿意提醒人们那些不承认存在犹太特质的观点。

（1）人们已经注意到，西欧国家和美国的犹太人，在很大程度上已经与他周遭的人同化了。尤其是，就算犹太人特征与阳光一般清晰，这一点也无需否认。社会群体就不能相互融合吗？一个人可以是一个德国人，他可以具有德国人的所有特征，但他也可以是"国际无产阶级"群体中的一员。或者，我们可以另举一例，一个德裔瑞士人就不能同时既是瑞士人又是德国人吗？

(2)还有人断言,流散在外的犹太人,因为他们不是一个政治上、文化上或语言上的共同体,所以不能用一般意义上的"民族"或"人民"这个术语来称呼他们。[501]对这一反对意见的回答是,除了已经提及的那些特质(比如共同的起源)以外,还必须考虑许多其他的特质。但一般而言,我们也不能扣定义扣得太死。

(3)实际上,犹太人本身之间的差异被夸大了。据说,犹太人根本不具有同种性(homogeneity),经常出现这部分人强烈对抗另一部分人的情况。西方犹太人就迥异于东方犹太人、西葡犹太人,也不同于德国犹太人,正统派犹太人也和自由派犹太人有差别,平素的犹太人也区别于安息日的犹太人(借用卡尔·马克思的说法)。这种非同种性我们也无需否认。但无论如何,这些情况并不排除犹太人具有共同特征的可能性。设想一个复杂结构就这么困难吗?一个大群体就不能由众多的小群体构成吗?我们可以想一想一个英国人可能从属许多群体。他可能是一个天主教徒或者一个新教徒,也可能是一名农夫或者教授,也可能是北方人或者南方人以及只有老天才知道的什么别的属性。但同时,他依然是一名英国人。犹太人也一样。他或许属于某个群体的小圈子,并拥有这个圈子的所有个体都具有的某种特性,尽管如此,他仍然保持着犹太人的特征。

最后,我必须把话说明白,我并不打算勾勒出犹太人的所有特征。我之所以讨论这个问题,只是因为它与经济生活有关联。我也不满足于使用旧有的表述方式,比如犹太"商业精神",比如"易物贸易的精神"以及诸如此类的说法。我没有按照惯常的做法比如将对利润的追求作为一个社会群体的特质。对利润的追求是人的本性,是人之常情。事实上,从以下的理由出发,我必须抛弃之前对犹太人心灵(就其对经济生活的影响而言)的所有分析。首先,从来没有人非常明确地指出,什么行业才是最适合犹太人从事的行业。"做贸易"是一个非常含糊的术语,用处不大。因此,我试图用一个章节来说明特别适合于犹太人的经济活动领域。其次,我只做描述不做解释。如果我想证明一个人具有成为股票市场投机高手的所有必要的能力,那么,仅说他会成为一名优秀的券商,这样说是远远不够的。这种说法就像是说,贫穷是因为贫困造成的。然而,这就是人们研究犹太人经济才能的做法。我们的研究方法会有不同。我们力图揭示与资本主义组织中的经济职能十分契合的某种心灵特质。

现在,我们已经扫清了道路,我将继续证明什么才是真正的犹太人特质。

II. 解决问题的尝试

人们惊奇地发现,尽管针对犹太人的研究存在很多问题,但各种不同的观点还是具有很大程度的一致性。无论在文献中还是在实际生活中,不带偏见的观察者至少会在某个重要问题上取得一致意见。在阅读耶利内克(Jellinek)或者弗罗默(Fromer),张伯伦(Chamberlain)或马克思(Marx),海涅或歌德以及勒鲁瓦—博里厄(Leroy-Beaulieu)或皮乔托(Picciotto),也就是说,在阅读那些关于虔诚的犹太人或非信奉国教的犹太人、反犹主义或亲犹太的外邦人的文献时,你会获得一种印象,即所有这些文献论述的这些人,都具有相同的特点。这也再一次宽慰了那些打算描述犹太精神的人。虽然他的立场稍有不同,但无论如何,其他人没有说过的东西,他也只字未提。就我个人而言,我试图在书中指出犹太人的特征和禀赋与资本主义经济制度之间的联系。我力图首先勾勒出犹太人特质的详细情况,然后再讨论这些特质与资本主义的关系。

与多数其他学者在这个问题上的做法不同,我首先会列出犹太人的一些重要的长处,这些长处虽然经常有人提到,但从未获得应有的认可。我这里指的是犹太人的绝顶聪明(extreme intellectuality)。与体能相比,犹太人的知识旨趣和知识技能发展得更为强健。谈到犹太人的时候,人们肯定会说,智力胜于体力(l'intelligence prime le corps)。人们的日常经验也反复证明了这一点,我们有很多事实也可以用来支持这一点。世界上再没有像犹太人那样,如此重视博学的人和学者。"智者的地位高于国王,有学问的家伙要高于无知的大祭司"。《塔木德》如是说。任何熟悉犹太学者的人都很清楚地知道,对纯粹知识的高度评价还没有成为明日黄花。如果你无法成为"智者",至少也有责任让自己成为有学识的人。在以色列,教育是一件从早到晚都在进行的事情。事实上,学习是一种宗教责任;在东欧,人们仍然称犹太会堂为学校。学习和做礼拜携手并进,不仅如此,学习就是做礼拜,无知则是大罪。一个不读书的人,在今世是一个粗人,在来世也要受到诅咒。用一个在隔都流行的说法,最让人鄙视的莫过于人的愚蠢。"不公正行为也好过愚蠢的行为","Ein Narr ist ein Gezar"[愚人真是不幸],都是人们耳熟能详的说法。[502]

最受尊敬的人是有学识的人,最佳状态的人是智力发展到极致的人。听一听睿智的犹太人在描绘未来的理想之人或者超人——

第十二章 犹太人的特征

如果你同意这么说——时是怎么说的。他把这样的说法视为理所当然，那些素质不同的人肯定会为自己的前途感到担心。"文明人拥有的自觉的创新性才智……将取代盲目的本能。碾碎这种本能并代之以意志力，用反思取代单纯的冲动，是每个人的坚定理想。一个人只有在他的思考能力左右了自己的自然秉性时，才成为完全意义上的人。只有从本能中完全解放出来，我们才能具有绝对精神以及摆脱了自然规律支配的绝对内在自由。文明的唯一目标就是从神秘主义和全部本能行为的茫然冲动中解放人类，并培养出人类的纯粹理性"。[503] 只要想想就清楚了。天才这一极为质朴的表述，被认为是理性和智识的最高形式！

高度评价才智的一个后果是各个行业根据他们更需要"脑力劳动"还是更需要"手工劳动"的判断而奉行尊重。在各个时代，脑力劳动的地位几乎都高于手工劳动。事实上，犹太社区一直存在（现在仍然可能存在）每天都要做的艰苦的体力劳动，但这种情况不适用于西欧犹太人。即使是在《塔木德》时代，犹太人愿意从事的也是那些较少耗费体能的行业。正如拉比所说，"这个世界需要卖香料的，也需要皮匠，但开心的人是那个卖香料的"。或者，"拉比迈尔常说，一个人应该教给自己儿子一门干净而且轻松的手艺"（《圣化篇》，82b）。

犹太人一直很在意自己的卓越品质，他们承认，在自己的智力和邻居的蛮力之间，存在一道巨大的鸿沟。在波兰犹太人中就有一两个较为流行的说法，以不无幽默的方式表达了截然不同的意思。"神助人对抗外邦人的双手和犹太人的头脑"。"上苍护佑我们对抗犹太人的 moach［头脑］和外邦人的 koach［体力］"。一言以蔽之，头脑与体力的对抗,这是犹太人问题,也是本书的主题词。

知识旨趣占据了主导地位自然而然赋予了犹太人知识能力。"谈到对犹太人的看法,你不能把他当傻子"。罗马尼亚人的流行说法是,"勇敢的希腊人、愚蠢的犹太人和诚实的吉卜赛人——都是不可想象的事情"。西班牙谚语则说,"兔子既不懒,犹太人也不蠢"*[504]。与犹太人打交道的人并不确定,犹太人一般来说是否具有比其他人更强的理解力,或比其他人更聪明?一个多世纪前一位敏锐的犹太观察者[505]认为,犹太人的特性是:"他们对于当今这个时代的事情,既有见识又有才能,"不过他还补了一句:"但今非昔比了。"我愿意称他的说法机敏而睿智。

"犹太思维是一种精密仪器,具有天平的精准性":勒鲁瓦—博里厄的这一看法获得了多数人的共鸣。当H.S.张伯伦谈到犹太人的"理解力"尚不发达时,他一定是在某种特殊意义上这么说的。但他使用术语的含义不太可能包含以下特质,即敏捷的思维、准确的分析、严密的解剖以及在同类事物之间快速组合、马上领悟其意义、进行类比联想和辨别,并获得最终结论的能力。犹太人有能力做到所有这一切,耶利内克正确地强调了犹太人这一方面的特质,[506]他指出,希伯来语中表达带有心理素质要求的活动的词汇非常丰富。表示探索或者研究活动的词不少于11个,表示辨别或者区分活动的词有34个,表示组合的词有15个。

毫无疑问,这些智力上的天赋使得犹太人在所有计算工作中像棋手和数学家[507]那样杰出。这些活动以极强的抽象思维能力以及

---

* 此句按德文本,英译文不确。——中译者

第十二章 犹太人的特征

特殊的想象力为前提,冯特(Wundt)恰当地为之命名为组合能力。犹太人类似医生的能力(诊断能力)[508]也可以追溯到他们的计算、剖析和组合性的思维,这"就像是瞬间照亮了暗处的一道闪电"。

众所周知,犹太人的思维能力常常落到失之精细的地步。(磨盘里没有谷物,磨盘就开始研磨自己。)但与另一事实相比较,这就算不得什么了。犹太人的智力非常强大,以致智力的发展已经损害了其他心理特性,所以他们的心思变得比较片面。关于这一点,我们可以给出几个实例加以说明。犹太人缺乏一种本能的悟性,他们更多的是凭理智而不是感觉作出反应。我们很难把犹太人想成类似于雅各布·伯麦*那样的神秘主义者,但当我们想起《喀巴拉》(Kabbala)中发现的那种神秘主义时,这种对比更加鲜明。同样,所有的罗曼司都与这种特定的人生观相异,所以犹太人不会同意让自己迷失于大千世界,即迷失于人类社会或自然界。实事求是地说,狂热与冷静之间确实有差异。

与这一特征相类似的是,犹太人缺乏敏感,缺乏接受能力和创造力。我在布雷斯劳的时候,有一天,一位来自西伯利亚远东地区的犹太学生来找我"研究卡尔·马克思"。他花了几乎三个星期的时间才到达布雷斯劳,他在到达的当天就拜访了我,借走了一本马克思的著作。几天后他又来了,跟我讨论了他所阅读的内容,把书还给了我,又借走了另外一本。这样一直持续了几个月时间。后来他就返回了他的家乡。这位年轻人对他的新环境绝对没有留下任何印象,他没有熟人,也从来不外出散步,事实上,他对他身处的地

---

* Jacob Böhme,德国通神论者和神秘主义者。——中译者

方也了解无多。布雷斯劳的生活于他而言是一段全然消逝的过去。毫无疑问,在他来布雷斯劳之前,生活于他就是这样,在他的未来,生活也不会有什么两样。他在世上走了一遭,却对之视而不见。但他却让自己认识了马克思。这是不是一个很典型的案例?反正我认为是。实际上,你每天都能见到这种事情。犹太人热爱非具象的事物、远离感性的趋势以及固守抽象世界,我们是否会因此而感到震撼?犹太人中画家远远少于文人或教授,难道这只是偶然?即使在犹太艺术家的作品中,也没有一些理智的东西吗?再没有比瑙曼(Friedrich Naumann)将马克斯·利伯曼(Max Liebermann,著名犹太画家)与斯宾诺莎相比较时的用词更为准确的说法了,他说:"他用头脑绘画。"

犹太人确实看得非常清楚,但他看到的东西不多。他不认为自己的周遭环境是有生机的,这就使他失去了关于生活、生活的整体性、生活和谐以及生活是有机的、自然成长的真实概念。总之,他对生活中的个人方面没什么概念。通常的经验也一定支持这个观点,但如果我们还需要另外的证明,我们也可以在犹太律法的特定条款中找到。正如我们已经看到的那样,犹太律法废除了个人关系,而代之以非个人的、抽象的联系或活动或目的。

事实上,我们可以在犹太人中看到一类博学多识的人。他们能够用自己敏锐的智识探究到人的每个毛孔,并像X射线那样去探查人体的内部。他们汇集自己全部的智力与能力,注意到自己的优点与缺点,并迅速探得最适合自己的领域。然而,他们确实很少从整体上来看待人,因此他们常常犯一个错误,将行为归咎于人,而这是人内心深处所憎恶的。此外,他们宁愿按照一些明显的特征和成

第十二章 犹太人的特征

就,而不是按照其人格来评价一个人。

因此,他们对与个人关联的每一种状态都缺乏同情。犹太人的全部存在某种程度上都与我们理解的骑士制度相反;也与所有感伤情绪,与游侠骑士、封建主义和父权制等等相反。他们也理解不了基于这些关系的社会秩序。社会等级制和行会组织是他们所憎恶的。政治上,他们是个人主义者。最适合他们的是所有人际交往都由明确的法律原则加以规范的宪政国家。* 他们还是"自由派"生活观的天生代表,他们的观念中不存在具有鲜明个性的、活生生的有血有肉的男女,只有具有权利和义务的公民。这种情况在不同国家也没有什么不同,但却形成了由众多杂乱单位组成的数量巨大的部分人口。正像许多犹太人不把自己看成活生生的人那样——他们不是否认自己的明显特征,并断言他们与英国人、德国人或法国人没有差别?——因此,他们也不把其他人看成活生生的人,他们只是把其他人看成主体、公民或者其他诸如此类的抽象概念。正因为如此,他们不是用自己的"心灵"而是用理智去看这个世界。结果是,他们很轻易就相信,无论什么整整齐齐写在纸上的事情和井然有序的东西,在现实生活中,都能借助于必要的智识得到妥善解决。许多犹太人仍然相信,犹太问题(Jewish Question)只是一个政治问题,他们也坚信,自由制度(liberal regime)应该全力消除犹太人与其邻邦的差异。阅读一位博学的学者撰写的关于犹太问题的最新著作简直让人惊讶,毕竟过去三十年的反犹太运动就是马尔(Marr)

---

* 这不就是普遍的现代趋势?参见 H. 梅因爵士(Sir H. Maine)的名言:社会进步在于从身份到契约的过程。——英译者

和杜林（Dühring）的著作造成的后果。"大屠杀的成千罹难者以及上百万背井离乡的工人，不过是欧根·杜林（Eugen Dühring）笔力的有力证明"（！）。[509]这不就是墨与血、理解与本能、抽象与现实的对比吗？

这类知识人的心中的宇宙概念，必定是与理性相符且秩序井然的一种结构。因此，他们借助于理性寻求理解这个世界；他们在理论上和实践上都是理性主义者。

现在，一旦强烈的自我意识附着于思考者占支配地位的理智中，他将围绕自我对这个世界进行分类。换句话说，他将从结果、目的或目标的视角来看待这个世界。他的世界观是目的论的，或是实践理性的。犹太人的诸种特质再没有哪一种像这样发展得如此之充分了，在这个问题上，大家意见完全一致。其他多数研究者都从犹太人的目的论开始着手，我却将此看成犹太人终极理智的结果，而且我相信，所有其他犹太人特质都植根于此。行文至此，我想说我一点都不希望低估这种犹太人特质的非常重要的意义。

看看犹太天赋的各种表现，你确实会从中发现这种目的论趋向，有时候，人们也称之为极端主观性。无论印度—日耳曼种族具有客观性，还是闪米特人具有主观性，[510]犹太人确实是最具主观性的民族。犹太人从来不会让自己迷失于外部世界，从来不会让自己沉陷于宇宙深处，也从来不会放任自己于漫无边际的思想领域，但正如耶利内克（Jellinek）指出的那样，潜至水底才能寻到珍珠。犹太人把一切事物都与他的自我联系在了一起。他孜孜不倦地探求原因（why），探求目的（what for），探求结果（what will it bring）。到底为谁呢？他最大的兴趣一直就是事情的结果，而不是事情本身。不管怎样,只有非犹太人才把所有活动看成为目的本身——你也会这样;也只有非犹太人没有任何目的地生活,随遇而安;只有非犹太人才能从自然中得到无害的乐趣。犹太人从自然中获得这一切,使它成为"推进道德生活更上层楼的伦理教科书的活页"。如我们已经注意到的那样,犹太宗教在其目的上是目的论的。它的每一个宗教条例都有明确的伦理规范。在犹太人的眼中,整个宇宙是按照计划制造出来的某种东西。这也是犹太宗教与异教的一个差别,正如海涅很久之前就已经注意的那样:"他们(异教徒)都有一个处于俗界并根据必然律发展的无边无际之永恒'过往';然而犹太人的神外在于他按自己的自由意志创造的世界"。

犹太人最为耳熟能详的术语莫过于 *Tachlis*,即目的、目标或结果之意。如果你想做任何事情,你必须有一个 *tachlis*。生活本身无论是一个整体还是单个的活动,一定具有某种 *tachlis*,宇宙一定也是这样。那些声称生活或者尘世没有目的、只有悲剧的人,都被犹太人视为愚蠢的空想家。

目的论的事物观嵌入犹太人本质到底有多深,我们或许可以从下述这些人的例子中窥见端倪,比如哈西德派教徒(Chassidim)就不注意实际生活的需要,原因只是"实际生活中没有目的"。因为生活中没有目的,所以他们任由自己的妻子儿女忍饥挨饿,而自己却全身心致力于圣书的研究。但我们也能见到心灵疲惫的犹太人,脸上挂着淡淡的微笑,理解和宽容一切,远远地凝视着生活,超乎俗世之上。在我心中,我们这个时代的文人中,格奥尔格·赫希菲尔德(George Hirschfeld)、亚瑟·施尼茨勒(Arthur Schnitzler)和格奥尔格·赫尔曼(George Hermann),就具有这类纯粹的精神。

他们著作的巨大魅力在于他们怀着这种遗世独立的精神,俯瞰着我们忙忙碌碌,他们的诗歌和感伤中弥漫着无处不在的忧郁。他们缺乏意志力是因为他们只有否定形态的意志力。他们所有的叙事诗听起来都怀有同样轻柔的悲伤:多么无意义因此多么悲哀的世界啊!自然本身染上了一丝悲伤的色调,秋天总是在春暖花开的林间与草地中深藏不露;清风舞弄着落叶,夕阳的余晖在落山前呈现从未有呈现的美丽。主观性和万事必有其目标的概念(两者是相同的),剥夺了犹太作者诗中的天真、新颖和率直。因为犹太诗人实在无法欣赏这个世界的诸相,无论是人类的命运还是大自然的变幻莫测,他们偏要深思熟虑,一遍遍思考。他们看不见哪个地方的空气中会散发出樱草和紫罗兰的芳香,也看不见任何林中小溪涟漪闪烁的波光。但为了弥补这些方面的不足,他们具有品鉴陈年佳酿美妙芳香的才能,还拥有一双具有神奇魅力的美丽眼睛,忧伤地凝视着远方。

一旦这种在所有事物中寻求目的性的思维方法与坚强的意志和旺盛的精力结合一起(犹太人通常就是这种情况),就不再仅仅只是一种看法,而是成了一种策略。人为自己设立了一个目标,为此目标而努力,不允许任何事情让自己偏离这一过程。可以这么说,他固执于自己的决定。海涅称犹太人的这种特性是固执;歌德说,犹太人的本质特征就是精力旺盛,目的性明确。

我下一个重点要谈谈灵活性(mobility),但我不能肯定是否可以用灵活来描述所有犹太人,或者说,灵活只适用于德国犹太人。那些礼赞西葡犹太人的学者,总是强调犹太人身上具有的某种端庄的气息和高傲的举止。[511]另一方面,他们的德国同胞总是被描述

第十二章 犹太人的特征

为活跃,在某种程度上容易激动。[512]即使是在今天,你或许也会碰到许多西班牙犹太人,尤其是在东方国家,他们打动你的是他们的高贵、深思和自律,一点也没有表现出在欧洲犹太人那里常常可以看到的精神或身体上的灵活。但是,心思灵活——感觉敏锐和内心反复无常——是所有犹太人具有的特质。

这四种要素,即智力、目的性、精力和灵活性,是本质上极为复杂的犹太人特质之基础。我相信,犹太人的所有品质都能轻易地追溯到这一两个要素那里。我们可以举出在经济生活中具有特殊意义的两个要素来说明问题:高度的灵活性和适应性。

犹太人是很灵活的,或者,如果你愿意这么说,犹太人很勤劳。用歌德的语言说:"没有一个犹太人,哪怕是最微不足道的犹太人,不是在为了实现世间暂时或临时的目标而忙碌"。这种活动常常变得无休无止。他总是一天忙到晚,总是在经营什么事情,总要弄出成果。他总是忙个不停,一点也不在意他有没有招那些能歇则歇的人厌烦。在我们大一点的城镇中,所有音乐会和社交"活动"都归犹太人打理。犹太人自诩为天生推动进步和支持各项文化活动的人。为什么呢?原因就在于他的务实性以及与智力结合起来的灵活性。最后一条更为特别,因为这一条从未触及深层次原因。从长期来看,所有的智力都很浅薄,也从未考虑要探究问题的根源,也从未触及灵魂或者宇宙的深处。因此,理智很轻易就从一个极端走到另一个极端。这也是我们在犹太人中发现的狂热的正统和无知的疑惑,两者都来自同一个来源。

但是,犹太人具有的这种浅薄智力,或许就是他最宝贵的特征,即他拥有史上独有的适应能力。犹太人是一个固执的民族,但他们的适应能力一点不亚于他们维护自己民族特性的能力，两者出于同一原因。如果环境需要，他们也会暂时服从于必须服从的法律，但只要环境好转，他们又会回到自己习以为常的路上。自古以来，犹太人的特点就是在具有抵抗性的同时，也具有顺从性，尽管这些特性相互矛盾，但他们似乎就是这样。正如勒鲁瓦—博里厄所说，"犹太人既是最固执的人，也是最圆通的人，是最任性的人，也是最具可塑性的人"。

在各个时代，犹太民族中的领袖人物和智者都充分意识到了这种灵活性和弹性的重要意义乃至必要性，如果以色列要往下延续，他们就要不知疲倦地坚持这一点。犹太文献中有大量的实例。"要像芦苇那样，顺着风吹来的方向伏下，因为具有悔悟精神的人才能遵守《托拉》。为什么要把《托拉》比喻为水？告诉你吧，只因为水从来不会往高处流，水只会流往低处。因此，《托拉》也不能容忍傲慢，只会偏向于谦卑"。[513] 再有，"狐狸掌了权就要向它跪拜"。[514] 还有，"随波逐流顺势而下，反其道而行之，你将被水无情卷走"。[515] 最后，《祈祷书》中有一段祈祷如下："愿我之灵魂在所有人面前皆如尘埃。"

正是本着这种精神，拉比们向教徒们建议，在那些需要放弃自己的信仰犹太人才可以定居的国家，可以假装接受居住国占主导地位的信仰。拉比们的忠告在很大程度上可以用弗罗默（Fromer）的说法来表示："犹太民族靠着时不时地装死，才能继续活下去。"

今天，已经很少有犹太教徒假扮基督徒或穆斯林了。尽管如此，犹太人适应环境的非凡能力涉及了更大的范围。今天，西欧和美国的犹太人已经不再愿意保持自己的宗教信仰以及民族性格的完整。相反，只要民族主义精神尚未觉醒，他愿意失去自己的民族特征，并与命运把他抛掷其中的人群同化。你看，这也是他能如愿以偿的原因。

或许最能清楚地表明犹太人自身特性的是这样一个事实，即英国的犹太人变得像英国人，法国的犹太人变得像法国人，依此类推。哪怕他并不是真的像英国人或者法国人，他也显得像。这就是费利克斯·门德尔松写出了德国音乐、雅克·奥芬巴赫写出了法国歌剧、索沙（Souza）写出了《扬基歌》（Yankee-Doodle）的原因；这也是比肯斯菲尔德爵士（Lord Beaconsfield）被看成是英国人，甘必大（Gambetta）被看成是法国人，拉萨尔（Lassalle）被看成是德国人的原因。总之，犹太人的才能常常没有什么犹太民族的特性，而是已经与环境融为一体，奇怪的是，这些人却三番两次地被作为证据，以证明世上根本不存在特殊的犹太人特征，尽管事实上，这些证据显然证明了相反的情况。这些证据证明，犹太人具有极强的适应能力。犹太人或许能够从一个星球跑到另一个星球，但他对新环境的陌生感，绝对不会持续太长时间。他很快就能摸索出自己的路子，让自己轻松地适应这个世界。他想成为德国人，他就是德国人，如果成为意大利人于他更为有利，他就是意大利人。他什么事情都做，什么事都涉猎，也做什么都能成功。他可以是匈牙利纯正的马扎尔人（Magyar），也可以是意大利沦陷区（Irredenta）的人，还可以是法国的反犹分子（德吕蒙！）[*]。他是善于抓住任何仍在酝酿中的事物，并尽全力使其达于鼎盛的高手。[516]所有这一切都得益于他的

---

[*] 爱德华·德吕蒙（Édouard Drumont）于1886年撰写了反犹主义小册子《法国犹太人》（*La France Juive*）。——中译者

适应能力。

我已经说过,这种特殊的适应能力植根于犹太人性格中的四个要素。但在很大程度上,犹太人的理性主义或许较之其他三个要素更能说明其适应能力。正是因为他的理性,犹太人才能够置身世外看待一切事物。如果说犹太人什么事情都能做到,那只是因为他必须做到,而且他也决心要做到。他所拥有的每一个信念,都不是源于他的灵魂深处,而是源于他的智慧。他的立场和观念并不是基于坚实的大地,而是建立在空中楼阁上。他不是有机的原初体(organically original),而是机械的理性体(mechanically rational)。他没有深厚的情感,也缺乏有力的直觉。这也是他之所以是他的原因,但他也可以不是这样。

比肯斯菲尔德爵士(Lord Beaconsfield)是一名保守党是出于某种偶然因素或者某种政治机缘,但是施泰因男爵(Freiherr vom Stein)、俾斯麦(Bismarck)和卡莱尔(Carlyle)是保守党,则是因为他们只能是保守党,他们骨子里就是保守党。如果马克思和拉萨尔诞生在另一个时代,或者说,诞生在另一种环境下,他们或许很容易就成为保守党,而不是成为激进主义者。事实上,拉萨尔已经逐渐有了成为保守党的想法,毫无疑问,他担当普鲁士容克的角色会与他担当社会主义鼓动家的角色一样出色。

激励犹太人适应性的当然是一切事物都要有一个目的或目标作为其结果的想法。一旦犹太人决定了自己应该遵循的道路,其他事情相对而言就较为容易了,他的灵活只是让他的成功更有保证。

犹太人有多么灵活让人相当吃惊。他能够让自己呈现出最希望呈现的个人形象。正如在古时候他能通过装死保护自己,如今,

第十二章 犹太人的特征

他也能通过掩饰或其他形式的伪装来保护自己。我们可以在美国找到最能说明问题的例子，在美国，我们已经很难把第二代或者第三代犹太人与非犹太人区别开来。但是不管到了第几代，你也能分辨出德国人，也能分辨出爱尔兰人、瑞典人和斯拉夫人。但对于犹太人来说，在其种族的身体特征允许的程度内，他已经成功地模仿成了美国佬的样子，尤其那些外在标志，比如服装、举止和独特的发型。

基于他的心理和道德的灵活性，犹太人很轻松地就在自己的环境中创造出了知性氛围。他的心理灵活性使他很快就能抓住任何圈子的"基调"，很快就能注意到这个圈子的重要事情，亦很快就摸索出了做事的方式。那么他的道德灵活性怎样呢？他的道德灵活性有助于他消除前进道路上让人烦恼的障碍，不管是伦理障碍还是美学意义的障碍。他还可以更加灵活地做这件事情，因为他所谓的个人尊严就那么一点点。对他而言，如果这是实现他所希望的目标所必须做的，那么，他本人无需竭力否认这一点。

这幅图画忠实地反映了犹太人的生活吗？这幅图画已经充分证明，犹太人在生存竞争中为应对变化的条件而表现出的明显的适应能力。但是，我们还需要更进一步证明犹太人所拥有的某些特殊天赋。我这里要说的是他们在新闻业、律师行业和戏剧舞台上以及所有与其适应能力相关的毋庸置疑的才华。

阿道夫·耶利内克（Adolf Jellinek）是我们曾经多次援引其观点的一位学者，他曾经就两者之间的关系做过一个不错的描述。他说："新闻工作者必须敏捷、灵活，生动和热情，迅速进行分析并很快根据事实得出结论；必须直入事物的核心，在脑海中形成当前所有问题的关键或者争论的要点；还必须用一种清晰而明确的概述处理他的主题，用警句式的、对比的和感性的语言，总之以能抓住读者的句子进行描述，采用一些让人产生共鸣的因素给文字注入活力，用机智让文章出彩，再加些佐料让文字有刺激性"。所有这些不都是犹太人的特质吗？

艺人的天职一点也不亚于律师的天职，他的成功取决于他能很快为自己在一个陌生的想象世界中安置自己的能力，取决于他毫无难度地正确认识人和环境的能力，取决于对它们有一个正确估计并利用它们达到自己目的的能力。犹太人的这种主观性（subjectivity）天赋对他很有好处，因为他能借助于这种天赋让自己设身处地，这种天赋可以为他着想并给他以保护。可以肯定，法学才是犹太文献中的主要内容。

Ⅲ. 犹太人适应于资本主义的特征

现在我们开始讨论这个问题，即犹太人的特征如何并用何种方式使犹太人成为金融家和投机商，并且成功地在资本主义制度框架下以数学家、统计学家、物理学家、记者、演员和律师的身份从事经济活动？也就是说，经营资本主义企业的特殊才能，有多少是源自于犹太人特质的诸要素呢？

一般说来，我们或许可以说，我们已经讨论过的资本主义和犹太宗教的这种关联，即资本主义的基本观念和犹太宗教的基本观念这两者之间，表现出一种奇特的相似性。因此，犹太人特质、犹太宗教以及资本主义三者之间具有三重相似性。我们发现的犹太人首要特性到底是什么？不是高度理智吗？不是理智这种品质使资

第十二章 犹太人的特征

本主义体系与其他所有体系区分开了吗？组织能力源于智力，我们发现了资本主义社会中脑力与手工之间的分离，指导性工作与制造性工作之间的分离。"为了圆满完成大业，一颗心足以指挥千只手"。这句话概括了资本主义做事的状态。

最地道的资本主义的形式，是这种制度可以最为清晰地表达出自己的抽象概念。这也是我们已经了解的犹太人特质中的重要组成部分，我们还没有机会详细论述资本主义与犹太人在此方面的紧密关系。再者，资本主义只是用（交换价值）量的差别替代了所有质的差别，从而表明了资本主义的抽象性质。在资本主义出现之前，交换是一个多方参与且多姿多彩的技术过程，现在，交换仅仅是一个专业行为——商人的行为：也就是说，之前卖方与买方的多种关系，现在只剩下一种：即商业关系。资本主义的发展趋势已经消灭了不同的商业方式、关卡厘金以及众多的地方和国别差异，代之而起的是千篇一律的大都会。简而言之，同质性的趋向是资本主义和自由主义的诸多共同点之一。我们在前面已经阐述过，自由主义与犹太教具有相近的关系，这样，我们就看到了资本主义和自由主义以及犹太教的三重相关性。

如何才能最好地证明资本主义和犹太教之间的内在相关性呢？资本主义的成功不是借助于货币的作用，而是由于很好地引入了单调的同质性？货币是共同特性，所有的价值通过货币得以表现；同时，货币也是资本主义制度下一切经济活动的要义。因此在这种制度下，最耀眼的事情就是成功。犹太人有什么与众不同的地方吗？他不也是把增加资本看成是自己的主要目的吗？不仅因为资本的抽象性与犹太人的精神投缘，还因为人们发现在资本主义制度下，货币与犹太人特质的另一个相契合的特征，即目的性。黄金是一种重要手段，黄金的价值是基于这样的事实，即你可以为不同的目的来使用黄金。我们不需要什么技巧就能表明，想努力实现某种目标的天性，应该是本身为某种事物所吸引，而这一事物具有价值，仅仅在于它是达到某种目的的手段。此外，犹太人的目的论使犹太人珍视成功（因此是与资本主义的另一个相似点）。因为犹太人看重成功，所以才会为了明天而牺牲今天，他的灵活性只是助他做得更好而已。我们在这里可以再次看到与资本主义的相似之处。资本主义不断寻找新东西，寻找某种扩展路径，为了明天的利益而放弃今天的利益。想想我们的整个信用体系吧。这种特点还没有体现得淋漓尽致吗？现在我们还要记住，犹太人是组织信贷的行家里手——其中的价值或服务会因为在未来的某个时间产生效用，从而使得今天的活动具有可行性。人类的思维可以清楚地勾画未来的感受和未来的需求，信贷则可以通过产生未来价值的当下经济活动，给人类提供一个机会。所以我们根本无需特别指出，信贷在现代生活中无处不在。理由太显而易见了：信贷可以为人提供良机。的确，我们必须放弃"投身当下"[517]所获得的愉悦。但那又有什么关系呢？犹太人特性与资本主义特性中还有一个共同之处，即实践理性（practical rationalism），这个意思是，所有实践活动的形成都要与理性相符。

  为了让整体的相似性更为清晰，我将用一些具体例证来加以阐述。由于犹太人的意志力以及做事都要制定目标的习惯，他们非常适合担当企业家角色。他们思维活跃，说明他们时时都热衷于发现新的生产方法和新的市场机会。他们擅长建构新的组织方式，在这些方面，他尤精于发现对他最有用的人才。因为在资本主义世界，不存在什么有机的组织或者自然组织，只有所谓的机械组织或人为组织，因此犹太人缺乏对前者的了解其实无足轻重。就算是大规模的企业，本身也是人为的和机械的；你可以扩大或者缩小企业，你也可以根据环境的变化改变企业。这也是犹太人作为大型资本主义企业组织者如此成功的原因。再者，犹太人还善于掌控人际关系。我们已经指出过，他们只是略微有些人身依附感，因此他们并不介意古老的"族长制"，也不操心有时仍然存在于劳动契约中的情感因素。在卖家与买家以及雇主与雇员之间的所有关系中，他们把一切都精简为法律关系和纯商业关系。在工人们为得到一份可以规范他们劳动条件的集体协议而与雇主进行的斗争中，犹太人总是一成不变地站在前者一边。

但是，如果说犹太人很适合做一名企业家，但他更适合于商人的角色。犹太人具有商人的很多特性。

商人生活于数字中，在数字方面犹太人一直出色当行。他们喜爱抽象的事物，所以计算对他们而言易如反掌，计算是他们的强项。现在，计算能力加上他们一直盯着某个目标的努力，已经使他们赢得了商战的一半胜利。他能够掂量出任何给定环境下的机会、可能性以及有利条件，能够排除一切无用的东西，并根据数字来评估整件事情。对这样冷静而精明的商人有了一番想象后，你眼前就有了一个完美的投机者形象。按照我们前面已经指出的种种，以闪电般的速度观察所有给定事物的状态，注意可能发生的事件，抓住最有价值的东西，按照我们已经指出的种种来行动，就是商人的目标。对于所有这一切，犹太人具有必要的思维能力。我这里想特别强调一下，精明的投机者之经济活动与训练有素的医生的诊断，可谓异曲而同工。因为就犹太人的品质而言，他们在这两个方面都同样擅长。

一位出色的商人一定是一位谈判高手。世界上还有比犹太人更聪明的谈判高手吗？犹太人在这方面的才能长久以来一直得到人们的认可，为人们所利用。让自己适应市场需求并满足任何特殊形式的需要，是商人的一项基本素质。很显然，犹太人的适应能力不仅使他们能做这种事情，而且还可以做其他任何事情。第二项基本素质是他们的建言能力（power of suggestion），犹太人在这方面也是出类拔萃，正是凭借这一能力，他们才能设身处地地思考问题。

无论我们怎么看，这个结论都迫使我们认识到，诸种品质中再没有比犹太人的特质更适合于最大限度地实现资本主义的结果了。现在我也没有必要更进一步讨论相似性问题了，聪明的读者自己也可以轻松地从事这项研究。但在放下这一主题之前，我还是要提请读者注意一点，股票行业狂热的躁动不安与犹太人不安分的天性之间，还有一种相似性，即他们总是倾向于颠覆均衡趋势。

我在其他地方一直试图用三个词来描绘理想的企业家特征——精明、机敏、智谋。精明是指：能够迅速理解，准确判断，慎思谨言，且能够抓住正确的时机。

机敏：机敏是指，他必须拥有洞察世情的知识，在评价和对待他人的时候，自己必须胸有成竹，在关键时刻能当机立断；更重要的是，了解自己身边人的弱点和缺陷。

智谋：这是指要有想法。资本主义企业家还必须具有另外三个品质，即灵活、冷静、严谨。我这里所说的冷静是指远离激情，不感情用事，远离不现实的理想主义。严谨则是指诚实可靠，认真负责，井然有序，勤俭整洁。

我相信，我粗略总结的这几点，不仅能够代表犹太人的特质，也能代表资本主义企业家的特质。

第三篇

犹太特性的起源

第十三章 种族问题

弁　言

严格说来，我给自己提出的任务现在已经完成了。我已经尽力从各个方面展示了犹太人对现代经济生活方方面面的重要意义，以及资本主义与"犹太人特性"（Jewishness）之间的关联。换句话说，我已经勉力指出，犹太人之所以能在经济生活中发挥如此重要的作用且仍然在发挥作用的原因，我还勉力指出，他们的伟大成就部分是因为客观环境，部分是因为他们的内在特质。

但这里突然出现了很多新问题，如果我希望最尊贵的读者不要怀着失望的心情搁置本书的话，我无法不做回答就放过这些问题。很明显，任何一位跟我一起坚持认为存在特定的犹太人特质的人，任何一位主张犹太人对经济生活具有巨大影响的人，都一定会要求回答这些问题。这些特质的真实本质是什么？这些特质是如何产生的？终极影响何在？

这些问题的答案各各不同。我们已经提到的犹太人特质或许仅仅是不具有相应有机组织的一种功能；或许只是一种表面现象，一种肤浅现象，在所有表现出这些特质的人类身上完全没有根基；

可能只是外衣上轻易就能拂掉的一根线头；可能是随着人的消失而不复存在的某种东西。

或者，他们已经形成了习惯且这种习惯已经根深蒂固，但还没有强大到足以遗传后世的地步。相反，他们或许是如此鲜明的一种标记，以致可以代代相传。既然这样，问题就出来了，这些特质是什么时候出现的呢？这种特质一直就在犹太人身上，流淌在他们的血液里？或者，这些特质只是在历史发展过程中后天养成的（无论是在所谓的古代还是后来）？再者，所有的遗传特征可以长久持续下去，或者仅仅具有临时性——即可能长久，也可能短暂。鉴于我们正在讨论一个社会群体，因此，我们也很有必要在这里回答这个问题。这个族群是一个种族实体吗？简言之，犹太人是不是与其他种族具有不同血缘关系的一个人类分支呢？最后，在这类问题中，我们还必须讨论这种可能性，即这个族群的这种特质，可能是因为与其他种族的融合，也可能是这个族群本身的选择。

问题是多方面的：这一点毋庸置疑。最糟糕的是，现代学术对我们提出的这个问题，给不出确切的回答。当然，人们已经做了尝试，但他们并非没有偏见，任何人如果对这一主题仅有肤浅认识，将面对比解决方案更多的问题和困惑。

在我看来，当务之急（唯一能消除笼罩在犹太人问题上的半蒙昧状态的做法）是要对正在讨论的问题有一个清楚的概念，并将手边丰富的资料整理有序。一般而言，犹太人问题与种族问题相互交叉，也正是在这一点上，有捆绑了千年的魔鬼在混淆人们的心智。正如一位权威人士[518]最近谈及遗传学时所主张的那样：当前最要紧的是在基本原理上要准确和严谨。在很大程度上，犹太人是不是

第十三章　种族问题

一个种族的问题也属同样的情况，或许，一个外行只是因为他避开了专家的视角，所以有可能对此问题作出一定的贡献。这种想法让我斗胆对当前有关犹太人种族的话题——包括其可靠的知识、众多的理论以及很多无疑是错误的假设——提出一个概述。

Ⅰ. 犹太人人类学

关于犹太人的起源以及犹太人人类学和人种学，今天的诸多观点都大致赞同下述基本事实。人们普遍认为，[519]与犹大人（Judah）一样，以色列人是由东方各民族融合而成。公元前15世纪，希伯来人（当时的贝都因人部落）想在巴勒斯坦定居的时候，他们发现，在此之前很久，那里就存在一个古老的民族——迦南人（Canaanite），迦南人控制着赫梯人（Hittites）、比利洗人（Perizites）以及希未人（Hivites）和耶布斯人（Jebusites）（《士师记》，3∶5）。与以往的旧观点相反，新近的研究得出的结论是，犹太人部落主要是与这些部落通婚。

后来，部分犹太人走上了巴比伦流亡之路，但巴勒斯坦的种族融合还在继续。至于巴比伦流亡（这段历史就此而论至关重要），我们从最新发现的他们有关通婚态度的楔形文字铭文中，已经了解甚多。铭文显示，"毫无疑问"，犹太人和巴比伦人正在逐步融合。移民们用巴比伦名字称呼自己的孩子，巴比伦人波斯人、希伯来人以及亚兰人的名字称呼自己的孩子。[520]

关于组成犹太人的各个民族和部落之间的关系，我们已经说得再清楚不过了，更不用说如何才能把他们与其他相似族群区别开来，或者如何称呼他们的问题了。最近关于"闪米特人"（Semites）

这一术语引发了一场激烈的论战，争论的结果是，人类学界不再使用闪米特人这一术语了。与有关雅利安人（Aryans）的争论一样，关于闪米特人的争论也只是表明，语言学概念对人类学意义上的人类划分的干扰有多强烈。一般认为，闪米特人就是操一口闪米特语的人，但在人类学意义上，他们并不相同，他们属于不同的族群。[521]

我自己的看法是，关于东方文明民族的准确界定之论战，意义不大。我们在这一点上所知不多也无关紧要。然而，有一点很确定，即他们所有人，埃及人、巴比伦人、亚述人、腓尼基人和犹太人，从他们的起源和早期历史看，都属于同一人群，我们或许可以用一个术语来表示这个人群，即"沙漠民族"（Desert）或者"沙漠边缘民族"（Desert-edge）。这些人与来自北方的金发碧眼的部落相混种的假设，现在已经被公认为是无稽之谈。只要没有比扫罗的红头发或拉美西斯二世木乃伊的长头骨（dolichocephalic skull）更为现成和可信的证据，德国人所谓［犹太人］无处不在的理论，[522]只能受到人们的冷遇。

那么，人类学史上关于犹太人的人种起源问题会怎么说呢？关于犹太人的一个常见答案是，犹太人在流散期间与之前一样，继续与他们的非犹太人邻居通婚。勒南（Renan）、勒布（Loeb）和纽鲍尔（Neubauer）等人都相信，在很大程度上，现代犹太人是希腊化时代异教徒皈依者的后裔，或者，是公元纪年早期时代犹太人与非犹太人通婚的后裔。尤其是东欧金发犹太人的存在（达到了13%），提供了这一看法的可能性。但就我所知，今天普遍流行的完全相反的观点是，从以斯拉时代起，犹太人一直与这些人严格保持隔离。在两千多年的时间里，他们一直与其他民族没有任何接触，所以他们

第十三章 种族问题

是一个很纯的人种。没有人能够否认,在漫长的世纪里,异族人的血滴落进犹太人的身体,但滴入犹太人身体的血很少,这些外来因素不足以影响犹太民族血液的纯度。

现在我们似乎已经很清楚,过去,我们过分地高估了皈依犹太教的异教徒的人数。毫无疑问,在希腊化和早期基督教时期,犹太教在不信教人群中赢得了很多追随者。(但在随后的数个世纪中,除了个别情况外,犹太教完全失去了影响力。)罗马法和犹太法都为这种皈依者做了规定。但我们可以肯定的是,他们所有人都是所谓寄居的皈依者(Proselytes of the Gate),也就是说,他们按照犹太教义礼拜上帝,但他们没有行割礼,也没能获准与犹太女性通婚。基本上所有这些人最后都成了基督教徒。事实上,在安东尼·庇护时代,犹太人再次获准行割礼,但依然明确禁止寄居皈依者实施这一仪式。以这种方式皈依犹太教就成了该受惩罚的罪过。虽然这种情况十之八九不是禁止令的制定者的初衷,但禁止令的效果很快就得到了认可并得以扩展。[523][罗马皇帝]塞维鲁(Severus)就"禁止皈依犹太教,否则处以重罚"。

但是,就算我们承认在早期基督教时代,犹太人中有一些外来因素,想想当时还存在大约数百万犹太人,事情就远不是想象的那样,但无论如何,这些外来因素与犹太人有着紧密的近亲关系。

接下来的数个世纪,犹太人进入了欧洲的历史,我们认为,这个时期几乎没有皈依犹太教的情况。因此,纵观整个中世纪,犹太人几乎没有掺入过非犹太人的血液。公元8世纪引人注目的可萨人*依皈,

---

* Chozars,蒙古—鞑靼种族,中国史籍称之为"可萨人",是中世纪南俄草原上的一个古老民族,公元8世纪皈依犹太教。——中译者

不能看成是这种说法的例外情况,因为他们的领土范围从来就不是很大。10世纪,这块领土还只是限于克里米亚西部一块很小的地盘,11世纪,这个小小的犹太国家完全消失了。只有一小部分可萨幸存者,即卡拉派(Karaites),还居住在基辅(Kieff)。因此,哪怕全部可萨人都宣称自己是犹太教徒,犹太民族的纯洁性受到的影响也极为有限。但事实上,除了统治家族或者上层阶级外,是否还有其他人成为犹太人,还是很让人存疑。[524]

因此,异族通婚依然是导致犹太人血统不纯的唯一可能的原因。无疑,犹太人与非犹太人之间的通婚一定在犹太历史上的某一时期出现过。异族通婚或许非常之多(一个并不过分的假设),在犹太人的团结有些松动的时代,也就是纪元前的末期,或者在西班牙的12和13世纪。就算这样,这种松散也从来没有持续太长的时间;不久,犹太正统派重新占了上风,开始排斥非犹太人。法利赛人在纪元前的末期实现的事情,迈蒙尼德派在[13世纪的]西班牙再度实现,这导致了一个反向的结果:犹太教徒与基督徒和穆斯林女性的婚姻,被宣布无效。[525]

虽然早期的西班牙公会议明令禁止这种婚姻,然而有迹象表明,这样的婚姻还能找到。比如说,埃尔维拉公会议(Council of Elvira, 304年)第16条教规提出,"天主教徒的女儿不能与异教徒通婚,除非他们回归教会。这条教规同样适用于犹太人和宗教分裂分子"。托莱多公会议(Council of Toledo, 589年)第64条教规禁止犹太教徒与基督教女性发生关系,不管是作为妻子还是情妇;如果这种婚姻关系有了孩子,孩子必须受洗礼。再者,托莱多第四次公会议(633年)第63条教规规定,妻子是基督教徒的犹太人,如

第十三章 种族问题

果他们想要继续与妻子生活下去,就要接受基督教教义。[526]然而,要说存在很多与这些教规相悖的婚姻,似乎也不太可能。无论如何,这种婚姻关系下的孩子已经不再属于犹太教徒,犹太种族的纯洁性并没有因为他们而受到损害。

同样,也不太可能存在犹太人与北方民族的混血。现在有一种观点认为,直到十字军东征的时候,德国犹太人还与他们的基督教邻居生活在一起,并且全方位地与他们自由交往。但是这种观点基本不可采信,研究德国犹太人史的一位顶级权威布兰(Brann),就提出过一个假说,他认为在这个时期,即使最低程度的同化过程,都是"一个轻率的幻想,一旦人们了解了这个时期犹太人的精神生活(inner life),这个幻想就会消失于无形"。[527]

但是仍然存在金发犹太人。人们一直认为,这些人可以用来证明犹太人就是与北方金发种族的混血。但并没有哪位有声望的学者将此视为犹太人与其斯拉夫邻居合法结合的结果。另一方面,还有一种颇为可信的假说,[528]即金发犹太人是犹太人与俄罗斯人的非婚生孩子,这种非法结合或者是发生在普通情况下,或者是大屠杀之际暴力的结果。但这一假说的缺点也很明显。就算这一假说确实解释了俄罗斯金发犹太人的存在,但完全无法解释德国、南方地区(Southern lands)、北非和巴勒斯坦的金发犹太人。

事实上,完全没有必要寻求对金发的混血犹太人做出解释。所有深色皮肤的种族都会出现一定数量的变异,这就是一个明证。[529]

现在我们再回到这个事实,即差不多两千年以来,犹太人一直保持着自己种族的纯洁性。这个方面的证据之一已经在全世界犹太人的人类学特征的相似性中发现了,此外,千百年来,这种相似性显然非常稳定。"[犹太人]的不同遭际或者环境差异一直都没能模糊常见的类型,犹太民族比其他种族更能作为证据,证明遗传的影响比环境的影响更强大"(E. 奥尔巴赫)。

在现代,犹太人血统的人类学同质性已经由许多解剖实验和测量予以确定。[530] 唯一存疑的问题是,德国犹太人(Ashkenazim)和西葡犹太人(Sephardim)之间的古老差异是否延伸到了人类学。在这个问题上,存在两个矛盾的观点,[531] 但我相信,两种观点中无论哪一个,都没有充分确凿的证据来证明一种独立判断。这里必须补充一句,个体观察似乎还值得相信,德国犹太人和西葡犹太人之间确实存在某种人类学上的差异。看看某位瘦削而优雅的西班牙犹太人,看看他小小的手和脚以及窄窄的鹰钩鼻,然后再看看他的德国兄弟,长着粗短的罗圈腿,还有一个肥短宽厚的赫梯人鼻子。对于一般的观察者而言,他们难道不是两种不同的类型吗?目前还没有解释这一差异的科学依据。

另一种有争议的观点是,今天的犹太人是否在生理上和病理上都是与其邻人有别的一个独立存在。毋庸置疑的是,根据这个观点,犹太人在很多方面确实存在某些特点,比如青春期早熟,比如不太容易患上癌症尤其是子宫癌,但很容易患上糖尿病和精神失常等毛病。但是,很多人并不把这些生理和病理特征看成是犹太人特征,而是看成犹太人社会状况和宗教习俗以及诸如此类事情的结果。[532] 因此,明确提出这种说法并没有充分的依据。

犹太人的相貌也有差异。众所周知,相貌是某种脸型和面部的特殊表情的结果。你无法权衡何者更为重要,因此,这个问题必须留待全面观察。正如色盲者无法识别颜色一样,那些对相貌学一无所知的人，也无法从一个人的脸上看出什么差别。因此，当某些作者说，[533]四分之三有教养且富裕的犹太人都无法仅仅凭借其相貌就确切指认他们是犹太人，我们也没有什么需要他们回答的了。但是一位敏锐的观察者肯定能够说出其间的差别，犹太人的相貌仍然是一种现实存在，这一点很少会有人否认。毫无疑问，犹太人中有些人看起来一点都不像犹太人。但在外邦人中也有很多人看起来很像犹太人。我不想像某些人走得那么远，[534]比如就因为哈布斯堡王室的厚嘴唇，或法国路易王室的鹰钩鼻子，就说他们看起来像犹太人。但在东方人中（或许也包括日本人），我们确实偶然发现具有犹太人相貌的人，但这种情况绝没有减损犹太人的人类学统一性。如果说这种情况证明了什么，那也不过是指出了犹太人和东方人具有一个共同起源。（顺便说一下，人们或许还会提及，失踪的十支派［lost Ten Tribes］就一直定居在日本。这种说法虽然是一种荒诞的猜想，但日本人和犹太人的惊人相似性，还是有些支持这种说法。）考虑到犹太人的相貌学已经是一个式微的表述方式，或者就像瑞普利（Ripley）所说，犹太相貌学是隔都生活的产物，对古埃及和古巴比伦纪念碑上所描绘的无可争辩的犹太人面容，犹太相貌学并非没有可讨论的余地。看看示撒时代（the epoch of Shishak，公元前973年）犹太人被囚的图画，或者看看出使撒缦以色王（Salmanasar，公元前884年）宫廷[535]的犹太使者的相貌，你会确信，从那个时候一直到现在，在将近三千年的时间里，标志着犹太人相貌的特征很少出现变化。不过这只是证明了另一种说法，即犹太种族是一个人类学意义上的存在，其特征在历史过程中以最不寻常的方式恒久不变。

Ⅱ. 犹太"种族"

鉴于以上所述,我们可以谈谈犹太种族了吗?回答取决于"种族"这个词的含义。不过,要给这个词下个定义也并非易事,因为研究"种族"这个主题的学者有多少,关于种族的定义或许就有多少。[536-537]当然,任何人都可以说,我认为什么什么是种族的标志,如果我应用我的标准来衡量犹太人是不是一个种族,也可能是这种情况。但这种过程更多的是一种游戏性质。我们需要的是一个科学的定义。但是如何得到科学的定义呢?我们试过了很多方法:人类学区分、头骨测量、生物实验及其应用,等等,但所有这一切都没有绝对意义的结果。然而,因为迄今为止我们并没有看到什么令人满意的人类物种分类,就说事实上不可能存在人类学区分,这也可能是一个错误的结论。爱斯基摩人迥异于黑人,南意大利人也不同于挪威人。我们根本不需要人类学告诉我们这个差别。

犹太人的情况也是这样。我们很难对他们进行分类,但是他们肯定具有他们自己的人类学特征。因此,当一位著名学者写道:"我只了解犹太宗教团体,但对犹太种族一无所知"[538]的时候,我们必须视之为一时头脑发热的草率说法。对此的不同意见则说,我们很容易就能把"犹太民族共同体"和具有共同历史的"犹太宗教团体"放在一起。

所以,就区分犹太人与非犹太人的人类学特征而言,我坚定地认为,不管是哪个地方的犹太人,他们是迥异于(比如说)瑞典人或者黑人的一个人类学群体。用"宗教共同体"进行区分并不充分。

归根结底,这不就是一个语词上的争议吗?有些人使用这个词说，世界上并没有犹太种族。这样说固然不错。但是他们也承认了犹太人的人类学特征。非常遗憾的是，我们找不到合适的字眼对他们进行描述。"一个民族"（A people）这个词没法使用，因为关于"民族"的定义在数量上绝不少于"种族"（race）的定义。但是，称谓重要吗？事情切切实实地摆在这里，我在说到犹太种族的时候，或者，如果你愿意，也可以说犹太"种族"，我可没有半分犹豫。

我想借用犹太人研究的杰出权威阿瑟·鲁平（Arthur Ruppin）[539]的睿智说法为本节进行总结（据我看，这个说法是关于这一主题的最佳说法）："'种族'这个术语的使用不应扯得太远，如果我们使用这一术语包括了那些在史前时期其特殊的人类学特征已经成熟、但自那时以来又一直没有与其他群体相混合的群体，实际上，在白皮肤人中就不可能存在'种族'，因为他们所有人都多次杂交过了。至于犹太人，无论他们是否具有史前时期共同的种族特征，且世世代代保留了这一特征，都没有什么意义。这里的问题在于——事实上，一直到18世纪末期，在多少代严格避免与非犹太人通婚之后，犹太宗教已经形成为一个与其周边群体界限分明的群体。我们或许可以将这个群体的后裔组成的这个共同体，称之为（因为缺乏更好的称谓）一个种族，更具体地说，称之为'犹太种族'。"

Ⅲ. 犹太人本性如何保持恒定

在人类学思考中，最有意思的问题是探讨犹太人的身体特征与犹太人的智性之间，是否存在关联。我们想弄清楚，后者是不是其与生俱来的素质，也就是说，后者是不是这个种族与生俱来的素质。

293 为了对此进行探讨,我们有必要弄清楚,我们在现代犹太人身上观察到的特质,是否也能在古代犹太人身上找到;是否能在其早期历史中追溯到这些特质,或者,这些特质是否在稍后的时间中出现过,如果出现过,那是何时。

结果或许会这样,我们将对现在依然存在的犹太人智性进行观察,将对远至犹太种群形成之时的犹太精神的具体特征及其独有的特点进行观察。我们无法直接证明这一切,因为我们根本没有具有可信度的关于早期时代犹太人普遍特征的描述。但到目前为止,我们手上掌握的可靠叙述简单且少得可怜,然而很有价值。比如说,我们饶有兴趣地注意到摩西五经(在四处——《出埃及记》,32:9,34:9;《申命记》,9:13 和 27)对犹太人的主张以及后来塔西佗(Tacitus)对犹太人的说法——他们是长着强项的百姓。同样有意思的是西塞罗(Cicero)的说法,他说他们兄弟般的相互支持,马可·奥勒留(Marcus Aurelius)的说法是,他们是不安分的人(restless people),他对他们喊道:"马科曼尼人(Macromanni),夸迪人(Quadi),还有萨尔玛提亚人(Sarmatae),我终于发现了一个比你们更不安分的民族!";还有胡安·瓦尔特(Juan de la Huarte)的说法,他说,他们的智力非常适合于从事世俗事务。

需要注意的第一个要点是:

(1)犹太人在整个流散时期对居住地的其他民族的态度。在过去一个世纪左右,我们看到的一直是一副冷漠态度。在资本主义出现并给他们自由之前,犹太人一直被视为是"外邦人"和"半公民"。他们在所有国家都遭人嫉恨,饱受迫害,但他们在所有地方都知道如何保护自己,养活自己。

第十三章 种族问题

那么，古代是什么情况呢？后来是什么情况呢？自从犹太人与其他民族接触以来，我们面对的是同样的场景。所有国家都存在敌视、迫害和虐待。一开始是埃及人："埃及人就因以色列人愁烦"（《出埃及记》，1:12）。大数的保罗（Paul of Tarsus）说得比较偏激，他说犹太人"与众人为敌"（《帖撒罗尼迦前书》，2:15）。在希腊化时代的罗马帝国，也是同样的仇恨、掠夺以及死亡。斐洛和约瑟福斯都记录了我们纪元的第一个世纪亚历山大城的犹太人大屠杀。"仇恨犹太人和苛待犹太人与大流散本身一样古老"（蒙森[*]语）。

在恺撒时期，他们的命运也没有不同："我讨厌这些肮脏且聒噪不休的犹太人"，这是马可·奥勒留的态度。在后来的提奥多里克（Theodoric）时代，屠杀和大规模掠夺大行其道，7世纪的伦巴第人（Longobards）统治下的情况也是这样。东方的情况也与西方相同，6世纪的巴比伦与7世纪的北意大利一样黑暗。即使是在比利牛斯半岛这个他们非常喜欢的地方，最后的结局也是酷烈的：基督徒和穆斯林联手对付他们。

这样的例子还有很多。所有的例子都表明无论在基督教环境还是非基督教环境下，对犹太人都是同样的憎恨。如果不假设犹太人特质（无论犹太人居住在什么地方，都恒定不变的特质）的存在，怎么才能解释这些现象呢？答案一定是肯定的。对犹太人的仇恨不可能是所有这些民族一时情绪的结果。

再者，犹太人无论在何处、在哪个时代都只是半公民。有时候，

---

[*] 特奥多尔·蒙森，1817—1903，德国历史学家、古典学家，曾获1902年诺贝尔文学奖。——中译者

由于法律将他们置于这一地位,他们的确并不属于这一范畴。相反,在古时候的很多情况下,犹太人都具有特权地位,凭借这一特权,他们也免除了某些公民责任(比如,服兵役),或者在立法方面拥有特殊优势。尽管如此,他们并没有完全参与到所在国的国民生活中。该撒里亚(Caesarea)这座建在犹太人土地上并由犹太人管理的城市的希腊居民们,否定了犹太人的公民权利,尼禄(Nero)的大臣博努斯(Burnus)支持他们的决定。[540]一直到中世纪,这方面的情况仍然没有发生变化。

我们如何解释这种普遍流行的处理方式?不同的国家对犹太人采用了相同的政策:从这里我们难道不能清楚看出这是由于犹太人的某种特质?如果你愿意,你当然可以说这严格遵守了犹太宗教的律法。但是,这里一定有什么道理。

可是,尽管所有地方都有这种被压迫状态,犹太人并没有被压垮。从最古老的时代开始,他就知道如何养活自己。或许,这就是我们已经在现代犹太人身上注意到的既顽强又灵活的奇怪混合。他们从未被极端无情地打垮,而是像玩偶匣中的小人那样,一弹即起。他们怎么就抵挡住了(使用了所有能使用的武器)罗马皇帝的攻击!尽管如此,经过他们的努力,3世纪的时候,还是有一位耶路撒冷的犹太长老得到了政府的承认,有了自己的管辖权。在古代,在中世纪,在我们今天这个时代,人们都用一个词——顽强——来概括自己对犹太人的评价:像犹太人那么顽强(*ostinato come un ebreo*)。

这种决断力和灵活性的奇特混合,在犹太人以及与他们的宗教相关的政府事务中表现得淋漓尽致。对这一点他们要归功于他们的敌人，也是因为这一点，他们受尽了苦不堪言的磨难。但他们不愿放弃自己心爱的信仰。一旦压力过大，很多犹太人会假装放弃自己的宗教信仰，只是在私下里继续遵行宗教戒律。我们知道，这是与马兰诺有关的一种行为，但这个行为与大流散本身一样古老。当你看到成千上万的秘密犹太异教徒（crypto-Jewish heathens）、秘密犹太穆斯林（crypto-Jewish Mohammedans）以及秘密犹太基督徒（crypto-Jewish Christians）的时候，你会震惊于人类历史上这一独一无二的事件。更为重要的是，大多数犹太宗教人士和导师以及头面人物，为了活下去而求助于假装改换宗教信仰。回想一下拉比以利亚撒·本·帕尔塔（R. Eleazar ben Parta）的情况，他就是哈德良（Hadrian）治下一名伪装的异教徒；[541] 还有伊斯梅尔·伊本·纳格里拉（Ismael ibn Negrela），他以拉比撒母耳（R. Samuel）之名，讲述《塔木德》并回答有关宗教实践的问题，作为穆斯林国王哈布斯（Badis ben Habus）的大臣，他以万赞归主（Chamdu-l-Illahi）的套语开始其大师讲道，最后以敦促人们依照伊斯兰律法生活作结束；[542] 伟大的迈蒙尼德（Maimonides）试图对自己假装皈依伊斯兰教给出令人信服的理由；[543] 萨巴泰·泽维（Sabbatti Zevi），即伪弥赛亚（the false Messian），虽然他承认了穆罕默德，但并没有失去追随者的尊敬；那不勒斯的犹太人巴西琉斯（Basilus）为了能够用他们的名义从事奴隶买卖，[544] 假装让儿子受洗，原因只在于政府禁止犹太人从事这项贸易；成千上万的马兰诺从比利牛斯半岛遭驱逐之后，一有了机会，就作为基督徒出现在全世界并回归了天父的信仰。能把决断力和灵活性结合得如此之妙的人是多么超群出众啊！

这样我们就能注意到，犹太人特质是在大流散时期得到了充分发展。但是：

297　　（2）大流散本身可以说是外在环境的结果吗？毋宁说，大流散本身不能证明其具体特质？或者，我们换个不同的说法，我们能否像驱散犹太人那样，将任何其他民族的人驱散到全世界？

犹太人在很早的时候就尝到了流亡的滋味。我们很多人都听说过，亚述王提格拉·帕拉萨（Tiglath Pileser）把部分犹太人掳掠到了米底亚和亚述；我们也听说过后来的巴比伦流亡；听说过托勒密一世（Ptolemy Lagi）强迫大部分犹太人定居于埃及，并在昔兰尼（Cyrene）建立了一个犹太殖民区；听说过安条克大帝（Antiochus the Great）从巴比伦带走两千多犹太家庭，让他们在小亚细亚中心的弗里吉亚（Phrygia）以及吕底亚（Lydia）定居。蒙森则将巴勒斯坦之外的犹太定居点称为"亚历山大或其将军的发明"。

上面所有这些情况诱使人把犹太人的流散归咎于外部环境，但鉴于在多数情况下，犹太人离乡背井有违他们的意愿，所以这些流散似乎无法说明犹太人的内在特质。下这样的结论或许有些草率。有没有这样一个可能性——如果犹太人不具有某种具体的素质，他们或许不会被迁移？这种强制性定居一定有某种目的。这种驱逐要不就是有益于犹太人被带离的那个国家，要不就是有益于（可能性更大）安置他们的国家或者城市。要么，人们害怕他们在自己的国家引起骚乱，要么，他们因为富有和勤俭被人视为是值得尊重的公民，因此被当成是新定居点的核心；或者，统治者认为他们值得信赖，并加以利用，以强化对骚乱中心的掌控（就像托勒密一世在昔兰尼的所做的那样）。

298　　然而，很多犹太人被迫舍弃巴勒斯坦或许也有所谓的经济原因：巴勒斯坦没有足以维持人口增长所需要的空间。考虑到巴勒斯坦的土地规模和生产效率，移民的事情一定常常发生。但这指向了一种民族特征，即如大家所知，人口增长应该归为生理和心理之类的原因。进一步而论，经济压力导致的移民还可以追溯到另一个民族特性。在这个方面，犹太人可以与瑞士人相比较。瑞士人同样是因为这个国家没有足够的能力养活所有人，所以也背井离乡远走他方。但是，他们移民只是因为他们有能力和决心使自己活得更好。印度人不会移民，如果人口增长，他会满足于节衣缩食。

但是，如果我们把犹太人的所有流散都看成是强制流散，或许有些片面。我们如果不假设犹太人移民是一种自愿的移民，那就不可能解释如此普遍且各个时代始终如一的移民现象。这种说法正确与否——无论是移民的天性，还是无法在一个地方长久逗留——都无关紧要。但是，某些具体的特征一定与犹太人如此轻易就从一个国家迁移到另一个国家有关联，而且，从很早开始犹太人就已经显示出一种趋向，即他们更多的是定居于大城市。赫茨菲尔德编撰过或许是最完整的一份犹太人在希腊化时期的定居点名录，提请人们注意一个惊人的事实，即犹太人的定居点，52个在城市，其中39个在富裕的商业中心。[545]

所有这一切都显示出，犹太人的特质绝不是在大流散时期，或者如犹太历史学家所设想的是在中世纪形成的，相反，大流散本身是这种特质的结果。这种特质最先出现，至少在那个时候已经处于萌芽之中。

（3）他们的宗教也是这样。有人断言说，今天的犹太人是他们宗教的产物，也就是说，他被打造成了他现在的样子，即通过某些人或某个群体周密思考出的策略，几乎是人为地打造出了他现在的样子，而并非自然演进的结果，我打算认可这个说法。我自己在前一章就这一主题提出的主张力图说明犹太宗教的巨大影响力，尤其是对犹太人经济活动的巨大影响力。但我试图全力反驳张伯伦（H.S. Chamberlain）宣扬的观点。我想清楚地表明，如果没有犹太人的具体特质，犹太宗教也不可能做到这一点。事实是，能够给出这样精彩想法的某些人或者某个群体，一定会假设个人或者群体具有某种特别天赋。再者说，全体人民都会接受他们的学说，不只是依赖口惠就能办到，而是因为深沉而真挚的心灵。除非我们假设他们有特殊的民族特质，否则我们如何对此做出解释？今天，我们已经可以认可这种观点，即在长期内，每个人都有最适合自己特质的宗教，但如果这种特质采纳了另一种宗教，它也会不断改变自身以适应这个宗教，满足这一宗教的要求。

因此我相信，我们可以从犹太宗教的具体特征中推断出犹太民族的具体特质。根据这个观点，从犹太民族传说中推断出许多犹太民族性格的特征，可以追溯到非常久远的古代，确切地说，久远到巴比伦流亡时期。我在本章中将像反犹太主义教义问答书的作者们所做的那样，继续我的讨论，我将从以撒、雅各和以扫的可疑经历以及他们相互之间的坑蒙拐骗，即就犹太人在诈骗钱财方面的一种习惯，进行我的讨论，这没有什么好害怕的。我希望，没有人会不屑于我的做法。欺骗是在所有神话中都能看到的一个要素。我们只需要把我们的视线投到奥林帕斯山或者瓦尔哈拉神殿（Valhalla），就能看到神祇们如何用最无耻的方式相互坑蒙拐骗。是的，我的意思是，我们已经考察过的犹太宗教体系的基本特征，即智性、理性主义和目的论,也是犹太民族的基本特质,这种特质一定在宗教得到发展之前就已经存在(我重复一遍,至少处于萌芽之中)。

(4)我的第二个重点是,几乎在整个历史中,犹太人的经济活动都具有引人瞩目的相似性。我的这一主张是指,这是一个证据,证明了犹太人特质的恒定性,这样,我就把自己放到了流行观点的对立面。我的看法不仅不同于一些人的观点,这些人相信,随着时间的推移,犹太人的经济活动已经发生了变化;我的看法也不同于与我观点一致的人的看法,他们也认为犹太人在其发展过程中具有一种不变因素,我与他们的不同在于,这些经济活动是什么,我们的看法不一致。

那么,什么是公认的犹太经济历史观?我相信我们可以追溯到海涅的说法,大意是犹太人本来是一个农业民族。据说,即使是在大流散时期,犹太人仍然愿意开荒种地,而不愿意从事其他工作。但到了公元6世纪和7世纪,他们被迫卖掉了自己耕种的土地,无可奈何地转而寻找其他的谋生方式。他们从事什么呢?他们全身心致力于贸易,后来五个世纪中一直持续从事类似职业。由于十字军东征在商界引发了反犹情绪,命运再次沉重地压在了他们身上,各个国家已经渐次成长起来的商业阶级组成了自己的行会,开始从市场上排挤犹太人,只有行会会员才能独享市场。犹太人不得不再次寻找新的职业,但所有的商业渠道都对他们关闭,留给他们的唯一可能就是做放贷人。所以,他们就成了放贷人,不久他们享有了这样的特权,因为高利贷法赋予了他们特殊的待遇。

这差不多就是流行于犹太人圈子中(确切地说是在社会同化论

者中）的半官方观点，这种观点也在很多犹太民族主义者中流行。

在犹太历史学家和外邦历史学家（包括前面提到的赫茨菲尔德）中还流传着另一种观点。这个观点认为，犹太人自所罗门王时代开始，历经整个大流散时期直到我们这个时代，一直是一个商业民族。

我认为两种观点都不正确，都具有一定的片面性，我希望我能在下文即将给出的犹太经济简史中，提出我的理由。

从列王时代到民族独立末期——或许我们可以说一直到《塔木德》编撰期——犹太民族就是一个自给自足的独立经济单位。他们各家生产自己所需要的全部产品，剩余商品则送往邦外，或者，他们还可以通过与其邻居简单的物物交换，对自己的生产进行补充。我们可以用这种说法来描述这一切：这是一个满足他们自己需要的单一经济单位，这个经济单位有一定数量的雇佣劳动，有一些手工艺人，因此具有某种庄园采邑制的性质。在这种地方几乎没有贸易的可能性。然而，我们在书中看到的，在列王时代的巴勒斯坦，那大量的商人是怎么回事呢？如何看待这些人呢？用一般的解释来谈论这些商人会误解这个民族在所罗门时代经济组织的本质。这不过是一个外延扩大的采邑制而已，类似于查理大帝时期的庄园制度，因此明显需要进行商品分配。但这并不是商业。"所罗门王有五百五十名督工（他们相当于庄园管事），监管工人……，所罗门王在以旬迦别*建造船只……，希兰（Hiram）差遣他的仆人，就是熟悉泛海的船家，与所罗门的仆人一同坐船航海。他们到了俄斐

---

* Ezion geber，《圣经》中所说的亚喀巴湾北端的海港城市，在现代的亚喀巴和埃拉特地区。——中译者

(Ophir),从那里得了四百二十他连得黄金,运到所罗门王那里。"(《列王纪上》,9:23,26-28)

这段话以及类似的文字意味着一个繁荣的国际商业交往,甚至是垄断性贸易。但我们在这里完全没有必要对此进行解释。一旦我们将王室看成为一个大规模庄园,事情就非常简单了,庄园里的仆人们与另一个大庄园的仆人一起,被派往遥远的地方,为宫廷带回他们所需要的物品。王室的经济独立更多地表现在宫殿建筑的故事中。所罗门王跟希兰说,"现在求你差一个巧匠来,就是善用金、银、铜、铁和紫色、朱红色、蓝色线,并精于雕刻之工的巧匠,与我父大卫在犹大和耶路撒冷所预备的巧匠一同作工……又求你从黎巴嫩运些香柏木、松木、檀香木到我这里来:因为我知道你的仆人善于砍伐黎巴嫩的树木。我的仆人也必与你的仆人同工……你的仆人砍伐树木,我必给他们打好了的小麦二万歌珥,大麦二万歌珥,酒二万罢特*,油二万罢特"(《历代志下》,2:7ff)。该篇中的一段文字也有同样的说法(《历代志下》,8:4),"所罗门建造旷野里的达莫(Tadmor),又建造哈马所有的积货城"。积货城涉及庄园以及庄园的财富而不是商业。

其他段落的说法(本章理论的依据),即后来从事的广泛的交易无法支持这一推论。事实上,我们知道巴比伦流亡者都是富人(《以斯拉记》,1:4-6;《撒迦利亚书》,6:10,11),但书中没有指明他们的职业。《圣经》中找不到对格雷茨的观点(the contention of Graetz)有用的丝毫证据,即他们是通过经商获取的财富。或许出

---

* baths,古代以色列液量单位。——中译者

自尼普尔*的楔形文字铭文可以支持这一假说。但要提到以西结关于推罗毁灭于腓尼基人的嫉妒的预言(《以西结书》,26:2),然后在此基础上提出一个说法,说在犹太人被放逐至巴比伦**以前,巴勒斯坦很有可能就是一座贸易城市,在我看来,这种说法有些大胆了。

我们没有办法对此说法做小心的求证,对此,《箴言》(7:19,20)中有一段著名的文字解释给出了充分的证明(这一段描绘了淫妇的诡计),"因为我丈夫不在家,出门行远路;他手拿银囊,必到月望才回家"。这位丈夫是商人吗?或许是,但他也可能是一位农夫,离家前往遥远的城市给地主交地租,顺便再从城里买两头牛。

因此,没有确切的证据证明经商是专门的职业。另一方面,也还有其他文字支持我的观点,即在稍后时期,采邑制度也很盛行。比如说可以看看《尼希米记》(2:8),那里提到管理王之园林的亚萨(Asaph),让他提供木料,以作营楼之门的横梁和城墙。《利未记》(19:35,36)的训谕中关于重量和度量的说法,并没有对这一理论产生不利影响。

但是,这并不意味着就没有商人。即使是在列王时代也一定有商人,但他们可能只是零售商。我们在《列王纪》(《列王纪上》,20:34)中没有看到他们吗?在文中,战败的叙利亚王便哈达(Ben-hadad)提出为亚哈(Ahab)在大马士革(Damascus)建立街市,就像他的父亲在撒玛利亚(Samaria)所立的那样。或者,我们没有从《尼希米记》(3:32)中得知,金匠和商人在城的角楼修建自己的店铺

---

* Nippur,古代巴比伦的苏美尔城市,即今伊拉克东南部。——中译者

** 公元前586年。——中译者

第十三章 种族问题

吗？我不明白的是，后面那个说法怎能解释为那里一定有非常受人尊重的商业行会（贝尔托莱语）。你依稀能见到的是羊门（the Sheep Gate）边的小业主。

我们当然不能否认，即使是在古代，也存在国际商品交换。当时必定有广泛的贸易和用巴勒斯坦的剩余产品交换他们随身带来的奢侈品之大商人。[546]"犹大和以色列地的人，都与你（推罗）交易；他们用米匿（Minnith）的麦子、饼[一种甜点]、蜜、油和乳香，兑换你的货物"（《以西结书》，27：17）。但不同寻常的是，这些大商人里面从来没有犹太人，基本都是外国人。由基土拉（Keder）的儿子米甸（Midianites）、示巴（Sabæans）、底但（Dedanites）率领穿越这个国家的商队，没有犹太人率领的商队。[547]在《箴言》成书的时候，就算是零售业也掌握在迦南人手中。犹太人被驱逐出自己国家的贸易领域后，在那个时代的国际贸易中几乎失去了所有的影响力。国际贸易的大商家是腓尼基人、叙利亚人和希腊人。[548]"犹太移民主要从事商业的确凿证据，根本不存在。"[549]有鉴于所有这些，我没有理由认为约瑟福斯（Josephus）的文字（即对他那个时代犹太人状态的描写）带有偏见，比较片面。那些文字完全是秉笔直书。他说了什么呢？他说："说到我们自己，我们既不是生活在一个海洋国家，也不喜欢经商"（《驳阿庇安》，1：12）。

在接下来的几个世纪里，这种状况基本没有发生变化。《塔木德》中占据主导地位的那些说法，主要是指盛行于犹太人中、或者至少盛行于东方犹太人或能够自给自足的小规模独立经济体、或者每个能满足自身需求的经济体中的说法。谈论商业活动或许是个错误。姑且承认我们听说过，[550]男人认为成为香料商人是有福之人，因为这样就不用做体力工作了。但可以肯定的是，这里指的是零售商，不是大商人。事实上，贸易尤其是海外贸易，一点都不得拉比的青睐，有的拉比甚至诅咒各类市场。他们将自己的信仰寄托在没有商品交易需求的经济组织那里。"拉比约西亚（R.Achai ben Joshia）常常说，谁像是要去市场里买水果的人？失怙的小孩被带到别的要喂养自己孩子的母亲那里，他还是不会满意。去市场买面包，就像为自己挖掘坟墓"。[551]阿巴·拉布（Abba Rab，175-247）让他的次子牢记，"从地里得到少量的东西，也好过从大桶里（即从货栈）得到大量的东西"。[552]再者，"拉比们教导说，有四种谷子不会得到福佑——文士的薪水、译员的酬劳、赚的孤儿的钱以及做海外贸易的利润"。为什么最后一种不能得到祝福呢？"因为奇迹不会每天都出现"。[553]

我们谈了很多东方的情况，那么，西方的情况呢？西方犹太人也没有大商人。在整个帝国时期和接下来的中世纪早期，犹太人就像叙利亚人，如果他是一名"商人"，也只能是一名不足道的小贩，或者是沾在罗马皇家商人脚上的小蚱蜢，就像是17世纪到18世纪的波兰小贩，遭到当时商人的厌弃。我们在中世纪早期发现的关于犹太人经商的所有这一切，都让我们想到了犹太商人。总之，只要商业，尤其是城际贸易和国际贸易，依然保持着半掠夺探险半投机的方式，犹太人就不会是商人。

如果事情是这样，就是说，如果从古时候起，犹太人从来就不是从事贸易的商人，那么，认为他们是农业经营者，这一观点正确吗？毫无疑义，迄今为止他们的经济组织就是庄园组织。但这并不是事情的全部。按照犹太历史学家的观点，犹太人后来投身的职业

第十三章 种族问题

是违背他们的意愿强加于他们的,这一职业众所周知并从很早的时候就已经开始了。我这里指的是放债行业,我认为,对这一事实的确认意义重大。纵观几个世纪的犹太经济史,放债这个行业看起来似乎在犹太人经济生活中一直起着很大,不,应该说至大的作用。我们在犹太历史的各个阶段,在民族独立时期和大流散时期,都能见到这个行业。实际上,自耕农群体热衷于放债。总之在出埃及之后,放债人这个角色就一直属于犹太人。在埃及的时候,犹太人似乎是借款人,他们离开埃及后,按照官方报告的说法,带走了借给他们的钱财。"我必叫你们在埃及人面前蒙恩,你们去的时候,就不至于空手而去"(《出埃及记》,3:21)。"耶和华叫百姓在埃及人眼前蒙恩,以致埃及人给他们所要的……"(《出埃及记》,12:36)。此后,情况发生了变化。以色列人成了放款人,其他人成了借款人。于是,上帝兑现了他的应许,这个应许或许恰当地称之为犹太经济史的座右铭,事实上,这个应许用一句话表达了犹太民族的命运:"因为耶和华你的神必照他所应许你的赠福与你。你必借给许多国民,却不至向他们借贷"(《申命记》,15:6)。[554]

《尼希米记》中最古老的一段文字已经表明了古代以色列高度发达的放债体系(5:1-5):

> 百姓和他们的妻大声呼号,埋怨他们的弟兄犹大人。有的说:'我们和儿女人口众多,要去得粮食度命'。有的说:'我们典了田地、葡萄园、房屋,要获得粮食充饥'。有的说:'我们已经指着田地、葡萄园,借了钱给王纳税。我们的身体与我们弟兄的身体一样;我们的儿女与他们的儿女一般;现在我们

将要使儿女作他人的仆婢，我们的女儿已有为婢的。我们并无力拯救，因为我们的田地、葡萄园已经归了别人'。

这里勾画的图景已经很清楚了。这个民族已经被分成了两个部分，一部分是上层富裕阶级，他们通过放债并盘剥广大的农村劳动力而致富。纵观犹太人在巴勒斯坦和巴比伦的全部历史，尽管有过尼希米和其他改革者，但这种情况一定在继续。我们只需从《塔木德》寻求证据。对《托拉》的研究让我们发现，在经论（Tractates）中，论述最多的莫过于放债，拉比们的观念世界中充满了金钱事务。拉比纳（Rabina，488-556），即最后的一位亚摩兰*的决定（《中门书》，70b），似乎是为拉比们建立了放债垄断。纵观《首门书》、《中门书》、《末门书》三部经论，里面有许多关于借贷行业和利息升降的例子，也有无数关于货币和放债问题的讨论。不带任何偏见阅读《塔木德》的读者会不由自主地得出一个结论：《塔木德》的世界中一定存在大量的放债生意。

由于大流散，这项业务只能是扩大。犹太人流亡埃及时期，公元前4世纪或者前5世纪，对犹太人放债的监管到了什么程度，我们可以从牛津莎草纸（Oxford Papyrus）《亚兰手稿》（MS.Aram. cl.[P]）中窥见一斑：[555]

……甲特马（Jatma）的儿子……你给了我1000谢克尔银

---

* Amoraim，继"坦拿"之后的第二个犹太学者群体，在三百年内，为整部《密西拿》做了注释。——中译者

第十三章　种族问题

币(segel)。我每个月要为每个谢克尔银币付出2个哈鲁尔银币(hallur)的利息，一直要支付到我把钱还给你为止。因此每个月付给你的利息总数是2000哈鲁尔。如果某一个月我无法付给你利息，利息总数将加入本金从而产生利息。我每个月都要用国库付给我的薪水支付你的利息，你应该就我付给你的这笔本金和利息给我一张收据(?)。如果在当年的透特月*我还无法把所有的钱还给你……你的本金会翻倍(?)，我也必须付给你利息，每个月我都必须付给你一笔相同数目的钱，一直到还完本金为止／此证。

在希腊化和帝国时代，我们发现，富裕的犹太人为国王和王后供应金钱，稍微穷一点的犹太人则把钱借给更低阶层的人。罗马人并非不了解犹太人的生意，[556]前伊斯兰时代的阿拉伯人也是如此，他们认为，用钱生利息，对犹太人来说是很自然的事情，犹太人天性如此。[557]

犹太人首次出现在西欧的历史舞台上，就是放债人的角色。我们已经注意到，犹太人是墨洛温王朝的财务专家，当然，主要担当放债人。[558]在西班牙，他们走得更远。他们在西班牙具有完全的行动自由，老百姓不久就成了他们的债务人。早在其他国家存在犹太人问题(即放债问题)之前，卡斯蒂利亚**的法律机构就处理过涉及犹太人的债务问题，他们处理这一问题的方式显示出了较大的现

---

*　古埃及历，每年分3季，每季4个月。透特月为每年第一季的第一个月，以透特神命名。——中译者

**　Castile，古代西班牙北部的一个小王国。——中译者

实意义。[559]十字军东征之后,放债已经成为犹太人的主要职业,这一事实得到了各方认可。

这样我们就有了一个结论,从很早的时候开始,放债是犹太经济史中的主要因素。

现在到了最终解开这个谜团的时候了:即在中世纪欧洲,主要是指十字军东征之后,因为禁止犹太人采取其他谋生方式,所以犹太人被迫干上了放债这个行当。十字军东征之前两千年的犹太人放债史,应该让这个无稽之谈永远停歇了。官方的说法,即犹太人除了放债从来不能投身于其他任何行业(就算他们可以做)的说法,显然并不正确。大门并没有一直对他们关闭,事实是,他们宁愿从事放债这个行当。这一点已经得到了比歇尔(Bücher)教授关于美因河畔法兰克福之研究的支持,其他城市的情况也可以作为佐证。犹太人天生就有经营这项特殊生意的趋向,因此无论是中世纪还是后来的统治者,都引导犹太人进入其他行业,却徒劳无功。英国的爱德华一世做过尝试,[560] 18世纪在波森省(The Province of Posen),[561] 当局向愿意改换职业的犹太人发放奖金,用于指导他们改变自己的谋生方式。尽管如此,尽管犹太人有同其他人一样成为手艺人和农夫的机会,1797年,在普鲁士的南部城镇,只有4164名犹太手艺人,另有11000到12000名犹太商人。这些数字的意义在于它使我们注意到,虽然犹太人口只占总人口的大约5%—6%,但有这么多人在经商,而基督教商人总共只有17000人或者18000人。

然而,人们或许会主张,就算犹太人自愿从事高利贷业务,也没有必要将它看成是特殊的民族属性。人类的普遍倾向足以解释

第十三章　种族问题

这一点。无论哪个民族,只要一群有钱人与另一群需要现金的人在一起,不管是为了消费,还是为了生产,只要那里管理放债的法律状况比较落后,很快,一个阶层就会成为债户,另一个阶层就成为债主。

实际上,无论何处,富人和穷人住在一起,穷人就会从富人那里借钱,就算是没有货币的地方也是这样——在没有货币的情况下,借债是以实物贷款方式。在文明的早期阶段,在两个阶层觉得自己还具有兄弟情谊的时候,借贷是没有利息的。后来,尤其是与外邦人的某些交往出现后,借债人就要给放债人支付一定量的多于本金的谷物或者食用油或者(在货币经济已经建立的地方)黄金,支付利息的习惯逐渐普遍化。

在这一点上,古代、中世纪以及现代几乎没有差别。三个时期的人们都比较熟悉放债和"高利贷",这一行当从来没有只限于任何一个种族或者宗教。想一想希腊和罗马的土地改革,改革无可置疑地证明,这些国家在某个时期的经济状况,与尼希米时代巴勒斯坦的情况一样。* 在古代世界,因为神殿里存放有大量的财宝,所以神殿才是借贷行业的中心。如果说放债是在耶路撒冷圣殿进行——并不是说这已经被认定:《塔木德》讨论圣殿税的《舍客勒》篇(Shekalim)则明确禁止以商业为目的而利用剩余下来的献祭。我说如果情况确实如此,那么,说古代所有的神殿都放贷,也没有什么特别之处。我们也知道,[562]巴比伦的神殿非常像是许多大商行。德尔斐神殿、狄洛斯神殿、以弗所神庙以及萨摩斯神庙,也没有什么不

---

* 参见 A.E.Zimmern,《希腊城邦》,第111页以下。——英译者

同。[563]在中世纪,教会、修道院以及各种骑士会和其他宗教会社在这个方面取代了古代神殿的地位。尽管教会禁止高利贷,但他们的货币交易非常红火。这件事情在今天有什么不同吗?德国北海岸沼泽地想要赚点小钱的农民们,很清楚没有比借钱给贫穷的邻居赚点利息更好的事情了。

靠获取贷款利息的方式增加一个人的财富,既轻松又愉快,每个人都能尝试一下。每个需要金钱的时期都为人们创造了足够的机会(这个机会就是所谓的信贷危机时期——顺便说一句,在欧洲近代史上,信贷危机都是有规律地紧随对犹太人的迫害而来)。

因此,每个人都做这事——高兴地做这事。用货币生息的愿望一般而言普遍存在。但做这件事情的能力呢?这就让我转到我的下一个证据以支持这个观点,即犹太人的特质一直保持不变——

(5)犹太人从事金钱交易的能力。

众所周知,在中世纪,许多当权者(不管是统治者个人还是市政当局)为了从事放债业务,几乎都请求犹太人来自己的城市,并授予他们各种特权。施派尔主教(Bishop of Speyer)就是一个例子。主教认为,如果自己的城市居民中有一定数量的富裕犹太人,会是城市的繁荣标志。15世纪和16世纪,意大利的某些城市确实与最有钱的犹太放债人达成协议,让他们进城设立贷款银行和当铺。[563A]

为什么要做出这种请求?授予什么特权?为什么除了犹太人之外再没有其他人受邀入城建立放债公司?毫无疑问,原因就在于,良善的基督教徒在某种程度上不愿意用这种邪恶的交易玷污自己的灵魂,所以让犹太人过来站在他们和地狱之间。但这就是事情的真相吗?还是说是因为犹太人更具有从事这项交易的特殊才能？他们才是最聪明且最具天赋的放债人，这也是想要他们的原因。数个世纪以来，他们的成功为他们带来了如此之多的财富，我们还能怎么解释他们的成功？任何人都可以成为放债人，但不是每个人都能成为成功的放债人。因为，你必须要具备特殊能力和禀赋。

再转向《塔木德》，你就会发现，放债对于犹太人来说，不再仅仅是一个半吊子业务，他们让它成了一门艺术，或许，他们可能发明了（他们确实利用了）具有高度组织性的放债机制。

在我看来，对一名训练有素的经济学家来说，到了对《塔木德》和拉比文献的经济内容进行全面研究的时候了。我希望本书能对这一目的起到激励作用。我这里所能做的只是指出方向，这样，我的后继者就能更轻松和容易地找到途径。我要简要标出某些段落，在我看来，这些段落表明了对经济问题有非常广泛的认识，更特别的是，这些段落涉及信贷。我们想到《塔木德》形成的这段时期（公元前200年—公元500年），再将《塔木德》的内容与经济领域中从古代到中世纪并延续至今的所有经济思想和概念做个比较，简直令人称奇。从一些拉比说的内容看，他们好像非常精通李嘉图和马克思，或者至少可以这样说，他们充当股票市场经纪人好几年了，或者为许多重要放债业务提供咨询服务。下面我征引一两个例证。

(a) 对贵金属的本质有深刻认识。"拉比基斯达（R.Chisda）说，黄金分为七类：普通金、上好的金、俄斐金（《列王纪上》，10∶11）、精金（《列王纪上》，5∶18）、铸金（drawn gold）、重金以及巴瓦音金"（《赎罪日书》，45a）。

(b) 货币是商品交换的公因数的思想，得到了充分发展。这一点的最好证明就是法律判决,即只要交付了商品,购买行为就完全成了付款行为。《中门书》的第 4 节就阐述了这一观点。

(c) 生产信贷和消费信贷的概念,存在明显的区别。在生产信贷情况下,允许收取利息;但在消费信贷的情况下,不允许向犹太人收取利息。"如果 A 从 B 那里租地,地租为 10 石麦子。然后,A 请求 B 借给他 200 祖兹(zuz)用于土地的改良,并答应一共支付 12 石麦子——这是允许的。但你愿意拿出更多的钱来租一门店或租一艘船吗？根据拉巴·巴尔·阿布哈(Rabba bar Abuha)的权威说法,拉布·纳克曼(Rab Nachman, 235-320)的意见是,有时候,为了能够在店里挂一幅画,可以允许为租门店付更多的租金；租船也是这样,为了在船上装一根桅杆,也允许多付租金。门店里面挂上画可以吸引更多的客人,因此可以增加利润,船上的桅杆也可以提高船舶的价值"(《中门书》,69b)。

(d) 实际的法律和规则表明,有一个非常成熟的信贷协议体系。读完《中门书》的第 4 节和第 5 节,你感觉好像刚刚放下一份二三十年前海塞(Hesse)的放债行业调查报告,这个行业将无数个诡计和陷阱写入了放债合约条款。*Prosbol**(意思是通过它申明在安息年不免除债务)就是一个高度组织化之放债体系的标志(《安息年》[*Sheviith*],第 10 节)。

(e) 存款处理方式显示出所掌握的这一方面的实用知识。"如果有人将钱存入银行,如果把钱捆成一捆,银行家不会利用这笔钱。

---

* 犹太法规的名称。指在放贷时向法院做出在安息年不免除债务的声明。——中译者

然而，如果钱是散放的，银行家就会利用这笔钱，如果出现了亏损，他还要为此负责。但如果把钱存放到私人手上，不管这笔钱是扎成捆还是散放的，他都不会利用这笔钱。如果钱丢了，他也没有义务把钱还回去。拉比迈尔（R.Meir, 100—160）说过，人们认为，小店主就像是这个私人；但拉比犹大（R.Judah, 136—200）的观点完全不同，他说小店主就像是银行家……"（《中门书》，43b）。

(f) 最后，我想提一下犹太人在数字计算方面的天赋。尽管《塔木德》编著者都具有这种天赋，但我们还可以从更早时期的人身上发现这一天赋。《圣经》中可以看到明确的统计清单，后来的文献一定也震撼了每个人。有一位法国学者就此话题做过评论："这个民族拥有一种非凡的计算能力，也可以说是对数字具有天赋。"[563B]

除了所有这些思考之外，犹太人在放债活动中的成功有效地展示了他们的特殊经商能力。这一成功表现在：

(6) 犹太人的财富

自打这个种族出现且某些犹太人积累的巨额财富可以轻易展示出来之后，就没有人怀疑全体犹太人的人均财富相当之高。在所有时代和所有国家，犹太人的富裕是众所周知的。

我们可以从所罗门王开始，所罗门王的财富即使在富裕的东方君主中也很有名——虽然他不是通过有效的贸易方式获得的财富（尽管你永远不会知道！）。我们知道，后来流亡到巴比伦的某些犹太人，在短时期内就能往耶路撒冷运送黄金白银（《撒迦利亚书》，6：10, 11）。从尼普尔（Nippur）出土的商业合同显示出，犹太人在巴比伦流亡期间，在幼发拉底河流域诸国的经济生活中发挥着重要作用。[564]那些与以斯拉一起回归的人，随身携带着大量的财富

(《以斯拉记》，1∶6—11)，在随后的时期，祭司的财富天下闻名。[565]值得注意的是，在犹太拉比中，很多人是富人，其中有些人非常富裕。编制一份因富有而闻名的人的名单，或许不是什么难事。依我看，大多数犹太拉比的确都很有钱。[566]

在希腊化大流散时期，我们也有同样的印象，即犹太人的富裕水平非常高。在犹太人和希腊人共同居住的地方，比如在该撒里亚（Caesarea），[567]犹太人更为阔绰一些。亚历山大的犹太人中富人特别多。我们已经知道，犹太长官非常富有，我们提到的亚历山大的犹太人，就多是国王和王后的理财家。

中世纪初期情况没有发生丝毫改变。有记录显示，在这个时期，很多犹太人有福气拥有世界上最好的东西。在西班牙，如果雷卡雷德（Reccared）废除反犹太人立法，[568]犹太人就为他提供金钱。我们还知道，在穆斯林统治的初期，阿拉伯人非常嫉妒犹太人的财富。[569]19世纪，科多瓦（Cordova）城里有"好几千（？）富裕的犹太家庭"。[570]很多城市都有相同的情况。[571]

到了中世纪末期，犹太人仍然是有钱人。我们无需对这种说法进行详细讨论，这已经是人们普遍公认的事实。[572]至于所谓现代的情况，我在本书中已经给出了充足的证据。

因此，我们有理由得出结论，从所罗门王到巴尼·巴奈托（Barney Barnato），犹太人的财富就像一根贯穿历史的金线，一次都没有断过。这仅仅是一种偶然吗？如果不是偶然，那是出于主观原因还是客观原因？

客观因素即外部力量，确实暗示了可以解释犹太人财富的意思。首先，犹太人很早就受教育要拥有金钱以寻求自己最大的幸

第十三章 种族问题

福；其次，他们的不安全感迫使他们采用容易移动的形式积累自己的财富，也就是说，他们积累能够随身携带的黄金或者首饰，这样就能毫不困难地隐藏或者带走。毫无疑问，这些原因都有助于说明犹太人财富的增长，却不足以作出充分、全面的解释。我们不能忘记，为了产生出它们应产生的结果，上文所提到的外部力量，必然会对一个民族拥有某种特殊天赋发挥影响力。但我们暂且不谈这个。这里列举的事实在大流散时期才有影响，此点我们也暂且不谈。这种解释的最大缺陷是，它只能告诉我们犹太人一直希望成为富人的原因，顺便解释了采用特别形式致富的原因。在这种情况下，愿望是什么不太要紧；主要是没有解释清楚愿望为什么能够实现。因此我们必须寻找另外的原因。除此之外，自从阿尔贝里希抢劫了莱茵的黄金以后，致富的愿望就已经人皆有之了。

还有另外一种让人联想到犹太人财富的解释。这种解释正确地指出，几个世纪以来，相比较而言，犹太人与其基督教邻人的地位并不平等，因此并不像基督教邻人有那样多的机会。由于每个群体都有不同的舒适标准，社会地位的概念并不为人所知，因此有无数人为的欲望与这一想法相关联。一位对这方面问题做过深入研究的学者评论道："确实，与同等收入的基督教徒相比较，犹太人注定要成为两者之中较富裕的那个，因为基督徒有很多机会花钱，但犹太人没有这个机会，原因很简单，前者属于统治阶级，后者只是见容于社会的阶层。至于富裕的犹太人，他们的环境与富裕的基督徒完全不同，因为他完全没有必要去考虑他那个社会阶层需要什么。因此，他想享受的奢侈生活不一定与他的社会地位相称"。[573]

无疑这也是对犹太人财富的一种解释，也可以用来说明我们在上文提到过的犹太人特殊的经济观。这一方面也是出于与自由竞争思想相类似的想法，即你的收入限制你的消费——一个与封建社会全然无关的概念——而且，节俭是一件好事（与犹太人古时候的思想有关联）。这让我想起一个古老的德国格言：

> 人生罕见七件事：
> 从不吟唱的修女，
> 没有情人的少女，
> 不见强盗的集市，
> 失去了胡子的山羊，
> 不懂节俭的犹太人，
> 没有耗子的粮仓，
> 不带虱子的哥萨克。

犹太人的节俭习惯或许可以追溯到他们的资本积累倾向。有时候人们会听说，犹太人的货币比基督徒的货币待在商业流通中的时间更长，而且获益更快，旧时犹太人不能进入封建地主乡绅的小圈子，所以用不着为了保持与自己地位相称的外表而耗费金钱。如果他力行节俭，他的金钱势必投入商业企业。当然，除非他像17世纪汉堡的犹太人的习惯做法那样，将金钱直接放出去吃利息。格吕克尔·冯·哈梅尔恩和她的朋友们，只要手上有了余钱，就把钱投资于证券。钱滚钱，钱生钱。

就其本身而言，所有这些思考都具有一定的价值。但在解释犹太人财富方面，他们仍然没能做到足够让人满意。上述思考虽然很

第十三章 种族问题

好地指出了影响所有问题的客观力量,但我们仍然无法忘记,如果受这些客观力量影响的男男女女,不是按照一种特定方式组成,这些客观力量就不会产生什么特殊后果。一个民族不会只是因为外部环境压力这一个原因,就变得节俭了。此外,在隔都的围墙已经倒塌很久的今天,犹太人已经享有了完全的平等,他或许已经成了地主,并按照最硬性的要求规范自己的生活,但我认为,犹太人在今天还是比基督徒更节俭。我们看一些统计数据。1895年到1903年,在德国巴登,新教徒的资本增长从1895年的100%,增长到1903年的128.3%;犹太人的资本增长则从1895年的100%,增长到1903年的138.2%。这就够让人吃惊了,但还有更让人吃惊的事情。同一时期,新教徒的收入从1895年的100%增长到1903年的146.6%,但犹太人的收入从1895年的100%增长到1903年的144.5%。

迄今为止,所有我们已经提到的可能缘由都只能解释现有的财富增长的原因。但没有一个能满意的回答这样一个问题,第一桶金是怎么来的?这只能有一个答案。财富是由那些具有赚钱天赋之人带来的。因此,或许我们能够从犹太人的财富那里,推导出特定的犹太人特质,或者犹太特性。

Ⅳ. 犹太人特性是先天的还是后天的?

我们在前面这一节的所有思考有什么结果呢?犹太人的智识和犹太人的人类学特征一样,几千年来一直保持不变。

这证明了什么?我们的结论是,犹太特性植根于犹太民族性?如果是这样的话,那些对种族一说怀有教条式信仰的人会毫不犹豫地说是。然而，我们这些试图按照科学方法探讨问题的人一定会说不。事情还没有得到证明。

对某些相信种族理论[574-585]的人的方法做一个简要的概述，就可以看出他们结论有多么不可靠。他们首先假设犹太人是一个种族。因为每个种族都有自己的具体特征，所以犹太人也有自己的特征。换句话说，他们的特征植根于他们的种族特性。但这个理论并没有实际证明。如果必须说实话，我们对人体学或人类学特征与智识之间的关联，其实一无所知。

种族学理论家提出，用一种新的宗教来替代古老的犹太教或者基督教。那么，是雅利安或德意志的世界"使命"理论，还是现代形式的"被拣选民族"信仰？这些当然很好，但是不要让任何人受到臆想的蒙蔽，以为这是科学。这只是信仰，信仰和科学最好分而论之。

正如我们所说，人体学属性与智识能力之间没有确定的关联。每一种族恒久不变的状态或许纯粹是一个偶然；它可能在每一代重新出现，或许借助于传统而持续下去。对于一个像犹太人那样重视传统的民族，这种假设似乎足够了。犹太人虽然切断了与他人的交往，但他们具有对家庭强烈的爱。每一代犹太人都小心翼翼地遵守自己的宗教实践，每一代犹太人都在热忱地研习《塔木德》。所有这些提供了一种仅靠教育而将民族特征代代相传的机制。

这是一种观点。不过犹太人特性可能来自于遗传。再者，也有人从环境角度来追踪溯源。犹太宗教、隔都生活以及数个世纪从事货币交易，这三者都被用来说明犹太人的特性。这里面或许有什么道理。正如我极力表明的那样，这些只可能是影响，而不是引致结果的原因。

我打算在下一章分析犹太人的特性,并按照既定的顺序强调以下重点:(1)犹太人在现代生活中显示出的源于这个民族原质的东西。(2)各种因素是如何交织一起的。(3)在犹太人历史的影响下,哪些特性留存了下来。最后,如果这种思考尚不足以充分证明,我们将大胆假设:(4)具体特征是在历史发展过程中成长的。然而我们应该清楚,我们无需求助于这种假设,因为犹太特性可以沿着前三条思路便可以进行充分解释。如果是这样的话,我们就可以得一个结论:犹太人的特质是这个民族与生俱来的东西,无论如何都不能归于教育过程。

第十四章 犹太民族的命运

如果有人想用一句话来说明犹太人在世界文明中尤其是在经济生活中的重要意义，他或许可以这样说，犹太人的意义要归因于北方种族中东方人的迁入，两个种族的文化发生了融合。关于古典世界的文明尤其是古希腊文明，还有意大利文艺复兴，也有类似的说法。还有人认为，主要起因于游荡到了南方环境中的北方民族与原住居民的融合——这是一个很棒的假设，不是一点道理没有。

但关于犹太人的这个说法不是假设：这是一个既定的事实，有大把的证据可以证明。我们时代的资本主义文明，是犹太人（推进到北方的南方民族）与土生土长的北方部落融合的结果。犹太人奉献出了非凡的商业能力，而北方民族尤其是日耳曼人，奉献出了同样非凡的技术发明能力。

因此，我们思考犹太特性及其巨大影响的目的何在是很清楚的。无论犹太人是闪米特人，还是赫梯人或是其他种族，无论他们是"纯"种还是"混血"都不重要，重要的是，他们是迁入了一个气候和周遭民族都极为陌生之环境的东方民族，他们的大能在那里结出硕果。

他们是东方民族的一支，也就是说，这支民族的栖息地位于这

第十四章 犹太民族的命运

个星球西方的阿特拉斯山脉*和东方的波斯湾之间,这个民族忍受着北非大沙漠、阿拉伯半岛和小亚细亚或三者边界之地炎热的气候;这个处于特殊环境并带有自己成熟特质的民族,自大约1.2万到1.6万年前的冰河时期以来,其特质从来没有改变。

整个这片地区(犹太人也来自这个地区)是一片广袤的沙漠,沙漠中零散分布着人类和牲畜可以居住的绿洲。众所周知,在较大的河谷中,即在埃及、美索不达米亚和巴勒斯坦,出现了最早期的世界文明。比较而言,这三个地方都是小块肥沃之地,都是真正的沙漠绿洲,所以基本上都是绿洲文明。埃及的可耕地大约与今天的普鲁士萨克森省相当(根据《政治家年鉴》,大约为550万英亩);美索不达米亚的土地面积只大约是伦巴第平原(Plain of Lombardy)(根据同一权威资料,大约为4500平方英里)的一半;较小的是全部人口为以色列人的巴勒斯坦,其土地面积或许不比巴登(大约为5000平方英里)大多少;因此,南部王国犹大,即犹太人的家园,面积大约与安哈尔特公国(Duchies of Anhalt)、萨克森-科堡(Saxe-Coburg)和哥达(Gotha)加起来一般大(大约1600平方英里)。但这些绿洲,尤其是巴勒斯坦,本身就遭到了沙漠的破坏,犹大尤其遭到大自然的恶劣对待。它的南端一直延伸到希伯伦(Hebron)和比尔谢巴**,直插进现代的沙漠荒原。

这些国家的农业是绿洲耕作农业。这是什么意思呢?就是说,基本上是通过人工手段聚集土壤,而且,农民最大的目标是收集植

---

* Atlas Mountains,阿尔卑斯山系的一部分。——中译者

** Beersheba,以色列南部一城市,位于耶路撒冷西南。在圣经时代它标定了巴勒斯坦南部的边界。——中译者

物生长所必需的水。巴勒斯坦的情况也是如此。在巴勒斯坦，土地耕作取决于水的供给。干旱是农民最恐惧的天灾。每一年，他都战战兢兢生怕干旱的荒漠伸开双臂包围他的土地，每一年，他都要焦心这么多的忧虑和灾难。每时每刻，他都处于恐惧之中，害怕沙漠刮过来灼热的风或沙漠蝗虫。最重要的是，他害怕横穿荒漠的劫匪突然降临，杀人越货，有时候，如果劫匪突发奇想，还会将他们的全部财产占为己有。我们现在将这些沙漠之子称为贝都因人（Bedouins），绿洲定居者曾经也是这个游牧部族的一个部分。他们的劫掠加速了具有坚固城墙的要塞城市的出现，平原的居民可以在城里得到庇护。有时候，沙漠径直闯入了他们的家园，所以一直以来，他们都怀有沙漠荒原的精神。

这个四处游荡的贝都因部族就是希伯来人，大约在公元前1200年，他们一路杀人越货来到了迦南，并最终决定落脚于此，停止四处流走的生活。这就意味着，如果可能的话，他们什么事情都不做，但当地土著人会为他们做工——这是每个征服者的目标。耶和华这样许诺："我领你进入应许给你的地。那里有城邑，又大又美，非你所建造的；有房屋，装满各样美物，非你所装满的；有凿成的水井，非你所凿成的；还有葡萄园、橄榄园，非你所栽种的；你吃了而且饱足"。（《申命记》，6：10，11）

曾经，希伯来人在这个应许之地干了什么呢？他们建立了何种经济组织形式？当然，我们无法说出细节，[586]但有一两件事或许我们可以想象。正如我们所知，在征服了这么广袤的土地之后，他们中有影响力的强势人物便建立了一个封建社会。他们或者通过实物租金的方式，靠分包给税收官吏，或者依靠信用手法，占有了

第十四章 犹太民族的命运

土地的部分出产物。不管怎样,多数希伯来人居住在城里,接受臣服的人们耕作土地所交的地租或利息。这些人或是"殖民者"或是"自由农",或是东方对这个阶层使用的无论什么名称。某些征服者部落日渐贫困,落到了非自由农阶层,但他们是基本没有影响力的群体。落到这个地位的人是居住在西约旦(West Jordan)的那部分人,主要是犹大、西缅(Simeon)和利未(Levi)以及其他支派。在这个地区,唯有畜牧业具有可能性:"犹大的牙齿必因奶而白亮"。其他支派,比如流便支派(Reuben)和迦得支派(Gad),仍然处于半游牧状态,居住在犹大东部饲养牛群,玛拿西半个支派则穿过约旦河,回到了河对岸。然而,所有支派都必定深深刻上了游牧精神。如果不是这种情况,我们将很难理解犹太宗教体系的兴起与发展。

我们不应忘记,体现了犹太宗教的犹太人的《圣经》,尤其是摩西五经,就是游牧民族的文献。他们那位能战胜所有伪神的上帝,是一位沙漠上的游牧之神。在有意识地重建耶和华崇拜的时期,以斯拉和尼希米一直保持着游牧传统,在这个过程中,他们根本没有注意到这是一个农业介入期。祭司法典(Priestly Code)"小心翼翼不提在迦南的定居生活……只提游荡于荒野大漠的生活,认真地想要被人视为荒漠法典"。[587]翻开史书或者先知书,荒漠唱诗,包括《诗篇》,处处都能发现对牧人生活的明喻和暗喻。偶尔你才能见到描述农夫"安坐在家门前那棵无花果树下"的场景。耶和华是位好牧者(《诗篇》,23),他将"像聚集草场中的羊群那样"召集以色列人的余部(《弥迦书》,2:12)。安息年*不就意味着你暂时停止农民

---

* Sabbatical Year,古代以色列人的一种习俗,每隔七年,会有一年的时间不从事工作、耕作、劳动等。——中译者

的工作，成为旧式的以色列人吗？与大多数牧羊民族一样，以色列一直由不同部族组成，但以色列从未完全放弃分割成家族和部族。毫无疑问，迟至公元前5世纪，在游牧民中、具体在统治阶层甚至在大多数人民中，一定还存在一股很强的闯劲。不然怎么可能用一个游牧宗教控制他们这么长时间？

人们可能会问，是不是那段时间的游牧癖好偶然让人回想起了早期状态？或许之前几个世纪暂时休眠的旧有的流走本能，在巴比伦流亡的影响下再次苏醒了？很可能且更有甚者，自巴比伦流亡以来，犹太民族的盛衰自然会引发沉睡的沙漠游牧民族的情感。我尤其要强调这一点。因此，即使我倾向于假设，以色列人之子在迦南被征服后的五百年中，一直过着定居生活，但事情很清楚，世上一切力量似乎串通一气，不允许这种状况成为常态。（在如此炎热的国度）植物不能生根而无待把植物连根拔起。在整个选择或适应过程中，犹太人天生的"游牧性"或"撒哈拉性"（Saharaism）（如果我可以造词的话），一直保持着活力。因此几个世纪以来，以色列仍然是一个沙漠游牧民族。

这个结论没有什么新意。但是人们并不能不假思索地就认定这一结论。为什么呢？因为反犹小册子的作者们会粗暴地攻击这一结论，并从其不当中取利。当然，我们没有理由怀疑其正确性，或者说，我们没有理由无视这种认识对犹太人特质进行的诠释。对付那些心怀偏见的文人所应该做的，就是审慎地分析问题，并对问题之重要意义提出富有启发性的观点。但到目前为止，很少有人在这方面取得了成就，所做的都很幼稚且恶意歪曲。无怪乎有人怀着轻视和戏谑接受了犹太人一直是游牧民族这个观点。如果这些人

第十四章 犹太民族的命运

能够证明这个结论不正确,那么更为切当。不过从未有人做过认真的尝试。推理步骤如下:古时候的巴勒斯坦有过农业实践;当时犹太人居住在巴勒斯坦;因此犹太人就是农业生产者,乍看起来,这个推理有点弱。另外一点,游牧族这个术语并不暗含着谩骂或者羞辱。充其量只是反对其掠夺而已。但为什么所有的耻辱都要加诸一个在强悍的首领比如大卫王的领导下并靠劫掠为生的贝都因部落头上?比之非洲荒野里的黑人农业部落,为什么人们认为他们不值得同情或是很少引人同情?当然,事情很明显,在我将"游牧族"这一术语应用于后来的犹太人历史的时候,我想让此术语承担的不是其在随后的时间里获得的第二含义,而是含有其原始力量的原初含义。

澄清了一些疑惑之后,现在我们来证明我们的结论的正确性。几个世纪以来,无论是处于选择过程还是适应过程,以色列人都是一个沙漠游牧民族。

我们已经提到了巴比伦流亡在唤醒沉睡的游牧本能过程中的可能影响。实际上,如果说实话的话,我们对巴比伦流亡的含义,不管是去往巴比伦还是回家之路,都无法形成清晰的概念。似乎可能存在一个假设,即当时的犹太人仍然是游牧民或者半游牧民。今天,人们很难想象征服一个农业民族,反之,谁都知道如何对游牧部族进行强制"迁徙"。[588]而且,这一假设似乎也得到了巴比伦被掳故事的支持。"又将耶路撒冷的民众和众首领,并所有大能的勇士,共一万人,连一切木匠、铁匠,都掳了去;除了国中极贫穷的人以外,没有剩下的。"在第二次巴比伦远征之后,"护卫长留下些民中最穷的,使他们修理葡萄园,耕种田地"(《列王纪下》,

24∶14 和 25∶12)。《耶利米书》中的说法与此相同(《耶利米书》,39∶10)。

不管是谁流亡,我们十分确定的是,农夫不在流亡人群之中。第二批流亡者被掳走之后的情况依然如故。《耶利米书》中某些段落增加了我之观点的可能性,即在地主被带往巴比伦之后,耕种土地的无自由农奴,成为独立农夫。假设这些人是希伯来人所征服的原始居民的后人,并不过分。因此,自巴比伦被囚时代以来,相比较于巴比伦流亡者(基本上是犹太贵族或者犹太精英),犹大人的血管中流淌的犹太人血,恐怕要稀薄一些。这也是后来广泛流行的观点。即使是在犹大,人们也承认,巴比伦犹太人才有最好的血统,一则古老的犹太说法有助于确定这个信念。"拿罗马大流散时期的犹太人与犹大犹太人的血统相比,就像用混合面与纯面粉相比,也只有犹大的面团才能与巴比伦的面团相比较"。[589]拉比以西结(R. Ezekiel, 220—299)为好人以斯拉辩解,因为他在返回巴勒斯坦的时候说,他带走的是家世不明的人家,留下的是没有混血之嫌的人(!)。[590]

于是我们得出这样的结论。巴比伦流亡是犹太人选择其最佳生活环境的一个选择过程,犹太人从未赞成一种定居生活的经济,而是被迫唤醒了自己内在的游牧本能,并作为城镇居民即商人来谋生。但这并不意味着他们之中就没有农民。事实远非如此。《巴比伦塔木德》确实表示出,有些人致力于农业,但条件必须是在巴勒斯坦当前那种条件,在巴勒斯坦,居住在城里的贵族要依赖于农民(非犹太人?)的农作生活。无论如何,这一情况给人一种典型事态的印象,但也不排除存在例外。我们难道没有在书中看到过一名

第十四章 犹太民族的命运

古代拉比跟在铧犁后面的场景吗？然而，结论是什么呢？结论是，放逐时期的普遍条件决不是例外。正相反，当时的情况很正常。在流亡之前，已经有很多犹太人以自愿流散的方式定居在埃及了。毫无疑问，那些离开巴勒斯坦的人，正是那些古老的游牧本能还没有完全泯灭的人，他们自愿流亡的本能召唤着他们向前，再向前。我们从未发现过这些来自犹大或巴勒斯坦的浪迹天涯的犹太人，像其他移民做过的那样，建立农业垦殖园或任何独立定居点。但我们发现了什么呢？这些犹太定居者将自己分散到了世界各国所有有人居住的角落，尤其是有利于他们谋生的大城市。[591]我们从未听说过，他们在赚够了钱衣食无忧之后，返回自己的家乡，就像今天的瑞士人、匈牙利人或意大利人移民所做的那样。唯一能把他们与家乡联系在一起的纽带就是宗教。能让他们踏上回乡之路的只有每年逾越节的朝圣之旅，使他们又成了真正的游牧民。

巴勒斯坦慢慢退出了犹太人的生活中心，越来越多的犹太人散居到世界各地。到了第二圣殿毁灭时期（公元 70 年），流散在外的犹太人已经超过了犹大的犹太人。或许，这里还有一些其他原因。这个国家即使在人口最为密集时期，也基本无法维持 100 万或 150 万人口（今天的居民人口最多 65 万）。至于犹大，从来没有超过 22.5 万人，耶路撒冷不超过 2.5 万人。[592]从纪元时代开始，巴勒斯坦以外的犹太人数已经超过了巴勒斯坦的犹太人数。据说，埃及托勒密王朝时期，700 万或 800 万总人口中，犹太人占了 100 万人。[593]这种情况并不是埃及独有的现象。用约瑟福斯引用斯特拉博（Strabo）的话来说，很难找到一个地方没有犹太人居住或犹太人不占突出地位（！）。斐洛给出了一份他那个时代住有犹太人的城市名单，并且补充说，他们不仅住在欧洲、亚洲和利比亚的很多城市，还居住在大陆和岛屿以及沿海和内陆。到了公元2世纪末期，我们也从《西卜林占语集》(Sibylline Oracle)中听到了同样的说法，[594]杰罗姆(Jerome)告诉我们，"从海洋到海洋，从不列颠到大西洋，从西方到南方，从北方到东方，在全世界"[595]到处都能看到犹太人。在罗马帝国早期，很多犹太人居住在罗马，据说，从希律王造访恺撒的首都(the capital of the Caesars)一直到奥古斯都统治时代，罗马的犹太人不少于8000人。公元19年，"公开承认埃及和犹太仪节"的4000名战时的获释奴隶，被判处流放撒丁岛。[596]

这就足够了。不管有多少犹太人在前基督教时代流散在外，可以确定的是，在第二圣殿毁灭时期，以色列人已经分散到了全世界。[597]中世纪，蚂蚁搬家并没有消停，犹太人的流走仍在快速增长。这一点也可以确定。

犹太人朝哪个方向漂泊了呢？公元5世纪左右，巴比伦空了，一开始人走得比较慢，后来速度开始加快，犹太人逐渐迁移到了世界各地——阿拉伯半岛、印度以及欧洲。13世纪，从英国、法国和德国出来的移民人流，一部分来到了比利牛斯半岛，那里已经有了很多来自巴勒斯坦和巴比伦的犹太人；还有一部分人来到了东欧各国，从8世纪开始，东欧各国就有了从拜占庭帝国横跨黑海而来的犹太居民。到中世纪末期，东方以外两个最大的犹太人聚居地，一个是西班牙和葡萄牙，另一个就是俄国和波兰。从这些国家重新开始的流走生涯，其过程我们已经做过描述。首先是西班牙犹太人，接下来，在17世纪哥萨克屠杀犹太人之后，俄罗斯犹太人开始向世界各地分散。从俄国和波兰开始的这一移民过程一直是一个平稳的过程，但到了19世纪末期，移民潮出现了火山喷发式发展，成千上万的犹太人逃往新世界寻求避难。[598]

所以，这些人从一个地方被赶到另一个地方——浪迹世界的部族其命运以流走犹太人的传奇形式，如此动人地展现出来。[599]对自己处境的持续不安，使他们不可能考虑定居于某一个国家。事实上，他们几乎没有那样做的意愿。我们所知道的关于犹太人在大流散时期的生活，都让我们得出这样的结论：只有微不足道的少部分犹太人投身于农业，而且是在那些在他们前进的路上没有设置任何困难的国家。或许16世纪的波兰就是一个最好的例子。在那里犹太人似乎已经开始了农业生产。但即使是在波兰，他们也显示出了对城市生活的偏好。因为在这个时期，在波兰的城市里，如果有500名基督教商人，就有3200名犹太商人。[600]

因此他们成了城市居民——不管是自愿还是环境的压力使然，都不重要——他们依然是城市居民。今天，全世界有一多半犹太人居住在人口超过5万的城市里。在德国，大约有43.6%的犹太人（1900年）是这种情况，在意大利、瑞士、荷兰和丹麦，大约4/5的犹太人住在城里，英国和美国的犹太人则全部住在城里。

现代城市不过是一个大沙漠而已，但远不如沙漠那样炎热，只是像沙漠一样迫使其居民成了游牧民。因此，当选择原理只是趋于强化游牧本能时，积压在犹太人心中几个世纪之久的古老的游牧本能在适应环境的过程中被唤醒。很清楚，不是喜欢农民安稳的定居生活的犹太人，而是那些游牧本能强的犹太人，更可能存在下去。

这个在荒野中不是流走了四十年而是流走了四千年的不安分的热血民族，最后来到了迦南，来到了他们的应许之地，只有在这里，他们才能不再颠沛，休养生息——犹太人匆匆忙忙从一个绿洲到另一个绿洲，最后来到北方国家，与那儿的民族相遇，北方民族居住在北国的土地上，闻着泥土的芳香；他们不同于犹太人，就像阿登马迥异于阿拉伯战马那样。

很快，北欧、中欧和东欧的各民族是否被称为雅利安人或其他什么人，已经不太重要。诚然，最新的研究搞清了其中的多数人确实是雅利安人。[601]但是称谓说明不了任何问题。重要的是，他们所有的人都来自寒冷的北国，也从来没能让自己适应南国的温暖土地。[602]因此认为他们是雅利安人是一个误解。因为这样一来，我们还应该将黑肤印度人也包括进来，尽管除了语言之外，金发碧眼的欧洲人与他们没有一点相同之处。但在其他方面，他们有自己的特征。看看这些人今天的样子我们很容易就能看出这些特征，如果我们必须用一个词来概括他们的特点，我们可以用一个与沙漠相对的词，即森林。森林和沙漠确实是能概括不同国家及其居民之间差异的两个相对的词。森林是北方的森林——有着淙淙小溪，在林中，薄雾轻绕着树干，蟾蜍栖身在"潮湿的青苔和沥滩的石头上"，冬季，淡淡的阳光在雾凇中闪烁，夏天，百鸟的歌声唱响林间。无可否认，这里也有类似黎巴嫩高地的树林，就像今天意大利南部的树林一样。但那些踏足南方森林的人，不会马上感受到它与北方森林有什么密切的关系，也不会马上认识到，"意大利的森林给我们的所思所感与阿尔卑斯森林和波罗的海沿岸森林给我们的迥异。意大利南部森林，一派和谐美景，林中洋溢着难以言喻的清光，在萧萧的风中，柔韧而又强健的树木指向天际，恰似一坡圣林"（赫恩）。但是，我们的北方森林——它的魅力和神秘让我们对它又爱

第十四章 犹太民族的命运

又怕。它是沙漠和森林、沙土和沼泽——由于长期湿润的气候而形成的巨大差异,才为人类的活动创造出不同的环境。因此,在一种情况下,海市蜃楼(Fata Morgana)是一种自然象征,在另一种情况下,不过是云雾造成的幻景。

在古时候,北方气候的特征甚至比今天更为显著。罗马人把日耳曼尼亚描绘成铅灰色的天空下,遍布沼泽和密林的蛮荒之地,为雾霭和潮湿的空气所笼罩,那里冬季漫长且多狂风暴雨。数千年来,那里的人们(我们的祖先)栖身于潮湿的树林、沼泽和迷雾中,经受着严寒雨雪的侵扰。他们砍伐树木,平整住地,搭起棚屋,用斧头和铧犁在一片荒野中为自己换取所得。从最开始,他们似乎就已经扎根于土地;从最开始,农耕似乎就已经出现。然而,就算我们力图把这些北方民族想象为"游牧族",他们也与贝都因部族有着截然不同的生活。我们认为,与沙漠绿洲中的农民相比较,他们更依赖于温暖的家庭生活。北方人即使是以专门养牛为生,也是定居者;贝都因人虽然也耕田犁地,却一直都是游牧人。

情况之所以如此,是因为与热带国家的人相比较,北方国家的人与大自然的关系更为密切。即使他只是森林间跑动的猎人,或者是在密林中为自己的羊群开辟通路的羊倌,他们都是大自然的重要组成部分。即使冒着被人嘲弄为现代神秘主义的风险,我也要说,在大自然与最平凡的人之间,也有一种南方人所不知道的亲密的友爱关系。在南方,如我们所观察到的那样,人们只是将大自然看成是创造文明的一种工具。即使在他靠土地吃饭的时候,他也对大自然非常陌生。在南方,没有乡村生活,没有与大自然共存这种说法,对一草一木、荒地和草场以及野生动物和自由的小鸟没有一丝牵挂。

我们并不清楚，变化多端的环境是否一定产生出不同的结果？是否一定以不同方式影响到人类？假设犹太人的特质就像我们见到的那样，是几千年流走于荒野造成的影响或者是几千年流走于荒野打上的独特印记，这么说是不是太过分？答案当然是肯定的，但如果我要在下文力图对此作出证明，我还是必须承认，我们现有的生物学知识，根本不足以揭示环境是如何影响到人类的解剖学和生理学的特质，并因此而影响到他的心理倾向。实际上，圣胡安的胡安·瓦尔德（Juan Huarte de San Juan）已经提出了心理倾向这一研究方向。上文我已经提到过瓦尔德，他是 16 世纪西班牙的一位睿智的老医师，他在《论适合于各种学艺的才能》（Examen de ingenios）那本杰作中，做了一个严肃的尝试（这个方面的第一次尝试），他用犹太民族的盛衰来对犹太人特质进行生理学和心理学的解释。在我看来，这位睿智的思想家的思想（采用当时确实了不起的方式对人类的选择问题进行研究）非常可取，而不应当被埋没。我在这里作一提纲挈领的介绍。[603]

胡安·瓦尔德提到了有助于塑造犹太人特质的四个原因：(1) 炎热的气候。(2) 贫瘠的土地。(3) 四十年荒野流走中，这个民族的特殊食物：他们依靠吗哪*过活；喝的是绝对纯净的饮水，呼吸的是难得的空气。在这种环境下（正如亚里士多德早就指出的那样）出生的孩子都是才智出众的人（hombre de muy agudo ingenio）。(4)"以色列人之子进入应许之地之后，面对着如此之多的困难，比如物质

---

* Manna，圣经故事所述，古以色列人经过荒野时所得的天赐食物。——中译者

匮乏、劫掠以及各种各样的征服和磨难,这种痛苦又为他们的智识天赋添加了一种热烈且不事矫饰的气质……持续的忧郁和无尽的苦难导致血液集中于大脑、肝脏和心脏,因此而产生了一个血液消耗和燃烧的过程……从而分泌出大量炙热的黑色胆汁(*melancolia por adustion*)。几乎所有犹太人现在仍然具有这一切,因而他们……精明,狡黠、多变、坏心眼(*solercia*, *astucia*, *versacia*, *malicia*)"。然后作者继续回答反驳意见,即自犹太人以吗哪为食以来的三千年中,他们或许已经丧失了他们那时获得的特征,作者认为,曾经确定的特性一旦形成体系,就会成为第二天性,并遗传许多代。然而,他也愿意承认,犹太人的睿智或许已经不如以往。

我不能再带着读者深入这位马德里医生的分析了。再往下除了未予证明的理论我们不会有任何发现。因此,我们仍然停留在以上范围,满足于留意犹太人的心理素质与犹太民族盛衰这二者的关系。

我们知道,犹太人最突出的属性(还包含有其他特性)是他们的智识。回溯到犹太人历史的最初时期,回想起他们在平静的水边照看着自己的羊群的日子,我们就知道犹太人从来没有从事过艰苦的劳作,那么,这个问题就容易解释了。亚当和夏娃从伊甸园被驱逐之时,落到他们头上的诅咒,即人必汗流满面才得糊口的诅咒,任何时候对犹太人的影响都不是很大——如果我们紧扣这些话的字面意义并排除心理烦恼和焦虑的话。牧羊人的生活要求细心、要求联合和组织,后来犹太人接受的所有职业(不管是自愿的还是强迫的都无关紧要)虽然需要耗费大量精力,但很少需要体力劳作。我们多数人的家族史有两三代人不是种田的农夫就是匠人或者纺织工人。但犹太人不是这样。几个世纪以来,他们很多人从来没有做过农民或匠人,也从来没有制作过什么东西,他们只是思想者——脑力工作者。因此,我们唯一可以预期的是,随着时间的推移,他们一定发展出了某种天赋和能力。考虑到犹太人的生活模式,我们必然能从中推导出超常的智识。

但不仅如此:犹太人的特殊智识与沙漠或者砾石滩具有相关性。犹太人很理性,喜欢抽象概念。我们这里再次提醒大家沙漠与森林以及北方与南方之间的差异。那些炎热干旱国家清晰的大地景观,灿烂的阳光和阳光下浓重的阴影,星空璀璨的夜晚和矮小的植被——所有这些难道不能用一个抽象词汇来概括吗?与此相对立的当然是那些具体的东西,比如北方的万事万物。在北方,水流丰沛,大地的景观丰富多样,大自然拥有繁茂的森林和田野,土地散发着自己的芳香。天文学和计算技巧初次在这片曾经拥有璀璨夜空的热土出现,并在那些在放牧生涯中学会数数的民族中发展起来,这出自偶然吗?我们能把发明了楔形文字的苏美尔人视为北方民族吗?[604]或者说另一方面,我们能想象在雾蒙蒙土地上犁地的北方农民,或者在森林中追逐麋鹿的猎人,他们能够构想出抽象的数的概念吗?

所以我们要用理性思维来寻找原因。这也让我们进入了南方的世界,这是一个只有人造植被,从来没有自然植被的世界,贝都因人生命中永恒的不安全感主导着这个世界。反之,传统则与北方农夫的舒适、安全以及和平的生活相关联,与其朦胧而神秘的周遭相关联。与身处南方死寂的自然相比,身处北方绚烂大自然的人,应该更能发展出对生命和成长的欣赏,至少是更为自由的发展,这

第十四章 犹太民族的命运

不是完全不可能的。那些被剥夺了丰盛物产的地方,比如沙漠和城镇,在剥夺了一块块丰饶的土地之后,毁掉了人类与万物交融的感觉,也破坏了人类与动植物之间的纽带,使人失去了对有机自然的正确理解。另一方面,城市提高了他们的智力,使他具有了探索、辨识以及组织和安排的能力。经常变动是游牧民族的本质;不得不经常变动则是犹太民族的宿命——要时刻留意新的可能性、新的目标以及事物的全新组合,一句话,总要按照看得见的目标来安排生活。

犹太人具有适应性和流动性。如果游牧民要在生存竞争中存活下来,适应能力和流动能力是他必须具有的主要素质。定居的农民用不着犹太人的这些长处。"沙漠生活法则决定了人与财产的最大流动性。骆驼和骏马必须能把游牧民及其所有物资从一个驻地迅速运往另一个驻地,因为他的必需品储备不多,很快就能用完,此外,他还必须以闪电般的速度躲避敌人的攻击……即使在一般情况下,这种流动性也是衡量部落头领组织能力的一个尺度"。[605](土地耕作者则不需要这个。)"与牧民的长矛、箭以及骏马相比,铧犁和牛就是懈怠的物件了。"[606] 与城镇相比较,乡村也是这样。现在我们回到犹太历史,观察他们从穿越约旦开始直到今天,城镇如何引发了他们的高度流动性。

我们一直在对游牧民和垦殖者进行对比,之所以进行对比,是因为这样做一方面是决意要达到某一目标,另一方面,也可以享受研究工作的乐趣。就犹太人而言,数千年的流走生活只是在他们身上形成了游牧民族的德性。在他们的整个旅程中,应许之地总在他们前面;应许之地总是他们要达到的地方,获得的地方,盼望的地方，但迁徙本身并不会带来快乐。当下越是无望，未来就能拥有更多的赐福。过去的一切都被认为是泡影，现实的一切都不令人满意，所有的行动都没有实际意义，只有行动的结果——成功，看得见的目标——才有价值。在这一连串的倾向中，强调结果在很大程度上是以借贷为目的的资金使用的原因，实际上，也是全部资本主义关系的原因。犹太人对行动结果的重视，可能与资本主义事业具有因果关系。

为了实现某种既定的目标，同样也是为了流动，人们必须要有更为强健的体力和超强的智力。犹太人的始祖肯定体力超强，智慧过人，寄居于北方民族中的犹太人与其祖先相比，只能是有过之而无不及。显而易见，与北方民族的交往完善了犹太人固有的力量。人们只需比较北国犹太人与南国犹太人的成就，就能明白这种说法的真实性。优胜劣汰的选择过程不仅使一个民族拥有了更为强健的体魄和高度的智力，也使南方原住民的情况与此趋同。

由于两个民族的精神不同，所以各自的外表也有不同。水、林木以及芬芳的土地，都有各自的童话和神话以及自己的歌唱；沙漠和绿洲也是这样。跟踪这一枝节问题可能让人感到愉快，不过这里也只是提请大家的注意这一问题，我们还是要继续探讨与不同民族相关联的不同的经济体制。

本质上，经济差异可以一直追溯到游牧生活与农耕生活的差别以及撒哈拉性（Saharaism）和田园性（Sylvanism）的差别。从砍伐后的树林、排干的沼泽和犁过的土地上，出现了在资本主义之前的欧洲占据统治地位的社会经济组织——封建采邑制度。封建采邑制度依托于这种观念：生产只是为了消费，每个人都有适合于自己的

第十四章 犹太民族的命运

工作，每个社会中的人都有不同的社会地位。农民的私有财产（与其邻居的财产严格区分开来）凸显了每个人活动范围有限的思想，也凸显了"用财产取悦召唤他的神"的思想；因此农民一直以传统方式生活和劳作。

从无边无际的沙原和放牧产生了一种截然对立的生活方式——资本主义。沙原和放牧并没有限制每个人的经济活动，但限制了拥有无限前景的饲养人（牧羊人），在这里，明天或许会毁掉今天的工作，但也许在几年之内，畜群可以增加十倍。绵羊和母牛繁殖很快，但也会因饥饿或疾病而很快大批死亡。因此，我们只有在牧羊人的愿望中，而不是在农夫那里，才会发现获利想法早已扎根，无限生产的概念已经成为现实。只有在牧羊人的愿望中，经济活动中的抽象的商品数量概念才会占据主导地位，不管商品是否适用或足敷使用。也只有在牧羊人那里，计数是一个基本需要。此外，正如我们所见，与游牧生活密不可分的理性主义，在这里发挥了作用，因此，我们说"游牧主义"是资本主义的先驱并不过分。资本主义与犹太教的关系，从而愈见清晰。

这样，虽然在很大程度上，沙漠和流走影响了犹太人的特质，却不是铸就犹太人精神的唯一力量。还有另外一些因素尽管不如沙漠和流走那么有效，却是犹太精神形成的补充力量。

第一个因素是货币，犹太人是货币的护卫者。货币虽然在他们的秉性上打上了烙印，但同时也与他们的本性相契合。因为在货币身上，构成犹太精神的两大要素——沙漠与流走，也就是撒哈拉性和游牧性，统一在一起了。货币不像犹太人生于斯的土地那样具体实在；货币类似于畜群，也是一堆一堆，一块一块；货币是可以移动的，不像花儿和树木要扎根于肥沃的土地。犹太人对货币持续的关心，把犹太人在自然生活观上的质的概念，转向抽象的数的概念。犹太人领悟了货币中隐藏的全部秘密，也发现了货币的魔力。他们成了货币的主人，并通过货币，成为世界的主人——就像我在本书第一章试图描述的那样。

他们走上了寻求货币之路？或者说，从一开始他们被迫走上了寻求货币之路，然后逐渐习惯了外邦人身份？两种解释似乎都有很多支持证据。

起初，似乎有大量的货币自然地流入了他们的腰包——或者更准确地说，是贵金属流入了他们的腰包（后来这些贵金属变成了铸币）。我相信从来没有人指出过，在列王时代，巴勒斯坦一定积聚了大量的黄金白银。我们已经知道，大卫王在掠夺式远征中带回了大量的黄金白银，更别提他收到的黄金白银贡品了。"约兰带了金银铜的器皿来，大卫王将这些器皿，和他治服各国所得来的金银都分别为圣，献给耶和华"（《撒母耳记下》，8：10-12）。

我们也读到过很多在制作帐幕和建筑圣殿中使用黄金和白银的故事，几乎令人难以置信。很显然，说"王在耶路撒冷使金银多如石头"（《历代志下》，1：15）一点都不夸张——如果我们还记得关于这个事情的统计信息，这种说法确实不夸张。所罗门王的船航行去了俄斐，一定开发出了那个时代的加利福尼亚。无怪乎先知以赛亚悲叹道："他们的国满了金银，财宝也无穷"（《以赛亚书》，2：7）。

这么大一笔贵金属后来怎样了呢？塔木德学者们思考过这个问题并得出结论，这笔金银自始至终存在于以色列。"这是拉比亚历山德莱（Alexandrai）教导我们的事情。有三样事物回到了它所来的地方：以色列人、埃及的金钱（参见：《出埃及记》，12∶35）以及约柜（《列王纪上》，14∶25）"。[607]当然，我们很难举出一个更有说服力的证据。话虽如此，一个重要的事实是，在其历史的早期阶段，以色列确实积累了巨量的贵金属。在后来的几个世纪中，从世界各地获得的货币又使贵金属有了增长。我们也不应该忽略流向巴勒斯坦的财宝，其中，部分是缴给圣殿的殿税，部分是虔诚朝圣者的贡品。西塞罗（《为弗拉库斯辩护》，*Pro Flacco*，c.28）痛惜每年从意大利和各个地方将大笔金钱带往耶路撒冷。正如几件有意思的事情所显示的那样，这两个渠道一定带来了不小的收益。比如说，米特里达梯（Mithridates）没收了800塔兰特*的圣殿税，并将它们存放于科斯岛。西塞罗记载了弗拉库斯（Flaccus）在去耶路撒冷的途中，掠夺了小亚细亚四座城市（阿帕米亚、老底嘉、别加摩、亚大米田）中犹太人寄的钱，从第一个城市得到的战利品，就有100磅黄金。接下来是朝圣者！他们的人数一定非常大，尽管这个数目并非约瑟福斯报告的270万，尽管耶路撒冷并没有380间犹太会堂为造访者提供便利。然而，耶路撒冷城确实像一个从四面八方结队而来的朝圣者往里注入货币的金库，很多人因此成为富人，因此才能从事有息贷款。或许我们可以以祭司为例，我们听说，他们通常都能得到大笔遗产，因此很愿意做点放贷生意。[608]

下一个重要问题是，犹太人本身是否发现了货币的秘密力量，是否就是他们建立了货币放贷机制，或者说，他们是否是从巴比伦

---

* talent，古代的一种计量单位，可用来计重量或作为货币单位。——中译者

人那里学到了放贷手段。现在我们确切知道的是，货币在巴比伦自由流通先于犹太人的到来，尽管我们没有任何关于货币借贷发展程度的有价值细节材料。或许，犹太人货币活动的种子萌芽于他们的巴比伦兄弟。是否是这些亲戚率先种植了这种黄金果实并不很重要。重要的是，后来的事件迫使犹太人不得不从事货币借贷，并因此让他们成为这一行的专家。他们不断流走的生活使他们必须以一种轻便的方式持有自己的财富，还能有什么比金钱和珠宝更适合携带呢？在他流离失所、被人扔到大街上时，唯有金钱才是他的伙伴，在他遭受暴君的重压时，唯有金钱才是他的保护人。既然仅凭金钱的帮助，他们就能征服世间的强者，因此他们学会了热爱金钱。金钱成为他们（所有人）借以行使自己所没有的权力的手段，如果他们本身不强大的话。凭借着牵连千家万户的货币借贷，一个社会地位低下的人，也可以像小人国的人对付格列佛那样，将封建巨人捆绑起来。

对于犹太人发展过程中的货币因素，我们已经讨论得够多了。现在我想讨论另一个因素，有的人认为这个因素更重要。我这里指的是隔都。

毫无疑问，隔都以一种非常特殊的方式影响了犹太人的社会地位：让他们成了受人鄙视的贱民。即使在今天，大部分居住在隔都的犹太人，属于社会的下等阶层，相信他们自己的同胞也这样认为。在犹太人历史上的某一时期，从西葡犹太人对待德国犹太人的态度中，你就能切实感受到隔都的犹太人与那些走出去的兄弟之间的区别。西班牙犹太人对德国犹太人不屑一顾，认为他们是令人厌恶的乞丐。18世纪中叶（两部分人的关系最紧张的时候），一名

第十四章 犹太民族的命运

德国犹太人在写给葡萄牙同教派人士的一封信中,[609]对此语带讽刺:"先生,我知道除了宗教仪式之外,葡萄牙犹太人与德国犹太人毫无共同之处,就社会生活而言,他们的教养和行为方式也完全不同。我也知道,两者的亲缘关系具有悠久的传统,高卢的维钦托利(Vercingentorix)以及德国的阿米尼乌斯(Arminius)与希律王岳父大人的亲属关系,比之你与以法莲之子(Son of Ephraim)的亲属关系,要近得多"。西班牙犹太人平托(Pinto)在回应伏尔泰对全体犹太人的攻击时,也采用了类似的腔调来表达自己的想法。[610]平托非常担心西班牙犹太人不会与德国犹太人同舟共济,因为他们现在已经是两个不同的民族。他说:"伦敦的犹太人与君士坦丁堡的犹太人几乎没有相似的地方,就像君士坦丁堡的犹太人与中国人没有相似之处一样。波尔多的葡萄牙犹太人与梅斯的德国犹太人也没有什么共同之处"。"伏尔泰不能无视西葡犹太人不与其他犹太人交往(不管是婚姻还是其他)是因为心存顾虑"。平托继续说道,如果荷兰或者英国的西葡犹太人打算迎娶一位德国犹太女孩为妻,他的亲戚都会跟他断绝关系,甚至不会让他葬在家族墓地。

我们在实际表述中经常发现这种对立,尤其是在西葡犹太人那里,在他们自己眼中,他们是犹太贵族,他们唯恐自己的社会地位受到他们东边国家的犹太人的威胁。因此在1761年,波尔多的葡裔犹太人(或称马兰诺)得以通过了一纸命令,大意是,在14天之内,所有外来犹太人都必须离开这座城市。平托和佩雷拉就是这一事件的推动者,他们尽一切力量让自己摆脱这批"流浪者"(vagabonds)——来自德国和法国与他们同一宗教的人。[611]在汉堡,西葡犹太人占据了优于德国犹太人的官方地位,德国犹太人不得不向前者保证,自己不会从事名声不好的商业行为。

我们可以从西葡犹太人和德国犹太人所处的不同的社会地位中,找到二者相互憎恶的原因,尤其是前者憎恶后者的原因。但是毫无疑问,这种憎恶由于西葡犹太人明显的贵族意识而得以强化,西葡犹太人认为自己的出身比德国犹太人更为高贵,血统更为纯正,只要他们生活在比利牛斯半岛,他们的家庭荣耀就一直鼓舞着他们从事高尚的行为,因此可以防范所有卑劣事物。[612]

我们在这里可能触及一个问题,这一问题将有助于我们评价隔都对犹太人生活之影响的真实价值。或许西葡犹太人秉持的"位高则任重"的概念——他们的目标是让自己具有最高尚的美德——可以解释他们不喜欢隔都的理由,因此无需视之为隔都生活的结果。换句话说,部分犹太人在隔都生活,可能是因为他们天生就倾向于这种生活方式。我们很难解释为什么一部分人会继续待在隔都,而另一部分人很快就离开隔都。不过我们还没有充分的信息对此作出判断。我们也不能毫不踌躇地断言(虽然更像是表明了这一点),西葡犹太人体现出了犹太人社会选择过程的结果。如果我们说,他们兴衰变迁的差异可以追溯到他们天性上的差异,也不为过。不过,这些差异其实也不可以过分强调。他们的犹太人特质受这些差异的影响并不大。不管是西葡犹太人还是德国犹太人,他们都是犹太人。但在德国犹太人身上,隔都的生活确实让他们养成了一些习惯,一些始终存在于隔都犹太人身上的某种习性,并常常影响到他们的经济活动。在某种程度上,他们具有低等社会阶层一般意义上的习性,但这些具有特殊气质的犹太人,则有一些古怪的特征,比如骗人、冒失、缺乏自尊以及刻板等等。在犹太人征服封建经济堡

第十四章 犹太民族的命运

垒过程中,这些特质一定发挥了某种作用;但究竟以何种方式发挥作用我们已经看到过了。

但这只是一些纯外部因素,不必夸大。在犹太人的社会交往中,这些外部因素只是对某个人而言具有某种重要性,但我们怀疑,在考察犹太人的经济成就时,是否应该固执于这些因素。毫无疑问,仅凭这些习性,犹太人不可能在这个世界上赢得举足轻重的地位。

隔都生活的另一方面更具重要意义。我这里指的是,隔都生活产生的影响使得犹太人的内在特质更为明显,更具有偏向性。正如我们已经评论的,如果这些特质源自于犹太人安居乐业的需要,很显然,隔都只是强化了这些特征。但这些特质已经存在,已经是犹太人的固有特质了。

隔都因为凸显并强调导致稳定的犹太人特质——即宗教和纯正血统——的双重力量,因而在另一方面也具有相同的效应。

一个民族的宗教当然是这个民族灵魂的表现形式:这也是我们在本书中秉持的观点。但即便这样,类似犹太教这种注重形式的宗教,一定会反过来对其信徒产生强烈的影响,尤其是会统一他们的生活并使他们具有共同的特征。我们已经思考过了这种宗教是怎样表达自己的,在这里我只是提醒一下读者这一宗教的合理化趋势。

宗教与生命的心理方面的情况非常类似,犹太人实施了近千年[*]的近亲婚配也得到了强化。

---

[*] 英译本译为几百年。——中译者

我刚刚谈到了犹太人近亲婚配与宗教很近似。人们或许会进一步说，这是宗教思想与选择思想的直接后果。最近的一系列研究已经对此作出了证明，其中，阿尔弗雷德·诺齐格（Alfred Nossig）的研究可能是最好的证明。他写道："自然选择观让人惊讶的生物学结果，就是犹太人的存在，以及他们仍然没有减弱的生殖能力。摩西'一个永恒民族'之概念，似乎已经自我实现了"。[613]饮食与婚姻条律都是对种族延续的有效保护。"当然，这些最宝贵的伦理宝藏可以规避与那些不留意建设自己的民族通婚所带来的危害。禁止异族通婚的结果，就是种族文化至上论——遗传——还保持着其原始的力量，我们提到过的优势，不仅依然保持，而且一代一代增强"。"因此，近亲通婚使得犹太人的遗传特征越来越明显，越来越强烈，已经很难通过异族通婚来消除这些特征。因为事实已经证明，与其他所有器官功能一样，遗传强度通过不断的实践而日渐强化"。[614]

宗教与近亲通婚是束缚犹太人并让他们几个世纪以来一直保持为一个整体的两个铁箍。假如这两个铁箍松散了，接下来会发生什么呢？我并没有给自己安排回答这样一个难题的任务。因为只要我们发现，犹太人还在对经济生活发挥自己的特殊影响力——他们仍然如此——我们就可以认定，这个铁箍仍然很紧。我在这里只打算紧扣本书主题：即讨论犹太人的影响——对经济生活的决定性影响和对当代文化的影响，并揭示使这种影响得以发生的犹太精神的起源。

注释与参考文献

缩写词

Monatsschrift = *Monatsschrift für Geschichte und Wissenschaft des Judentums*
《历史和犹太研究月刊》

J.Q.R. = *Jewish Quarterly Review*
《犹太评论季刊》

Z.D.S.J. = *Zeitschrift für Demographic und Statistik der Juden*
《犹太人口统计学和统计学杂志》

R.E.J. = *Revue des Etudes Juives*
《犹太研究杂志》

[注释的编号与德文版注释的编号相对应,只有标有"A"(7A、9A等)的段落是德文版正文中的段落,但从其性质来看最好移到注释中。]

第一章

1. Jakob Fromer, *Das Wesen des Judentums*, 1905, p.144. 所言没有根据。
2. *Zeitschrift für Demographie und Statistik der Juden* [*Z.D.S.J.*], iii., p.140 和 p.145。
3. J. Thon, Taufbewegung der Juden in Oesterreich, 载于 *Z.D.S.J.*, iv., p.6。
4. Theophile Malvezin, *Histoire des Juifs à Bordeaux*, 1875, p.105.
5. 举例来说,Lucien Wolf, Jessurun Family, 载于 *Jewish Quarterly Review* [*J.Q.R.*], i., 1889, p.439.
6. 举例来说,B. C. Weiss, *Histoire des réfugiés protest*, i. 1853, pp.164、377、379、383；ii., p.5。
7. Sigmund Mayer, *Die ökonomische Entwicklung der Wiener Juden*, p.7.

第二章

7ᴬ. 我们不太可能给出散居世界各地的犹太人的数目。也确实有人试图做这件事情,但结果不比猜测好多少。这方面做得最好的或许是 I. Loeb, *Le nombre des Juifs de Castile et d'Espagne au moyen Age*, 载于 *Revue des Études Juives*, xiv. (1887), p.161。勒布的许多计算都是基于今天各个犹太人居住地的人口数目。尽管如此,我还是要给出他的研究结果。他认为,1492年,西班牙和葡萄牙的犹太人大约有235000人。在两百年的时间内,犹太人的人口一直稳定在这个数字左右。 其中,有16万人居住在卡斯蒂利亚(安达卢西亚、格拉纳达等地),3万人居住在纳瓦拉(Navarre)。那么,在这些犹太人身上发生了什么事呢?勒布坚持认为,有5万人接受了洗礼,2万人因为被驱逐而丧生,165000人移民去了如下地方:9万人去了土耳其,2000人到了埃及和的黎波里,1万人去了阿尔及尔,2万人到了摩洛哥,3000人来到法国,9000人在意大利,25000人到了荷兰、汉堡、英格兰和斯堪的纳维亚，5000人远赴美国，还有1000人在其他各国。

我要引用博识的威尼斯大使的报告来补充这一数字，他说："在卡斯蒂里亚和西班牙的其他省份，马兰诺被认为是第三种人。我说的第三种人是指那些市民和商人，因为地位低下的人如同大部分贵族，才是真正的基督徒。" Vicenzo Querini (1506)，载于Alberi, *Rtl. degli Amb.*, 第I辑, Vol.1, p.29.

8. 关于葡萄牙马兰诺的命运，见M. Kayserling, *Geschichte der Juden in Portugal*, 1876, p.84和p.167。详细情况见戈特海尔(J. H. Gottheil)的文章The Jews and the Spanish Inquisition，载于*J.Q.R.*, xv. (1903), p.182; 以及Elkan Adler, *Auto da Fè and Jew*, ib., xiii., xiv., xv. (最近成书)。

9. 参见B. Sieveking, *Genueser Firanzwesen*, ii. 1899, p.167, Schudt, *Jüdische Merkwürdigkeiten*, i. 1714, p.128。

9[A]. 15到16世纪，美因河畔法兰福成了从德国南部城市驱逐出来的犹太人的目的地。然而，正如17世纪和18世纪法兰克福和阿姆斯特丹之间紧密的商业关系所显示的那样，荷兰一定也接受了犹太人。根据博斯(P. Bothe)的说法(*Beiträge zur Wirtschaftsund Socialgeschichte der Reichsstadt Frankfurt*, 1906, p.70)，法兰克福犹太人的数量增加了20倍。1612年，法兰克福18000的总人口中，犹太人大约为2800人；1709年，官方统计给出的人数为3019人。感谢A. Dietz在*Stammbuch der Frankfurter Juden*一书中的勤勉工作，让我们对法兰克福犹太人的起源稍有了解：*Geschichtliche Mitteilungen über die Frankfurter jüdischen Familien von 1549–1849* (1907)。如欲了解1500年之前的情况，见Karl Bücher, *Bevölkerung von Frankfurt am Main*, 1886, pp.526–601。犹太人（明面上是天主教徒）首次在汉堡定居的时间大约为1577年或者1583年。这些犹太人来自佛兰德斯、意大利、荷兰以及西班牙和葡萄牙，但一直到17世纪，才开始出现来自于东方（尤其是德国）的移民。根据Count Galeazzo Gualdo Priorato的说法，1663年，汉堡有40—50栋德国犹太人住宅，同时还有120家葡萄牙犹太人。参见*Zeitschrift für Hamburgische Geschichte*, iii., p.140。汉堡犹太人总数见A. Feilehenfeld, *Die älteste Geschichte der deutschen Juden in Hamburg*, 载于*Monatsschrift für Geschichte und Wissenschaft des Judentums*, Vol.43 (1899); 参见：M. Grunwald, *Portugiesengräber auf* *deutscher Erde*，1902 和 *Hamburgs deutsche Juden*，1904。从 17 世纪末期开始，汉堡的犹太人急剧增加，大约在 18 世纪中叶，我们就听到了"犹太人猛增"的说法，据估算（当然有些高估），大约在 2 万和 3 万。参见 C. L. von Griesheim, *Die Stadt Hamburg*，1760，p.47。

10. Risbeck, *Briefe eines reisenden Franzosen über Deutschland an seinen Bruder in Paris*，1780，引自 H. Scheubbe, *Aus den Tagen unserer Grossväter*，1873，p.382 往下。

11. 马尔韦津（Malvezin，见注释 4）那本精心撰写的著作让我们对波尔多犹太人的情况有了充分了解，因此该书价值极高。乔纳斯·韦尔（Jonas Weyl）也让我们更多地了解马赛的犹太人，见 Les juifs protégés français aux échelles du Levant et en Barbarie, 载于 *Rev. de Études Juives*，Vol.12（1886）。至于鲁昂犹太人的情况，见 Gosselin, "Documents inédites pour servir a l'histoire de la marine normande et du commerce rouennais pendant les xvi et xvii siècles"（1876）。Pigeonneau 在 *Histoire du commerce* 中引用了该书（Vol.2, p.123），书中当然也提到了"归化的西班牙人和葡萄牙人"。

我们也有必要提一下 Maignial, *La Question juive en France en 1789*（1903），该书资料翔实，写作手法精湛，有自己的见解。书中不仅对 1789 年法国的犹太人问题作了很好的说明，而且指出了这个问题产生的原因。

19 世纪之前，巴黎并没有多少犹太人，尽管其中少数人已经很有影响力。我们在 Léon Kahn 的书 *Les juifs à Paris depuis le vi siècle*，1889；*Les juifs sous Louis XV*，1892；*Les juifs à Paris au xviii siècle*，1894 以及中也能发现很多关于 18 世纪巴黎犹太人的信息。尽管这些著作的研究做得很出色，但并未涉及这些问题的方方面面。

关于法国犹太人的历史，我们可以从 *Revue des Études Juives*（R.E.J.）（1880 年起）中找到很多有价值的资料。

12. H.J.Koenen 已经研究过荷兰犹太人的历史（*Geschiedenes der Joden in Nederland*，1843），其研究至今仍然无人超越。下述研究也值得一提：M. Henriques Pimentel, *Geschiedkundige Aanteekeningen betreffende de Portugesche Israeliten in den Haag*，1876；S. Back, *Die Entstehungsgeschichte der portugiesischen Gemeinde in Amsterdam*，1883；E.Italie,

  Geschiedenes der Israelitischen Gemeente te Rotterdam，1907。
13. Ranke，*Französische Geschichte*，Vol.3，p.350.
14. Schudt，*Jüdische Merkwürdigkeiten*，Vol.1（1714），p.271；也参见 p.277。
15. 除了注释 11 提及的文献，还可参见 Carmoly，*Revue Orientale*，1841，i，42，168，174；以及 Graetz，*Geschichte der Juden*，Vol.9，p.292，p.354，p.490。
16. 见 L. Guiccardino，*Totius Belgii Descriptio*，1652，p.129；参见 Ehrenberg，*Zeltalter der Fugger*，ii.（1896），p.3。
17. 参见 Macaulay，*History*，iv.，p.320，以及 Ehrenberg，前引书，ii.，p.303。
18. 英国犹太人的历史也已有人做过大量富有成果的研究。我们可以在 *Anglia Judaica* 中，以及 D'Blossiers Tovey，*History and Antiquities of the Jews in England*（1738）中，找到很多有用的信息（不过应该谨慎使用）。在后起的研究中，James Picciotto，*Sketches of Anglo-Jewish History*（1875）是一个先导，不足之处是该书不为权威人士所提及。H.S.Q. Henriques，*Return of the Jews to England*（1905），从法律角度谈到了这个主题。

  Albert M. Hyamson 那本令人钦佩的书 *A History of the Jews in England*（1908），是一部完整的英国犹太人史。作者巧妙地在自己的文章和论文中熟练使用素材，圆满完成了这一主题的研究。*The J.Q.R.*（1889 年创刊）包含很多五花八门的材料。英国犹太人历史展览的会刊（1888）也是如此。

  克伦威尔时期的情况如下：卢西恩（Lucien Wolf）在英国犹太人史展览会出版的会刊第 1 号 *The Middle Age of Anglo-Jewish History, 1290—1656* 中指出，15 世纪末期，关于英国犹太人地位最重要的事实是，一名犹太人已经进入了公开的法律程序，并自信能打赢这个案子。一个世纪之后，英国已经出现了犹太企业家，可参见 *Calendar of State Papers*，*1581—1590*，p.49（引自 L. Wolf 的论文）。17 世纪初期，英国一定有相当数量的犹太人。*The Wandering Jew Telling Fortunes to Englishmen*（1625）一书中（转引自 L. Wolf 的论文）写道："我们犹太人有很多都在英国，少数在宫廷，多数在城里，乡村中也不少"。
19. *Anglia Judaica*，p.302，托维写道："正如我已经知道的那样。"
20. 我们可以举出里克特（J. F. Richter）为例，里克特就纽伦堡旧式犹太人社团撰写了一篇论文，见 *Allgemeine Judenzeitung*, 1842, No. 24。还可以参见 *Eighth Report of the Historische Verein fur Mittelfranken* 以及布兰 (M. Brann) 的 "Eine Sammlung Fürther Grabschriften", 载于 *Gedenkbuch zur Erinnerung an David Kaufmann* (1900)。

21. D. Kaufmann, Die Vertreibung der Marranen aus Venedig im Jahre 1550 (载于 *J.Q.R.* Vol.13, 1901, p.520) 一文，给出了支持这一点的一份最有意义的文件。
22. Hyamson, *History of the Jews in England*, p.174.
23. M. Bloch, *Les juifs et la prosperité publique à travers l'histoire* (1899, p.11). 这一训令中包含以下引人注目的说法："你们必须小心，生意上的嫉妒总会让商人认为应该驱逐他们 [指犹太人]" (Vous devez bien prendre garde que la jalousie du commerce portera toujours les marchands à être d'avis de les chasser)。
24. Malvezin, *Les juifs à Bordeaux*, p.132.
25. Malvezin, p.175.
26. S. Ullmann, *Studien zur Geschichte des Juden in Belgien bis zum 18, Jahrhundert*, 1909, p.34.
27. Émile Ouverleaux, *Notes et documents sur les juifs de Belgique*, 载于 *R.E.J.*; Vol.7, p.262。
28. Thurloe, *Collection of State Papers*, Vol.4, p.333, 参见 Whalley 的书信, p.308。
29. J. Müller, 见他反犹太的著作 *Judaismus*, 1644。参见 Reils, Beiträge zur älteren Geschichte der Juden in Hamburg, 载于 *Zeitschrift des Vereins für Hamburgische Geschichte,*, Vol.2, p.412。
30. Ehrenberg, *Grosse Vermögen*, p.146.
31. M. Grunwald, *Hamburgs deutsche Juden bis zur Auflösung der Dreigemeinden*, 1811 (1904), p.21.
32. Arnold Kiesselbach, *Die wirtschafts- und rechtsgeschichtliche Entwicklung der Seeversicherung*, 汉堡, 1901, p.24。

第三章

33. Hyamson, p.178.
34. *Anglia Judaica*, p.292.
35. 感谢 R. Markgraf, *Zur Geschichte der Juden auf den Messen in Leipzig vom 1664—1839*(博士论文, 1894), 本书数据取自该博士论文。对 1675—1699 年这段较短时期的研究, Max Freudenthal 的 "Leipziger Messgäste"(载于 *Monatsschrift*, Vol.45, 1901, p.460) 比马克格拉夫的论文要好, 因为他取材于真正的市场账簿的内容, 而马克格拉夫的论文则依靠莱比锡档案馆的文件, 文件的日期稍微靠后。马克斯·弗罗伊登塔尔指出, 1671 年至 1699 年, 除了那些获得特别许可的人之外, 另有 18182 名犹太人造访了市场。但是, 马克格拉夫文中说, 同一时期的犹太人只有 14705 人。弗罗伊登塔尔的研究在 1902 年成书出版, 书名为 *Die jüdischen Besucher der Leipziger Messe*。
36. Markgraf, p.93; Freudenthal, p.465。参见 R. Punke, *Die Leipziger Messen*, 1897, p.41。
37. 参见, 比如: *Judenreglements*, 1710, No. 21, 载于 C. L. von Griesheim, *Die Stadt Hamburg*, *Anmerkungen und Zugaben* (1759), p.95。
38. E. Baasch, "Hamburgs Seeschiffahrt und Warenhandel", 载于 *Zeitschrift des Ver. für Hamburg. Geschichte*, Vol.9 (1894), pp.316—324。参见 A. Feilchenfeld, Anfang und Blutezeit der Portugiesengemeinden, 载于 *Hambg. Ztschrift.*, Vol.10 (1899), p.199。
39. *Encyclopédie méthodique* "Manufactures", Vol.1, pp.403—404.
40. 参见 H. J. Koenen, *Geschiedenes der Joden in Nederland*, 1843, p.176ff。H. Sommershausen, "Die Geschichte der Niederlassung der Juden in Holland und den holländischen Kolonien", 载于 *Monatsschrift* (Vol.2, p.9)。
41. 关于珠宝, 见 Hamburg Griesheim, 前引书, p.119; 关于德国北部, 我要感谢柏林的贝恩菲尔德博士 (Dr. Bernfeld) 提供的信息; 关于荷兰, 见 *Jewish Encyclopedia* "Netherlands" 条目; 以及 E.E.Danekamp, "Die Amsterdamer Diamantindustrie", 引自 N. W. Goldstein (载于 *Z.D.S.J.* Vol.3, p.178)

关于 *Die Juden in der Amsterdamer Diamantindustrie* 一书的书评。关于意大利，见 D. Kaufmann, "Die Vertreibung der Marranen aus Venedig"，载于 *J.Q.R.*。

关于丝绸，犹太人经营丝绸行业已有几个世纪，这一行业跟随他们从希腊搬到西西里，后来又到了法国和西班牙。参见 Graetz, Vol.2, p.244。16 世纪，犹太人主宰了意大利的丝绸贸易（参见 David Kaufmann，前引文），以及 18 世纪法国的丝绸贸易。1760 年，里昂丝织业行会会长被称为犹太国家"各省的商务部长"，见 J. Godard, *L'Ouvrier en Soie* (1899), p.224。1755 年，巴黎有 14 位犹太丝绸商人，1759 年有 22 位。见 Kahn, *Juifs des Paris sous Louis XV*, p.63。柏林的情况与此类似。

42. 关于犹太人怎样在维也纳发展纺织品批发贸易，我们可以从 S. Mayer 的个人经历中找到端倪，迈耶的经历记录在他的 *Die ökonomische Entstehung der Wiener Juden* 一书中，p.8ff。一份日期标记为 1780 年 12 月 28 日的纽伦堡市议会条令，将丝绸、丝绒以及羊毛称为"犹太制品"（Judenware）。参见：H. Barbeck, *Geschichte der Juden in Nürnberg und Fürth*, 1878, p.71。

43. 关于与黎凡特的食糖贸易，可参见 Lippmann, *Geschichte des Zuckers*, 1890, p.206；D. Kaufmann，前引文；与美洲的食糖贸易，见 M. Grunwald, *Portugiesengräber auf deutscher Erde*, 1902, p.6ff；A. Feilchenfeld, "Anfang und Blütezeit der Portugiesengemeinde in Hamburg"，载于 *Zeitschrift des Vereins für Hamburg. Geschichte*, Vol.10 (1899), p.211。亦参见 Risbeck，见注释 10。

44. 控制棉花生意，见 "America, U.S. of" 条目，载于 *Jewish Encyclopedia*（i. 495）。

45. 尤其是针对汉堡的情况，见 A. Feilchenfeld，前引文。

46. 靛蓝贸易的主要创始人是摩西·林多（Moses Lindo），林多于 1756 年到达南卡罗来纳州，他在靛蓝生产中投资 12 万英镑。1756 年到 1776 年间，靛蓝生产增长了 4 倍。参见 B. A. Elgas, *The Jews of South Carolina*, 1903，还可参见 "South Carolina" 条目，载于 *Jewish Encyclopaedia*。

47. Risbeck [参见注释 10]，Vol.ii，法兰克福项下。

48. 引自 Bloch [参见注释 23]，p.36。

49. 见 Richard Markgraf［参见注释 35］，p.93。
50. 参见 Hyamson，pp.174、178。还可以参见安特卫普统治者送给阿拉斯主教（the Bishop of Arras）的报告，引自 Ullmann［见注释 26］，p.35，"他们随身带来很多财富，尤其是白银和珠宝，还有很多金币"。

第四章

51. 当唐·艾萨克·阿巴伯内尔（Don Isaac Abarbanel）撰写《耶利米书》评论的时候（1504），他看见了葡萄牙香料商人从印度带回来的文件。文件中说，他们在印度碰见了很多犹太人。引自 M. Kayserling, *Christopher Columbus*（1894），p.105。还可参见 Bloch［见注释 23］，p.15。
52. 正如马纳赛·本·以色列（Manasseh ben Israel）在他给克伦威尔的谦恭的致辞中提到的。关于这个文件，可以参见 *Jewish Chronicle*，1859 年 11 月和 12 月号。亦可参见 de Barrios，*Hist. universal Judayca*，p.4。
53. G. C. Klerk de Reus, *Geschichtlicher Überblick der ... niederländischostindischen Compagnie*，1894，xix。关于社会群落，见 p. xiv。
54. J. P. J. Du Bois, *Vie des Gouverneurs généraux...ornée de leurs portraits en vignettes au naturel*，1763.
55. 例如，Francis Salvador。参见 "Salvador" 条目，载于 *Jewish Encycl.*；亦可见 Hyamson，p.264。
56. 1569 年，富裕的阿姆斯特丹犹太人为巴伦支海探险提供了装备。参见 M. Grunwald, *Hamburgs deutsche Juden*，1904，p.215。
57. 参见 "South Africa" 条目，载于 *Jewish Encycl.*。
58. Dr. J. H. Hertz, *The Jew in South Africa*，1905。
59. 参见 "Commerce" 条目，载于 *Jewish Encycl.*。
60. 论及犹太人与美洲的文献非常之多，在此我只能提一些最重要的著作。第一是《犹太百科全书》（美国出版），该书有一些与美洲有关的非常出色的条目。然后我有必要提一下美国犹太历史学会的会刊（创始于 1895 年），其中有一些关于美洲犹太人史（也有经济史）的真实宝贵资料，尤其是 17 世纪和 18 世纪在北美和南美的殖民地资料。还有一些是在犹太人定居美国 250 周年纪念会上的珍贵讲话资料（1905）。

此外，可参见 Markeus, *The Hebrews in America* ; C.P.Daly, *History of the Settlement of the Jews in North America* (1893) ; M. C. Peters, *The Jews in America* (1906)。前面两本似乎已经绝版。

61. 在美洲发现四百周年纪念之际，许多著作都指出了在美洲发现过程中，犹太人的参与程度。其中最有价值的是 M. Kayserling 等人的 *Christopher Columbus und der Anteil der Juden* (1894)。其他还有：F. Rivas Puiqcerver, *Los Judios y elnuevo mundo* (1891) ; L. Modona, *Gil Ebrei e la scoperta dell' America* (1893)。还可以参见 "Discovery of America" 条目，载于 *Jewish Encycl.*，以及奥斯卡·斯特劳斯在犹太人定居美国 250 周年纪念会上的讲话等，p.69。

62. M. Kayserling，前引文，p.112 ; Juan Sanchez, 萨拉戈萨城 (Saragossa) 的第一位商人。还可以参见 Kayserling, "The Colonization of America by the Jews"，载于 *Transactions of the Jewish Historical Society of America*, Vol.2, p.73。

13. G. F. Knapp, "Ursprung der Sklaverei in den Colonien"，载于 *Archiv für Soziale Politik*, ii., p.129。

64. 奥斯卡·斯特劳斯，前引文，p.71。

65. Ritter, "Über die geographische Verbreitung des Zuckerrohrs"，载于 *Berichten der Berliner Akademie*, 1839 ; 引自 Lippmann, *Geschichte des Zuckers*, 1890, p.249。

66. Max J. Kohler, "Phases of Jewish Life in New York before 1800"，载于 *Transactions of the Jewish Hist. Soc. of America*, Vol.2, p.94.

67. "America" 条目，载于 *Jewish Encycl.*，参见 G. A. Kohut, "Les juifs dans les colonies hollandaises"，载于 *R.E.J.*, 1895, Vol.31, p.293。

68. H. Handelmann, *Geschichte von Brasilien*, 1860, p.412.

69. P. M. Netscher, *Les Hollandais au Brésil*, 1853, p.1。关于富裕的犹太苏扎家族，可参见 M. Kayserling, *Geschichte der Juden in Portugal*, 1867, p.307 ; M. Grunwald, *Portugiesengraber*, 1902, p.123。

70. M. J. Kohler，前引书 [见注释 66]。

71. "America"条目,载于 *Jewish Encycl.*。
72. *Transactions of Jewish Hist. Society of America*,ii. 95。也参见 Netscher,p.103。
73. 没有真的驱逐;事实上,1654 年和平条约予以犹太人特赦。但加上了一句决定命运的话:"犹太人与其他非天主教徒应该像在葡萄牙那样获得相同的对待。"这就足够了。关于条约,可以参见 Aitzema, *Historia etc.* (1626),引自 Netscher[见注释 69], p.163。
74. H. Handelmann,前引文;pp.412—413。
75. 关于巴巴多斯岛的犹太人,见 John Camden Hatten, *The Original Lists etc.* (1874), p.449;Ligon, *History of Barbados* (1657),引自 Lippmann[见注释 43], p.301;Reed, *The History of Sugar and Sugar-yielding Plants* (1866), p.7;M'Culloch, *Dictionary of Commerce*, Vol.2, p.1087。也参见 C. P. Lucas, *A Historical Geography of the British Colonies*,比如 Vol. ii. (1905), pp.121、274、277。
76. 关于牙买加的犹太人,参见 M. Kayserling, "The Jews in Jamaica"等,载于 *J.Q.R.*, Vol.12, 1900, p.708ff;Hyamson,前引文,第 26 章。我们还可以从 Kohler 的 *Jewish Activity in American Colonial Commerce* 中大量摘录当时的记录,见 *Transactions of Jewish Hist. Society of America*, Vol.10, p.59。也参见该作者发表在 *Transactions* 上的论文,Vol.2, p.98。
77. 总督致国务卿阿灵顿公爵的信件,引自 Kayserling,载于 *J.Q.R.*, Vol.12, p.710。
78. 英属西印度群岛纪念碑的碑文由 J.H.Lawrence Archer 上尉收集,引自 Kohler, "Phases of Jewish Life"[见注释 66], p.98。
79. 关于苏里南犹太人,最权威的著作是 *Essai sur la colonie de Surinam avec l'histoire de la Nation Juive Portugaise y établie etc.*, Vol.2, Paramaribo, 1788。Koenen 在 *Geschiedenes der Joden in Nederland* (1843), p.313 谈到该书是该地区犹太人历史的主要文献资料。但我没能看到这本书。关于这一主题的最新论文为我们揭示了大量新资料。我们可以提一提 R. Gottheil 的 "Contributions to the History of the Jews in Surinam",载于 *Transactions of Jewish Hist. Society of America*, Vol.9, p.129;J. S. Roos, "Ad-

ditional Notes on the History of the Jews of Surinam", 载于 *Transactions*, Vol.13, p.127; P. A. Hilfman, "Some Further Notes on the History of the Jews in Surinam", 载于 *Transactions*, Vol.16, p.7。关于苏里南和法属圭亚那的关系，参见 Samuel Oppenheimer, "An Early Jewish Colony in Western Guiana, 1658–1666, and its relation to the Jews in Surinam", 载于 *Transactions*, Vol.16, pp.95–186。也参见 Hyamson, 第 26 章, 以及 Lucas。

80. 关于马提尼克岛（Martinique）和瓜德罗普岛（Guadeloupe）以及圣多明戈（Santo Domingo）岛的犹太人, 参见 Lippmann[见注释 43], p.301; A. Cahen, "Les Juifs de la Martinique au xvii sc.", 载于 *R.E.J.*, Vol.2; Cahen, "Les Juifs dans les Colonies françaises au xviii sc.", 载于 *R.E.J.*, Vol.4, Vol.5; Handelmann, *Geschichte der Insel Hayti*, 1856。

81. 《犹太记事》1894 年 11 月 30 日的卢西恩·沃尔夫（Lucien Wolf）, 引自 Kohler, 载于 *Transactions*, Vol.10, p.60。

82. *The 250th Anniversary of the Settlement of the Jews in the U.S.*, 1905, p.18.

83. *The 250th Anniversary* 等。

84. John Moody, *The Truth about the Trusts*, 1905, pp.45、96 等。

85. "California" 条目, 载于 *Jewish Encycl.*（这个条目写得特别好）。

86. 也有人认为, 甚至在巴西难民到达之前, 有很多来自于阿姆斯特丹的富裕犹太人定居于哈德逊殖民地。参见 Albion Morris Dyer, "Points in the First Chapter of New York Jewish History", 载于 *Transactions of Jewish Hist. Soc. of America*, Vol.3, p.41。

87. 科勒完整引用了这封信, "Beginnings of New York Jewish History", 载于 *Transactions*, Vol.1, p.47。

88. 参见 *Transactions*, Vol.1, p.41; Vol.2, p.78; Vol.10, p.63; Kohler, "Jews in Newport", 载于 *Transactions*, Vol.6, p.69。科勒经常引用的是 Judge Daly, *Settlement of the Jews in North America*, 1893。

89. 加利福尼亚总督帕德利（Pardell）的致辞, 载于 *The 250th Anniversary*, 等, p.173。

90. 参见 "Alabama" 条目, 载于 *Jewish Encycl.*。

91. 参见"Albany"条目，载于 *Jewish Encycl.*。
92. B. Felsenthal, "On the History of the Jews in Chicago", 载于 *Transactions*, Vol.2, p.21 ; H. Eliassof, "The Jews of Chicago", 载于 *Transactions*, Vol.2, p.117。
93. Lewis N. Dembitz, "Jewish Beginnings in Kentucky", 载于 *Transactions*, Vol.1, p.99。
94. J. H. Hollander, "Some Unpublished Material relating to Dr. Jacob Lumbrozo of Maryland", 载于 *Transactions*, Vol.1。
95. D. E. Heinemann, "Jewish Beginnings in Michigan before 1850", 载于 *Transactions*, Vol.13, p.47。
96. D. Philipson, "The Jewish Pioneers of the Ohio Valley", 载于 *Transactions*, Vol.8, p.43。
97. Henry Necarsulmer, "The Early Jewish Settlement at Lancaster, Pa.", 载于 *Transactions*, Vol.3, p.27。
98. Henry Cohen, "The Jews in Texas", 载于 *Transactions*, Vol.4, p.9 ; Henry Cohen, "Henry Castro, Pioneer and Colonist", 载于 *Transactions*, Vol.5, p.39。也参见 H. Friedenwald, "Some Newspaper Advertisements in the 18th Century", 载于 *Transactions*, Vol.6。
99. "Einiges aus dem Leben der amerikanisch-jüdischen Familie Seligman aus Bayersdorf in Bayern", 载于 *Brüll's Monatsblättem*, 1906, p.141。
100. Leon Huhner, "The Jews of Georgia in Colonial Times", 载于 *Transactions*, Vol.10, p.65 ; Huhner, "The Jews of South Carolina from the Earliest Settlement to the End of the American Revolution", 载于 *Transactions*, Vol.1, p.39 ; Chas. C. Jones, "The Settlement of the Jews in Georgia", 载于 *Transactions*, Vol.1, p.12。
101. B. A. Elzas, *The Jews of South Carolina*, 1903.
102. L. Huhner, "Asser Levy, a noted Jewish Burgher of New Amsterdam", 载于 *Transactions*, Vol.8, p.13。亦可参见 Huhner, "Whence came the First Jewish Settlers of New York", 载于 *Transactions*, Vol.9, p.75; M. J. Kohler, "Civil Status of the Jews in Colonial New York", 载于 *Transac-

tions, Vol.6, p.81。
103. 关于 18 世纪的犹太人用自己的语言在纽约经商的事情,参见 J. A. Doyle, *The Colonies under the House of Hanover*, 1907, p.31。
104. Chas. C. Jones, "The Settlement of the Jews in Georgia", 载于 *Transactions*, Vol.1, pp.6、9。
105. M. Jaffe, "Die Stadt Posen", 载于 *Schriften des Vereins für S. P.*, Vol.119, 第 2 章, p.151。
106. Simon Wolf, "The American Jew as Soldier and Patriot", 载于 *Transactions*, Vol.3, p.39。
107. Dr. Fischell, *Chronological Notes of the History of the Jews in America.*

第五章

107[A]. 如果我们记得这样一个事实,即在中世纪的后几十年里,现代国家的要素已经在意大利和西班牙(犹太政客已经在这两个国家占据了要职)发展起来了,则我们或许会有一个不同的结论。遗憾的是,现代国家的历史(到现在我才意识到)从来没有从这个角度撰写;我相信从这个角度来写会成果丰硕。当然,撰写西班牙和葡萄牙犹太人历史的作者,比如 Lindo、de los Rios、Kayserling、Mendes dos Remedies 以及研究比利牛斯半岛国家之崛起的学者,比如 Ranke 或者 Baumgarten, 当然不会千篇一律。

108. Lucien Wolf, "The First English Jewry", 载于 *Transactions of the Jewish Historical Society of England*, Vol.2。参见 Hyamson, pp.171—173。
109. Hyamson, p.269; Picciotto, *Sketches of Anglo-Jewish History*, 1875, p.58.
110. "Und bedient sich Frankreich jederzeit ihrer Hülffe, bey Krieges-Zeiten seine Reuterey beritten zu Machen", T. L. Lau, 载于 *Einrichtung der Intraden und Einkünfte der Souveräne*, etc., 1719, p.258。
111. 引自 Liebe, *Das Judentum* (1903), p.75。
112. "Banking" 条目, 载于 *Jewish Encycl.*。
113. *Mémoire of the Jews of Metz of the 24 March*, 1733, 部分引自 Bloch[见注释 23], p.35。

114. 引自 Bloch [见注释 23], p.23。
115. 摘自专利特许文书 (*Lettres patentes*), Bloch [见注释 23], p.24。
116. 关于 Gradis, 见 T. Malvezin [见注释 4], p.241; "Graetz, Die Familie Gradis", 载于 *Monatsschrift*, Vol.24 (1875), Vol.25 (1875)。
117. M. Capefigue, *Banquiers, fournisseurs*, etc. (1856), pp.68、214, 等。
118. 引自 *Revue de la Révolution française*, 1892, 16, 1。
119. M. Heinrich Engelbert Schwartze, *Historische Nachlese zu den Nachrichten der Stadt Leipzig*, 1744, p.122, 引自 Alphonse Levy, *Geschichte der Juden in Sachsen* (1900), p.58。
120. Bondy, *Zur Geschichte der Juden in Böhmen*, Vol.i, p.388.
121. 引自 Liebe, *Das Judentum* (1903), pp.43、70, 他在书中提到了这一事实, 但没有根据。
122. König, *Annalen der Juden in den preussischen Staaten, besonders in der Mark Brandenburg* (1790), pp.93—94.
123. Alphonse Levy 拿出的 1777 年 6 月 28 日的文件 [见注释 119], p.74; 也见 S. Haenle, *Geschichte der Juden im ehmaligen Fürstentum Ansbach* (1867), p.70。
124. *Geschichte Philanders von Sittewaldt das ist Straffs-Schriften Hanss Wilhelm Moscherosch von Wilstätt* (1677), p.779.
125. F. von Mensi, *Die Finanzen Österreichs von 1701–1740* (1890), p.132. Samuel Oppenheimer, "帝国战时总管和宫廷犹太人"（如他的官称以及他所自称的）负责（萨伏伊的）欧根亲王指挥的所有战役的军需 (p.133)。
126. 例如, 参见 1762 年 5 月 12 日维也纳法院大法官的请愿书, Wolf 在 *Geschichte der Juden in Wien* (1894) 书中给出, p.70; *Komitätsarchiv Neutra Iratok*, xii-3326 (由 Jos. Reizman 先生奉告); *Verproviantierung der Festungen Raab, Ofen und Komorn durch Breslauer Juden* (1716), 参见 Wolf, 前引文, p.61。
127. H. Friedenwald, "Jews mentioned in the Journal of the Continental Congress", 载于 *Transactions of the Jewish Hist. Soc. of America*, Vol.1, pp.65—89。

128. 我已经提过了英国、法国和荷兰以及美国犹太史（经济史也不例外）研究方面最重要的著作（见注释 11，12，18 和 60）；这里我要说一下有关德国和西班牙同样主题的研究。现在并没有完整的德国犹太人历史研究，所以我们不得不在学术期刊上阅读地方著述和论文。无论如何，德国犹太人经济史一直是以一种不受人待见的方式进行研究，所以我们几乎找不到类似 L.Geyer, *Die Geschichte der Juden in Berlin*, 2 vols. (1870-1871) 那样有用的著作。最近，我的学生 Ludwig Davidsohn 先生，为了了解犹太人的经济地位，仔细查阅了柏林国家档案馆的材料。他还没有刊印这番辛苦工作的成果，但我可以使用其中部分材料。

Grunwald 的 *Portugiesengraber auf deutscher Erde* 以及 *Hamburgs deutsche Juden bis zur Auflösing der Dreigemeinde* (1904) 中可以找到很多资料。对于具体细节，人们可以查阅 König, *Annalen*（但需谨慎）[见注释 122]；还可以参见 *Die Juden in Osterreich*, 2 卷本，1842。

至于学术期刊，对于经济史来说并没有太大的用处。其中比较重要的有 *Monatsschrift für Geschichte und Wissenschaft des Judentums*，创刊于 1851 年。还有 *Allgemeine Zeitung des Judentums*，创刊于 1837 年，以及 *Brüll's Populanvissenschaftliche Monatsblätter*，创刊于 1888 年。两种刊物或多或少都具有宣传的目的。创刊于 1905 年的 *Zeitschrift für Demographie und Statistik des Judentums* 只是偶尔研究一下经济史问题。

有时候，人们会在历史综述或地方刊物中看到一些论文，这些论文有助于理解犹太经济史。但这里我们无法给出一份完整的篇目。

西班牙犹太人的历史已经得到了充分的研究。但遗憾的是，这些研究几乎完全忽视了经济方面。我不知道还有什么比比利牛斯半岛犹太人的经济史更要紧的东西了，我希望经济史学家能承担起这项工作。可以确定的是，这会以一种令人惊奇的方式对欧洲经济通史研究颇多启发。但现在，我们不得不求教于西班牙犹太人经济通史，这其中，最好的一部可能是 M. Kayserling, *Geschichte der Juden in Spanien und Portugal*, 2 卷本，1861-1867。西班牙研究的一部重要著作是 D. José Amador de Los Rios, *Historia social, politico y religiosa de los Judios de España y Portugal*, 3 卷本 (1875–1878)，但从我们的目的来看，该书基本没有用处。另一部书是 E. H. Lindo 撰写的 *The History of the Jews of Spain and Portugal* (1848)，该书不同于其他著作，包含有影响犹太人和议会决定的法律法规的摘录，因此该书具有其特殊价值。

关于葡萄牙犹太人的最重要著作是 J.Mendes dos Remedios，*Os Judeus em Portugal*，i，1895，截至犹太人被逐。

我们应该提一下格雷茨多卷本的 *Geschichte der Juden*，该书资料丰富，对研究西班牙时期（第 7 卷和第 8 卷）极为有用。就我的体会而言，后来的著作没有超过这部书。

我没有见到过关于比利牛斯半岛犹太人在经济生活中之地位的论著，但有可能是我的孤陋寡闻。不管怎样，在布累斯劳和柏林的犹太图书馆中，此目录下找不到任何材料。Bento Carqueja，*O capitalismo moderno e as suas origens em Portugal* (1908)，仅仅是初步触及我们所关心的犹太人问题。

129. H. J. Koenen［见注释 12］，p.206。
130. 参见 "Banking" 条目，载于 *Jewish Encycl.*。
131. 关于 17 世纪到 18 世纪犹太人在英国金融业的情况，我们有很多档案记录。参见 Picciotto，p.58；Hyamson，pp.171、217、240、264，等；Lucien Wolf，*The Re-settlement of the Jews in England* (1888)；以及该作者的 "Crypto-Jews under the Commonwealth"，载于 *Transactions of the Jewish Historical Society of England*，i.，1895；还有他的 "The Jewry of the Restoration (1660–1664)"，重刊于 *The Jewish Chronicle* (1902)。
132. L. Wolf，*The Jewry of the Restoration*，p.11.
133. G. Martin，*La grande Industrie sous Louis XIV* (1899)，p.351.
134. Victor de Swarte，*Un banquier du Trésor royal au xviii siècle, Samuel Barnard -sa vie- sa correspondance*，1651–1739 (1893).
135. Kahn，*Les juifs de Paris au xviii sc.* (1894)，p.60.
136. Graetz，*Geschichte der Juden*，Vol.10，p.40.
137. Wolf，*Ferdinand II*，附录 4，引自 Graetz，Vol.10，p.41。
138. 具体措辞引自 *Die Juden in Österreich*，Vol.2，1842，p.41。
139. *Die Juden in Österreich*，Vol.2，p.64；F. von Mensi，i［见注释 125］，

p.132。18 世纪最重要的国家债权人(依次)是 Oppenheimer、Wertheimer 以及 Sinzheimer；Sinzheimer1739 年的债权不少于 500 万荷兰盾。见 F.von Mensi, p.685。也参见 David Kaufmann, *Urkundliches aus dem Leben Samson Wertheimers* (1892)。关于较早时期的情况, 见 G. Wolf, *Ferdinand II und die Juden* (1859)。

140. F. von Mensi, p.148.
141. G. Liebe[见注释 121], p.84。
142. "Abensur Daniel" 条目, 载于 *Jewish Encycl.*。
143. A. Levy, "Notes sur l'histoire des Juifs en Saxe", 载于 *R.E.J.*, Vol.26, 1898, p.259。关于 Behrend Lehmann, 又称 Jisachar Berman, 可参见 B. H. Auerbach, *Geschichte der israelitischen Gemeinde Halberstadt* (1866), p.43；关于他的儿子 Lehmann Berend, 见 p.85。
144. Auerbach, 前引文, p.82 (关于汉诺威)；参见 S. Haenle[见注释 123], pp.64、70、89；关于宫廷犹太人(Hofjuden)更多的情况, 见 L. Müller, "Aus fünf Jahrhunderten", 载于 *Zeitschrift des historischen Vereins fur Schwaben und Neuburg*, Vol.26, 1899, p.142。
145. P. von Mensi, p.409。
146. *Memoiren der Glückel von Hameln* (1896 年由考夫曼用意第绪语出版), 1910 年德文译本(私人印刷), p.240。
147. M. Zimmermann, *Josef Süss Oppenheimer, ein Finanzmann des 18ten Jahrhunderts*, 1874.
148. Louis Marshal 在犹太人定居美国 250 周年纪念会上的讲话, p.102。
149. H. Friedenwald[见注释 127], p.63。
150. W. Graham Sumner, *The Financiers and the Finances of the American Revolution*, 2 卷本(1891)。

第六章

151. 从法律上对这个问题的考虑, 可参见 Brunner, *Endemanns Handbuch*, Vol.2, p.147；以及 Goldschmidt, *Universalgeschichte des Handelsrechts*

(1891), p.386。也参见 Knies, *Der Credit* (1876), p.190。
152. 我给出的是"信用关系"的最宽泛的涵义,即一个人将经济价值给了第二个人,第二个人对第一个人允诺了一份未来收益,并因此创造出了人与人之间的责任。
153. 参见 F. A. Biener, *Wechselrechtliche Abhandlungen* (1859), p.145。
154. Kuntze 等人的看法,可参见 Goldschmidt[见注释 151], p.408。
155. Goldschmidt, 前引文, p.410, 他以质疑的形式提出了问题, 答案较为含糊。另外可参见 A. Wahl, *Traité theor. et pratique des titres au porteur* (1891), Vol.1, p.15。
156. 参见 Kuntze, "Zur Geschichte der Staatspapiere auf den Inhaber", 载于 *Zeitschrift für das ges. Handelsrech*, Vol.5, p.198; 同一作者的 *Inhaber Papiere* (1857), pp.58、63; Goldschmidt[见注释 151], pp.448—449; Sieveking, *Schmollers Jahrbuch* (1902); 特别是 G. Schaps, *Zur Geschichte des Wechselindossaments* (1892), p.86。参见 Biener[见注释 153], pp.121、137。
157. Goldschmidt, p.452; Schaps, p.92.
158. 经文见 D. Kaufmann 的文章, 载于 *J.Q.R.*, Vol.13 (1901), p.320, "Die Vertreibung der Marranen aus Venedig im Jahre 1550"。
159. Graetz, Vol.8, p.354; Vol.9, p.328.
160. 就我所知,这个问题还从来没有得到过回答:犹太人在热那亚市场扮演着什么角色?由于热那亚犹太人被迫保守身份的秘密,尤其是 1550 年驱逐法令颁布之后,所以很难给出满意的答案。或许他们改名换姓假装加入了基督教。尽管如此,还是值得做个尝试。无论如何,我们这里还是有一个例子,即在中世纪后期,一个庞大的金融和信用体系发展起来,却没有明显的证据证明犹太人所起的作用。当然,或许是我没有注意到这些证据;如果是这种情况,我会很高兴予以关注。对热那亚市场的最佳记述,可以在 Ehrenberg, *Zeitalter der Fugger* 中找到 (Vol.2, p.222), 也可参见 Endemann, *Studien in der römisch-kanonischen Wirtschafts- und Rechtslehre*, Vol.1 (1874), p.156。恩德曼的结论主要基于 Scaccia 和 R.de Turris, 埃伦贝格依据的是富格尔档案馆(Fugger archives)的文件。

161. 佩尔公司的情况或许更早，12世纪图卢兹的巴扎库尔面粉厂就采用证券形式（*uchaux* or *saches*）转给了佩尔公司。参见 Edmund Guillard, *Les opérations de Bourse* (1875), p.15。

162. 参见 K. Lehmann, *Die geschichtliche Entwickelung des Aktienrechts* (1895)。

163. J. P. Ricard, *Le Negoce d'Amsterdam* (1723), pp.397—400.

164. 这是 Andre E. Sayous 得出的结论，"Le fractionnement du capital social de la Compagnie néerland des Indes orientales", 载于 *Nouv. Rev. Historique du droit franç. et étrangers*, Vol.25 (1901), pp.621、625。

165. 参见 Endemann [见注释 160], Vol.1, p.457。

166. 参见例子——1422年的巴勒莫以及1606年的博洛尼亚——见 Goldschmidt, p.322。

167. 关于威尼斯银行史的最重要的文献集，仍然是 Elia Lattes, *La libertà delle banche e Venezia dal secolo xiii al xvii secondo i documenti inediti del R.Archivio del Frari ec* (1869)。Ferrara 也研究过这一主题，"Gli antichi banchi di Venezia", 载于 *Nuova Antologia*, xvi.；E. Nasse, "Das venetianische Bankwesen in 14, 15, und 16 Jahrhundert", 载于 *Jahrbuch für Nationalökonomie*, Vol.34, pp.329、338。说明犹太人在威尼斯银行业所占份额，是一项受人欢迎的工作。但也是一项难以完成的工作，原因在于，就我的判断，在15世纪，威尼斯的犹太人多半已经成了新基督徒，并且有了官职，有了基督徒的名字。

168. Macleod, *Dictionary of Political Economy*, "Bank of Venice"条目（有何根据？），引自 A. Andréades, *History of the Bank of England* (1909), p.28。

169. "Gallicioli Memorie Venete", ii. No. 874, 载于 Graetz, Vol.6, p.284。

170. S. Luzzato, *Dis. circa il state degli Hebrei in Venezia* (1638), 第1章以及 p.9a, p.29a。对这些数字不必太认真。这只是一种估算。

171. 例如，见 D.Manuel Calmeiro, *Historia de la economia politico en España*, Vol.1, p.411; Vol.2, p.497。

171[A]. 参见 A. Andréades, *History of the Bank of England* (1909), p.28。如果关注塞缪尔·拉姆（Samuel Lambe）方案 (1658), 肯定就会得出结论（刊

印在 *Sower's Tracts*，Vol.vi）。实际上，安德烈亚德斯把对银行的最初构想追溯到拉姆的方案。在这个方案之前，还有一个方案——即1651年的巴尔萨泽·格比尔（Balthasar Gerbier）方案，在1651年和1658年间，克伦威尔已经允许犹太人在这个国家定居了。就我本人而言，我不同意拉姆方案有多"优越"。但其他学者也强调犹太人在英格兰银行建立中的作用。

172. 参见 F.von Mensi［见注释125］，p.34。

173. 根据 Beer，*Das Staatsschuldenwesen und die Ordnung de Staatshaushalts unter Maria Theresia*（1894），p.13。

174. 比如公债，见 Walter Däbritz, *Die Staatsschulden Sachsens in der Zeit von 1763 bis 1837*，博士论文（1906），pp.14、55。

175. 也参见 E. von Philippovich, *Die Bank von England*（1885），p.26。

176. 也可参见 Ehrenberg, *Fugger*［见注释160］，Vol.2，pp.141、299。

176A. 我想请大家注意一本一般不为人知的小册子（即使是德布里茨也忽略了这本册子［见注释174］）。该小册子的标题非常长："Ephraim justifié. Mémoire historique et raisonné sur l'Etat passé, présent et futur des finances de Saxe. Avec le parallele de l'économie prussienne et de l'économie saxonne. Ouvrage utile aux Créanciers et Correspondans, aux Amis et aux Ennemis de la Prusse et de la Saxe. Adressé par le Juif Ephraim de Berlin à son Cousin Manassés d'Amsterdam. Eriangen. A l'enseigne de 'Tout est dit'" 1785。

177. 参见 Luzac, *Richesse de la Hollande*，Vol.2（1778），p.200。也参见 Vol.1，p.366。除了他的个人经验之外，卢扎克一定也利用过 Fermin, *Tableau de Surinam*（1778）。

178. 其中最主要的是 Kuntze, Die Lehre van den Inhaberpapieren（1857），p.48，该书至今无与伦比。此外，我们还可以提及 Albert Wahl, *Traité théorique et pratique des titres au porteur français et étrangers*，2卷本，（1891）。

179-180. 关于中世纪信用工具的最佳历史著作，见 H. Brunner, *Das französische Inhaberpapier*（1879）。也参见他的 "Zur Geschichte des Inhaberpapiers in Deutschland"，载于 *Zeitschrift für das gesammte Handelsrecht*,

Vol.21 和 Vol.23。
181. 关于荷兰，见 F. Hecht, *Geschichte der Inhaberpapier in den Niederlanden* (1869), p.4。
182. 顺便说一句，值得注意的是，有人说信用工具最初起源于古典时代。参见 Goldschmidt, "Inhaber- Order- und exekutorische Urkunden im Klassischen Altertum", 载于 *Zeitschrift für Rechtsgeschichte Roms*, Vol.10 (1889), p.352。
183. 但是，戈尔德施密特 (Goldschmidt) 的观点没有获得普遍接受。参见 Benedict Frese, *Aus dem gräko-ägyptischen Rechtsleben* (1909), p.26。
184. 我们还可以在布伦纳 (H. Brunner) 那里看到对戈尔德施密特理论的批评 "Forschungen zur Geschichte des deutschen und französischen Rechts", 见于他的 *Gesammelte Aufsätze* (1894), p.604。
185. Brunner, *Französische Inhaberpapier* 中也研究过相同问题，pp.28、57。
186. 孔策 (Kuntze) 的研究有些随意，戈尔德施密特 (Goldschmidt) 在他的 *Zeitschrift für Rechtsgeschichte* 中进行了反驳 (Vol.10, p.355)。
187. 萨尔维奥里 (Salvioli) 也在 *I titoli al portatore nella storia del diritto italiano* (1883) 中做了反驳。
188. 参见 L. Auerbach, *Das judische Obligationenrecht*, Vol.1 (1871), p.270。拉比文献中的其他说法，可参见 Hirsch B. Fassel, *Das mosaisch-rabbinische Zivilrecht*, Vol.2, 第 3 部分 (1854), § 1390; Frankel, Der gerichtliche Beweis nach mosaischem Recht (1846), p.386; Saalschütz, *Mosaisches Recht*, 2 卷本，1848, p.862。
189. 关于承兑票据 (Mamre)，参见 L. L'Estocq, *Exercitatio de indole et jure instrument! Judceis usitati cui nomen "Mamre" est* (1775), §vii; 以及 J. M. G. Besekes, *Thes. jur. Camb.*, 第 II 部分 (1783), pp.1169、1176; P. Bloch, *Der Mamran, der judisch-polnische Wechselbrief*。
190. Ehrenberg, *Fugger* [见注释 160], Vol.2, p.141。
191. Brunner [见注释 180], p.69。
192. Schaps [见注释 156], p.121。
193. 参见 F.Hecht [见注释 181], p.44。
194. Hecht, p.96.

195. Dabritz［见注释 174］, p.53。
196. Kuntze［见注释 178］, p.85。
197. Straccha, *Tract. de assicur* (1568).
198. A. Wahl［见注释 155］, Vol.1, p.15 和 p.84。
199. Hecht［见注释 181］, p.37。
200. 参见 J. H. Bender, *Der Verkehr mit Staatspapieren*（第 2 版, 1830）, p.167。
200A. "Ex diversis animi motibus in unum consentiunt, id est in unam sententiam decurrunt"（Ulp., L. I. §3, *D. de pact.*, 2, 14）.
201. 参见 Goldschmidt［见注释 151］, p.393。
202. 我首先要就下文感谢奥尔巴赫（L. Auerbach）［见注释 181］, Vol.1, pp.163、251、513。该书（遗憾的是不完整）的写作含义深远, 值得广为流传, 是现存关于塔木德律法最好的介绍。其他重要且有用的著作有 Saalschütz［见注释 188］; H. B. Fassel［见注释 188］; J. J. M. Rabbinowicz, *Législation du Talmud*, Vol.3, 1878; Frankel［见注释 188］。J.Kohler 以 Goldschmidt 的塔木德译本为基础, 尝试"描述塔木德律法", 载于 *Zeitschrift für vergleichende Rechtswissenschaft*（Vol.20, 1908, pp.161—264）。参见 V. Aptowitzer 刊于 *Monatsschrift*（1908）的评论, pp.37—56。
203. Otto Stobbe, *Die Juden in Deutschland während des mittelalters*（1866）, pp.119、242 ; (Sachsenspiegel), III, § 4.
204. Goldschmidt［见注释 151］, p.111。
205. Isaac de Pinto, *Traité de la circulation du crédit*, 1771, pp.64、67-68。亦参见 E. Guillard［见注释 161］, p.534。
206. 也参见 Dabritz［见注释 188］, p.18。
207. Ehrenberg, *Fugger*, Vol.2, p.244。我们所知道的绝大部分关于股票发展的历史, 都应该归功于埃伦贝格。
208. 参见注释 21。
209. Van Hemert, *Lectuur voor het ontbijt en de Theetafel*, VII[de]. Stuk, p.118, 引自 Koenen［见注释 12］, p.212。
210. H. Stephanus, *Francofordiense Emporium sive Francofordienses Nundinae* (1574), p.24。

211. 引自 Ehrenberg, *Fugger*, Vol.2, p.248。
212. *Memoirs*, p.297.
213. M. Grunwald 提供[见注释 21], p.21。
214. S. Haenle[见注释 123], p.173。*Die Juden in Österreich*, Vol.2, 1842, p.41。
215. *Die Juden in Osterreich*, Vol.2 (1842), p.41。
216. 见监理官 M. de Courson 的报告，时间为 1718 年 6 月 11 日，引自 Malvezin[见注释 4]。
217. E. Meyer, "Die Literatur für und wider die Juden in Schweden in Jahre 1815", 载于 *Monatsschrift*, Vol.57, 1907, p.522。
218. H. Sieveking, "Die Kapitalistische Entwickelung in den italienischen Städten des Mittelalters", 载于 *Vierteljahrsschrift für Soziale- und Wirtschaftsgeschichte*, Vol.7, p.85。
219. H. Sieveking, *Genueser Finanzwesen*, Vol.i. (1898), p.82 和 p.175。
220. Saravia della Calle, "Institutione de' Mercanti", 载于 *Compendia utilissimo di quelle cose le quali a Nobili e Christiani mercanti appartengono*, 1561, p.42。也见 "Borsenwesen" 条目，载于 *Handwörterbuch der Staatswissenshaften*。
221. "Borsenwesen" 条目，载于 *Handwerterbuch der SueHswissem-schaften*。
222. 关于 17 世纪前数十年阿姆斯特丹股票交易所的历史，最可靠的资料来源是禁止这种交易的荷兰议会公告（Plakate of the States General）。我们还可以参考这个时期关于这一主题的一些有争议的小册子，尤其是那些反对股票和股票交易的人士撰写的论著，比如尼古拉斯·莫伊斯·范·霍利（Nicolas Muys van Holy）。见 Laspeyres, *Geschichte der volkswirtschaftlichen Anschauungen* (1863)。de la Vega 的著作也不可忽视，适当时候再详论。再往后，还有更多论述商业的书也有很多有价值的资料，尤其是 J. P. Ricard, *Le négoce a'Amsterdam* (1723)，后来的学者都征引该书。Joseph de Pinto 的著作始于 18 世纪后半叶[见注释 205]，也很有用。晚近可以提及的有以下几位的研究：G. C. Klerk de Reus[见注释 53], S. van Brakel, *De Holland, Hand Comp., der xvii. eeuv* (1908)。
223. 见定期发行的 *De Koopman*, Vol.2, pp.429、439, 引自 Ehrenberg, *Fug-

ger*, Vol.2, p.333。
224. *De la Grculation* [见注释 205], p.84。
225. [见注释 87]。
226. [见注释 52]。
227. Ehrenberg, *Fugger*, Vol.2, p.336, 从这本奇书中摘录了很长的一段。
228. *Extrait d'un mémoire présenté en 1692*, 出自法国外交部档案馆, 发表于 *Revue historique*, Vol.44 (1895)。我要感谢我在巴黎的朋友安德烈·萨尤(Andre E. Sayous), 他让我注意到了这篇文章。
229. "The Anatomy of Exchange Alley, or a System of Stock-jobbing" (1719)。见 J. Francis, *Stock Exchange* (1849), 附录。
230. "Brokers" 条目, 载于 *Jewish Encycl.*。
231. J. Piccotto [见注释 18], p.58。
232. *Universal Dictionary of Trade and Commerce*, Vol.2, 1755, p.554.
233. Tovey, *Anglia Judaica*, p.297.
234. 就像 Ehrenberg, *Fugger* 中提到的 (Vol.2, p.248) 1685 年一位基督教商人的抱怨那样。
235. M. Grunwald [见注释 69], p.6。
236. Postlethwayt, *Dictionary*, Vol.1, p.95.
237. Joseph Jacobs, "Typical Character of Anglo-Jewish History", 载于 *J.Q.R.*, Vol.10, 1898, p.230。
238. Ranke, *Französische Geschichte*, Vol.43, p.399.
239. Mélon, *Essai pol. sur le commerce* (1734), Davie 编, p.685。
240. 见 Ehrenberg, *Fugger*, Vol.2, p.142。
241. Du Hautchamp, *Histoire du système des Finances sous la minorité de Louis XV*, Vol.1 (1739), p.184.
242. Oscar de Vallée, *Les Manieurs d'argent* (1858), p.41.
243. P. A. Cochut, *Law, son système et son époque* (1853), p.33.
244. E. Drumont, *La France Juive* (1904), Vol.1, p.259.
245. 所有数据来自于 *Von den Gilde-Dienern Friedrich Wilhelm Arendt und Abraham Charles Rousset herausgegebenen Verzeichnissen...der gegen-*

wärtigen Aelter-Manner 等 (1801)。

244[A]. 载于 *Hamburger Münz- und Medaillenvergnügen* (1753), p.143, No. 4, 并且铸了一枚钱币来纪念公债和股票交易。

245[B]. Raumburger, 参见他那本 *Justitia selects Gent. Eur. In Cambiis* 的前言。

246. Kiesselbach[见注释 23], p.24。

247. 这件事情由根纳 (von Gönner) 提及并加以讨论, 见 *Von Staatsschulden, deren Tilgungsanstalten und vom Handel mit Staatspapieren* (1826), §30。

248. *Dictionary*, Vol.2, p.533。也参见让人增长见闻的条目 "Monied Interest", p.284。

249. 见波斯特尔韦特 (Postlethwayt) 词典中的 "Monied Interest" 以及 "Paper Credit" 条, Vol.2, pp.284、404。

250. D. Hume, *Essays*, Vol.2 (1793), p.110.

251. Adam Smith, *Wealth of Nations*, 第 3 章。

252. Von Gönner[见注释 247], §31。

253. Pinto[见注释 205], pp.310—311。

254. Ehrenberg, *Fugger*, Vol.2, p.299.

255. 我对下面提及的三本著作非常满意, 我觉得是最好的著作: *Das Haus Rothschild, Seine Geschichte und seine Geschäfte*, 第 1 部分 (1857); John Reeves, *The Rothschilds: the Financial Rulers of Nations* (1887); R. Ehrenberg, *Grosse Vermögen* 等, Vol.1, "Die Fugger-Rothschild-Krupp" (第 2 版, 1905)。

256. J. H. Bender, *Der Verkehr mit Staatspapieren* (第 2 版, 1830), p.145。

257. 例如 von Gönner[见注释 247], p.60; Bender, p.142。

258. *Das Haus Rothschild*, Vol.2, p.216.

259. A. Crump, *The Theory of Stock Exchange* (1873)。1903 年再版, p.100。

260. Von Mensi[见注释 125], p.54。

261. 根据 Beer[见注释 173], p.43。

262. J. H. Bender[见注释 256], p.5。

263. J. Francis, *Stock Exchange*, p.161。

264. *Das Haus Rothschild*, Vol.2 (1857), p.85.

265. 德国这一时期最好的著作（尽管有偏见和片面性）有 Otto Glagau，*Der Börsen- und Gröndungsschwindel in Berlin*（1876），以及 *Der Börsen- und Gründungsschwindel in Deutschland*（1877）。这些书籍可以专门用于各个企业的历史简介，因为书中给出了企业创始人和第一届董事的名字。还可以参考萨林（Saling）每年提交的股市报告（*Börsen-papieren*），以及 Rudolf Meyer，*Die Aktiengesellschaften*，1872–1873（但该书只讨论了银行业）。文中给出的数据是阿瑟·洛文斯顿先生（Mr. Arthur Loewenstein）应我的请求提供的。
266. M. Wirth，*Geschichte der Handelskrisen*（第3版，1883），p.184。
267. Riesser，*Entwicklungsgeschichte der deutschen Grossbanken*（1905），p.48.
268. 对这一政策的赞美参见 J. E. Kuntze［见注释178］，p.23。
269. A. Beer［见注释173］，p.35。
270. C.Hegemann，*De Entwickelung des franzosischen Grossbankbetriebes*（1908），p.9.
271. J. Plenge，*Gründung und Geschichte des Crèdit mobilier*（1903）中，给出了完整的参考书目。
272. Model-Loeb，*Die Grossen Berliner Effectenbanken*（1895），p.43。这是一本优秀著作，书中给出的信息都不在我本人的知识范围内。
273. 参见 R.Ehrenberg，*Fondsspekulation*（1883），以及 Adolf Weber，*Depositenbanken und Spekulationsbanken*（1902）。
274. 例如，参见 A. Gomoll，*Die Kapitalistische Mausefalle*（1908）。尽管该书用一个奇怪的书名来研讨股票投机这样一个严肃的话题，但仍是最近出版的最好的著作之一。
275. 多数来自于地方史，因数量过多无法在这里一一提及。

第七章

276. König［见注释122］，p.97。
277. "Zur Geschichte der Juden in Danzig"，载于 *Monatsschrift*，Vol.6（1857），p.243。

278. M. Güdemann, "Zur Geschichte der Juden in Magdeburg", 载于 *Monatsschrift*, Vol.14 (1865), p.370。

279. 引自 Liebe [见注释 121], pp.91—92。

280. Regesten, 载于 Hugo Barbeck, *Geschichte der Juden in Nürnberg und Fürth* (1878), p.68。

281. 例如, 参见与 Geiger, *Geschichte der Juden in Berlin* (Vol.2, 1871, pp.24、31) 中描述的柏林零售商行会做法的段落。

282. Josiah Child, *Discourse on Trade*, 第4版, p.152。柴尔德对流行看法没有用过任何批评口吻。但他说得很清楚, 指控犹太人并不是犯罪。

283. 参见 Hyamson, p.274 对这一时期论战的摘录。

284. Léon Brunschvicg, "Les Juifs en Bretagne au 18 sc.", 载于 *R.E.J.*, Vol.33 (1876), p.88, p.111。

285. "Les Juifs et les Communautés d'Arts et Métiers", 载于 *R.E.J.*, Vol.36, p.75。

286. M. Maignial, *La question juive en France en 1789* (1903), 书中记有大量资料, 从这些资料中, 我们可以清楚地感知在17世纪和18世纪, 法国商人对犹太人的普遍感觉。

287. "允许这类人入行只能是非常危险的。他们就好比黄蜂进入蜂巢去杀死蜜蜂, 打开他们的胃, 蜜就进了他们的肠子里, 这就是犹太人。"——Requête des marchands et négociants de Paris contre l'admission des Juifs (1777), p.14, 引自 Maignial, 前引书, p.92。

288. M. Maignial, p.92.

289. Wegelin 的看法来自 Ernst Meyer [见注释 217], pp.513、522。

290. Czacki, *Rosprava o Zydach*, p.82; 还可以参见 Graetz, Vol.9, p.443。我们还可以听到来自罗马尼亚的相同的牢骚, 参见 Verax, *La Roumanie et les Juifs* (1903)。

291. Philander von Sittewaldt [见注释 124]。

292. Georg Paul Hönn, *Betrugs-Lexicon, worinnen die moisten Betrügereyen in allen Standen nebst denen darwider guten Theils aienenden Mittein endeckt*, Dritte 编 (1724)。

293. *Allgemeine Schatzkammer der Kaufmannschaft oder vollständiges Lexikon aller Handlungen und Gewerbe*, Vol.2 (1741), p.1158.

294. *Charakteristik von Berlin. Stimme ernes Kosmopoliten in der Wüste* (1784), p.203.

295. J. Savary, (Œuvre posthume, continue...par Phil-Louis Savary), *Dictionnaire universel de Commerce*, Vol.2 (1726), p.447.

296. *Allgemeine Schatzkammer*, Vol.1 (1741), p.17.

297. *Allgemeine Schatzkammer*, Vol.3 (1742), p.1325.

298. 这只是表述中世纪的观点。有关这个问题的出色讨论见 R. Eberstadt, *Französische Gewerberecht* (1899), p.378。

299. D. Defoe, *The Complete English Tradesman*, 1st ed., 1726。我用一卷本的第 2 版 (1727) 和两卷本的第 5 版 (1745)，在作者身后出版。这一段文字引自第 1 版的 p.82。

300. *Allgemeine Schatzkammer* [注释 293], Vol.3, p.148。

301. 同上，Vol.4, p.677。

302. 同上，Vol.3, p.1325。

303. 同上，Vol.3, p.1326。

304. 同上，Vol.1, p.1392——1672 年、1682 和 1692 年"萨克森店主规章"，§18。

305. 见极具启发的文字如"精美的商店和精美的陈列"（第 2 版的第 19 章，对应的是第 5 版的第 22 章）。

306. Jules de Bock, *Le Journal à trovers les âges* (1907), p.30, 引自 F. Kellen, *Studien über das Zeitungswesen* (1907), p.253。

307. 更有用的信息，尤其是关于英格兰的信息，见 Henry Sampson, *History of Advertising from the Earliest Times* (1875), pp.76、83。

308. M. Postlethwayt, *A Universal Dictionary of Trade and Commerce*, 2 卷本 (1741)，第 2 版 (1757)，Vol.1, p.22。波斯特尔韦特称自己的作品是萨瓦里（Savary）的 *Lexicon* 的译本，但实际上，书中增加了很多内容，所以可以看成是原著。这里还应该顺便提一下，该书提供了有关 18 世纪英格兰经济情况的宝贵资料。

309. Savary, *Dict. du Commerce* (1726), 增订本 (1732)。

310. P. Datz, *Histoire de la Publicité* (1894), p.161, 其中包含了对 *Les Petites Affiches* 第一期内容的完整复制。
311. *Allgemeine Schatzkammer*[见注释 293], Vol.4, p.677。
312. D. Defoe[见注释 299], 第 5 版, 下卷, p.163。
313. 参见 G. Martin, *La grande Industrie sous Louis XV* (1900), p.247。
314. Josiah Child, *A New Discourse of Trade*, 第 4 版, p.159。
315. 这样的教义最早出现于 16 世纪晚期。我认为, 在公平价格理论史上, Saravia della Calle 具有重要意义。他从供给与需求的关系中推导出价格。他的著作与 Venuti 和 Fabiano 的著作一起刊印于 *Compendia utilissimo*。
316. Mercier, *Tableau de Paris*, Vol.11 (1788), p.40.
317. "在巴黎, 人们总是匆匆忙忙的——因为那里根本无事可做; 在这里, 我们总是步伐缓慢, 因为每个人都很忙", 引自 J. Godard, *L'Ouvrier en Sole*, Vol.1 (1899), pp.38—39。
318. 詹姆斯·弗雷泽的自撰回忆录, *Selected Biographies*, Vol.2, p.280; Durham, *Law Unsealed*, p.324, 引自 Buckle, *History of Civilization*, Vol.2, p.377。
319. Durham, *Exposition of the Song of Solomon*, 引自 Buckle, 前引文。
320. *Allgemeine Schatzkammer*[注释 293], Vol.4 (1742), p.666。
321. 例如, 见 Mercier, *Tableau de Paris*, Vol.2, p.71。
322. Samuel Lambe 在他的国家银行方案中[见注释 171[A]]谈到了与荷兰商人的可信赖性相比较, 英国商人商业道德低劣问题。
323. Owen Felltham, *Observations* (1652), 引自 Douglas Campbell, *The Puritan in Holland, England, and America*, Vol.2 (1892), p.327。
324. 这是从中世纪早期直到现在针对犹太人的指责。参见 G. Caro, *Sozial- und Wirtschaftsgeschichte der Juden*, Vol.1 (1908), p.222; Bloch[见注释 23], p.12; "Juden"条目, 载于 *Allgemeine Schatzkammer*; von Justi, *Staatswirtschaft*, Vol.1 (1758), p.150。对德国人更具体的说法, 见 Liebe, *Das Judenthum in der deutschen Vergangenheit* (1903)。
325. 根据汉堡一个葡萄牙社区会议记录的内容——A. Feilchenfeld, "Die alteste Geschichte der deutschen Juden in Hamburg", 载于 *Monatsschrift*,

Vol.43 (1899), p.279。

326. Geyler von Kaiserberg 第 93 号布道 "Narrengeschwärm", 载于 S. Brandt, *Narrenschiff*(见文集 *Das Kloster*, Vol.1, p.722, 由 J. Scheible 出版发行)。参见 Oskar Franke, *Der Jude in den deutschen Dichtungen des 15, 16, und 17 Jahrhunderts* (1905), 尤其是第 4 节。

327. 引自 A. M. Dyer[注释 86], p.44。

328. Will. Usselinx, 引自 Jameson, 载于 *Transactions of the Jewish Historical Society of America*, Vol.1, p.42。关于 E. Laspeyres, *Volkswirtschaftliche Ansichten der Niederlande* (1863), p.59。

329. Savary[注释 295], Vol.2, p.449。

330. 参见 *Transactions of the Jewish Historical Society of America*, Vol.3, p.44。

331. Josiah Child, *Discourse on Trade*, 第 4 版, p.152。

332. 参见 R. Ehrenberg, *Grosse Vermogen*, 第 2 版, p.147。

333. *Annalen der Juden*[注释 122], pp.106—117。

334. Liebe, *Das Judentum*, p.34。

335. Risbeck[注释 10]。参见 Scheube[注释 10], p.393。

336. *Uber das Verhältniss der Juden zu den Christen in den deutschen Handelsstadten* (1818), pp.171、252、270、272。

337. 见 *R.E.J.*, Vol.33, p.111。

337[A]. H. Bodemeyer, *Die Juden. Bin Beitrag zur Hannoverschen Rechtsgeschichte* (1855), p.68.

338. 见 Albert Wolf, "Etwas über jüdische Kunst und ältere judische Künstler", 载于 *Mitteilungen zur jüdischen Volkskunde*, M.Grunwald 编, Vol.1 (1905), p.34。

339. 参见 Ehrenberg, *Grosse Vermögen*, p.147。

340. 文件发表于 Kracauer, "Beiträge zur Geschichte der Frankfurter Juden im 30 jährigen Kriege", 载于 *Zeitschrift für die Geschichte der Juden in Deutschland*, Vol.3 (1899), p.147。参见 Schudt[见注释 14], Vol.2, p.164。

341. *Annalen der Juden*[注释 122], p.97, pp.106—107。

342. *Versuch über die judischen Bewohner der österreichischen Monarchie*

(1804), p.83。内有很多有价值的资料。

343. L.Hoist, *Judentum in alien dessen Teilen aus einem staatswissenschaftlichen Standpunkte betrachtet* (1821), pp.293—294.

344. "Les fripiers de Paris qui sont à la plus part Juifs", Noël du Fail, *Contes d'Eutrapel*, xxiv, 引自 G. Fagniez, *L'économie sociale de la France sous Henry IV* (1897), p.217。

345. Mercier, *Tableau de Paris*, Vol.2, p.253。在布鲁塞尔,还没有听说过这种吸引客户的方法,人们称这种方法为"拽袖子的生意"(Ärmelausreissgeschäfte)。

346. Romani, *Eines edien Wallachen landwirtschaftliche Reise durch verschiedene Landschaften Europas*, Zweyter Theil, 1776, p.150。参见 Schudt, Vol.2, p.164。

347. *Über das Verhältniss* 等 [注释 336], p.184。

348. Jules de Bock [注释 306], p.30。

349. Max J. Kohler [注释 66]。

350. Bloch [注释 23], p.30。

351. Hyamson, *Jews in England*, p.274.

352. S. Kahn, "Les Juife de Montpellier an 18 siècle", 载于 *R.E.J.*, Vol.33 (1896), p.290。

353. Leon Brunschvi [注释 284], p.111。

354. "Requête des marchands" 等 [注释 287], p.234。

355. L. Kahn, *Les Juifs de Paris au XVIII sc.*, p.71.

356. Justin Godard, *L'Ouvrier en Soie* (1899), p.224。

357. 至于 Wegelin 的看法,见注释 289, p.522。

358. 见注释 290。

359. *Annalen* [注释 122], p.97。

360. F.Bothe, *Beiträge zur Wirtschafts- und Sozial-Geschichte der Reichstadt Frankfurt* (1906), p.74。

361. *Bericht der Kriegs- und Domanenkammer über den wirtschafflichen Niedergang des Herzogtums Magdeburg* (1710),引自 Liebe, *Das Judentum*,

p.91。

362. Romani[注释 346], p.147。
363. 载于 *Geschichte der Juden in der Reichstadt Augsburg* (1803), p.42。
364. Von Mensi[注释 125], p.367。
365. *Allgemeine Schatzkamnier*[注释 293], Vol.2, p.1158。
366. 见注释 328。
367. 见注释 321。
368. 见注释 322。
369. *R.E.J.*, Vol.33, p.111[参见注释 352]。
370. *Le cri du citoyen centre les juifs de Metz* (18 sc.), 引自 Maignial[注释 11]。
371. 见 Bothe[注释 360], p.74。
372. 见注释 323。"这个国家不会制造低级的纺织品和翻造呢绒"。
373. 引自 Liebe, *Das Judentum*, p.91。
374. N. Roubin, "La vie commerciale des juifs contadines en Languedoc", 载于 *R.E.J.*, Vol.34、Vol.3、Vol.5 和 Vol.36。
375. [见注释 336], p.254。
376. 注释 361。
377. *Juden, sind sie der Eandlung schädlich?* (1803), p.25.
378. Graetz, Vol.9, p.445.
379. Romani[注释 346], p.148。
380. 感谢 Josef Reizman, 他提请我注意到这段文字。
381. Child, *Discourse on Trade*, p.152.
382. Hyamson, p.274.
383. *R.E.J.*, Vol.33, p.290.
384. L. Hoist[注释 343], p.290。
385. 见注释 336, p.239。
386. Hoist[注释 343], p.288。
387. *R.E.J.*, Vol.36.
388. *R.E.J.*, Vol.33, p.289.

389. *Annalen*[注释 122], p.90。
390. 摘自匈牙利大法官法庭 1786 年 1 月 9 日备忘录。再次感谢 Josef Reizman 先生。
391. *Königlichen Staatsarchiv*(Ludwig Davidsohn 先生告诉我这个资料)。
392. "在美国，我们可以从犹太企业所持有的很多百货商店中，发现犹太商业最醒目的特征"。"Commerce"条目，载于 *Jewish Encycl.* (Vol.4, p.192)。
393. 见 J. Hirsch, *Das Warenhaus in Westdeutschland* (1910) 中列出的企业名录。
394. 见注释 377, p.33。
395. Henry Sampson, *A History of Advertising* (1875), p.68.

第九章

396. 关于本章这个主题的完整阐述，见我的一篇文章 "Der Kapitalistische Untemehmer"，载于 *Archiv für soziale Wissenschaft und Soziale Politik*, Vol.29。

第十章

397. M. Kayserling[注释 76], p.708。
398. Manasseh ben Israel, Humble Address to Cromwell[注释 52], 谈到了他那个时代的犹太世界著名企业。我们还可以在《犹太百科全书》中找到特别适于立传的单亲家庭故事。
399. "Lettres écrites de la Suisse, d'Italie" 等等，载于 *Encycl. mèth. Manuf.*[注释 39], Vol.1, p.407。参见 Jovet 的看法，引自 Schudt, *Jüdische Merkwürdigkeiten*, Vol.1, p.228。
400. *The Spectator*, No. 495.
401. *Revue Historique*, Vol.44 (1890).
402. Graetz, Vol.5, p.323.
403. 这些犹太外交家的例子众所周知。我们很容易就能加上数字。任何对此问题感兴趣的人，都可以参阅格雷茨的书，书中可以找到大量丰富的资料（例如 Vol.6, pp.85、224; Vol.8, Ch.9 等）。

404. M. Kayserling, *Christopher Columbus* (1894), p.106.
405. H. J. Koenen[注释 12], p.206。
406. Edmund Bonaffé, *Dictionnaire des amateurs français au XVII siècle* (1881), p.191.
407. Friedlander, *Sittengeschichte Roms*, Vol.3, p.577.
408. v. Kortum, *Über Judentum und Juden* (1795), p.165.
409. 同上书, p.90。
410. *R.E.J.*, Vol.23 (1891), p.90.
411. M. de Maulde, *Les juifs dans les Etats français du Saint-Siège* (1886)。一般而言,目前的犹太史对犹太人的法律地位有过充分的研究,但实际上,这些研究多数仅仅是关于犹太人法律地位的历史而已。的确,相当一部分学者认为自己撰写的是经济史,尽管一直以来他们研究的只是法律史。关于档案记录,可以参考 Krünitz 的 "Juden" 条目 (Vol.31),以及 Schudt, *Jüdische Merkwurdigkeiten* (尤其是关于法兰克福的情况)。关于法国,见 Halphen, *Recueil des lois, etc concernant les Israëlites* (1851)。关于普鲁士,可参见 L. von Rönne 和 Heinrich Simon, *Die früheren und gegenwärtigen Verhaltnisse der Juden in den sämtlichen Landesteilen des preussischen Staates* (1843)。我在书中引用的所有法律,都出自这部文集。A. Michaelis, *Die Rechtsverhältnisse der Juden in Preussen seit dem Beginn des 19 Jahrhunderts: Gesetze, Eriasse, Verordnungen, Entscheidungen* (1910)。
412. 参见 B. Bento Carqueja[注释 128], pp.73、82、91。
413. Wagenaar, *Beschrijving van Amsterdam*, 引自 Koenen[注释 12], p.142。此外,关于德国犹太人的财富(言过其实了)见 Schudt, Vol.1 (1714), p.277; Vol.4 (1717), p.208。参见 M. Mission, *Reise nach Italien* (1713), p.43。较新的著作有 M. Henriquez Pimentel[注释 12], p.34。
414. *Memoiren*, p.134.
415. Savary, *Dict.*, Vol.2 (1726), p.448.
416. 沃尔夫 (Lucien Wolf), *The Jewry of the Restoration*, 1660–1664, p.11.
417. 参见 H. Reils, "Beiträge zur ältesten Geschichte der Juden in Hamburg",

载于 *Zeitschrift des Vereins für hamburgische Geschichte*, Vol.2 (1847), pp.357、380、405, 以及 M. Grunwald [注释43], pp.16、26、35。

418. 见 M. Grunwald, *Hamburgs deutsche Juden*, pp.20、191。

419. F. Bothe, *Die Enfwickelung der direkten Besteuerung der Reichsstadt Frankfurt* (1906), p.166 的表 10 和表 15。

420. Kraeauer [注释340], p.341。

421. Alexander Dietz, *Stammbuch der Frankfurter Juden* (1907), p.408.

422. L. Geiger, *Geschichte der Juden in Berlin* (1871), Vol.1, p.43.

第十一章

423. M. Lazarus, *Ethik des Judentums* (1904), pp.67、85 等（本书亦有英文本，由美国犹太出版协会发行）。

424. Hermann Cohen, "Das Problem der jüdischen Sittenlehre. Eine Kritik (adverse) von Lazarus' Ethik des Judentums", 载于 *Monatsschrift*, Vol.43, p.385。

425. *Orach Chajim*, §8。

426. 引自 F. Weber, *Altsynagogale Theologie* (1880), p.273.

427. J. Wellhausen, *Israelitische und jüdische Geschichte*, p.340.

428. Graetz, Vol.4, p.411。格雷茨也对《塔木德》及其对犹太教的影响有极高的评价（当然是片面的乐观）。

429. J. Fromer, *Vom Ghetto zur modernen Kultur* (1906), p.247.

430. M. Kayserling, *Columbus* (1894), 第 6 章。

431. *Das Haus Rothschild*, Vol.1 (1857), p.186。

432. 这里并不是描述圣经批评结果的地方。我在这里所能做的就是提出一些书目，这几本书可以作为这个主题的导论：Zittel, *Die Entstehung der Bibel*（第5版，1891）；关于摩西五经的历史，见 Adalbert Merx, *Die Bücher Moses und Josua* (1907)，以及 Ed. Meyer, *Die Entstehung des Judentums* (1896)。

433. W. Frankenberg, "Die Sprüche, übersetzt und erläutert", 载于 *Handkom-

mentar zum Alten Testament (von D. W. Nowack 编)。在书中 p.16, 有一份智慧书的书目。参见 Henri Traband, *La loi mosaïque, ses origines et son développement* (1903), p.77.

434. 参见 M. Friedländer, *Geschichte der jüdischen Apologetik* (1903)。

435. 研究《塔木德》的书籍本身已经形成了一个小小的图书馆。我在这里只能提及一两部书作为这个主题的导论。最好的一部是 H. L. Strack, *Einleitung in den Talmud* (第4版,1908), 该书有一个非常全面的参考书目。关于犹太伦理学, 见 Salo Stein, *Materialien zur Ethik des Talmud* (1904)。然而, 研究《塔木德》的学者对该书评价不高。更近的一部著作由弗罗默 (J. Fromer) 撰写, 弗罗默一直专注于《塔木德》和之后的犹太文献研究。见他的 *Die Organization des Judentums* (1908), 该书可作为一部大型的《塔木德百科词典》的导论, 弗罗默本来也是这个意思。另一部研究这个问题的著作是 E. Schüler, *Geschichte des jüdischen Volkes im Zeitalter Jesu Christi*, 一共3卷。第1卷 (第2版,1890) 的第3节, 有一份内容广泛的书目。此外, 标准的犹太史, 尤其是格雷茨的著作, 亦对这部分犹太文献有所研究。

为了理解和领会《塔木德》的精神, 有必要读一读《塔木德》本文。戈尔德施密特 (Lazarus Goldschmidt) 有一部德文译本 (差不多完成了)。《塔木德》有自己的特点: 尽管章节与章节之间有某种固定的顺序, 但没有一章的内容严格限制在本章的主题范围之内。实际上, 它们涉及《塔木德》主题的全部领域。因此, 研究一篇或多篇 (63)《经论》(Tractates), 比较容易对全书内容有一个清晰的概念, 实际上, 这也是管中窥豹的一个方法。这里尤其要推荐大家看看《中门书》以及姐妹篇《首门书》和《末门书》。1876 年由 Dr. Sammter 翻译并撰写导言的《中门书》是一个较好的版本。

所谓的短论 (Minor Tractates) 构成了塔木德文献 (Talmudic literature) 的一个特殊分支, 通常, 我们可以在《塔木德》的附录中发现这些短论, 但常常也有独立出版的情况。这些短论有《大处世之道》(*Derech Erez Rabba*, 公元3世纪)、《父辈们》(*Aboth*)、《拿单的父辈们》(*Aboth de R. Nathan*)、《小处世之道》(*Derech Erez Zutta*, 根据聪茨的记载于是公元9世纪)。由于这些短论显示了明显的实用智慧的趋向, 所以聪茨称之为伦理的哈加达(Ethical *Hagadoth*)。它们对犹太人的发展具有不小的影响，因此我们对其也产生了很大的兴趣，这些短论在犹太人中的普及程度仅次于《圣经》，是不能阅读《塔木德》的一般信众的主要读物。我们在祈祷书和灵修文献中都能看到这些短论，其中有的还有德文译本。凯姆·波洛克(Kaim Pollock, 1905)就把拉比拿单(R. Nathan)的 *System der Ethik und Moral* 译成了德文。塔瓦基(A. Tawrogi, 1885)翻译了《小处世之道》。戈尔德贝格(M. Goldberg, 1888)翻译了《大处世之道》。这里我们还要提一下《托塞夫塔》(Tosephta)，这部分包含有《密西拿》(*Mishna*)以外的学说。这也始自坦拿(Tanaim)时期，编排类似于《密西拿》。

最后，提一下拉比注经或米大示(Midrashim)，部分是哈拉卡(halachic)，即律法，部分是哈加达(hagadic)，即道德教化。其中最古老的部分多数在哈拉卡之中，是：《出埃及记评注》(*Mechilta*)、《利未记注释》(*Siphra*)以及《民数记》和《申命记》注释(*Siphre*)。

塔古姆(*Targumim*)是《旧约》的亚兰语译文。

436. 迄今为止，《备就之席》尚无好的译本。唯一可用的是洛威(Löwe, 1837)译本，但该译本既不完整又很片面。另一方面，《生活方式》(*Orach Chajim*)和《知识之师》(*Jore Deah*)则由莱德勒(Rabbi P. Lederer)以德文形式出版(1906, 1900)，但并不是完整本。

至于对《备就之席》的研究，则多数是辩护性质的小册子。反犹主义者为了攻击犹太人和犹太教，转而从《备就之席》中寻找材料；犹太学者当然给予回应。比如说，我们可能已经提及 A. Lewin, *Der Judenspiegel des Dr. Justus* (1884) 以及 D. Hoffmann, *Der Schulchan Aruch und die Rabbiner über das Verhältniss der Juden zu Andersgldäuigen* (1885)。因此对于《备就之席》不存在主观性的研究，尽管该书值得像《塔木德》那样进行全面研究。我所熟悉的唯一一部严谨的学术著作(应该在本书中提及)就是 S. Bäck, *Die religionsgeschichtliche Literatur der Juden in dem Zeitraume vom 15-18 Jahrhundert* (1893)，重刊于 Winter and Wünsche, *Die jüldische Literatur seit Abschluss des Kanons*, Vol.2。但贝克的书篇幅不大，他的研究只是简述的性质。

437. Paul Volz, *Jüdische Eschatologie von Daniel bis Akiba* (1903).

438. Furst, *Untersuchungen über den Kanon des Alien Testaments nach den Uberlieferungen in Talmud und Midrasch* (1868).
439. L. Stern, *Die Vorschriften der Thora, welche Israel in der Zerstreuung zu beobachten hat. Ein Lehrbuch der Religion für Schule und Famine*（第4版，1904），p.28。这本书可以视为一种类型，让我们了解流行于正统学术圈的观点。
440. 参见 Rabbi S. Mandl, *Das Wesen des Judentums*（1904），p.14。曼德尔的书是以 J. Gutmann, *Uber Dogmenbildung und Judentum*（1894）为基础。参见 S. Schechter, "The Dogmas of Judaism", 载于 *J.Q.R.*, Vol.1（1889），pp.48、115。众所周知，摩西·门德尔松（Moses Mendelssohn）是表达这一观点的第一人，他在《耶路撒冷》一书中，坚持认为犹太教没有教义。
440^A. 我所了解的最佳著作是 Ferdinand Weber, *System der altsynagogalen palastinensischen Theologie aus Targum, Midrash und Talmud*（1880）。
441. Stern［注释439］，p.5。
442. Döllinger, *Heidentum und Judentum*（1857），p.634.
443. Rutilius Namatianus, "De reditu suo", 载于 Reinach, *Textes d'auteurs grecs et remains relatifs au judaisme*, Vol.1（1895），p.358。
444. Stern［注释439］，p.49；S. R. Hirsch, *Versuche über Jissroëls Pflichlen in der Zerstreuung*（第4版，1909），§711。
445. 参见 Weber［注释440^A］，p.49。韦伯对犹太教契约思想的研究，优于其他学者。显而易见的是，本书得益于他甚多。我还利用了他的引证。就这一具体例子而言，参见《民数记》和《申命记》注释（*Siphre*），12b，《大利未记》（*Wajjikra Rabba*）.c.31。
446. 《父辈们》（Aboth），II，开篇处。
447. 参见 Weber［注释440^A］，pp.270、272。
448. 同上书，p.292。
449. R. Joseph Albo,《论基本原则》（*Ikkarim*），这是一部关于犹太教原理的书，时间是15世纪。W. 施莱辛格和 L. 施莱辛格（W. and L. Schlesinger）出版了一部（希伯来语原著）的德文译本（1844）。这一问题的研究在第46章。
450. S. R. Hirsch［注释444］，第13章，尤其是§100和§105。

451. J. F. Schroder, *Talmudisch-rabbinisches Judentum* (1851), p.47.
452. Graetz, Vol.2, p.203 和注释 14；J. Bergmann, *Jüdische Apologetik im neutestamentlichen Zeitalter* (1908), p.120。关于古代犹太教精神，参见威尔豪森 (Wellhausen) [注释 427]，第 15 章。
453. H. Deutsch, *Die Sprüche Salomons nach der Auffassung in Talmud und Midrasch* (1885).
454. J. F. Bruch, *Weisheitslehre der Hebräer* (1851), p.135.
455. Rabbi S. Schiffer, Das Buch Kohelet. Nach der Auffassung der Weisen des Talmud und Midrasch (1884).
456. 参见 Graetz, Vol.4, p.233；Wellhausen [注释 427]，pp.250、339；以及众所周知的 Müller、Schürer 和 Marti 的著述。
457. Mandl [注释 440]，p.14。
458. S. R. Hirsch [注释 444]，§ 448。
459. 我们可以在 S. Schaffer 的书中发现摘自《塔木德》的类似精粹，*Das Recht und seine Stellung zur Moral nach talmudischer Sitten- und Rechtslehre* (1889), p.28。
460. M. Lazarus [注释 423]，p.22。拉扎勒斯提出的观点是，成圣意味着要很好地克服自己的情感，他的观点已经非常接近于康德的道德体系。
461. 《圣化篇》(*Kiddushin*), 30b；《末门书》(*Baba Bathra*), 16a。
462. 参见 Schaffer [注释 459]，p.54。
463. 参见 Fassel, *Tugend- und Rechtslehre des Talmud* (1848), p.38。
464. Albo 的《论基本原则》[注释 449]，第 24 章，对此有全面阐述。
465. 参见 S. Bäck [注释 436]，前言。
466. 也参见 M. Lazarus [注释 423]，p.20。
467. Stern [注释 439]，p.126。
468. 《拿单的父辈们》(Aboth de R. Nathan), xxi. 5。也参见《父辈们》, III, 14。
469. G. F. Oehler, *Theologie des A.T.* (第 3 版，1891), p.878。
470. M. Lazarus [注释 423]，p.40。
471. 《拿单的父辈们》, xvi. 6。

471^A. 参见《传道书》，1，8；《箴言》，x，8；x，10；x，31；xiv，23；xvii，27，28；xviii，7，21；xxi，23；《便西拉智训》，iv，34 (29)；v，15 (13)；ix，25 (18)；xix，20，22。

472. Stern［注释 439］，No. 127a。

473. 亦参见《箴言》，xii，27；xiii，11；xviii，19；xxi，20。赞颂劳动的更多文字，参见阿米塔伊（L. K. Amitai），*La sociologie selon la législation juive* (1905)，p.90。

474. Hirsch［注释 444］，§ 448。

475. 同上书，§ 463。

476. Stern［注释 439］，p.239。

477. Hirsch［注释 444］，§443，施特恩亦有相同的表达［注释 439］，Nos. 125，126。

478. J. Fromer［注释 429］，p.25。

479.《使徒书》(*Iggeret ha-Kodesh*)，1556 年初版；由 Gaffareli 译为拉丁文；参见 Graetz，Vol.7，p.46。

480. Hirsch［注释 444］，§ 263。亦可参见，§ 264，§ 267。

481. 数据源自 Hugo Nathansohn，"Die unehelichen Geburten bei den Juden"，载于 *Z.D.S.J.*，Vol.6 (1910)，p.102。

482. 我们或许还可以提及一位最重要的权威弗洛伊德（S.Freud），参见他的 *Sammlung kleiner Schriften zur Neurosehlehre*（第 2 辑，1909）。

483. 参见 Dr. Hoppe，"Die Kriminalitat der Juden und der Alkohol"，载于 *Z.D.S.J.*，Vol.3 (1907)，p.38；H.L.Eisenstadt，"Die Renaissance der jüdischen Sozialhygiene"，载于 *Archiv fur Rassen- und Gesellschaftsbiologie*，Vol.5 (1908)，p.714；L. Cheinisse，"Die Rassenpathologie und der Alkoholismus bei den Juden"，载于 *Z.D.S.J.*，Vol.6 (1910)，p.1。这可以十分肯定地证明，犹太人免于酗酒（就好像梅毒）的严重后果，也是因为他的宗教。

484. Wellhausen［注释 427］，p.119。

485. Cicero，*Pro Flacco*，ch.28.

486. Mommsen，*Römische Geschichfe*，Vol.5，p.545.

487. 这段话见于 Felix Stähelin, *Der Antisemitismus des Altertums* (1905)。参见 Reinach[注释 443]。
488. J. Bergmann[注释 452], p.157。
489. Graetz, Vol.5, p.73.
490. Graetz, Vol.5, p.321.
491. Graetz, Vol.6, pp.140、161.
492. 我们可以从 J. Heicl, *Das alttestamentliche Zinsverbot* (*Biblische Studien, herausgegeben von O. Bardenhewer*, Vol.12, No.4, 1907) 中看到对古老的犹太律法体系中关于利息的完整论述。
493. 参见 Hoffmann, "Responsa", 载于 *Schmollers Forschungen*, Vol.152。
494. 参见 Fassel[注释 463], p.193；E. Grunebaum, *Die Sittenlehre der Juden andern Bekenntnissen gegenuber* (第 2 版, 1878), p.414；同一位作者的 "Der Fremde nach rabbinischen Begriffen", 载于 *Geigers jüdische Zeitschrift*, Vol.9, Vol.10；以及 D. Hoffmann[注释 436], p.129；Lazarus[注释 423], §144。奇怪的是,拉扎勒斯的著作并不完整。他在第三章谈到他确信以色列对非犹太人征收的税赋,与历史事实不太符合。
494[A]. 参见《裁断的胸袋》,§§188, 194, 227, 231, 259, 266, 272, 283, 348, 389。
495. "当他来到神圣的法官面前时,对他质询的第一个问题是,你做生意坦白诚实吗?"《安息日书》(*Sabbath*),31a。这种塔木德引言出自一本专门探讨诚实的小格言书(私人印刷),*Das Biblisch-rabbinische Handelsgesetz*,由拉比斯塔克(Rabbi Stark)撰写。
495[A].《裁断的胸袋》,§231。该段文字在书中的§227。
496. Graetz, Vol.10, pp.62、81.
496[A].《裁断的胸袋》,§227;《中门书》,49b。
496[B]. 此外可参见 John G. Dow, "Hebrew and Puritan", 载于 *J.Q.R.*, Vol.3 (1891), p.52。
497. Graetz, Vol.9, pp.86、213；Vol.10, p.87；Hyamson, p.164；*J.Q.R.*, Vol.3, p.61.

第十二章

498. 也参见 R. S. Woodworth, "Racial Differences in Mental Traits", 载于 *Bulletin mensuel des Institut Solvay* (1910), No. 21。

499. Anatole Leroy-Beaulieu, *Israel chez les nations* (1893), p.289.

500. 也参见 H. St. Chamberlain, *Die Grundlagen des 19 Jahrhunderts*（第3版, 1901), p.457.（该书的英文版即将出版。）

501. 我不打算在这里对 People, Nation, Nationality 的各种涵义进行阐释。读者可以在 F.J.Neumann 的杰出研究中找到自己所需的东西, 见 *Volk und Nation* (1888)。也参见 Otto Bauer, *Die Nationalitätenfrage und die Sozialdemokratie* (1907); F. Rosenblüth, *Zur Begriffsbestimmung von Volk und Nation* (1910)。

502. A. Jellinek, Der jüdische Stamm in Sprichwortem（第2辑, 1882), pp.18、91。

503. J.Zollschan, *Das Rassenproblem writer besonderer Berücksichtigung der theoretischen Grundlagen der jüdischen Rassenfrage* (1910), p.298.

504. Jellinek［注释502］（第3辑, 1885), p.39。

505. Juan Huarte de San Juan, *Examen de ingenios para las Sciencias*. Pomplona (1575), Biblioteca de autores Españoles, lxv, p. 469.

506. Jellinek［注释502］。由著名维也纳拉比(Rabbi of Vienna)撰写的这部书, 是关于犹太精神的最佳著述之一。D. Chwolson 的小册子 *Die semitischen Völker* (1872) 批评了 Renan, *Histoire générale et système compare de langues Sémitique* (1855)。我觉得第三位作者卡尔·马克思(Karl Marx)的研究, 已经深入了犹太人的灵魂, 参见 *Judenfrage* (1844)。自这些人（都是犹太人！）的研究开始, 所谓的犹太人精神研究, 要么是重复这些学者的说法, 要么就是歪曲事实。

507. 关于犹太人是数学家, 参见 M.Steinschneider, 载于 *Monatsschrift* 的文章, Vol.49–51 (1905–1907)。

508. 关于犹太人医生, 见 M. Kayserling, "Zur Geschichte der judischen Aerzte", 载于 *Monatsschrift*, Vol.8 (1859), 以及 Vol.17 (1868)。

509. Zollschan[注释 503]，p.159。
510. C. Lassen, *Indische Altertumskunde*, Vol.1 (1847), p.414.
511. "Une certaine gravité orgueilleuse et un fierté noble fait le caractère distinctif de cette nation", Pinto, "Reflexions" 等等，载于 *Lettres de quelques juifs*, Vol.1, p.19。
512. J. M. Jost, *Geschichte des Judentums und seiner Sekten*, Vol.3 (1859), p.207.
513.《小处世之道》，第 8 章。
514. *Megilla*, 16.
515. *Midrash Rabba* to Genesis, 1, 44.
516. "Développer une chose qui existe en germe, perfectionner ce qui est, exprimer tout ce qui tient dans une idée qu'il n'aurait pas trouvée seul." —— M. Muret, *L'esprit juif* (1901), p.40.
517. K. Knies, *Credit*, Vol.1, p.240 ; Vol.2, p.169.

第十三章

518. F.Martius, "Die Bedeutung der Vererbung fiir Krankheitsenstehung und Rassenerhaltung", 载于 *Archiv für Rass. und Ges. Biologie*, Vol.7 (1910), p.477。
519. 近期关于犹太民族学和人类学最为重要的论著有如下几部：von Luschan, "Die anthropologische Stellung der Juden", 载于 *Korrespondemblatt für Anthropologie*, Vol.23 (1892) ; Judt, *Die Juden als Rasse* (1903)。 关于历史，Ed. Meyer 在这个问题上投入的精力最多，参见 *Die Israeliten und ihre Nachbarstamme* (1906)。与这部大作齐名的，有较早时期由 A. Bertholet 撰写的 *Die Stellung der Israeliten und der Juden w den Fremden* (1896)。不用说，我们在这里还必须提及论述巴比伦的全部文献，即 Winkler、Jeremias 等人的著作。近著有 W. Erbt, *Die Hebräer. Kanaan im Zeitalter der hebraischen Wanderung und hebraischen Staatengründung* (1906)。

520. H. V. Hilprecht, *The Babylonian Expedition of the University of Pennsylvania*, 丛书 A, 楔形文字文献 (Cuneiform Texts), Vol.9 (1898), p.28; 以及同一作者的 *Explorations in Bible Lands during the 19th Century* (1903), p.409。
521. 参见 von Luschan, "Zur phys. Anthropologie der Juden", 载于 *Z.D.S.J.*, Vol.1 (1905), p.1。
522. 这个理论的主要倡导者是 Ludwig Wilser, 他在很多文章中都提出了这一观点, 在他的著作 *Die Germanen* (1903) 中论述得非常详细。他的主要对手是 Zollschan [注释 503], p.24。
523. Mommsen, *Römische Geschichte*, Vol.5, p.549.
524. Graetz, Vol.5, pp.188、330、370.
525. Graetz, Vol.7, p.63.
526. 这些都是林多的例子 [见注释 128], p.10。
527. Hoeniger 在自己的批评文章中表达的观点, 也适用于科隆。其他支持布兰 (Brann) 的学者有劳 (Lau)、科伊森 (Keussen) 以及科伯 (A. Kober), 参见 *Studie zur mittelalterlichen Geschichte der Juden in Köln am Rhine* (1903), p.13。
528. Maurice Fishberg, "Zur Frage der Herkunft des blonden Elements im Judentum", 载于 *Z.D.S.J.*, Vol.3 (1907), pp.7、25。该杂志还刊载了 Elias Auerbach 的一篇观点相反的文章, 见 Vol.3, p.92, "Bemerkungen zu Fishbergs Theorie", 等。
529. 参见 F. Sofer, "Uber die Plastizitat der menschlichen Rassen", 载于 *Archiv für Rass. und Ges. Biologie*, Vol.5 (1908), p.666; E. Auerbach, "Die jüdisehe Rassenfrage", 载于同一杂志, Vol.4, p.359; 也参见 Vol.4, p.370, von Luschan 在这里有一个相同观点的阐述。也参见 Zollschan [注释 503], pp.125、134。
530. 参见 Judt 文中的研究结论 [注释 519]。也参见 A. D. Elkind, *Die Juden. Erne vergleichend-anthropologische Untersuchung* (1903)。我是从温伯格的书评中得知此书的, 见 *Archiv für Rass. Und Ges. Biologie*, Vol.1 (1904), p.915。也参见 Elkind, "Anthropologische Untersuchungen über

die russ.-polnischen Juden", 载于 Z.D.S.J., Vol.2 (1906), pp.49、65, 以及他的另一篇论文, 载于 Vol.4 (1908), p.28; Leo Sofer, "Zur Anthropologische Stellung der Juden", 载于 Pol. anthrop. Revue, Vol.7 (参见对此文的评论, 载于 Z.S.D.J.; Vol.4, p.160)。参见 E. Auerbach 前引书, p.332; Aron Sandler, *Anthropologie und Zionismus* (1904), 虽然他的结论不是亲自得到的。Zollschan, 前引书, Vol.125, p.134, 等处。

531. S. Weissenberg 支持德国犹太人和西葡犹太人"种族不同论", 见 "Das jüdisehe Rassenproblem", 载于 Z.D.S.J., Vol.1 (1905); M. Fishberg, "Beiträge zur phys. Anthropologie der nordafrikanischen Juden", 同上。大多数反对这一观点的作者见注释 530。

532. 对这一问题的全面思考, 见 Leo Sofer, "Zur Biologie und Pathologie der jüdischen Rasse", 载于 Z.D.S.J., Vol.2 (1906), p.85; 至于进一步的观点, 见这一学术期刊的论题。参见 *Arch. für Raas. U. Gen. und Ges. Biologie*, Vol.4 (1907), pp.47、149; Siegfried Rosenfeld, "Die Sterblichkeit der Juden in Wien und die Ursachen der jüdischen Mindersterblichkeit"。

533. F. Hertz, *Moderne Rassen-Theorie* (1904), p.56.

534. C.H.Stratz, *Was sind Juden? Eine ethnographischanthropologische Studie* (1903), p.26.

535. 朱特的阐述[注释 519]及其他著作。参见 L. Messerschmidt, *Die Hettiter* (1903)。

536. 参见 Hans Friedenthal, *Über einen experimentalen Nachweis von Blutsverwandtschaft* (1900)。也见该作者的 *Arbeiten aus dem Gebiete der experimentellen Physiologie* (1908)。

537. Carl Bruck, "Die biologische Differenzierung von Affenarten und menschlichen Rassen durch spezifische Blutreaktion", 重刊于 *Berliner Klinischen Wochenschrift*, Vol.4 (1907), p.371。

538. Von Luschan, "Offener Brief an Herrn Dr. Elias Auerbach", 载于 *Archiv für Rassen und Ges. Biologie.*, Vol.4 (1907), p.371。

539. A. Ruppin, "Die Mischehe", 载于 Z.D.S.J., Vol.4, p.18。

540. Mommsen, *Römische Geschichte*, Vol.5, p.529.

541. M. Braunschweiger, *Die Lehrer der Mischna* (1890), p.27.

542. Graetz, Vol.6, p.22.

543. Graetz, Vol.6, p.320.

544. 格里高利警言（Gregor. Ep.），ix，36，载于 Schipper, p.16。

545. Herzfeld, *Handelsgeschichte der Juden des Altertums*, p.204.

545^. 赫茨菲尔德或许最全面地探讨了这些问题。但是，除了许多释文的错误外，他对文献的纪年也有错误。他仍然保留了他之前的通行的编年，因此把他的大部分资料确定为犹太流亡前时期。

546. 至于塔木德时期，见 Herzfeld, p.118，书中提到有一百多种商品输入巴勒斯坦。

547. A. Bertholet［见注释 591］, p.2。

548. 参见 Büchsenschütz, *Besitz und Erwerb im griechischen Altertum*（1869），p.443。

549. L. Friedländer［注释 594］, Vol.3, p.571。

550. 《圣化篇》，82b。

551. 《拿单的父辈们》，xxx. 6。

552. 《逾越节篇》（*Pesachim*），113a。

553. 《逾越节篇》，506。参见 "Welthandel" 和 "Handel" 条目，载于 J. Hamburger's *Real-Encyklopädie des Judentums*（1883，1886），在这条目下，可以看到更多的资料。

554. A. Bertholet, "Deuteronomium"（1899），见 Martius Kurz, *Bandkommentar zum A.T.*。在书中的相关段落，贝尔托莱提到了与其相关的时期，即以色列人作为商人流散到世界各地的时期，由于他们的财富，他们成了世界的一股势力。贝尔托莱告诉我，他认为 15 章 4-6 节的内容是后添加的，因为这些文字似乎指以色列人的广泛分布，他倾向于认为这些文字写于亚历山大之后的希腊时期。

但我不相信以色列人当时是作为商人向外流散的。为了确定我没有忽略重要的段落，我给贝尔托莱教授写了一封信，请教他根据什么理由提出了这个观点。他在复函中用红笔标注了如下段落给我：《箴言》，7：19；12：11；13：11；23：4；24：27；28：19，20，22；《便西拉智训》，

26∶29-27∶2。这些段落讨论了财富的风险,我已经在另一个地方讨论了这些内容。然而,所有这些内容似乎都没有显示出有大规模贸易。《箴言》7∶19 或许与行商有关系,但不具有必然性。我们还被告知,多比(Tobit,贝尔托莱教授也提到了他)就是撒缦以色王的"占卜者"(agorastes),并有一份相当不错的收入,这是不是封建社会的状态呢?再者,阿迪亚波纳宫廷(the court of Adiabene)的商人亚拿尼亚(Ananias,约瑟福斯谈到过他),或许就是一位宫廷犹太人(Hofjude)。当然,我并不否认犹太人参与了国际贸易。但我坚决认为这不是他们的特征。他们的特征就是从事借贷生意,或许我们可以像贝尔托莱教授那样说,(亚历山大之后的那个时期)以色列人是世界上的一股力量。

555. 感谢贝尔托莱教授提请我注意到了这一文件。

556. E. Renan, *Les Apôtres* (1866),p.289.

557. J. Wellhausen, *Medina vor dem Islam* (1889),p.4.

558. 参见 Aronius, *Regesten zur Geschichte der Juden im frankischen und deutschen Reiche bis zum Jahre 1273* (1902), Nos. 45, 62。

559. 参见 Lindo[注释 128],p.73。

560. 关于犹太人的法规,见 Cunningham, *Growth of English Industry and Commerce*, Vol.1 (1905),p.204。

561. Wassermann, "Die Entwickelung der judischen Bevolkerung in d. Provin. Posen",载于 *Z.D.S.J*;Vol.6 (1910),p.37。

562. F. Delitzsch, *Handel und Wandel in Altbabylon* (1910),p.33. 参见 Heicl, *Alttestamentliches Zinsverbot* (1907),p.32,尤其是 p.288。

563. Weber, "Agrargeschichte im Altertum", 载 于 *Handworterbuch der Staatswissenschaften*。还可参见 Marquardt, *Römische Staatsverwaltung*, Vol.2, p.55。

563[A]. 1436 年和 1437 年,市议会邀请了很多犹太当铺老板进入佛罗伦萨,以帮助需要现金的穷人。参见 M. Ciardemi, *Banchieri ebrei in Firenze net secolo XVe XVI* (1907)。

拉文纳(Ravenna)市在讨论加入威尼斯共和国的时候,其中一个附带条件是,富裕的犹太人要在这里开办一家信贷银行,这样可以减少贫困人口。参见 Graetz，Vol.8，p.235。

"截至1420年，我们已经看到金融行业在罗马的犹太人圈子中逐渐扩大；从1420年到1550年，环境更为有利，因此我们看到仍然有很大的扩展。实际上，意大利公众已经习惯于就货币借贷与犹太人签订正规的合约。"参见 Theiner，Cod. dipl. 3，335，载于 Paul Rieger，*Geschichte der Juden in Rom* (1895)，p.14。

563[B]. A. Moreau de Jonnès, *Statistique des peuples de l'antiquité*, Vol.1 (1851)，p.98. 关于《圣经》中的统计，可参见 Max Waldstein, *Statistische Monatsschrift*, 维也纳 (1881)。

564. A. Jeremias, *Das alte Testament im Lichte des alien Orients*（第2版，1906），p.534。

565. F. Buhl, *Die sozialen Verhaltnisse der Israeliten* (1899)，pp.88、128.

566. 塔木德拉比的传记足以说明问题。参见 Strack[注释435]；Graetz, Vol.4; A. Sammter, 载于他的《中门书》译本 (1876) 的附录，以及 M. Braunschweiger, *Die Lehrer der Mishna* (1890)。

567. Mommsen, *Römische Geschichte*, Vol.5, p.529.

568. 托莱多第4次公会议 (633) 第58条教规。引自林多[注释128]，p.14。

569. J. Wellhausen[注释557], Vol.4, p.14。

570. 参见 Graetz, Vol.5, p.345。

571. 参见 Graetz, Vol.5, p.11, pp.39、50；参见 Schipper 的部分段落[注释544], pp.20、35; Aronius[注释58], Nos. 45, 62, 173, 206, 227, 等等。我实在不好理解卡罗 (Caro) 如何得出了相反的结论[注释324], p.83。

572. 关于截至12世纪的情况，可以参见 Schipper[注释544]。亦可参见我的《现代资本主义》(*Moderne Kapitalismus*)，Vol.1。

573. K. F. W. Freiherr von Diebitsch, *Kosmopolitische, unparteiische Gedanken über Juden und Christen* (1804), p.29.

574-585. 我无法就生物学、人类学以及民族学方面的专著开出一个完整的参考书目。我只能为读者开列几部书的书名。我个人认为, Moritz Wagner 的书具有极高的阅读价值: *Die Darwinsche Theorie und das Migrationsgesetz* (1868); *Uber den Einfluss der geogr aphischen Isolierung und Kol-*

onienbildang auf die morphologische Veränderung der Organismen (1871); *Die Enstehung der Arten durch räumliche Sonderung* (1889)。

Ludwig Gumplovicz, *Der Rassenkampf* (1883); *Die soziologische Staatsidee*(第 2 版, 1901) Ward, *Reine Soziologie*, Vol.1; L.Woltman, *Politische Anthropologie* (1903)。

关于遗传问题，可以参见 H.E. Ziegl, *Die Vererbungstehre in der Biologie* (1905); W. Schallmeyer, *Vererbung und Auslese* (第 2 版, 1910); R. Sommer, *Familienforschung und Vererbungslehre* (1907); F. Martius, *Das pathologische Vererbungsproblem* (1909); J. Schultz, *Die Maschinentheorie des Lebens* (1909); W. Bolsche, *Das Liebesleben in der Natur* (1909)。

第十四章

586. 我手边没有太多的论述古代巴勒斯坦社会和经济条件的专著。或许最好的是布尔 (F.Buhl) 的著作 [注释 565]。更近的著作是 Max Lohr, *Israels Kulturentwickelung* (1911)。
587. Wellhausen, *Prolog.*, p.10; 参见 Budde, *The Nomadic Ideal in the O.T.* (1895)。
588. F. Ratzel, *Völkerkunde*, Vol.3, p.47.
589. 《圣化篇》, 71a。参见 Graetz, Vol.4, p.273。
590. Graetz, Vol.4, p.321.
591. 可以用来证明的圣经的段落，见 Herzfeld, *Handelsgeschichte der Juden des Altertums*, 注释 9。
592. 关于这个估算，参见 Buhl [注释 565], p.52。
593. Philo, 载于 *Flaccum*, 6 (II, 523, Mangey), 载于 Stähelin [注释 487], p.33。
594. L. Friedländer, *Sittengeschichte Röms*, Vol.3, p.570。
595. Cassel, "Juden 条目" 载于 Ersch and Gruber, p.24。
596. Tacitus, *Anna.*; II, 85; Suetonius 和 Josephus 只是提到了犹太人。
597. 我们可以在 Graetz 的书中看到对大流散的最好记述, Vol.3, p.90; Frankel, "Die Diaspora zur Zeit des zweiten Ternpels", 载于 *Monatsschrift*,

Vol.2，p.309；Herzfeld［注释591］，p.200以及注释34。

598. 波森省的犹太人历史提供了某一具体国家内犹太移民的最佳案例。1849年，有21个地方（总共131个地方）的犹太人口占全部人口的30%-40%。4个地方的犹太人口占全部人口的41%-50%。3个地方的犹太人口占人口的50%以上。但在下半个世纪中，波森省的犹太人数量大幅度减少。可以参见 E. von Bergmann, *Zur Geschichte der deutschen, polnischen und jüdischen Bevölkerung in der Provinz Posen* (1883); *Zwanzig Jahre deutscher Kulturarbeit* (1906); B. Breslauer, *Die Abwanderung der Juden aus der Provinz Posen* (1909)。关于17世纪末期维也纳驱逐犹太人的情况，参见 David Kaufmann, *Die letzte Vertreibung der Juden aus Wien und Niederösterreich ; ihre Vorgeschichte [1625–1670] und ihre Opfer* (1889)。

599. L. Neubaur, *Die Sage vom ewigen Juden*（第2版，1893）。

600. 根据 Gratian, *Vita Joh. Commendoni*, II, c.15; Victor von Karben, *De Vita et Moribus Judieorum* (1504); Graetz, Vol.9, p.62.

601. J. Ranke, *Der Mensch*, Vol.2, p.533.

602. Ratzel, *Völkerkunde*, Vol.3, p.743.

603. Juan Huarte de San Juan［注释505］，p.409。

604. F. Delitzsch［注释562］，p.12。

605. A. Wahrraund, *Das Gesetz des Nomadentums* (1887), p.16.

606. Ratzel［注释602］，Vol.3, p.56。

607. 《逾越节篇》，87b。参见119b。

608. W. Erbt, *Die Hebraer* (1906), p.166.

609. *Ephraim justifié* (1758). L'éditeur a Mr. Andre de Pinto, Juif Portugais, Citoyen et négociant d'Amsterdam.

610. Pinto, "Réflex, critiques sur le premier chap. du vii tome des œuvres de M. Voltaire (1762)"，载于 *Lettres de quelques juifs*（第5版，1781），p.10。

611. Graetz, Vol.11, p.54.

612. "他们一般都是犹太部族的后裔，普遍认为在巴比伦被掳时期，他们的家庭都被驱赶到西班牙，这个观点只能使他们产生这种有别于德国犹太人的想法和人们在他们身上看到的这种自认为出身高贵的情感表现。"——Pinto

[注释 610], p.17。

613. A. Nossig, "Die Auserwähltheit der Juden im Lichte der Biologie", 载于 Z.D.S.J., Vol.1。参见同卷中 Curt Michaelis 的文章；另见他的 "Prinzipien der natürlichen und sozialen Entwicklungsgeschichte der Menschheit" (*Natur und Staat*, Vol.5, 1904), p.63。
614. A. Sandler[注释 530], p.24。

索 引

(本索引页码为英文版页码,参见本书边码)

Abensur, Daniel, 丹尼尔·阿本苏尔, 58

Aboab, Jacob, 雅各·阿伯阿布, 185

Abdul-Rahman III, Caliph, 阿卜杜勒-拉赫曼三世, 174

Acoste, Lord d', 达科斯塔, 185

Adaptability of the Jew, 犹太人的适应能力, xiii, 271-273, 278, 341

Advertising, 广告
  beginnings of, ~的开始, 122-123, 139-140
  prototype of, ~的原型, 167

Agrippa, King, 阿格里帕王, 173

Aguilar, Baron d', 达圭拉尔男爵, 89

Alaska Commercial Company, 阿拉斯加商贸公司, 40

Albrecht, Cardinal, 枢机主教阿尔布雷希特, 52

Alexander, Alabarch, 亚历山大长官, 173

Alexandrai, Rabbi, 拉比亚历山德莱, 345

Alexandria, marine insurance in, 亚历山大城的海上保险, 76

Alhadib family, 阿拉迪布家族, 170

Aliens, Jews as, 作为外来者的犹太人, 175-177

Allgemeine Elektrizitats-Gesellschaft, 通用电气公司, 110

Almanach perpetuum, 《万年历》, 30

Alphonso VI, of Spain, 西班牙的阿方索六世, 174

Altschul, Richard, 理查德·阿特休尔, 40

America, 美洲
  colonial settlement in, ~的殖民定居, 29-30
  discovery of, ~的发现, 50-52

Americanism, 美国精神, 39, 44

American Revolutionary War, 美国独立战争
  financiers of, ~时期的金融家, 59
  purveyors in, ~的供货商, 52

Amschel, Mayer, 梅耶·阿姆谢尔,

100
Amsterdam, 阿姆斯特丹
  bill-broking in, ～的证券经纪, 83-84
  refuge of Jewish exiles, 犹太流亡难民, 37, 75, 184
Amsterdam Stock Exchange, 阿姆斯特丹股票交易所, 87, 172
Anglia Judaica,《英国犹太人的历史和遗迹》, 16,
Anglo-Californian Bank, 盎格鲁-加州银行, 40
Anne, Queen, of England, 英格兰的安妮女王, 55, 89
Anthropological homogeneity, Jewish, 犹太人的人类学同质性, 288
Anthropology of the Jews, 犹太人人类学, 265-271
Antiochus the Great, 安条克大帝, 276
Antwerp, 安特卫普
  Custom of 1582,《1582年～习惯法》, 75
  refuge of Jewish exiles, ～犹太流亡难民, 37, 75, 184
Apostasy, tendency to, 背教的趋势, 8
Aptitude for modern capitalism, Jewish, 犹太人现代资本主义的才能, 169-190
  capitalistic undertaker, defined, 资本主义企业家的界定, 161-278
  characteristics, Jewish, 犹太人的特征, 252-278
  objective circumstances in, ～的客观环境, 169-190
  problem, the, 问题, 157-159
  religion, significance of, 宗教在经济生活中的意义, 191-250
Aquinas, Thomas, 托马斯·阿奎那, 121
Aristotle, 亚里士多德, 338
Arminius, 阿米尼乌斯, 319
Arnold, 阿诺德, 112
Arnsteiner family, 阿恩施坦纳家族, 57
Aryans, 雅利安人, 284-335
Asher, Rabbenu, 拉本努·亚设, 73, 78, 199
Asher, Rabbi Jacob ben, 雅各·本·亚设, 197, 200-201, 204
Ashkenazim (German) Jews, 阿什肯纳齐(德国)犹太人, 288, 347-349
Asphalt Trust, 沥青托卡斯, 39
Astrolabe, discovery of, 航海星盘的发现, 30
Auerbach, L., L. 奥尔巴赫, 80
Augsburg, expulsion of Jews from, 从奥格斯堡驱逐的犹太人, 36
Augsburger Allgemeine Zeitung,《奥格斯堡汇报》, 105
Aurelius, Marcus, 马可·奥勒留,

293, 294

Australia, 澳大利亚
　colonial settlement in, ～的殖民定居, 29

Austria, 奥地利
　bill-broking in, ～的证券经纪, 84
　financiers of, Jews as, 作为金融家的～, 71-72
　government loans, floating of, 政府贷款, 103
　purveyors in, ～的供货商, 70

Baba Mezia,《中门篇》, 213, 308, 314, 315, 389

Babylonian Exile, 巴比伦流亡, 239, 283, 297, 299, 303, 328, 330

Baierdorf family, 拜尔斯多夫家族, 59

Ballin, 巴林, 112

Bank of Amsterdam, 阿姆斯特丹银行, 70

Bank of England, 英格兰银行, 70, 89

Bank of Hamburg, 汉堡银行, 70

Bank of St. George, Genoa, 热那亚圣乔治银行, 67

Bank of the United States, 美国银行, 45

Bankers' Almanack,《银行家年鉴》, 105

Banknotes, 银行券, 62-63, 68-69

Bankruptcies, fraudulent, 欺诈性破产, 128

Banks and banking, 银行和银行业
　origin of, ～的起源, 69-70
　speculative, 投机, 105-107

Barbados, colonial development, 巴巴多斯殖民地的发展, 35

Barnard's Bill, Sir John, 圣约翰·巴纳德爵士的议案, 95

Barnato, Barney, 巴尼·巴奈托, 317

Basilus, 巴西琉斯, 296

Bavarian State Lottery, 巴伐利亚州彩票, 94

Beaconsfield, Lord, 比肯斯菲尔德爵士, 270, 271

Bedouin tribes, 贝都因部落, 283

Behrend family, 贝伦德家族, 58

Belisarius, 贝利萨留, 175

Belmonte, Baron, 贝尔蒙特男爵, 184

Bendix, Nathan, 纳坦·本迪克斯, 186

Benjamin of Tudela, 图德拉的便雅悯, 168

Berend, Meyer, 迈尔·贝伦德, 186

Berens, Meyer, 迈尔·贝伦斯, 186

Berens, Salomon, 萨罗蒙·贝伦斯, 186

Berentz, Leffmann, 莱夫曼·贝伦茨, 58

Berlin, wealth of Jews in, 犹太人在柏

林的财产, 186

Berliner, 贝利纳, 110

Berliner Discontogesellschaft, 柏林贴现银行, 108

Berliner Handelsgesellschaft, 柏林商业银行, 108

Berlin Stock Exchange, 柏林交易所, 92-93

Bernard, Samuel, 塞缪尔·贝尔纳, 56, 92

Bertholet, 贝尔托莱, 304

Besancon fairs, bill of exchange in, 贝桑松集市的汇票, 66

Bible, the,《圣经》, 73, 197-198, 199, 201,203, 204, 217, 250, 303, 315

Bills of exchange, 汇票, 64, 65, 80-82

Bischopfield, 毕肖菲尔德, 75

Bismarck, Otto von, 俾斯麦, 271

Blackwell, Alderman, 阿德曼·布莱克维尔, 185

Bleichröder, S., S. 布莱希罗德尔, 108

Boards of Directors, membership of, 董事会成员, 114

Böhme, Jacob, 雅各·伯麦, 262

Bonds, public debt, origin of, 公共债券, ～的起源, 70

Bookkeeping, divine, 神的簿记体系, 209-211

Bordeaux, 波尔多

 bill-broking in, ～的证券经纪, 20

 refuge of Jewish exiles, 犹太流亡难民, 37, 40

Borsig, 博尔西希, 112

Brann, M., M. 布兰, 287

Brazil, 巴西

 colonial settlement in, ～的殖民定居, 33-35, 43

 expulsion of Jews from, ～驱逐犹太人 33

Bücher, Professor, 比歇尔教授, 310

Bueno de Mesquita family, 布埃诺·德梅斯基塔家族, 54

Burnus, 博努斯, 295

Caesarea, 该撒里亚, 295, 316

Calculator, speculating, 精于计算的人, 165-166, 277

Calvinische Judenspiegel, Der,《加尔文教的犹太之鉴》, 250

Calvinism, Judaism and, 加尔文教, 犹太教与～, 250

Candace, Queen, of Ethiopia, 埃塞俄比亚女王干大基, 173

Cape Colony, colonial settlement in, 开普殖民地, ～的殖民定居, 29

Capitalism, 资本主义

 definition of, ～的界定, 160

 Jewish aptitude for modern, 犹太人的～的才能, 157-278

 Jewish characteristics applied to, 犹

太人适应于～的特征, 273-278
Judaism, Puritanism and 犹太教, 清教与～, 191, 208, 213, 248-250, 343-344
Capitalist point of view, growth of, 资本主义观念的成长, 115-154
Carcere family, 卡塞雷家族, 170
Carlyle, Thomas, 托马斯·卡莱尔, 271
Caro, Rabbi Joseph, 拉比约瑟夫·卡罗, 73, 197, 199
Carvajal, Antonio Fernandez, 费尔南德斯·卡瓦哈尔, 51, 55
Carsten, Marx, 马克斯·卡斯滕, 187
Castro, Henry, 亨利·卡斯特罗, 46
Catering business, 餐饮业, 152
Catherine of Braganza, Queen, of England, 布拉甘萨的凯瑟琳, 英国王后, 55, 185
Cerfbeer family, 塞夫贝尔家族, 56
Chamberlain, H.S., H.S. 张伯伦, 258, 261, 299
Characteristics, Jewish, 犹太人的特征, 252-278
    adaptability, 适应能力, 268-273, 278, 341
    applied to capitalism, ～适应于资本主义, 273-278
    energy, 能力, 268, 341-342
    impressionability, lack of, ～缺乏悟性, 262-263
    intellectuality, 智力, 265, 268, 269, 274, 300, 339
    mobility, 灵活性, 268, 272, 275, 276, 341
    personal relationships, lack of, understanding of, ～缺乏对个人关系的理解, 263-264
    problem, the, 问题, 252-256
    rationalism, practical, 实践理性, 265, 276
    solution, attempt at, 解决问题的尝试, 258
    subjectivity, 主观性, 265, 267, 273
    teleology, 神学, 265, 268, 275, 300
Charlemagne, 查理大帝, 173, 302
Charles II, of England, 查理二世, 英格兰国王, 35, 55
Charles V, 查理五世, 49
Charles Alexander, of Würtemberg, 维滕堡的卡尔·亚历山大, 59
Charlotte, Elizabeth, 伊丽莎白·夏洛特, 91
Cheating and falsifying, 118-119, 128-130
Child, Sir Josiah, 约西亚·柴尔德爵士, 117, 134, 149
Choshen Mishpat, 《裁断的胸袋》, 73, 248
Chozars, the, 可萨人, 286

Cicero, 西塞罗, 293, 345

Civil War, American, 美国内战
　Jewish soldiers in, ～中的犹太士兵, 48
　purveyors in, Jews as, 作为供货商的犹太人, 52

Claudius, Emperor, 克劳狄乌斯皇帝, 173

Cleveland, Grover, 格罗夫·克利夫兰, 39

Code of Jacob ben Asher (the *Turim*), 雅各·本亚设法典(《四列书》), 197

Code of Joseph Caro (the *Shulchan Aruch*), 约瑟夫·卡罗法典(《备就之席》), 197, 205

Code of Maimonides, 《迈蒙尼德法典》, 197

Cohen, Rabbi Shabbatai, 拉比沙巴太·科恩, 73

Colbert, Jean Baptiste, 让-巴蒂斯塔特·柯尔贝, 17, 49

Collection for the Improvement of Husbandry and Trade, The, 《畜牧业与商业改良论书辑集》, 123

Cologne, expulsion of Jews from, 科隆, 从～驱逐的犹太人, 14

Colonial expansion, Jews in, 犹太人在殖民扩张中的份额, 27

Columbus, Christopher, 哥伦布, 13, 30-32

Comic Lexicon of Cheating, 《简编本骗术语汇》, 119

Commerce in economic life, predominance of, 商业在经济生活中的突出地位, 61-114

Commercialization of industry, 产业的商业化, 108-114

Company promotion, 公司推销, 104-117

Competitive dealing, 竞争性交易, 121-122

Complete English Tradesman, 《英商全书》, 124

Comstock Lodes, 卡姆斯托克矿, 40

Conegliano family, 科内利亚诺家族, 170

Confusion de confusiones, *etc.*, 《乱中乱》, 9

Conqueror, the, 征服者, 163

Cordova, Jacob de, 雅各布·德·科多瓦, 45

Cordova, Spain, 科多瓦城, 西班牙, 317

Costa family, 科斯塔家族, 170

Council of Elvira (304), 埃尔维拉公会议(304年), 287

Council of Trade (Paris), 贸易委员会(巴黎), 37

Councils of Toledo, 托莱多公会议,

287
Court Jews, status of, 宫廷犹太人的地位, 58-59, 111, 173
Credit, 信贷
　public, 公共～, 见 Public credit system
　standardization of, ～标准化, 62
Crédits mobiliers, 动产信贷银行, 107
Cromwell, Oliver, 奥利弗·克伦威尔, 16, 17, 49, 54, 86, 249-250
Crump, A., A. 克伦普, 104
Crypto-jews, 秘密犹太人, 8, 9, 15, 34, 54, 56, 93, 296
Customers, attracting new, 吸引新顾客, 150

Da Costa, Moses or Anthony, 摩西或安东尼·达科斯塔, 89
Da Costa family, 达科斯塔家族, 55
Da Gama, Vasco, 达伽马, 13
Dalembert family, 达朗贝尔家族, 56
Dangeau, Marquis de, 德·当若侯爵, 56
Daniel, Zacharias, 扎哈里亚斯·丹尼尔, 186
Darmstadter Bank, 达姆斯塔特银行, 108
Da Sylva, Francisco, 弗兰西斯科·达席尔瓦, 185
Da Sylva Brothers, 达席尔瓦兄弟, 55

David, King, 大卫王, 329, 344
Davidson, Benjamin, 便雅悯·戴维森, 40
Dazevedo, Isaac, 伊萨克·达泽维多, 185
De Foe, Daniel, 丹尼尔·笛福, 121, 122, 124
De la Vega, Don Joseph, 堂·约瑟夫·德拉·维加, 86
Del Banco, Simon, 西蒙·德尔·班科, 187
Delmonte family, 德尔蒙特家族, 54
De Pass, Aaron and Daniel, 丹尼尔·德·帕斯, 29
Deutsch, Felix, 费利克斯·多伊奇, 110, 121
Deutsche Bank (1870), 德意志银行 (1870年), 108
Discoverer, the, 发现者, 163-164
Dispersion of the Jews, 犹太人流散, 175, 253, 297
Dormido, Solomon, 所罗门·多尔米多, 88
Dühring, Eugen, 欧根·杜林, 264
Dupont family, 杜邦家族, 56
Dutch East India Company, 荷属东印度公司, 68, 85, 86
Dutch West India Company, 荷属西印度公司, 34
Dyer, Albert, 阿尔伯特·戴尔, 40

East Indies, colonial settlement of, 东印度，～的殖民定居, 28

Eben Ha-ezer,《以便以谢》, 233

Economic life, commerce in, predominance of, 经济生活，商业在～中的突出地位, 61-114

  shifting centre of, ～中心转移, 11-21

Edward I, of England, 英格兰的爱德华一世, 16, 310

Egypt, 埃及, 173, 245, 297, 307, 324, 331, 332, 345

Eichthal family, 埃希塔尔家族, 104

Eisenmenger, 艾森门格尔, 203

Electrical industry, commercialization of, 电力行业，～的商业化, 109

Elias, Philip, 菲利普·埃利亚斯, 186

Elias, Solomon, 所罗门·埃利亚斯, 53, 186

Elijah the Prophet, 先知以利亚, 210

Elizabeth I, of England, 英格兰的伊丽莎白一世, 16

Elkhans, Moses, 摩西·埃尔克汉斯, 58

Energy of the Jew, 犹太人的能力, 176, 182, 268, 298, 342

England, 英格兰

  company promotion in, ～的公司推销, 105-107

  economic growth of, ～的经济增长, 12

  financiers of, Jews as, 犹太人作为～的金融家, 55-57

  government loans, floating of, ～的政府贷款, 101-102

  international trade in, ～的国际贸易, 22

  purveyors in, ～的供货商, 50-51

  refuge of Jewish exiles, ～的犹太流亡难民, 28, 29

  stock exchange in, ～的股票交易, 87-90

  underselling practiced in, ～的压价出售, 124

  wealth of Jews in, ～的犹太人的财富, 184-185

English East India Company, 英属东印度公司, 67

Erfurt, expulsion of Jews from, 埃尔福特，从～驱逐的犹太人, 14

Eskeles family, 埃斯凯勒斯家族, 57

Espinosa family, 埃斯皮诺萨家族, 67

Essenes, the, 艾塞尼派, 221

Ethics, Jewish, 犹太人的伦理, 192, 205, 226, 266

Examen de ingenios,《论适合于各种学艺的才能》, 337

Exchange, 交易

  legal code regulating, 规制交易的法典, 79-81

stock, 证券, 见 Stock exchanges
Ezekiel, Rabbi, 拉比以西结, 330
Ezekiel the Prophet, 先知以西结, 303
Ezra the Prophet, 193, 198, 199, 203, 206, 208, 215, 231, 239, 285, 330

Family life, Jewish, 犹太人家庭生活, 235-237
Farmers' and Merchants' Bank, Los Angeles, 洛杉矶农商银行, 40
Ferdinand, of Spain, 西班牙的斐迪南, 31
Ferdinand, Emperor, of Austria, 奥地利皇帝斐迪南, 57
Financiers, the Jews as, 作为金融家的犹太人, 54-59
Finot, Jean, 让·菲诺, 252
Fonterosa, Suzanna, 苏珊娜·封特罗萨, 31
Fould, Benjamin, 便雅悯·富尔德, 107
Fould family, 富尔德家族, 56, 104
Fraenkel family, 弗伦克尔家族, 58
France, 法国
    advertising in, ～的广告, 123, 124
    capitalistic competition in, ～的资本主义竞争, 117-118
    company promotion in, ～的公司推销, 105, 107
    economic growth of, ～的经济增长, 12
    financiers of, Jews as, 作为金融家的犹太人, 56
    government loans, floating of, ～的政府贷款, 102-103
    international trade in, ～的国际贸易, 23-24
    purveyors in, ～的供货商, 51
    refuge of Jewish exiles, 从～流亡的犹太难民, 14, 16-17
    stock exchange in, ～的股票交易, 91-92
    underselling practiced in, ～的压价出售, 141
Francia George and Domingo, 乔治和多明哥·弗兰西亚, 185
Francis, John, 约翰·弗兰西斯, 88, 90
Frank, Aaron, 阿隆·弗兰克, 89
Frankford-on-the-Main, 美因河畔法兰克福
    bill-broking in, ～的证券经纪, 84
    insurance business in, ～的保险业, 97
    refuge of Jewish exiles, 犹太流亡难民, 37
    stock jobbing in, ～的股票投机, 90, 91
    wealth of Jews in, ～犹太人的财

富, 186-187
Frankford Stock Exchange, 法兰克福, 93-94
Frederick II (the Great), of, 普鲁士的弗里德里希二世, 59
Frederick Augustus, Elector of Saxony, 萨克森选帝侯弗里德里希·奥古斯特, 53, 58
Frederick William, of Prussia, 普鲁士的弗里德里希·威廉一世, 49, 59
French East India Company, 法属东印度公司, 56
Friedländer, Moritz, 莫里茨·弗里德伦德尔, 40, 112
Fromer, Jacob, 雅各布·弗罗默, 7, 258, 270

Gambetta, Léon, 莱昂·甘必大, 270
Garcia de la Riega, Don Celso, 堂塞尔索·加西亚·德拉列加, 31
Gemara, the,《革马拉》, 199, 200, 202, 247
Genetic method of study, 发生学研究方法, 5-6
Genius, Jewish, origin of, 犹太特性的起源, 281-321
　　constancy of, ～保持不变, 292-320
　　natural or artificial?, ～是先天的还是后天的？ 297-298
　　race problem, the, 种族问题, 281-322
　　vicissitudes of the Jewish people, 犹太民族的命运, 323-351
General Privileges of 1750, Prussian, 普鲁士《1750年基本权利修正案》, 179
General store, the, 百货店, 151-152
General Treasury for chants,《商人宝典》, 119
Genoa, expulsion of Jews from, 热那亚, 从～驱逐的犹太人, 14
Genoa fairs, bill of exchange in, 热那亚集市上的汇票, 65-66
Geographical Society of Madrid, 马德里地理学会, 31
Germanus, John Baptist, 约翰-巴蒂斯特·杰马努斯, 75
Germany, 德国
　　advertising in, ～的广告, 123
　　bill-broking in, ～的股票经纪, 83-84
　　capitalistic competition in, ～的资本主义竞争, 116
　　company promotion in, ～的公司推销, 105, 106
　　credit instruments in, ～的信贷工具, 75-76
　　economic growth of, ～的经济增长, 12
　　expulsion of Jews from, 从～驱逐

的犹太人，13
　financiers of, Jews as, ～的犹太金融家，56-58
　international trade in, ～的国际贸易，22-23
　public debt bonds in, ～的公共债券，70-71
　purveyors in, ～的供货商，52-53
　stock exchanges in, ～的股票经纪，92-94
　underselling practiced in, ～的压价出售，142
　wealth of Jews in, ～犹太人的财富，183-184，185-186
Gerstle, Lewis, 刘易斯·格斯尔，39
Ghentsche Post-Tijdingen,《根特邮报》，122
Ghetto life, 隔都生活，238，259，290，320，321，347，349，350
Gideon, Sampson, 辛普森·吉迪恩，55，89
Gilds, merchant and craft, 商业与手工业行会，117，135，181，301，304
Giudetti, 朱代蒂，75
Glazier family, 格拉齐埃家族，40
Godchaux family, 戈德肖家族，56
Goethe, Johann Wolfgang von, 歌德，131，258，267，268
Goldschmidt, Moses, 摩西·戈德施密特，186

Goldsmid, Abraham and Benjamin, 亚伯拉罕和便雅悯·戈德斯米德，103
Gompertz, Leimann, 莱曼·贡珀茨，53
Gonzales, Gaspar, 加斯帕·贡萨雷斯，18
"Good" wares, stress on, 强调货好，124
Government loans, floating of, 政府贷款，100-103
Gradis, Abraham, 亚伯拉罕·格拉迪斯，52
Gradis family, 格拉迪斯家族，52，170
Graetz, Heinrich, 海因里希·格雷茨，57，132，200，246，303
Greenbaum, Sigmund, 西格蒙德·格林鲍姆，40
Guadeloupe, colonial development in, 瓜德罗普，～的殖民发展，36
Guggenheim family, 古根海姆家族，39

Hagen (of Cologne), （科隆的）哈根，121
Haggada, the,《哈加达》，202
Hagiographa, the,《圣录》，202
Halevy, Jehuda, 耶胡达·哈列维，241
Halske, 哈尔斯克，110
Hamburg, 汉堡
　bill-broking in, ～的股票经纪，84

economic growth of, ～的经济增长, 12

international trade in, ～的国际贸易, 23

refuge of Jewish exiles, 犹太流亡难民, 28, 37

stock-jobbing in, ～的股票投机, 90, 91, 95

wealth of Jews in, ～的犹太人的财富, 185-186

Hamburg Stock Exchange, 汉堡股票交易, 92-93

Hamm, Moses, 摩西·哈姆, 186

Hanassi, Rabbi Judah (the Prince), 拉比犹大·哈纳斯(族长), 199

Handbook of German Joint-Stock Companies, 《德国股份制企业手册》, 114

Haroun al Rashid, Caliph, 哈里发哈伦·拉希德, 174

Harrison, General Thomas, 托马斯·哈里逊将军, 250

Hart, Moses, 摩西·哈特, 89

Hausemann, David, 大卫·豪斯曼, 108

Hebrews, the ancient, 古代希伯来, 325-326

Heine, Heinrich, 海因里希·海涅, 249, 257

Heine, Solomon, 所罗门·海涅, 107

Hekateus of Abdera, 阿布德拉的赫卡塔埃乌斯, 240

Hellanistic philosophy, 希腊哲学, 199

Hellman and Newmark, 海尔曼和纽马克, 40

Los Angeles, 洛杉矶, 40

Helphen family, 埃尔芬家族, 56

Henry IV, 亨利四世, 82

Heredity, doctrines of, 遗传学说, 283

Hermann, George, 乔治·赫尔曼, 267

Herod, King, 希律王, 332-333

Herschel, Mayer, 迈尔·赫舍尔, 53

Hertz, F., F. 赫兹, 252

Hertz, Isaac, 艾萨克·赫兹, 186

Herzfeld, 赫茨菲尔德, 298, 301

Heyman, Berend, 贝伦德·海曼, 186

Heymann, Mangelus, 曼格勒斯·海曼, 186

Hillel, school of, 希列派, 199

Hiram, King, of Tyre, 推罗王希兰, 302

Hirsch, Baron, 赫希男爵, 105

Hirschfeld, George, 乔治·赫希菲尔德, 267

Hittites, 赫梯人, 283, 323

Holland, 荷兰

bill of exchange in, ～的汇票, 65

credit instruments in, ～的信贷工具, 75

economic growth of, ～的经济增

长, 11

financiers of, Jews as, ～作为理财专家的犹太人, 54

international trade in, ～的国际贸易, 24

public debt bonds, ～的公共债券, 70-71

refuge of Jewish exiles, 流亡的犹太人, 14

stock exchange in, ～的股票交易, 85-87

Holmes, Nathaniel, 拿撒尼尔·霍尔姆斯, 250

Homen, Manuel Lopez, 米盖尔·洛佩斯·霍门, 184

Hönn, Georg Paul, 格奥尔格·保罗·亨, 119

Houghton, John, 约翰·霍顿, 123

Huarte de San Juan, Juan, 圣胡安的胡安·瓦尔德, 337

Huguenots, 霍屯都人, 9

Hume, David, 大卫·休谟, 96

Hyrkanus, Rabbi Dosa ben, 拉比杜沙·本·哈卡纳斯, 228

Illegitimate births, statistics of, 非婚生育的统计数字, 235

Inbreeding of the Jews, 犹太人的近亲婚配, 350

India, colonial settlement in, 印度, ～的殖民定居, 29

Industry, commercialization of, 产业的商业化, 108

Inferior goods, trade in, 劣等品贸易, 144-145

Inquisition, the, 宗教裁判所, 14, 20, 34

Insurance business, 保险业, 97, 108

Intellectuality of the Jews, 犹太人的智力, 258-261, 265, 268-269, 274, 300, 339

Intermarriage, attitude toward, 对通婚的态度, 239

International trade, quickening of, 国际贸易快速发展, 44-48

Inventor, the, 发明者, 163

Isaac, Alexander, 亚历山大·艾萨克, 186

Isaac, Rabbi, 拉比以撒, 213

Isaiah the Prophet, 先知以赛亚, 345

Ishmael, 以实马利, 210

Islam, 伊斯兰, 200, 207, 276

Israel, 以色列, 210, 212, 218, 220, 224, 227, 238, 259, 269, 283, 294, 304, 307, 324, 327, 328, 329, 332, 338, 345

the nations and, 诸民族与～, 289-297

Israel, Manasseh ben, 马纳赛·本·以色列, 16, 19, 20, 86

Isserlein, Rabbi Moses, 拉比摩西·以瑟利斯, 205
Italy, 意大利
　　economic decline of, ～的经济衰退, 11
　　expulsion of Jews from, ～驱逐犹太人, 14
Itzig family, 伊齐格家族, 59

Jamaica, colonial development in, 牙买加, ～的殖民定居, 36-37
James II, of England, 英格兰的詹姆斯二世, 174
Jellinek, Adolf, 阿道夫·耶利内克, 258, 261, 265, 273
Jewish law, credit instruments and, 犹太律法, 信贷工具和～, 73, 78-80
Jews, the, 犹太人
　　adapatability of, ～的适应能力, 268-272, 339-341
　　aliens, 作为外来者的～, 175-177
　　anthropology of, ～的人类学, 283-289
　　aptitude for modern capitalism, ～的现代资本主义才能, 169-278
　　centre of economic life and, 经济生活的中心和～, 11
　　characteristics of, ～的特征, 252-278
　　cheating and falsifying of, ～的欺骗和伪造, 118, 119, 128-130, 246
　　colonial settlement by, ～的殖民定居, 28-47
　　contributions to modern economic life by, ～对现代经济生活的贡献, 3-154
　　court, 宫廷, 见 Court Jews
　　crypto-, 秘密犹太人, 8-11, 15, 34, 54, 56, 93, 296
　　definition of, ～的定义, 6-7
　　dispersion of, ～的流散, 169-175, 296-298, 331-333
　　economic importance of, ～对经济的重要性, 20-21
　　energy of, ～的能力, 267, 342-343
　　ethics of, ～的伦理, 192, 205, 226-238
　　fair, 金发～, 284, 286-287
　　financiers, 理财专家, 53-60
　　genius of, origins, ～特性的起源, 281-351
　　German, 德国, 见 Ashkenazim Jews
　　impressionability, lack of, ～缺乏悟性, 262
　　inbreeding of, ～近亲通婚, 350-351
　　intellectuality of ～的智力, 265, 268, 269, 274, 300, 339
　　international trade and, ～和国际贸易, 22-26
　　inventiveness of, ～的创造力, 5

living standard of, ～的生活标准, 148-149

mobility of, ～的灵活性, 268, 272, 275, 341-342

physiognomy of, ～的外貌, 289-290

Portuguese, 葡萄牙, 见 Marannos

public life, exclusion from, ～从公共生活中排斥, 181-183

purveyors, ～作为供货商, 50-52, 174

race problem, 种族问题, 281-321

religon of, ～的宗教, 见 Religion, Jewish

rationalism of, ～的理性主义, 265-266, 271, 276, 300, 343

semi-citizens, 半公民, 177-182, 254

Spanish, 西班牙, 见 Sephardim Jews

subjectivity of, ～的主观性, 249-250, 255

success of, causes for, ～成功的原因, 169

teleology, 目的论, 265-268, 275, 300

vicissitudes of, ～的命运, 323-351

wealth of, ～的财富, 184-189, 255, 316, 318, 320

Joachim II, of Prussia, 普鲁士的约阿希姆二世, 59

Joan, Queen, of Portugal, 葡萄牙的胡安娜女王, 32

John II, of Portugal, 葡萄牙的胡安二世, 30

John Philp, Bishop, of Würzburg, 维滕堡的约翰·菲利普主教, 58

Joshia, Rabbi Achai ben, 拉比约西亚, 305

Judæa, 犹大, 324, 330, 331, 332

Judah, 犹大, 304, 326

Judaism, 犹太教, 见 Religion, Jewish

Julius, Samuel, 塞缪尔·尤里乌斯, 53

"Just price," theory of, ～的"公平价格"理论, 126

Justus, Dr., 尤斯图斯博士, 203

Kabbala, the, 喀巴拉, 201, 262

Kalonymus, 卡罗尼姆斯, 174

Kempinsky, 凯宾斯基, 152

Koppore, Morris, 莫里斯·科坡尔, 46

Krupp, Alfred, 阿尔弗雷德·克虏伯, 112

Kuhn, Loeb & Company, 库恩-勒布公司, 39

Lagi, Ptolemy, 托勒密一世, 297

Laissez-faire, industrial, 产业的自由放任, 246

Lassalle, Ferdinand, 斐迪南·拉萨尔, 270

Law, John, 约翰·劳, 92

Lazard Fréres, 拉扎尔·弗雷尔, 40

Lazarus, Abraham, 亚伯拉罕·拉撒路, 187

Legal code regulating exchange, 规制交易的法典

evolution of, ～的演变, 80-82

Legal practice, Jewish influences in, 法律实践, 犹太人对～的影响, 73-78

Leghorn, refuge of Jewish exiles, 里窝那, 从～驱逐的犹太流亡难民, 14

Lehmann, Berend, 贝伦德·莱曼, 58

Leipzig fairs, trading by Jews at, 莱比锡集市, 犹太人在～的交易, 22-23, 26

Leopold I, Emperor, of Austria, 奥地利皇帝列奥波德一世, 53, 57, 84

Leroy-Beaulieu, Anatole, 安纳托尔·勒鲁瓦-博里厄, 238, 258, 261

Levantine trade, 黎凡特的贸易, 11, 23-24, 170

Levi, Asser, 阿瑟·列维, 45

Levy, Benjamin, 便雅悯·列维, 55

Levy, Hayman, 海曼·列维, 140

Liberalism, capitalism and, 自由主义、资本主义和～, 275

Liebermann, Max, 马克斯·利伯曼, 263

Liebmann Gomperz and Joost, 贡珀茨和约斯特·利伯曼, 59

Life, rationalization of, in Judaism, 犹太教中的生活合理化, 222-238

Lilienthal, Philip N., 菲利普·N.利连索尔, 40

Lindo, Moses, 摩西·林多, 47

Lipman family, 利普曼家族, 84

Lippold, 利波尔德, 59

London, 伦敦

advertising in, ～的广告, 122

London, Paris and American Bank, 伦敦、巴黎和美国银行, 40

London Stock Exchange, ～股票交易所, 87-90, 98, 102

Longobards, 伦巴第人, 294

Long Parliament, the, 长期议会, 54

Lopez, Ildefonso, 伊德方索·洛佩斯, 174

Lopez, Manasseh, 马纳赛·洛佩斯, 55, 89

Lopez, Rodrigo, 罗德里戈·洛佩斯, 16

Lopez family, 洛佩斯家族, 170

Lost Ten Tribes of Israel, 以色列失踪的十支派, 290-291

Louis XI, of France, 法国路易十一, 49

Louis XIV, of France, 法国路易十四, 51, 56, 92

Louis XV, of France, 法国路易十五,

56
Ludewig, Stattskanzler, 施塔茨坎茨勒·路德维希, 57, 84
Luxury articles, trade in, 奢侈品贸易, 25-26, 303

Machado, Moses, 摩西·马哈多, 54
Magnus Barford Saga,《马格努斯·巴福德萨迦》, 167
Máhamad, the, 马哈马德, 130
Maimon, Solomon, 所罗门·迈蒙, 132
Maimonides, 迈蒙尼德, 197, 199, 200, 201, 204, 205, 226, 287, 296
Maine, Sir H., H. 梅因爵士, 264n.
Mallet Fréres, 马莱·费雷尔, 107
Mamre(*Mamram, Mamran*), 承兑期票, 73, 74, 75
Managing directors, membership of, 董事会成员, 113
Mangelus, Philip, 菲利普·曼格勒斯, 186
Marannos, the, 马兰诺, 8, 14-17, 70, 195, 296, 348
Marburger, Moses and Jacob, 摩西和雅各·马尔伯格, 57
Maria Theresa, Empress, of Austria, 奥地利女王玛丽亚·特蕾莎, 57
Marks, Simon, 西蒙·马克斯, 29
Marine insurance, 海险, 20, 76, 94

Marriage, Jewish view on, 犹太人对婚姻的看法, 233
Marseilles, refuge of Jewish exiles, 马赛的犹太流亡难民, 15, 17
Martinique, colonial development in, 马提尼克的殖民定居, 36
Marx, Carsten, 卡斯滕·马斯, 187
Marx, Karl, 卡尔·马克思, 262, 271, 314
Mary, Queen, of Hungary, 匈牙利的玛丽女王, 19
Maurice of Saxony, Field Marshal, 萨克森州的陆军元帅莫里斯, 51
May, Michel, 米歇尔·迈, 58
Mazarin, Cardinal, 马扎然主教, 49
Medina, Sir Solomon, 所罗门·梅迪纳爵士, 51, 55, 88, 89
Megalopolis, Rev. John, 约翰·麦格罗波里斯牧师, 133, 134
Mels, Francis, 弗兰西斯·迈尔斯, 54
Memoirs of Glückel von Hamein,《格吕克尔·冯·哈梅尔恩回忆录》, 131, 222
Mendelssohn, Felix, 费利克斯·门德尔松, 270
Mendelssohn & Company, 门德尔松公司, 108
Mendes da Costa, Ferdinando, 费迪南多·门德斯·达科斯塔, 55, 89
Mendes family, 门德斯家族, 170

Mesopotamia, 美索不达米亚, 324
Meyer, Isaac, 艾萨克·迈耶, 52
Meyer, J., J. 迈耶, 58
Meyer, Jonas, 尤纳斯·迈耶, 52
Millaud, Polydore, 波利多尔·米约, 140
Mishna, the,《密西拿》, 199, 202, 223, 247
Mithridates, 米特里达梯, 345
Mixed marriages, 异族通婚, 286, 351
Mobility of the Jew, 犹太人的灵活性, 268-269, 272, 275, 276, 341, 342
Model family, 模范家族, 53
Modern Capitalism,《现代资本主义》, 6
Modern state, foundation of, 现代国家的基础, 49-60
  financiers, Jews as, 作为理财专家的犹太人, 53-59
  purveyors, Jews as, 作为供货商的犹太人, 53-54
Modyford, Thomas, 托马斯·莫迪福德, 35
Mohammed the Prophet, 先知穆罕默德, 197, 207
Money and Trade Considered,《货币与贸易考察》, 93
Money-lending activities, 借贷活动, 72, 243, 244, 306, 308-313, 315, 346, 347

Montefiore, 蒙特菲奥里, 29
Mordecai, Abraham, 亚伯拉罕·莫迪凯, 45
Morris, Robert, 罗伯特·莫里斯, 59
Mosenthal, Adolph, 阿道夫·莫森塔尔, 29
Mosenthal, James, 詹姆斯·莫森塔尔, 29
Mosenthal, Julius, 朱利叶斯·莫森塔尔, 29
Moses, 摩西, 202, 205, 222
Moses the Mathematician, 数学家摩西, 30
Moyses, Lemle, 莱姆勒·莫伊塞斯, 58
Muys van Holy, Nicolas, 尼古拉斯·莫伊斯·范·霍利, 86
Myer, H. H., H. H. 迈耶, 112
Myers, Joel, 乔尔·迈耶斯, 29

Nachman, Rabbi, 拉比纳赫曼, 233
Naples, expulsion of Jews from, 那不勒斯驱逐的犹太人, 14
Nathan, Abraham, 亚伯拉罕·拿单, 184
Nathan, Rabbi Eleazar ben, 拉比以利亚撒·本·拿单, 233
Nathan, Samson, 萨姆松·拿单, 186
Nathan family, 拿单家族, 75
National Bank of Texas, 德州国民银

行, 46

Naturalization Bill of 1753（England），《1753年犹太人归化入籍议案》（英国），117, 141

Naumann, Friedrich, 弗里德里希·瑙曼, 263

Negrela, Ismael ibn, 伊斯梅尔·本·纳格里拉, 296

Nehemiah the Prophet, 先知尼希米, 308, 326

Netherlands, refuge of Jewish exiles, 尼德兰, 犹太人流亡难民, 18, 19

Neubauer, 纽鲍尔, 285

Nevada Bank, 内华达银行, 40

New Amsterdam, refuge of Jewish exiles, 新阿姆斯特丹, 犹太流亡难民, 42, 47

Newburg, Philip, 菲利普·纽伯格, 45

New commodities, trade in, 新兴商品的交易, 26

New York Mercury, 《纽约信使报》, 140

Nieuhoff, 纽霍夫, 34

Norden, Benjamin, 便雅悯·诺登, 29

North American Commercial Company, 北美商贸公司, 40

Nossig, Alfred, 阿尔弗雷德·诺齐格, 351

Nunez, Maria, 玛利亚·努内兹, 184

Nuremburg, expulsion of Jews from, 纽伦堡, 从～驱逐犹太人, 14

Offenbach, Jacques, 雅克·奥芬巴赫, 270

Old Testament, the, 《旧约》, 197, 198, 211

Oppenheim (of Cologne), （科隆的）奥本海姆, 107

Oppenheimer, Elias, 埃利亚斯·奥本海默, 186

Oppenheimer family, 奥本海默家族, 53, 57

Organizer, the, 组织者, 163-164

Orthodox Jews, 正统犹太人, 195

Otto II, Emperor, 奥托二世, 皇帝, 174

Oulman, Abraham, 亚伯拉罕·欧曼, 142

Oxford Papyrus, 牛津莎草纸文献, 308

Pakuda, bachja ibn, 巴希亚·伊本·帕库达, 221

Palestine, 巴勒斯坦, 241, 244, 250, 283, 288, 297, 298, 301, 303, 304, 308, 311, 331-335

Papenheim, Alex, 阿列克斯·帕蓬海姆, 186

Pardel: Governor, of California, 加州州长帕戴尔, 45

Parente, Ventura, 文图拉·帕伦特, 57

Paris Stock Exchange, 巴黎股票交易所, 91-92

Parta, Rabbi Eleazar ben, 拉比以利亚撒·本·帕尔塔, 296

Paul of Tarsus, 大数的保罗, 294

Pechmann, Baron, 佩希曼男爵, 143

Pereira, Moses Lopez, 摩西·洛佩斯·佩雷拉, 89, 348

Pereire, Isaac and Emil, 艾萨克和埃米尔·佩雷尔, 107

Pereire family, 佩雷尔家族, 56, 170

Petites Affiches, Les, 《小海报》, 124

Petit Journal, 《小日报》, 140

Pfefferkorn, 普费弗科恩, 203

Pharisees, 法利赛人, 193, 194, 223, 287

Philip II, 菲利普二世, 12, 14

Philo, 斐洛, 294

Physiognomy of the Jews, 犹太人的相貌, 289

Picciotto, J., 詹姆斯·皮乔托, 89, 258

Pinkherle, Joseph, 约瑟夫·平克赫尔勒, 57

Pinto, Joseph de, 约瑟夫·德·平托, 96, 97, 184, 185, 347, 348

Pinto family, 平托家族, 54

Plautus, 普劳图斯, 207

Poland, 波兰

    capitalistic competition in, ～的资本主义竞争, 117

    underselling practiced in, ～的压价出售, 142

Portugal, 葡萄牙

    economic decline in, ～的经济衰落, 11

    expulsion of Jews from, 从～驱逐犹太人, 13

    Possession, doctrine of, ～的财产论 216

Postlethwayt, M., M.波斯尔思韦特, 95, 123

Prester, John, 祭司约翰, 174

Priest, Albert, 阿尔伯特·普雷斯特, 40

Production, cost of, 生产成本, 126-127, 144, 146, 148, 150

Promissory notes, 承兑期票, 75

Prophetic Books, the, 《先知书》, 198, 201

Prussian Edicts of 1737 and 1750, 《1737年和1750年普鲁士敕令》, 116, 142, 181

Public credit system, transformation in, 公共信贷体系的转型, 59

    industry, commercialization of, 产业的商业化, 108-114

    securities, origin of, 证券的起源, 61-80

banknotes, 银行券, 68-70

bill of exchange, 汇票, 62, 65-67

bonds, public debt, 公共债券, 70-80

buying and selling, ～交易, 80-101

creation of, ～的创造, 101-107

stocks and shares, 证券和股票, 92, 94

Public life, exclusion of Jews from, ～从公共生活中排斥, 181-183

Punishments, idea of, in Judaism, 犹太教的惩罚观念, 211-218

Puritanism, capitalism and, 清教, 资本主义与～, 192, 248, 249, 250

Purveyors, the Jews as, 作为军需供应商的犹太人, 50-53, 58, 175

Pyrard, F., F. 皮拉尔, 34

Rabbinic law, credit instruments and, 拉比律法, 信贷工具与～, 72-73

Race, the Jewish, 犹太人的种族, 290-291

Race problem, the, 种族问题, 281-321

anthropology of the Jews, 犹太人人类学, 283-290

Jewish genius, 犹太人的天赋
constancy of, ～保持不变, 292-296

natural or artificial? ～是先天的还是后天的? 320-321

Jewish "race", the, 290-291

Ranke, 兰克, 91

Rat, Frau, 议员夫人, 131

Rathenau, 拉特瑙, 112

Rationalism, 理性主义

Economic, 经济的～, 153, 160, 176, 238

of the Jew, 犹太人的～, 264-265, 270-271, 300, 344

Ratisbon, expulsion of Jews from, 雷根斯堡, 从～驱逐犹太人, 14

Ready money, supply of, 现金, ～的供给, 27

Reccared, 雷卡雷德, 316

Reformed Judaism, 改革派犹太教, 205

Religion, Jewish, significance in economic life, 犹太宗教, ～在经济生活中的重要意义, 191-250, 298-299, 326-327, 349-350

asceticism in, ～的苦行主义, 225-226

capitalism and, 资本主义与～, 191, 208, 212, 248-250, 343

dogmas of Judaism, 犹太教教义, 202

dualism, ～的二元性, 225-226

ideas of, fundamental, ～的基本理

念, 206-214
importance of, ～的重要性, 191-197
Israel and the nations, 以色列与诸民族, 238-248
life, rationalization of, 生活的合理化, 238, 249
mysteries, lack of, 缺乏神秘性, 207-208
proselytes admitted into, 皈依～, 285-286
rewards and punishments, idea of, 奖惩观念, 214-222
sources of, ～的典籍, 197-205
Renan, 勒南, 285
Richelieu, Cardinal, 黎塞留主教, 49, 174
Rodrigues, Gomez, 戈麦斯·罗德里格斯, 185
Röhling, 勒林, 203
Rome, 罗马, 294, 306, 311, 332
Roosevelt, Theodore, 西奥多·罗斯福, 38
Rosenfeld, John, 约翰·罗森菲尔德, 40
Rothschild, Baron Amschel, 阿姆谢尔·罗斯柴尔德男爵, 187, 196, 217, 218
Rothschild, Nathan, 拿单·罗斯柴尔德, 100, 167
Rothschild, S.M., S.M.罗斯柴尔德, 107
Rothschild, William Charles, 威廉·查尔斯·罗斯柴尔德, 196
Rothschild, House of, 罗斯柴尔德家族, 99, 105
Rothschild family, 罗斯柴尔德家族, 56, 99, 100, 101, 103-105, 107, 170, 183, 196
Rouen, refuge of Jewish exiles, 鲁昂, 犹太流亡难民, 15
Rubens, Simon, 西蒙·鲁本斯, 64
Ruppin, Arthur, 阿瑟·鲁平, 292

St. Thomas, West Indies, 圣托马斯岛, 西印度群岛, 32, 33
Salomon, Berend, 贝伦德·萨洛蒙, 187
Salomon, Elias, 埃利亚斯·萨洛蒙, 186
Salomon, Haym, 海姆·萨洛蒙, 59
Salvador, Francis and Joseph, 弗兰西斯和约瑟夫·萨尔瓦多, 56
Samuel, Rabbi, 拉比撒母耳, 296
San Domingo, colonial development in, 圣多明各, ～的殖民定居, 36
Saniheg, Gabriel, 加布里埃尔·桑伊耶格, 31
Santangel, Louis de, 路易斯·德·桑塔戈尔, 31

Sardinia, 撒丁岛, 332
Sassoon family, 沙逊家族, 170
Saul, King, 扫罗王, 284
Savannah, Georgia, colonial development in, 佐治亚州萨凡纳, ～的殖民发展, 47
Savary, 萨瓦里, 118, 119, 123, 133, 185
Schickler Brokers, 席克勒尔兄弟公司, 108
Schiesser, Samuel, 塞缪尔·席塞尔, 186
Schlesinger, Wolf, 沃尔夫·施莱辛格, 57
Schmieles, Jacob B. B., 雅各·巴塞维·巴彻巴·施米勒斯, 57
Schnitzler, Arthur, 亚瑟·施尼茨勒, 267
Schubert, Benedict, 本尼迪克特·舒伯特, 45
Scribes, 文士, 193, 194, 198, 199, 206, 223
Securities, 证券
  Banknotes, 银行券, 68-70
  bill of exchange, 汇票, 65-67
  bonds, public debt, 公共债券, 70-80
  buying and selling, 证券交易, 80-101
    legal code regulating exchange, evolution of, 规制交易的法典的演变, 80-82
  stock exchange, the, 61, 71, 82-101
  creation of, ～的创造, 111-108
  industry, commercialization of, 产业的商业化, 108-114
  origin of, ～的起源, 61-80
  stocks and shares, 证券和股票, 92, 94
Seligman, David, 大卫·塞利格曼, 46
Seligman, Joseph, 约瑟夫·塞利格曼, 46
Seligman Brothers (William Henry, Jesse and James), 塞利格曼兄弟（威廉、亨利、杰西和詹姆斯）, 39, 46-47
Semi-citizens, Jews as, 犹太人作为半公民, 177-182, 254, 293-294
Semite controversy, 闪米特争议, 284
Semites, 闪米特人, 203, 284
Sephardim (Spanish) Jews, 西葡系犹太人, 185, 256, 268, 288, 347, 348, 349
Severus, Emperor, 塞维鲁皇帝, 286
Shammai, school of, 沙买派, 199
Shaprut, Chasdai ibn, 哈斯代·伊本·沙普鲁特, 174
Short measure, practice of, 短斤少两, 147
Shulchan Aruch, 见 Code of Joseph Caro

Sibylline Oracle,《西卜林占语集》,332

Siemens, Werner von, 维尔纳·冯·西门子, 112, 114

Sigismund, King, of Poland, 波兰国王西吉斯蒙德, 12

Sinzheim, Lewel, 勒威尔·辛茨海姆, 57

Sloss, Louis, 路易斯·斯洛斯, 39

Smelters' Trust, 沥青托拉斯, 39

Smith, Adam, 亚当·斯密, 96, 97, 102

Solomon, Joe, 乔尔·所罗门, 186

Solomon, King, 220, 301, 302, 316, 317, 345

Sombart, 桑巴特, 196n., 221n., 231n.

South Africa, colonial settlement in, 南非，～的殖民定居, 29

South America, colonial settlement in, 南美，～的殖民定居, 27, 32, 37, 43

South Sea Bubble, 南海泡沫, 56, 57

Souza, Antonio de, 安东尼奥·德索萨, 54

Souza, Thomé de, 托梅·德索萨, 33

Spain, 西班牙
    banking business in, ～的银行业, 69-70
    economic decline of, ～的经济衰落, 11
    expulsion of Jews from, 从～驱逐犹太人, 13
    international trade in, ～的国际贸易, 24

Spanish Succession, wars of the, 西班牙王位继承战争, 56

Spectator,《旁观者》, 172

Speculation, 投机, 166

Speculative banking, 投机银行业, 105-107

Speyer, Bishop of, 施派尔主教, 312

Spinoza, Baruch, 巴鲁赫·斯宾诺莎, 263

States-General, 尼德兰联省议会, 174

Statesman's Year Book,《政治家年鉴》, 324

Statistical method of study, 统计学方法, 3-4

Steinhart, Ignatz, 伊格纳茨·斯坦哈特, 40

Stevenson, Robert Louis, 罗伯特·路易斯·斯蒂文森, 232n.

Stock exchanges, 股票交易所, 83, 91, 171, 173

Stocks and shares, origin, 证券和股票的起源, 66, 67

Stolen property, dealing in, 处理赃物的交易, 130

Strabo, 斯特拉博, 332

Strassburg, expulsion of Jews from, 斯特拉斯堡，从～驱逐犹太人, 14

Strousberg, Dr., 施特劳斯堡博士, 105

Studendolus, Marcus, 马库斯·斯图登多卢斯, 75

Stuyvesant, Peter, 彼得·施托伊弗桑特, 42, 86

Suasso family, 苏阿索家族, 54, 55

Subjectivity of the Jews, 犹太人的主观性, 249-250, 255

Substitution, principle of, 替代原则, 146-147

Suess-Oppenheimer, 聚斯-奥本海默, 59

Sugar industry, development of, 糖业的发展, 33-36

Surinam, colonial development in, 苏里南, ～的殖民发展, 72
  mortgage-banking with, 银行按揭业务, 72

Sutro, Adolph, 阿道夫·苏特罗, 40

Sweden, 瑞典
  capitalistic competition in, ～的资本主义竞争, 117
  underselling practiced in, ～的压价出售, 142

Sylva, Duarte da, 杜阿尔特·达·席尔瓦, 185

Synhedrium, 大教主, 194, 250

Tacitus, 塔西佗, 236, 240, 293

Talmud, the, 《塔木德》, 73, 81-82, 132, 194-197, 199, 200, 202-204, 213, 216-217, 220, 223, 225, 227, 231, 233, 242, 244, 246-247, 249, 258, 260, 296, 301, 305, 308, 311, 313, 315, 316, 321, 331, 345

Talmudic colleges, 塔木德学院, 200

Tanchuma Chukkath, 《坦户玛米大示》, 193

Telegram Trust, 电信托拉斯, 39

Teleological outlook of the Jews, 犹太人的目的论, 264-266, 300

Textiles, trade in, 纺织品贸易, 25

Thirty Years War, 三十年战争, 57

Tiglath-Pileser, 提格拉·帕拉萨, 297

Tobacco Trust, 烟草托拉斯, 39

Torah, the (Pentateuch), 《托拉》(摩西五经), 192, 193, 198, 201, 202, 204, 205, 208, 209, 217, 221n, 223, 224, 226-228, 242, 244, 250, 269, 308

Torlonia (of Rome), (罗马的)托洛尼亚, 107

Torres, Louis de, 路易斯·德·托雷斯, 31

Trader, the, 商人, 161, 162, 165

Traité du crédit et de la circulation, 《论信贷与流通》, 96-97

Transvaal, colonial settlement in, 德兰士瓦, ～的殖民定居, 29

Tur, the, 《四列书》, 204

Turnover, increase in, 营业额增加, 150

Twain, Mark, 马克·吐温, 38

Ukba, Mar, 马尔·乌克巴, 210

Ullmann, H.E., H.E. 乌尔曼, 94

Ulm, expulsion of Jews from, 乌尔姆, ～驱逐犹太人, 14

Underselling, practice of, 压价出售, 123-124, 141-143

Undertaker, capitalist, 资本主义企业家, 160-168, 277-278

Union Trust Company, 联邦信托公司, 40

United States, growth of, Jewish factor in, 美国发展中的犹太因素, 37-48

Usury, practice of, 高利贷, 310-312

Van den Meeren, Nicholas, 尼古拉·范·登·米伦, 19

Variety in trade, 贸易种类, 25-26

Vecuho, Jose, 何塞·维库何, 30

Vega, Samuel de, 塞缪尔·德·维加, 185

Venice, 威尼斯

　banknotes in, ～的银行券, 68

　bill of exchange in, ～的汇票, 65-66

　economic decline of, ～的经济衰退, 12

　expulsion of Jews from, 从～驱逐犹太人, 14, 17

Vercingentorix, 维钦托利, 347

Vicissitudes of the Jewish people, 犹太人的命运, 323-351

Voltaire, 伏尔泰, 347, 348

Von Halle, Abraham, 亚伯拉罕·冯·哈勒, 187

Von Hameln, Glückel, 格吕克尔·冯·哈梅尔恩, 84, 131, 134, 185, 186, 222, 319

Von Rosheim, Joselman, 约泽尔曼·冯·罗舍姆, 52

Von Sittewald, Philander, 菲兰德·冯·西特瓦尔德, 119

Vossische Zeitung, 《福斯报》, 140

Walpole, Horace, 霍拉斯·沃尔波尔, 55

Warschauer Co., Robert, 罗伯特·瓦肖尔公司, 108

Waste-product business, 废品生意, 151

Wealth of Nations, 《国富论》, 96

Wealth of the Jews, 犹太人的财富, 183, 187, 255, 318, 320

Weber, Max, 马克斯·韦伯, 191, 192, 248

Weil, A., A. 威尔, 99

Werner, Dr., 维尔纳博士, 7

Wertheimer, W.Z., W.Z. 韦特海默, 97

Wertheimer family, 韦特海默家族, 53, 57

West Indies, colonial settlement in, 西印度群岛, ～的殖民定居, 35-37, 170

Westinghouse Electric Company, 西屋电气公司, 164

William III, of England, 英国的威廉三世, 51, 54, 55, 88

Wisdom Literature, the, 智慧书, 198, 216, 219, 231

Worms, Jacob, 雅各·沃姆斯, 51

Wormser family, 沃姆泽家族, 40

Yad Hachazaka, 《大能之手》, 204

Zacuto, Abraham, 亚伯拉罕·萨库托, 30

Zagnoni Brothers, 扎尼奥尼兄弟, 75

Zevi, Sabbatti, 萨巴泰·泽维, 296

Zimmern, A.E., A.E. 齐默恩, 311n.

图书在版编目(CIP)数据

犹太人与现代资本主义/(德)维尔纳·桑巴特著；安佳译.—北京：商务印书馆，2022(2023.4重印)
ISBN 978-7-100-20875-8

Ⅰ.①犹… Ⅱ.①维…②安… Ⅲ.①犹太人—关系—资本主义—研究 Ⅳ.①K18②D091.5

中国版本图书馆CIP数据核字(2022)第043881号

权利保留，侵权必究。

犹太人与现代资本主义
〔德〕维尔纳·桑巴特 著
安 佳 译

商 务 印 书 馆 出 版
(北京王府井大街36号 邮政编码100710)
商 务 印 书 馆 发 行
北 京 冠 中 印 刷 厂 印 刷
ISBN 978-7-100-20875-8

2022年6月第1版　　开本 850×1168　1/32
2023年4月北京第2次印刷　印张 12⅜
定价：60.00元